Akihiro Hamano
Die frühmittelhochdeutsche Genesis

Hermaea

Germanistische Forschungen
Neue Folge

Herausgegeben von
Christine Lubkoll und Stephan Müller

Band 138

Akihiro Hamano

Die frühmittel-hochdeutsche Genesis

―

Synoptische Ausgabe nach der Wiener, Millstätter und Vorauer Handschrift

DE GRUYTER

ISBN 978-3-11-057867-6
e-ISBN (PDF) 978-3-11-043259-6
ISSN 0440-7164

Library of Congress Cataloging-in-Publication Data
A CIP catalog record for this book has been applied for at the Library of Congress.

Bibliografische Information der Deutschen Nationalbibliothek
Die Deutsche Nationalbibliothek verzeichnet diese Publikation in der Deutschen Nationalbibliografie; detaillierte bibliografische Daten sind im Internet über http://dnb.dnb.de abrufbar.

© 2016 Walter de Gruyter GmbH, Berlin/Boston
Dieser Band ist text- und seitenidentisch mit der 2016 erschienenen gebundenen Ausgabe.
Druck und Bindung: Hubert & Co. GmbH & Co. KG, Göttingen

♾ Gedruckt auf säurefreiem Papier
Printed in Germany

www.degruyter.com

Vorwort

Die Entstehung der vorliegenden Edition wäre ohne die Unterstützung vieler Menschen nicht möglich gewesen. Mein Dank gilt daher zuerst Prof. Dr. Ernst Hellgardt von der Ludwig-Maximilians-Universität München, der mich zu dieser Arbeit angeregt und sie immer freundschaftlich begleitet hat, für seine mehrjährige Unterstützung, hilfreichen Ratschläge und seine fachspezifische Korrektur. Durch seine geduldige Betreuung konnte ich die Arbeit zu Ende führen. Mein besonderer Dank geht ebenso an Prof. Dr. Karin Sugano für ihre ständige Hilfe, ihr engagiertes Interesse und vor allem dafür, dass sie stets die erste Leserin meiner deutschen Textfassungen war.

Für die Aufnahme des Bandes *Die frühmittelhochdeutsche Genesis. Synoptische Ausgabe nach der Wiener, Millstätter und Vorauer Handschrift* in die Reihe *Hermaea. Neue Folge* danke ich Maria Zucker und Dr. Anja-Simone Michalski vom Verlag De Gruyter sowie den Gutachtern der Reihe. Der Nihon-Universität Tokio danke ich für ihren großzügigen Druckkostenzuschuss.

Ein sehr herzlicher Dank gebührt Ulla Bucarey, M.A. Sie hat mich nicht nur unermüdlich beim Umgang mit dem Editionsprogramm CTE (Classical Text Editor) unterstützt, sondern war auch die denkbar größte Hilfe beim Korrekturlesen.

Besonders zu danken habe ich zudem meiner Frau, Mariko Hamano, für ihre Geduld und umfangreiche Unterstützung im Hintergrund. Der Familie Simon fühle ich mich sehr zu Dank verpflichtet, weil sie mich jederzeit bei sich in München mit offenen Armen aufgenommen hat.

Und nicht zuletzt möchte ich mich herzlich bei der Österreichischen Nationalbibliothek in Wien, dem Augustiner-Chorherrenstift in Vorau und dem Kärntner Landesarchiv für die Erlaubnis zur Untersuchung der originalen Handschriften sowie die Genehmigung zur Reproduktion der Bilder in dieser Edition bedanken.

Tokio, im Mai 2015   Akihiro Hamano

Inhaltsverzeichnis

Einleitung

1	Zur bisherigen Forschung —— **XI**	
1.1	Überlieferung und Ausgaben der *Frühmittelhochdeutschen Genesis* —— **XI**	
1.1.1	Handschriftenüberlieferung —— **XI**	
1.1.2	Die Ausgaben der *Frühmittelhochdeutschen Genesis* —— **XVI**	
1.2	Lokalisierung und Datierung von Text und Handschriften —— **XVII**	
1.2.1	Lokalisierung —— **XVII**	
1.2.2	Datierung —— **XIX**	
1.2.3	Autorschaft —— **XX**	
1.3	Zu den Quellen —— **XXI**	
1.4	Vers —— **XXIII**	
1.4.1	Verslänge —— **XXIII**	
1.4.2	Reim —— **XXIV**	
1.4.3	Dreireim —— **XXVIII**	
1.5	Gliederungsfunktionen des Textes: Initialabschnitte, Rubra, Bilder und Bildlücken, Zahlenkomposition —— **XXIX**	
1.6	Bilder —— **XXXIV**	
1.6.1	Allgemein —— **XXXIV**	
1.6.2	Zur Bebilderung in W —— **XXXIV**	
1.6.3	Zur Herleitung der Bilder in M/K —— **XXXV**	
1.6.4	Abhandlungen zu einzelnen Bildern und Bildkomplexen in M/K —— **XXXV**	
1.6.5	Erzähltechnische Funktion der Bilder —— **XXXVI**	
1.6.6	Tabellarische Übersicht zum Bildbestand von MK und zu den Bildlücken in W —— **XXXVII**	
2	Zur Anlage der Handschriften —— **XLV**	
2.1	Rubra und Bilder —— **XLV**	
2.2	Initialen —— **XLVII**	
2.2.1	Handschrift W —— **XLVII**	
2.2.2	Handschrift M/K —— **XLVIII**	
2.2.3	Handschrift V —— **XLIX**	

3	**Zur vorliegenden Ausgabe** —— LI	
3.1	Die älteren Ausgaben —— LI	
3.1.1	Handschrift W —— LI	
3.1.2	Handschrift V —— LVI	
3.1.3	Handschrift M/K —— LVII	
3.2	Zielsetzung der vorliegenden Ausgabe —— LVIII	
3.3	Editionsrichtlinien —— LX	
3.3.1	Handschriftenapparat —— LX	
3.3.2	Variantenapparat —— LX	
3.3.3	Verwendete Zeichen —— LXI	
3.4	Siglen —— LXIII	
3.4.1	Handschriften-Siglen —— LXIII	
3.4.2	Siglen zur Forschungsliteratur —— LXIII	
3.5	Editorische Behandlung des Dreireimproblems —— LXV	
3.5.1	Dreireim am Abschnittsanfang —— LXV	
3.5.2	Dreireim im Abschnittsinneren —— LXV	
3.5.3	Dreireim am Ende von Initialabschnitten —— LXVII	
3.5.4	Selbständige Dreireim-Abschnitte —— LXIX	
3.5.5	Fragliche Dreireime —— LXX	

Synoptischer Text

Synoptischer Text der Handschriften W: M/K —— 2/3

Synoptischer Text der Handschriften W: V (ab Josephsgeschichte): M/K —— 318/319

Bibliographie —— 567

Register —— 575

Einleitung

1 Zur bisherigen Forschung

1.1 Überlieferung und Ausgaben der *Frühmittelhochdeutschen Genesis*

1.1.1 Handschriftenüberlieferung

Die Überlieferung der *Frühmittelhochdeutschen Genesis* besteht aus drei Handschriften:
- Wiener Handschrift Cod. Vind. 2721 im Besitz der Österreichischen Nationalbibliothek auf Bl. 1r–129v (im Folgenden mit W bezeichnet).[1] Der einzige uns bekannte Vorbesitzer von W, Wolfgang Lazius, Leibarzt Kaiser Maximilians II., ließ seinen Eigentumsvermerk auf dem ersten Blatt[2] zurück.[3]
- Sammelhandschrift 276 des Vorauer Augustiner-Chorherrenstiftes auf Bl. 78rb–87vb (im Folgenden mit V bezeichnet).[4]
- Millstätter/Klagenfurter Handschrift (Geschichtsverein für Kärnten, Hs. 6/19) des Kärntner Landesarchives auf Bl. 1r–84v (im Folgenden mit M/K bezeichnet).[5] M/K gehörte vermutlich der Millstätter Societas Jesu, die 1598 das alte Benediktiner-Kloster Millstatt übernommen hatte. 1845 wurde die Handschrift von einem Privatmann in Kärnten aufgefunden und vom Verein für Geschichte und Landeskunde Kärntens in Klagenfurt erworben.[6]

Die *Frühmittelhochdeutsche Genesis* beruht auf der biblischen Genesis und behandelt die Erschaffung der Welt, den Sündenfall, die Geschichte von Kain und Abel, Abraham, Isaak und dessen Söhnen bis zum ägyptischen Joseph, wobei

---

[1] Vgl. Das Paderborner Repertorium: http://www.paderborner-repertorium.de/4222 (letzter Zugriff am 27. 10. 2015).
[2] *Ex bibliotheca D. Vuolfgangi lazij Inclyto Regi Bohemie Maximiliano obsequii ergo donatus.*
[3] Viktor Dollmayr: Die altdeutsche Genesis. Nach der Wiener Handschrift. Halle (Saale) 1932 (= ATB 31), S. III.
[4] Vgl. Das Marburger Repertorium: http://www.handschriftencensus.de/1432 (letzter Zugriff am 27. 10. 2015).
[5] Vgl. Das Marburger Repertorium: http://www.handschriftencensus.de/1481 (letzter Zugriff am 27. 10. 2015).
[6] Nikolaus Henkel: Eine verschollene Handschrift aus St. Paul. Zur Geschichte der ehemaligen Kuppitsch-Handschrift des ‚Buchs der Rügen'. In: Die mittelalterliche Literatur in Kärnten. Vorträge des Symposions in St. Georgen/Längsee vom 8. bis 13. 9. 1980. Unter Mitarbeit von Alexandra Cella. Hrsg. von Peter Krämer. Wien 1981 (= Wiener Arbeiten zur germanischen Altertumskunde und Philologie 16), S. 67–85, hier S. 77 mit Anm. 65.

sie einerseits der biblischen Darstellung folgt, aber sich andererseits größere Freiheiten in der Gestaltung (bzw. paraphrasierende Übersetzung, geraffte, aber auch ausführliche Beschreibungen und allegorische Deutungen) gestattet.

W bietet den ältesten erhaltenen und einen originalnahen Text.[7] M/K ist eine jüngere Umarbeitung, die zur sprachlichen Modernisierung, gedanklichen Vereinfachung und formalen Glättung neigt.[8] W und M gehen auf eine gemeinsame Vorlage (*WM) zurück,[9] die sonst noch den *Physiologus* und die *Exodus* enthalten haben müsste.[10] M/K basiert selbst aber nicht auf W, weil W den Exodustext unvollständig bietet, M/K dagegen vollständig.[11] V andererseits ist nicht unmittelbar von W, M/K oder *WM abzuleiten,[12] sondern geht auf eine gemeinsame Vorstufe *WMV[13] zurück, die aber noch nicht das Original ist.[14] Dieses von Diemer rekonstruierte Stemma ist bis jetzt in der Forschung unangefochten,[15] wäh-

---

7 Joseph Diemer: Genesis und Exodus. Nach der Milstätter Handschrift. 2 Bände, hier Bd. 1: Einleitung und Text. Wien 1862, S. IV; Dollmayr stellt fest, dass W den besten Text bietet. Dollmayr: Die altdeutsche Genesis (wie Anm. 3), S. III.
8 Ursula Hennig: ²VL 5 (1985), Sp. 532.
9 Edgar Papp: Codex Vindobonensis 2721. Frühmittelhochdeutsche Sammelhandschrift der Österreichischen Nationalbibliothek in Wien ‚Genesis' – ‚Physiologus' – ‚Exodus'. Hrsg. v. Edgar Papp. Göppingen 1980 (= Litterae 79), S. 11.
10 Die ersten drei Dichtungen (*Genesis*, *Physiologus* und *Exodus*) finden sich in W und M/K in der gleichen Reihenfolge, was manchen Forschern ein Zeugnis für eine gewisse Verwandtschaft bzw. Herleitung der beiden Handschriften aus einer gemeinsamen Quelle (oder sogar ‚Vorlage') zu sein scheint. Alfred Kracher: Millstätter Genesis und Physiologus Handschrift. Vollständige Facsimilienausgabe der Sammelhandschrift 6/19 des Geschichtsvereins für Kärnten im Kärntner Landesarchiv. Klagenfurt. Einführung und kodikologische Beschreibung von A. Kracher. Graz 1967, S. 9.
11 Dollmayr: Die altdeutsche Genesis (wie Anm. 3), S. VI.
12 Vogt weist auf seltene Übereinstimmungen von V und M/K gegenüber W hin. Diese Seltenheit beweist aber die Übereinstimmung zwischen W und M/K. Friedrich Vogt: Ueber Genesis und Exodus. PBB (Ha.) 2 (1876), S. 226f.
13 Joseph Diemer: Beiträge zur älteren deutschen Sprache und Literatur. XXI.: Anmerkungen zur Geschichte Josephs in Aegypten. In: Sitzungsberichte der kaiserlichen Akademie der Wissenschaften. Philosophisch-historische Classe. Achtundvierzigster Band. Wien 1865 (Jahrgang 1864. Heft I und II). Wien 1865, S. 339–423, hier S. 419f. Dollmayr kritisiert zwar, dass Diemer den Wert des V-Textes überschätzte. Aber Dollmayr überschätzte auch den W-Text: „W ist eine ziemlich sorgsame Abschrift von WK mit wenigen Änderungen und wenigen Schreibversehen". Dollmayr: Die altdeutsche Genesis (wie Anm. 3), S. VIf.
14 Kathryn Smits: Die frühmittelhochdeutsche Wiener Genesis. Berlin 1972 (= Philologische Studien und Quellen. Heft 59), S. 11f.
15 Kracher (wie Anm. 10), S. 13. Eßer weist auf die Literaturangaben dazu hin. Josef Eßer: Die Schöpfungsgeschichte in der „altdeutschen Genesis" (Wiener Genesis V. 1–231). Kommentar und

rend „es keinesfalls auch für die beiden anderen in W überlieferten Dichtungen (*Wiener Prosa-Physiologus*, *Exodus*) als gültig angesehen werden kann"[16].

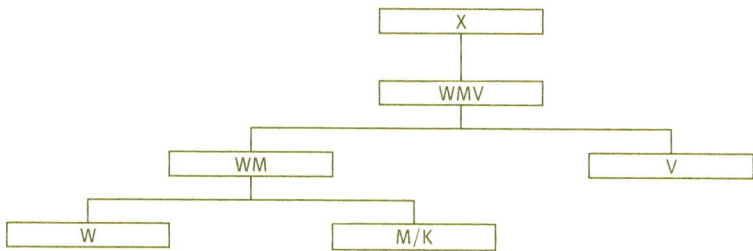

Handschrift W

W ist mit 182 Pergamentblättern[17] in Kleinoktavformen (205 mm × 130 mm) von einer Hand und in spätkarolingischer Minuskel fast ohne Abkürzungen[18] geschrieben. Die Handschrift besteht aus 23 Quaternionen, deren Kustoden durch Beschneidung der Pergamentblätter zum Teil weggefallen sind. Die Lagen sind von alter Hand am unteren Rand der jeweils letzten Versoseite eines Quaternio bezeichnet, während die moderne Blattzählung erst mit der dritten Rectoseite des ersten Quaternio anfängt.[19]

Interpretation. Göppingen 1987 (= GAG 455), S. 20. Von der kunsthistorischen Seite hielt Voss W nicht für Schwesterhandschrift, sondern für die Mutterhandschrift von M/K. Hella Voss: Studien zur illustrierten Millstätter Genesis. München 1962 (= Münchner Texte und Untersuchungen zur deutschen Literatur des Mittelalters. Bd. 4), S. 50. Aber Smits lehnt wie Menhardt diese Ansicht vom Standpunkt der Textkritik aus ab, da der Exodustext in W unvollständig überliefert ist, während M/K den Gesamttext bietet, vgl. Smits: Die frühmittelhochdeutsche Wiener Genesis (wie Anm. 14), S. 12 ff. Vgl. auch Edgar Papp: Die altdeutsche Exodus. Untersuchungen und kritischer Text. Medium Aevum. Philologische Studien. Hrsg. v. Friedrich Ohly/Kurt Ruh/Werner Schröder. Band 16. München 1968, S. 17.
16 Eßer (wie Anm 15), S. 21.
17 Vor Blatt 183, das angeklebt ist, ist das erste Blatt einer neuen Lage verlorengegangen, s. Hermann Menhardt: Verzeichnis der altdeutschen literarischen Handschriften der österreichischen Nationalbibliothek. 1. Bd. Berlin 1960 (= Deutsche Akademie der Wissenschaften zu Berlin. Veröffentlichungen des Instituts für deutsche Sprache und Literatur 13), S. 217–218, hier S. 218. Vgl. Hermann Julius Hermann: Die deutschen romanischen Handschriften. Mit 44 Tafeln und 236 Abbildungen im Text. Leipzig 1926, S. 235–239.
18 Einmal *sp~c* (V. 222).
19 Maria Therese Sünger: Studien zur Struktur der Wiener Genesis. Klagenfurt 1964 (= Kärnter Museumsschriften XXXVI), S. 1.

Nach der *Genesis* (Bl. 1r–129v) folgen *Physiologus* (Bl. 129v–158v) und *Exodus* (Bl. 159r–183r).

Die *Exodus* in W ist unvollständig überliefert; die Geschichte bricht bei der zweiten Plage Ägyptens durch die Frösche ab.

Wie die ausgesparten Räume im Text *Genesis* zeigen, waren sowohl Federzeichnungen als auch Rubra[20] geplant. Sie wurden aber nicht ausgeführt.

Handschrift M/K

M/K ist eine Pergamenthandschrift im Kleinoktavformat (122 mm × 199 mm) und enthält 167 Blätter oder 21 Lagen,[21] deren jede aus 8 Blättern besteht und die durch römische Ziffern am unteren Rand der ersten Rectoseite eines jeden Quaternio von alter Hand bezeichnet sind.[22] Es gibt eine neuere Blattzählung in arabischen Ziffern.

M/K enthält 8 Teile:
- Die *Genesis* Bl. 1r–84v
- Den *Physiologus* Bl. 84v–101r
- Die *Exodus* Bl. 101r–135v
- *Vom Rechte* Bl. 135v–142r
- Die *Hochzeit* Bl. 142r–154v
- Die *Millstätter Sündenklage* Bl. 154v–164r
- Das *Millstätter Paternoster* Bl. 164v–167v
- Das *Himmlische Jerusalem* 167v

Der Erhaltungszustand ist in der letzten Lage wegen eines Feuchtigkeitsschadens besonders schlecht; das letzte Blatt fehlt. Leichtere Schäden sind auch schon auf den Anfangsseiten und gegen Schluss der Genesis zu erkennen, sie beruhen möglicherweise aber lediglich auf starkem Gebrauch,[23] die schweren Schäden sind ab Bl. 135, namentlich ab Bl. 159 zu verzeichnen.

Der Text ist fortlaufend in unabgesetzten Versen von einer Hand geschrieben. Die Rubra sind in roter Majuskel gehalten und vom selben Schreiber wie

---

20 In der vorliegenden Arbeit vermeide ich die Bezeichnungen ‚Kapitelüberschrift' bzw. ‚Bildüberschrift'. Stattdessen verwende ich den neutralen Ausdruck ‚Rubrum/Rubra'. Ausführlich zum Begriff des Rubrums, vgl. S. XLV.
21 Hermann Menhardt: Handschriftenverzeichnis der Kärntner Bibliotheken. Bd. I. Wien 1927, S. 211.
22 Sünger (wie Anm. 19), S. 2.
23 Im einzelnen und in unterschiedlichem Ausmaß sind die folgenden Seiten betroffen: f. 1rv, 18v, 20r, 23r, 73r, 80v, 82v, 83v. Im Apparat des Textes ist das nicht weiter erwähnt.

der Text.[24] Der Zeilenumfang schwankt zwischen 23 und 26 Zeilen pro Seite. Die Initialen der Absätze, die den Text in Kleinabschnitte verschieden großen Umfangs gliedern und in M/K alle rot, in W dagegen gelbbraun, rot, grün und zweifarbig geschrieben sind, haben keine Verzierung und sind relativ klein und sehr einfach. Die Verse sind regelmäßig durch Punkte („Verstrennungspunkte')[25] geschieden.

M/K ist durch 119 (*Genesis* 87 und *Physiologus* 32) feinkolorierte Federzeichnungen in roter, blauer und brauner Farbe ausgestattet. Die Handschrift enthält 135 gereimte Rubra, von denen 87 zu Bildern gehören, während 47 verstreut im Text erscheinen, eines am Ende des Werkes. Ihr Umfang schwankt zwischen ein bis fünf Langversen.

Abkürzungen und paläographische Besonderheiten kommen nur an ganz wenigen Stellen vor,[26] diese wurden in der Edition stillschweigend aufgelöst.

Handschrift V

V ist ein großformatiger Codex mit 183 Bl. (450 mm × 325 mm) und im Gegensatz zu den beiden anderen Handschriften zweispaltig geschrieben.[27] Der Erhaltungszustand ist außer bei Bl. 24 gut. Bilder und Bildlücken gibt es in V nicht. Die Initialen sind rot und blau ausgeführt, aber weder groß noch verziert. V enthält eine etwas größere Zahl von Initialen pro Spalte und Seite als die beiden anderen Handschriften. Die Handschrift ist in zwei Bänden erhalten: 276/I (Bl. 1–135) enthält deutsche Dichtungen, 276/II (Bl. 136–183) die lateinischen *Gesta Friderici imperatoris* (Fassung B). Obwohl Format und Einrichtung (zwei Spalten zu 46 Zeilen) gleich sind, waren die beiden Teile ursprünglich wohl nicht füreinander bestimmt und nicht von Anfang an zusammengebunden.

Der deutsche Teil enthält 21 Texte:
- *Kaiserchronik* Bl. 1ra–73vb
- *Vorauer Bücher Mosis* Bl. 74ra–96ra
- *Genesis* Bl. 78rb–87vb
- *Joseph* Bl. 78rb–87vb

---

24 Nikolaus Henkel: Studien zum Physiologus im Mittelalter. Tübingen 1976, S. 73.
25 Dollmayr weist auf die problematischen Verstrennungspunkte hin. Dollmayr: Die altdeutsche Genesis (wie Anm. 3), S. VI.
26 Z. B. Nasalstrich über Vokal (für m, n), hochgestelltes a (für ra), hochgestelltes e (und^e, d^er), hochgestelltes ſ (deſ). Diemer: M/K. I. (wie Anm. 7), S. II.
27 Kurt Gärtner: ²VL 10 (1985), Sp. 518; vgl. Pius Fank: Die Vorauer Handschrift. Ihre Entstehung und ihr Schreiber. Mit 75 Schriftproben auf 16 Tafeln. Graz 1967, S. 8–11.

- *Vorauer Moses* Bl. 87vb–93va
- *Vorauer Marienlob* Bl. 93va–94ra
- *Balaam* Bl. 94ra–96ra
- *Wahrheit* Bl. 96ra–96vb
- *Summa theologiae* Bl. 97ra–98va
- *Lob Salomons* Bl. 98va–99va
- *Die drei Jünglinge im Feuerofen* Bl. 99va–100ra
- *Ältere Judith* Bl. 100ra–100va
- *Jüngere Judith* Bl. 100va–108vb
- *Vorauer Alexanderlied* des Pfaffen Lamprecht Bl. 109ra–115va
- Die Gedichte der Ava Bl. 115va–125ra
    - *Leben Jesu*
    - *Sieben Gaben des Heiligen Geistes*
    - *Antichrist*
    - *Das Jüngste Gericht*
- *Vorauer Sündenklage* Bl. 125ra–128rb
- *Ezzos Lied* Bl. 128rb–129vb
- *Von der Siebenzahl* Bl. 129vb–133vb
- *Himmlisches Jerusalem* Bl. 133vb–135va
- *Gebet einer Frau* Bl. 135va–135vb
- Bl. 136va–183vb folgen die lateinischen *Gesta Friderici*.

Abkürzungen und paläographische Besonderheiten kommen nur an ganz wenigen Stellen vor, wie in M/K,[28] diese wurden in der Edition stillschweigend aufgelöst.

1.1.2 Die Ausgaben der *Frühmittelhochdeutschen Genesis*

1829 druckte GRAFF den Text von W zum ersten Mal ab, allerdings nur bis V. 4975 (Rückkehr von Josephs Brüdern zu Jacob).[29]

---

[28] Es sind dieselben wie in M/K, vgl. Anm. 26.
[29] Eberhand Gottlieb Graff (Hrsg.): Diutiska III. Denkmäler deutscher Sprache und Literatur aus alten Handschriften. Stuttgart/Tübingen 1829, S. 40–112.

1837 veröffentlichten Maßmann[30] und Hoffmann[31] den vollständigen Text der *Genesis* nach W. Hoffmanns Ausgabe bietet gegenüber Maßmann den besseren Text.[32] Die Verse druckt er in Langzeilen.

1862 gab Diemer (wiederum in Langzeilen) einen Textabdruck der *Genesis* von M/K mit Nachzeichnungen der Illustrationen.[33] 1864 veröffentlichte er darüber hinaus den Text der Geschichte Josephs in Ägypten nach der Vorauer Handschrift.[34]

1888 besorgte Piper eine ‚kritische' Ausgabe des *Joseph* in Kurzzeilen nach W mit den Lesearten von V.[35]

1932 veröffentlichte Dollmayr eine Ausgabe von W in Kurzzeilen.[36]

1972 gab Smits eine Ausgabe von W in Langzeilen heraus.[37] Ihrem Text gab sie einen Abdruck der Handschrift mit Hervorhebung der Abschnittsinitialen synoptisch bei, in dem die Zeilenabteilung von W beibehalten ist.

1.2 Lokalisierung und Datierung von Text und Handschriften

1.2.1 Lokalisierung

Die ältere Forschung war sich darin einig, dass der Ursprung aller drei Handschriften und des Textes in Österreich anzusetzen sei, bzw. im bairisch-österreichischen Sprachraum (eventuell in Kärnten). Der neuere paläographische Ansatz von Karin Schneider bestätigt diese Lokalisierung für alle drei Handschriften.[38]

---

30 Hans Ferdinand Maßmann (Hrsg.): Deutsche Gedichte des zwölften Jahrhunderts und der nächstverwandten Zeit. Teil 2. Quedlinburg/Leipzig 1837, S. 235–342.
31 Heinrich Hoffmann: Fundgruben für Geschichte deutscher Sprache und Literatur. Teil II. Breslau 1837.
32 Smits: Die frühmittelhochdeutsche Wiener Genesis (wie Anm. 14), S. 14.
33 Diemer: M/K. I. und II. (wie Anm. 7).
34 Joseph Diemer: Beiträge zur älteren deutschen Sprache und Literatur. XX.: Geschichte Josephs in Aegypten nach der Vorauer Handschrift. In: Sitzungsberichte der kaiserlichen Akademie der Wissenschaften. Philosophisch-historische Classe. Siebenundvierzigster Band. (Jahrgang 1864. Heft I und II). Wien 1864, S. 636–687.
35 Paul Piper: Das Gedicht von Joseph nach der Wiener und der Vorauer Handschrift. ZfdPh 20 (1888), S. 257–289 und S. 430–481. Zum editorisch-kritischen Verfahren Pipers s. u. S. LIf.
36 Dollmayr: Die altdeutsche Genesis (wie Anm. 3).
37 Smits: Die frühmittelhochdeutsche Wiener Genesis (wie Anm. 14).
38 Karin Schneider: Gotische Schriften in deutscher Sprache. I. Vom späten 12. Jahrhundert bis um 1300. Wiesbaden 1987, S. 37–44 und 85–88.

Die nähere Bestimmung der Lokalisierung des Textes bzw. der Handschriften ist jedoch umstritten: MENHARDT ist der Meinung, dass alle drei Handschriften im Auftrag Heinrichs des Löwen in Regensburg entstanden seien.[39]

HENSCHEL weist für die Handschrift M/K auf Merkmale ihres Sprachgebrauchs hin, die für ihn eine Lokalisierung des Originaltextes im mittelfränkischen Raum begründet, im Nordwesten des mitteldeutschen Sprachgebiets, also vorzüglich im ripuarischen.[40]

SMITS kritisiert Henschels Untersuchung, weil dieser das Stemma Diemers nicht in Betracht zieht. Die von Henschel beobachteten fränkischen Merkmale im Text von M/K hält sie nicht für original, sondern für Spuren einer M/K vorausliegenden mittelfränkischen Bearbeitung des Originals.[41] Auch das Verhältnis zur Vulgata[42] und der Wortgebrauch des Autors seien bei Henschel nicht immer berücksichtigt.[43]

Eine neue kritische Prüfung der sprachlichen Argumente Henschels führt SÜNGER zu dem Ergebnis, dass nur die Möglichkeit bleibe, eine oberdeutsche Herkunft des Originaltextes der *Genesis* anzunehmen.[44]

VOSS glaubt, dass die Handschrift M/K aufgrund ikonographischer Parallelen in die Salzburger Kunstprovinz gehöre.[45]

Für die *Gesta Friderici* der Vorauer Handschrift gilt der Vorauer Propst Bernhard I. (1185–1202) gesichert als Auftraggeber. Auch für den deutschen Teil der Handschrift, dessen Schrift von jener der *Gesta Friderici* allerdings deutlich abweicht, sah der Vorauer Stiftsbibliothekar PIUS FRANK Propst Bernhard als Auftraggeber und sogar als Hauptschreiber an.[46]

---

[39] Hermann Menhardt: Die Bilder der Millstätter Genesis und ihre Verwandten. In: Festschrift R. Egger. Klagenfurt 1954, S. 336–371; ders.: Zur Herkunft der Vorauer Handschrift. Abhandlungen III. PBB (Tü.) 80 (1958), S. 48–66.
[40] Erich Henschel: Mittelhochdeutsche Kleinigkeiten. 2. PBB (Ha.) 75 (1953), S. 489ff.; ders.: Zur Heimat des Dichters der ‚Wiener Genesis'. PBB (Ha.) 77 (1955), S. 147ff.; ders.: Weitere Beobachtungen und Vorschläge zum Text der ‚Wiener Genesis'. PBB (Ha.) 85 (1963), S. 417ff.
[41] Smits: Die frühmittelhochdeutsche Wiener Genesis (wie Anm. 14), S. 19.
[42] Smits: Die frühmittelhochdeutsche Wiener Genesis (wie Anm. 14), S. 19.
[43] Smits: Die frühmittelhochdeutsche Wiener Genesis (wie Anm. 14), S. 20f.
[44] Sünger (wie Anm. 19), S. 14.
[45] Voss (wie Anm. 15), S. 23. Diese These hat Zustimmungen gefunden. Papp: Codex Vindobonensis 272 (wie Anm. 9), S. 10, und Otto Mazal: Von der „Wiener Genesis" zur „Millstätter Genesis". Beobachtungen zur spätantiken und mittelalterlichen Bibelillustration. Biblos 33 (1984), S. 214f.
[46] Das sind die Hauptthesen des in Anm. 27 genannten Buches von Pius Fank.

MENHARDT hält hingegen an seiner These fest, dass durch den Vorauer Propst Konrad II. (1282–1300) die Handschrift V aus Regensburg über Salzburg nach Vorau gekommen sei.[47]

1.2.2 Datierung

Das Gedicht, das in den drei Handschriften aus dem 12. Jahrhundert überliefert ist, stammt aus der zweiten Hälfte des 11. Jahrhunderts.[48] WACKERNAGEL hat anhand V. 287/288 **O**uch hat der chunig ze site / daz pischtům mahilen darmite darauf hingewiesen, dass der Text mit dieser Erwähnung der Laieninvestitur vor dem Wormser Concordat (1122) abgefasst sein muss.[49] Unter der hypothetischen Voraussetzung, dass der Dichter zur päpstlichen Partei gehört haben könnte, nimmt HOFFMANN ein Entstehungsdatum an, das schon vor dem ersten Vertrag liegt, den der Papst am 5. Februar 1111 mit den Abgeordneten Heinrichs abschloss, oder sogar schon vor Gregors VII. Verbot der Investitur geistlicher Ämter und Würden am 22. Februar 1075.[50] Die genaueren zeitlichen Bestimmungen schwanken zwischen 1060 und 1080.[51] MENHARDT bestimmt die Fassung *WM auf etwa 1175 und hält die Bilder von M/K für zwanzig Jahre jünger.[52] Aufgrund der Zeichnungen der zweiten Hand in W (5. bis 7. Bild) kommt VOSS dagegen zu einer Datierung auf das Jahr 1170, während die Zeichnungen des ersten Miniators etwa um ein Jahrzehnt früher entstanden seien.[53]

---

47 Hermann Menhardt: Die Vorauer Handschrift kam durch Propst Konrad II. (1282–1300) aus dem Domstift Salzburg nach Vorau. PBB (Tü.) 78 (1956), S. 116–159.
48 Dollmayr: Die altdeutsche Genesis (wie Anm. 3), S. VIII.
49 Wilhelm Wackernagel: Altdeutsches Lesebuch. Basel 1873, S. XIII.
50 Heinrich Hoffmann (wie Anm. 31), S. 9 und auch Gustav Ehrismann: Geschichte der deutschen Literatur bis zum Ausgang des Mittelalters. Teil II, 1. München 1922, S. 88.
51 Paul Piper: Die geistliche Dichtung des Mittelalters 1. Die biblischen und Mariendichtungen. Berlin/Stuttgart 1888, S. 89. Z. B. Diemer legt die Datierung „in dem letzten Viertel des elften Jahrhunderts" (bzw. 1080–1090) fest, wobei er die Möglichkeit der früheren Datierung wegen der Altertümlichkeit der Sprache, des Versbaues und Reimes nicht für ausgeschlossen hält. Diemer: M/K I. (wie Anm. 7), S. VII f. Ferner referiert Smits die verschiedenen Datierungen der Forscher (Maurer, De Boor und Soeteman). Smits: Die frühmittelhochdeutsche Wiener Genesis (wie Anm. 14), S. 16.
52 Menhardt: Bilder (wie Anm. 39), S. 361.
53 Voss (wie Anm. 15), S. 118.

W gilt jedenfalls als die älteste Handschrift, die in der älteren Forschung in die erste Hälfte des 12. Jahrhunderts datiert wurde.[54] In der neueren Forschung setzt man W in die zweite Hälfte des 12. Jahrhunderts bzw. in das letzte Viertel des 12. Jahrhunderts.[55] Ebenso wird auch V in das letzte Viertel des 12. Jahrhunderts datiert,[56] M/K ans Ende des 12. Jahrhunderts[57] bzw. in die Jahre zwischen 1180[58] und 1200/1210.[59]

1.2.3 Autorschaft

Der Autor nennt sich selbst nicht, aber diese Anonymität ist in der frühmittelhochdeutschen Dichtung nicht ungewöhnlich. Der Autor ist wahrscheinlich ein Geistlicher, weil er außer der Vulgata theologische Quellen in dem Gedicht verarbeitet hat und auch vom Predigtstil beeinflusst ist.[60] Seine offene und unbefangene Art der Äußerung über geschlechtliche Verhältnisse deutet DIEMER als „Mangel feiner Bildung, in argloser Einfalt und mit schlichten, trockenen Worten"[61]. Diemer meint, dass der Autor zwar keineswegs ein Priester gewesen sein müsse, aber die Wahrscheinlichkeit sehr groß sei, teils aufgrund des frommen Inhalts, teils nach den damaligen wissenschaftlichen und kirchlichen Verhältnissen.[62] RUPP zweifelt jedoch an dem geistlichen Stand des Autors.[63]

---

54 Diemer: M/K. I. (wie Anm. 7), S. III. und Viktor Dollmayr: Die Sprache der Wiener Genesis. Eine grammatische Untersuchung. Straßburg 1903, S. 1.
55 Die paläographische Untersuchung von Schneider bestätigt diese Datierung nach teilweise „sehr modernen frühgotischen Schriftkriterien und ihrem Vergleich mit datierbaren lateinischen Codices des bairisch-österreichischen Raums". Sie stellt auch fest, dass kein zwingender Grund aus paläographischer Sicht besteht, die Wiener Handschrift für wesentlich älter als die Vorauer zu halten. Schneider (wie Anm. 38), S. 44.
56 Schneider (wie Anm. 38), S. 37.
57 Diemer nimmt diese Datierung aufgrund der Schriftweise an. Diemer: M/K. I. (wie Anm. 7), S. II.
58 Menhardt: Bilder (wie Anm. 39), S. 345.
59 Voss (wie Anm. 15), S. 109 und Schneider (wie Anm. 38), S. 88. Aufgrund der Begründungen von Voss und Schneider kommt Schröder zum Schluss, M/K um 1200 zu datieren. Christian Schröder: Der Millstätter Physiologus. Text, Übersetzung, Kommentar. Würzburg 2005, S. 19.
60 Vogt (wie Anm. 12), S. 269; Ehrismann (wie Anm. 50), S. 83f; Rainer Gruenter: Der paradisus der Wiener Genesis. Euphorion 49 (1955), S. 138.
61 Diemer: M/K. I. (wie Anm. 7), S. XII.
62 Diemer: M/K. I. (wie Anm. 7), S. XIII.
63 Heinz Rupp: Deutsche religiöse Dichtungen des 11. und 12. Jahrhunderts. Untersuchungen und Interpretationen. Freiburg 1958, S. 296.

SCHERER vertritt die Auffassung, dass das Werk eine Zusammenarbeit von sechs Autoren sei.[64] Seine Schüler RÖDIGER und PNIOWER versuchten die Hypothese von Scherer durch Reim- und Quellenuntersuchungen zu stützen und bauten sie weiter aus. RÖDIGER nimmt noch einen weiteren Dichter an, der das erste Gedicht ab V. 526 übernahm.[65] PNIOWER lehnt diese Hypothese von sieben Autoren ab und geht wieder auf Scherers Sechszahl zurück.[66] In fast der gleichen Zeit, in der Scherer seine Hypothese aufstellte, behauptete VOGT die alleinige Autorschaft.[67] Auch JOACHIM verteidigte die Einheitlichkeit des Textes.[68] Scherers Hypothese ist schon früh von der Allgemeinheit abgelehnt worden, und VOGTS Standpunkt setzte sich durch die Untersuchungen von WELLER,[69] DOLLMAYR[70] und BEYSCHLAG[71] endgültig durch.[72]

1.3 Zu den Quellen

„Seitdem DIEMER 1867 auf das lateinische Bibelepos *De initio mundi* des gallischen Bischofs Avitus († 523) hingewiesen hatte, galt dieser Text allgemein als wichtigste [exegetische] Vorlage der deutschen Genesis-Dichtung".[73] WELLER unterstützt diese Meinung Diemers und vergleicht darüber hinaus den W-Text auch mit Isidors *Etymologien*, Hrabans *De universo*, Lactanz' *De opificio Dei*[74] und weist weiterhin auf einige andere Schriften hin (Beda, Gregor, Remigius, Angelom, Adso).[75] BEYSCHLAG legt ebenfalls, die These WELLERS stützend, großen

---

64 Wilhelm Scherer: Zu Genesis und Exodus. Geistliche Poeten der deutschen Kaiserzeit I. Straßburg/London 1874, S. 7–58.
65 Max Rödiger: Die Wiener Genesis. ZfdA 18 (1875), S. 263f.
66 Otto Pniower: Zur Wiener Genesis. Diss. Berlin 1885, S. 2ff.
67 Vogt (wie Anm. 12), S. 268f.
68 Johannes Joachim: Zur altdeutschen Genesis. Ein Beitrag zu einer Poetik der frühmittelhochdeutschen Dichtung. Diss. Berlin 1893, S. 3f.
69 Alfred Weller: Die frühmittelhochdeutsche Wiener Genesis nach Quellen, Übersetzungsart, Stil und Syntax. Berlin 1914.
70 Dollmayr: Sprache (wie Anm. 54).
71 Siegfried Beyschlag: Die Wiener Genesis. Idee, Stoff und Form. Akademie der Wissenschaften in Wien. Philosophisch-historische Klasse. Sitzungsberichte 220. Bd 3. Wien/Leipzig 1942.
72 Dollmayr: Die altdeutsche Genesis (wie Anm. 3), S. X.
73 Eßer (wie Anm. 15), S. 15f. Mit Verweis auf Joseph Diemer: Zu Genesis und Exodus. SB Wien 55 (1867), S. 331–337.
74 Weller (wie Anm. 69), S. 41–86; Ehrismann (wie Anm. 50), S. 80.
75 Weller (wie Anm. 69), S. 85; Johann Kelle: Geschichte der Deutschen Literatur von der ältesten Zeit bis zum 13. Jahrhundert. Bd. 2. Berlin 1896, S. 21f.

Wert auf Avitus als wichtige inhaltlich-exegetische Quelle, verweist aber darauf, dass die Darstellungsart des Avitus keinen stilistischen Einfluss auf den Dichter von W habe.[76]

In der neueren Forschung wird Avitus als Quelle mehr und mehr in Frage gestellt: WELLS lehnt die oben genannte Ansicht Beyschlags als „nicht mehr haltbar" ab.[77] HENNIG meldet Zweifel an, ob wirklich die Dichtung des Avitus die stoffliche Grundlage für einzelne Partien von W abgegeben habe.[78] Die neben der Bibel benutzten Quellen hätten nach HENSING nur für Einzelnes Stoff- und Gedankengut geliefert und keinen Einfluss auf Reihenfolge und Anordnung der Erzählung.[79] FREYTAGS Untersuchung der Allegorik des Textes ergibt, dass Avitus für die allegorischen Partien der *Frühmittelhochdeutschen Genesis* (W) auf keinen Fall maßgeblich sei.[80] Auch MURDOCH bezweifelt die Rolle des Avitus und meint, „that the influence of Avitus has been greatly overestimated in former research"[81]. EßER und GUTFLEISCH-ZICHE sind der gleichen Ansicht.[82]

Auch wenn andere Quellen als Avitus nicht so eindeutig wie dieser abgelehnt werden müssen,[83] fällt jeder Nachweis direkter Abhängigkeit im Einzelfall schwer, weil sich „wörtliche Anklänge" auch aus der fast gleichen Thematik

---

76 Beyschlag (wie Anm. 71), S. 126f.
77 David A. Wells: Die Erläuterung frühmittelhochdeutscher geistlicher Texte: Probleme und Methoden. Mit Beispielen aus der Sintflutüberlieferung. In: Studien zur frühmittelhochdeutschen Literatur. Cambridger Colloquium 1971. Hrsg. von L.P. Johnson/H.-H. Steinhoff/R. A. Wisbey. Berlin 1974, S. 163.
78 Ursula Hennig: Zur Gattungsbestimmung frühmittelhochdeutscher alttestamentarischer Dichtungen. In: Studien zur frühmittelhochdeutschen Literatur. Cambridger Colloquium 1971. Hrsg. von L.P. Johnson/H.-H. Steinhoff/R. A. Wisbey. Berlin 1974, S. 140ff.
79 Dieter Hensing: Zur Gestaltung der ‚Wiener Genesis'. Amsterdam 1972, S. 2.
80 Hartmut Freytag: Die Theorie der allegorischen Schriftdeutung und die Allegorie in deutschen Texten des 11. und 12. Jahrhunderts. Bern/München 1982 (= Bibliotheca Germanica. 24), S. 77.
81 Brian Murdoch: The Fall of Man in the Early Middle High German Biblical Epic: the 'Wiener Genesis' and the 'Anegenge'. Göppingen 1972, S. 157.
82 Eßer (wie Anm. 15), S. 6; Barbara Gutfleisch-Ziche: Volkssprachliches und bildliches Erzählen biblischer Stoffe. Die illustrierten Handschriften der Altdeutschen Genesis und das Leben Jesu der Frau Ava. Frankfurt am Main 1997 (= Europäische Hochschulschriften: Publications universitaires européennes/Reihe I, Deutsche Sprache und Literatur = Langue et littérature allemandes = German language and literature), S. 108.
83 Isidors *Etymologien* und Hrabans *De Universo* als Quellen erwähnt Wisbey auch. Roy A. Wisbey: Wunder des Ostens in der ‚Wiener Genesis' und in Wolframs ‚Parzival'. In: Studien zur frühmittelhochdeutschen Literatur. Cambridger Colloquium 1971. Hrsg. von L.P. Johnson/H.-H. Steinhoff/R. A. Wisbey. Berlin 1974. S. 194. Murdoch besteht auf „the work of Gregory the Great" als die Quelle des Sündenfalls in W. Murdoch (wie Anm. 81), S. 167.

ergeben müssten und weil der Dichter sein Wissen aus zweiter oder dritter Hand haben könnte.[84]

Selbstverständlich ist außer den außerbiblischen Textvorlagen der Natur der Sache gemäß die Vulgata als die Hauptquelle der Dichtung zu konstatieren, vgl. z. B. Wells.[85] EßER setzt sich darüber hinaus mit der Annahme der älteren Forschung[86] auseinander, dass die *Vetus Latina* die Vorlage gebildet habe.[87] Er widerlegt diese Annahme und führt die Ursache dafür auf die Annahme zurück, dass Lesungen nach der *Vetus Latina* „durch tausendfaches Abschreiben und Kompilieren" in Lesungen der Vulgata eingedrungen sein könnten.[88]

1.4 Vers

1.4.1 Verslänge

Seit HEUSLER gilt das Grundmaß des Vierheber-Schemas als Norm des frühmittelhochdeutschen Verses.[89] Auch HENNIG bestimmt die sehr verschiedenartigen Verse von W nach diesem Vierheber-Schema als „Normalmetrum"[90], obwohl etwa 1000 Verse in W nicht vierhebig skandiert werden können.[91] In der Tat scheinen viele Verse teils mehr, teils weniger als vier Hebungen zu haben. Weil es an einer festen Norm für das Metrum fehlt, stellte VOGT fest, bei der Betrachtung der metrischen Form der *Frühmittelhochdeutschen Genesis* komme es nur darauf an, „ungefähr das Verhältnis der regelmäßig gebauten Verse zu den unregelmäßigen zu bestimmen, den äußersten Grenzen der Freiheiten des Versbaues nachzugehen und zu untersuchen, inwieweit etwa die Überlieferung an einzelnen Unregelmäßigkeit des Metrums Schuld trägt"[92].

---

84 Eßer (wie Anm. 15), S. 16.
85 Wells (wie Anm. 77), S. 162.
86 Hierzu ausführlich bei Eßer (wie Anm. 15), S. 17.
87 Eßer (wie Anm. 15), S. 17–19.
88 Eßer (wie Anm. 15), S. 19.
89 Andreas Heusler: Deutsche Versgeschichte. Bd. II. Berlin/Leipzig 1927, S. 74; Otto Paul/Ingeborg Glier: Deutsche Metrik. 9. Auflage. Regensburg 1974, S. 48f.
90 Ursula Hennig: Untersuchungen zur frühmittelhochdeutschen Metrik am Beispiel der Wiener Genesis. Tübingen 1968, S. 35f.
91 Hennig: Metrik (wie Anm. 90), S. 42.
92 Vogt (wie Anm. 12), S. 252.

1.4.2 Reim

Schon in der zweiten Hälfte des 19. Jahrhunderts hielt VOGT das kritische Vergleichen der Handschriften für „die unerlässliche Vorbedingung für jede weitere Untersuchung des Gedichtes"[93], um die Freiheiten in Vers und Reim zu erfassen.[94] Seine aufgrund von DIEMERS Anmerkungen angewandte Methode der Stellenanalyse, in der der Reim als ein wichtiges Kriterium für die Lesart eine große Rolle spielt, ist sehr bemerkenswert, aber seine Untersuchung beschränkt sich auf den Teil des Gedichtes (ab der Josephsgeschichte), für den V zum Vergleich mit W zu Rate gezogen werden kann, weil M/K „für die Kritik von sehr untergeordneter Bedeutung" sei.[95] Vogt zieht dabei auch die Alliteration der Reimwörter von W mit in Erwägung.[96]

Etwa ein Vierteljahrhundert später widmete sich DOLLMAYR der Reimuntersuchung von W.[97] Er führt das ganze Reimmaterial von W in Kategorien gesondert auf, um eine sichere Übersicht der Reime zu gewinnen:
- einsilbige Stammsilbenreime
- Stammsilben im Reim auf schwere Ableitungssilben
- Reime schwerer Ableitungssilben untereinander
- Stammsilben im Reim auf leichte Ableitungssilben
- schwere Ableitungssilben im Reim auf leichte
- Endsilbenreime

Dollmayr hat dabei den Text der Handschrift nirgends emendiert oder konjiziert, weil „eine Norm und Grenze für Verbesserungen nicht gefunden werden kann"[98]. HENNIG beurteilt Dollmayrs Methode der Reimbestimmung folgendermaßen: „Reim bedeutet ihm die völlige lautliche Kongruenz der jeweils letzten Silbe zweier Verse. Dabei geht er vom Ende der Silbe aus rückschreitend bis zum Silbenanfang. Übereinstimmungen zwischen den vorletzten Silben werden als Assonanzen registriert und ihrer lautlichen Eigenart entsprechend gruppiert. Der zweisilbige Reim erscheint als letzte, vollkommenste Stufe einer Tendenz zur Erweiterung des Reims über die letzte Silbe hinaus"[99]. Dabei kritisiert sie,

---

93 Vogt (wie Anm. 12), S. 209.
94 Vogt (wie Anm. 12), S. 209–271.
95 Vogt (wie Anm. 12), S. 210.
96 Vogt (wie Anm. 12), S. 249 ff.
97 Dollmayr: Sprache (wie Anm. 54).
98 Dollmayr: Sprache (wie Anm. 54), S. 48.
99 Hennig: Metrik (wie Anm. 90), S. 54.

ähnlich wie WESLE,[100] Dollmayrs Arbeit setze sich zwar kritisch mit den Anschauungen Friedrich Vogts auseinander, komme aber nicht zu grundsätzlich anderen Ergebnissen.[101]

In seiner Rezension zu Dollmayr weist JELLINEK auf die folgenden Punkte hin:
- Die Zahl der vokalisch unreinen Reime sei viel kleiner als Dollmayr annehme, und von ihnen ließen sich die meisten in gewisse Gruppen ordnen.
- Die Zahl der unreinen Stammsilbenreime sei etwas geringer als Dollmayr annehme.
- Dollmayr setze für die Endsilben volle Vokale voraus; das sei misslich.
- Die Zahlen der *l*-Reime seien nicht richtig angegeben.[102]

Aufgrund von Dollmayrs Reimuntersuchung in W ordnet BULTHAUPT die Reimtypen von M/K,[103] wobei er folgende Bemerkungen über den Reim in M/K macht:
- merkwürdiger Gebrauch der durch ein überschüssiges *n* verursachten Reimstörung
- Fehlen eines auslautenden *-t* in den Reimwörtern
- kein Gebrauch eines auslautenden *-s* im Reim
- ungewöhnliche Anfügung eines Konsonanten
- merkwürdige Einschiebung des *n*
- auffälliges Endsilben-*e* im Reim
- die im Reim gebrauchten besonderen Laute und Formen, z. B. *nn* für *nd*
- seltene Formen des kontrahierten Infinitivs im Reim[104]

WESLE trägt zur Reimuntersuchung der *Frühmittelhochdeutschen Genesis* mit zwei Punkten bei:
- Er weist nach, dass bei den konsonantischen Bindungen im allgemeinen Lenis mit Lenis, Fortis mit Fortis verbunden wird.
- Die Reimanalyse geht von der letzten hochtonigen Silbe innerhalb der beiden Reimverse aus, und Wesle untersucht, wieweit und mit welchen Mitteln die Klangbeziehung der beiden Reimpartner verwirklicht wird.[105]

---

[100] Karl Wesle: Frühmittelhochdeutsche Reimstudien. Jena 1925, S. 8; Hennig: Metrik (wie Anm. 90), S. 59.
[101] Hennig: Metrik (wie Anm. 90), S. 54.
[102] Max Hermann Jellinek: Rez. Dollmayr (1903). ZföG 55 (1904), S. 418–421.
[103] Fritz Bulthaupt: Millstätter Genesis und Exodus. Eine grammatisch-stilistische Untersuchung. Berlin 1912 (= Palaestra 72), S. 96–116.
[104] Bulthaupt (wie Anm. 103), S. 111 ff.
[105] Wesle (wie Anm. 100), S. 22–102.

PRETZEL bezeichnet vor allem die Reimtechnik der *Frühmittelhochdeutschen Genesis* als „Primitive Reimkunst"[106]. Er beurteilt die Reimtechnik von W abfällig: „Die Wiener Genesis zeigt ungefähr die unbekümmertste Reimtechnik, die man in irgend einem deutschen Reimgedichte finden kann, und ist so in der Geschichte des deutschen Reims ein außerordentlich charakteristisches und wichtiges Beispiel"[107]. Nach seiner Meinung ist der „Vokal der Stammsilbe der eigentliche Klangträger"[108]; Pretzel ordnet alle 3010 Reimpaare in W unter diesem Aspekt ein:
- reiner Reim: 1032 Mal (abgesehen von 9 besonders aufgeführten Fällen)
- Assonanz: 835 Mal (ohne ein- und zweisilbige Bindungen zu scheiden)
- Endsilbenreim: 784 Mal
- Reim von Hauptsilbe zu Endsilbe: 120 Mal (90 Fälle sind konsonantisch rein)
- primitiver Reim: 230 Mal[109]

Er teilt weiterhin im Ganzen 3264 Reime in M/K wie folgt auf:
- reiner Reim: 1606 Mal (abgesehen von 18 noch besonders aufgeführten Fällen)
- Assonanz: 1036 Mal
- Endsilbenreim: 431 Mal
- Reim von Hauptsilbe zu Endsilbe: 72 Mal (54 Fälle sind konsonantisch rein)
- primitiver Reim: 102 Mal[110]

Pretzel weist auf den Hauptunterschied von M/K gegenüber W hin, nämlich, „dass die Zahl der Endsilbenreime auf noch nicht vier Siebtel der ursprünglichen Zahl zurückgegangen ist (wo M[/K] sogar noch 254 Reimpaare mehr hat!)"[111].

HENSCHEL findet dagegen Pretzels Urteil über „die unbekümmertste Reimtechnik" von W problematisch und führt sie auf die Schwierigkeiten zurück, „vor die sich der Bearbeiter beim Herrichten einer mfrk. Dichtung zum Gebrauch im bair. Südosten gestellt sah, Schwierigkeiten, die gerade im Reim am grellsten in Erscheinung treten"[112].

Aber SMITS bezweifelt Henschels These aus folgenden Gründen: „Das Verhältnis der drei Überlieferungen zueinander wird nicht genügend berücksichtigt

---

106 Ulrich Pretzel: Frühgeschichte des deutschen Reims. Leipzig 1941 (= Palaestra 220), S. 161.
107 Pretzel (wie Anm. 106), S. 196.
108 Pretzel (wie Anm. 106), S. 33.
109 Pretzel (wie Anm. 106), S. 176–198.
110 Pretzel (wie Anm. 106), S. 210–224.
111 Pretzel (wie Anm. 106), S. 225.
112 Henschel: Zur Heimat (wie Anm. 40), S. 156f.

und die jüngere Umarbeitung M[/K] stillschweigend als maßgebend für das Ganze angesehen; das Verhältnis zum lateinischen Bibeltext (Vulgata) wird nicht beachtet; Wortgebrauch und Stil der ältesten überlieferten Fassung W fallen nicht ins Gewicht"[113].

HENNIG geht davon aus, dass ein vorsichtiger Vergleich zwischen Otfrieds Evangelienbuch und W, trotz des zeitlichen Abstandes und der dialektalen Verschiedenheit, die beide Werke voneinander trennen, durchaus möglich sei.[114] Unter dieser Voraussetzung ordnet sie die Reime in ein Schema von jeweils 1 bis 3 Silben ein.[115] Sie hält außerdem am vierhebigen Vers als Grundmuster fest, obwohl sie selbst erkennt, dass sich die Verse nicht dem von Heusler postulierten Viertaktschema fügen.[116] Ihre größte Leistung liegt aber nicht in der Einordnung der Reime, sondern gerade in der Untersuchung des Metrums in W (s.o.).

SMITS geht von der Einschätzung aus, dass der Reim in W eine gewisse Gesetzmäßigkeit habe:

> Das einzige, was sich mit Sicherheit feststellen lässt, ist, dass der Begriff des Reims in der uns überlieferten Wiener Genesis sehr weit gefasst werden muss und außerdem eine Anzahl der in W überlieferten Reimbindungen verderbt ist. Obwohl der Gebrauch vieler ungewöhnlicher Assonanzen es sehr schwierig macht, zwischen Echtem und nachträglich Entstelltem eine Grenze zu ziehen, ist es durchaus möglich, auf Grund der handschriftlichen Überlieferung eine – wenn auch beschränkte – Norm für Reimverbesserungen zu finden. Es zeugen nämlich viele Reime der Wiener Fassung von einer gewissen Gesetzmäßigkeit.[117]

Z. B. zeigt sie, dass manche Bindungen wie *-am : -anch* oder *-ût : -uot* sorgfältig vermieden wurden, während andere wie *Joseph : nieht* oder *liut : liep* immer wieder vorkommen.[118] Es scheint zwar möglich, eine gewisse Gesetzmäßigkeit in W festzustellen, aber die Beispiele allein reichen nicht aus, sie zu bestimmen, weil der Reim von M/K dabei kaum berücksichtigt wird.[119] Ohne den parallelen

---

113 Smits: Die frühmittelhochdeutsche Wiener Genesis (wie Anm. 14), S. 21f.
114 Hennig: Metrik (wie Anm. 90), S. 44.
115 Hennig: Metrik (wie Anm. 90), S. 56–82.
116 Ursula Hennig: ²VL 1 (1985), Sp. 282.
117 Smits: Die frühmittelhochdeutsche Wiener Genesis (wie Anm. 14), S. 71.
118 Smits: Die frühmittelhochdeutsche Wiener Genesis (wie Anm. 14). S. 71.
119 Smits hält den Wert der textlichen Überlieferung von M/K wegen der großen Anzahl der Abweichungen für beschränkt und stellt fest, dass eine zu große Berücksichtigung von M/K eher gefährlich als hilfreich wäre. Smits: Die frühmittelhochdeutsche Wiener Genesis (wie Anm. 14), S. 76f.

Vergleich zwischen W und M/K ist es schwer zu beurteilen, welche Norm für Reimverbesserung in W gelten soll. Ferner sagt Smits: „In manchen Fällen, wo die Reime der Wiener Genesis verdächtig scheinen, steht im Innern des Verses ein Wort, von dem man vermuten darf, dass es aus dem Reim verdrängt wurde". Hierzu verweist sie auf Verse 351, 1005, 1160, 1229 und 1870 nach ihrer Zählung (= Verse 700/701, 2009/2010, 2319/2320, 2457/2458 und 3735/3736 in der vorliegenden Ausgabe).[120] Dabei bleiben allerdings die in der Handschrift immer vorkommenden Reimpunkte unbeachtet. Schließlich kam Smits zu dem Schluss: „Die Reime der Wiener Genesis sind, wie sich zeigt, nicht ganz so chaotisch, wie man meinen könnte. Nach welchen Kriterien sich der Dichter oder sein Vorgänger gerichtet haben mag, ist aber im wesentlichen noch unbekannt"[121]. Ihre Annahme, „dass der Begriff des Reims in der uns überlieferten Wiener Genesis sehr weit gefasst werden muss" halte ich für berechtigt, aber ihre Argumente für eine gewisse Gesetzmäßigkeit wären noch näher zu überprüfen.

1.4.3 Dreireim

VOGT kennzeichnet den Dreireim (oder „dreifachen Reim") als ein Merkmal des Schlusses einer Strophe und als keine Seltenheit in der älteren geistlichen Dichtung:

> Am einfachsten wird sich diese Erscheinung aus jener bereits beobachteten Zerlegung der verlängerten Schlusszeile in zwei Halbverse mit je vier Hebungen erklären lassen, in dem der erste dieser beiden nicht mehr reimlos gelassen wurde: mit dem zweiten Halbverse gebunden, reimte er natürlich auf den vorletzten Vers. Die Genesis liefert die ersten Beispiele dieser Reimart, welche, bekanntlich auch bei einigen höfischen Dichtern nicht selten, besonders häufig in den älteren geistlichen Gedichten in freierer Anwendung hervortritt.[122]

Der Dreireim „bietet eine bemerkenswerte Analogie zu der vermuteten Entstehungsweise der Verse von mehr als vier Hebungen"[123].

Vogt geht ferner auf die Erklärung der verlängerten Verse ein und hält Scherers Annahme, sie sei aus der Einwirkung der Sequenz erklärbar, für unwahrscheinlich, „weil eine dichterische Form, welche überhaupt in die deut-

---

120 Smits: Die frühmittelhochdeutsche Wiener Genesis (wie Anm. 14), S. 72.
121 Smits: Die frühmittelhochdeutsche Wiener Genesis (wie Anm. 14), S. 74.
122 Vogt (wie Anm. 12), S. 260.
123 Vogt (wie Anm. 12), S. 260.

sche Poesie noch nicht eingeführt war, schwerlich auf deutsche Gedichte in anderer Form einen Einfluss ausgeübt haben kann, denn vor dem 12. Jahrhundert lässt sich keine Sequenz in deutscher Sprache nachweisen"[124]. Er zieht daraus eine Folgerung: „Die Verlängerung der Schlusszeile beruht auf einem musikalischen Prinzip, welches ebensowo[h]l auf dem Boden der nationalen Poesie zur Geltung kommen konnte und zur Geltung gekommen ist, wie in der Sequenz"[125].

Zur editorischen Behandlung des Dreireimproblems in der vorliegenden Ausgabe s. S. LXV–LXXIII.

1.5 Gliederungsfunktionen des Textes: Initialabschnitte, Rubra, Bilder und Bildlücken, Zahlenkomposition

Mit der Struktur der *Frühmittelhochdeutschen Genesis* beschäftigten sich die Forscher von den 1940er bis zu den 1960er Jahren. Sie unterscheiden sich nicht nur hinsichtlich ihrer Methodik, sondern auch in ihren Ergebnissen. Es ist vor allem umstritten, ob den Initialen und den für Illustrationen und Rubra[126] vorgesehenen Freiräumen der Handschrift Bedeutung zukommt und wenn ja, welche. Smits beschreibt die Forschungen zur Struktur von W ausführlich und geht davon aus, dass die Struktur der *Frühmittelhochdeutschen Genesis* nach den Initialen zu bestimmen sei.[127]

BEYSCHLAG hat sich Anfang der 1940er Jahre zuerst mit der Struktur der *Frühmittelhochdeutschen Genesis* (W) befasst.[128] Die Initialen sind in seine Interpretation noch nicht einbezogen. Er setzt als Prinzip der Struktur eine zentral gewichtete, nicht zahlensymbolisch gemeinte[129] Dreiteilung der *Frühmittelhochdeutschen Genesis* an. Er nimmt in vielen Fällen für den ersten und dritten Teil antithetisch gegenübergestellte Motive an. Obwohl auch Smits der Dreiteilung eine wichtige Rolle zugesteht, kritisiert sie Beyschlags Strukturanalyse:

---

124 Vogt (wie Anm. 12), S. 260.
125 Vogt (wie Anm. 12), S. 260f.
126 Zu Begriff und Funktion der Rubra s. S. XLVff.
127 Smits: Die frühmittelhochdeutsche Wiener Genesis (wie Anm. 14), S. 26–59.
128 Das Ziel seiner Arbeit ist allerdings nicht unmittelbar eine Herleitung der Struktur, sondern W als Kunstwerk nach ihrer dichtkünstlerischen Seite zu beschreiben und zu deuten. Beyschlag (wie Anm. 71).
129 Beyschlag (wie Anm. 71), S. 21.

Das von Beyschlag gefundene Gesamtbild jedoch, die Dreiteilung innerhalb eines dreifachen Rahmens, entbehrt einer befriedigenden Grundlage, eben weil die einzigen handschriftlich überlieferten Hinweise auf die Struktur des Gedichtes außer Acht gelassen wurden.[130]

Mit Beyschlags Strukturanalyse setzt sich MOESER nicht auseinander.[131] Moeser geht von der Frage aus, „ob und wieweit man von einem Aufbau der Wiener Genesis, von einer künstlerischen Form oder wenigstens von einem Wollen des Dichters, den Stoff zu gestalten, sprechen darf"[132]. Sie versucht, das Prinzip, das den Abschnitten zugrunde liegt, nicht in der Initialensetzung, sondern ausschließlich im Inhalt des Erzählten zu finden, weil sie die Form der Abschnitte aufgrund ihres sehr unterschiedlichen Umfangs für bedeutungslos hält.[133] Sie übernimmt die Termini ‚sukzessiv' und ‚simultan' des Kunsthistorikers Dagobert Frey[134] für die Art der Darstellung, da nämlich sowohl erzählende (sukzessive) als auch betrachtende (simultane) Abschnitte in W vorkommen. Sie bemerkt, dass „die Geschlossenheit des Werkes unter dem Wechsel von simultaner und sukzessiver Darstellung leidet"[135]. Im Ergebnis stellt sie das Scheitern ihrer Suche nach einer der *Frühmittelhochdeutschen Genesis* zugrunde liegenden Struktur fest. Moesers These einer simultanen und sukzessiven Darstellung der *Frühmittelhochdeutschen Genesis* wird von Sünger kritisiert. Sie meint, dass Moesers These auf einer Fehlinterpretation von Freys Terminologie beruht.[136]

VOSS weist nicht nur auf die Initialen, sondern auch zum ersten Mal auf die Funktion der Bilder und roten ‚Kapitelüberschriften'[137] von M/K als struktur-

---

130 Smits: Die frühmittelhochdeutsche Wiener Genesis (wie Anm. 14), S. 28.
131 Eva Moeser: Der kompositorische Aufbau der Wiener Genesis. Diss. masch. Tübingen 1947, S. 1.
132 Moeser (wie Anm. 131), S. 1.
133 Moeser (wie Anm. 131), S. 101.
134 Dagobert Frey: Gotik und Renaissance als Grundlagen der modernen Weltanschauung. Augsburg 1929.
135 Moeser (wie Anm. 131), S. 6.
136 Sünger (wie Anm. 19), S. 18–23.
137 Die Bezeichnung „Kapitel" erscheint aber nach Menhardt problematisch, weil „der aus der Scholastik übertragene Ausdruck ‚Kapitel' [...] für die Sinnesabschnitte der altdeutschen Genesis schief" sei. Menhardt: Rez. zu Voss, Millstätter Genesis (1962). AfdA 74 (1963), S. 21. Gutfleisch-Ziche nennt sie deshalb neutral „Großabschnitte", weil „die Verwendung ‚Kapitel' suggeriert, dass die in lateinischen Handschriften gebräuchliche Kapiteleinteilung auf die ‚Genesis' übertragen wurde, wie dies beispielsweise für die ‚Kaiserchronik' nachgewiesen

gliedernde Faktoren hin.[138] Sie ist der Ansicht, dass die Rubra nicht zu den Bildern, sondern zu den folgenden Textabschnitten gehören.[139] Abgesehen von wenigen Ausnahmen hält sie es dabei durchaus für möglich, die ‚Kapitel' von W und M/K miteinander zu vergleichen, weil sich ein Absatz mit ausgespartem Zeilenraum in W fast immer an der Stelle befindet, an der in M/K eine rote ‚Kapitelüberschrift' in den Text eingeführt ist.[140]

Bei der Untersuchung der ‚Kapitel' stellt sie fest, dass verschiedene Arten von Neuansätzen der Erzählung zu Beginn eines ‚Kapitels' beobachtet werden, die den äußeren Einschnitt zu unterstreichen und zu vertiefen vermögen. Sie gibt fünf Gesichtspunkte an:
– zeitliche Einschnitte
– lokale Einschnitte
– Neueinführung von Personen
– Wechsel der Blickrichtung innerhalb des Geschehensablaufs
– betontes Neu-Aufnehmen des Handlungsfadens

Allerdings gesteht sie zu, dass keiner dieser Gesichtspunkte zur verpflichtenden Regel für ‚Kapitel'-Einschnitte geworden ist.[141]

Darüber hinaus macht sie auf weitere gliedernde Elemente der Erzähltechnik aufmerksam. Insbesondere scheint „das Moment der Zuspitzung" eine Rolle zu spielen. Insgesamt bemerkt sie:

> Man möchte meinen, dass auf lange Strecken der Erzählung hin (besonders zu Anfang) die Einheit eines Kapitels ruhig sehr weit gespannt sein durfte, dass jedoch an anderen Stellen (vor allem dann in der Josephsgeschichte bei den Begegnungen mit den Brüdern) nicht häufig genug unterteilt werden konnte, wo nur irgend es etwas hervorzuheben gab.[142]

SÜNGER konnte der Ansicht der früheren Forschung nicht beipflichten, dass die Bearbeitung M/K, die nur geringfügige Auslassungen und Abweichungen gegenüber dem W-Text zeigt, lediglich eine Umarbeitung unter sprachlichen und reimtechnischen Gesichtspunkten sei.[143] Aufgrund der Beobachtung der in den Handschriften überlieferten Gliederung glaubt sie, dass „M[/K] den Umfang

---

werden konnte". Gutfleisch-Ziche (wie Anm. 82), S. 37. In der vorliegenden Ausgabe wird das Wort ‚Kapitel' nur für ‚Rubrum' verwendet, ohne auf solche Probleme einzugehen.
138 Voss (wie Anm. 15), S. 121–196.
139 Voss (wie Anm. 15), S. 127–132.
140 Voss (wie Anm. 15), S. 125.
141 Voss (wie Anm. 15), S. 142ff.
142 Voss (wie Anm. 15), S. 150.
143 Sünger (wie Anm. 19), S. 109.

einzelner *Kapitel* planmäßig geändert hat"[144]. Sie meint, dass zur Begründung dieser Annahme die Ergebnisse der neueren Forschung zur Zahlensymbolik und Zahlenkomposition herangezogen werden müssen, selbst wenn das für sie auch ohne Erfolg bleibt: „Die Suche nach dem für die Wiener und Millstätter Genesis maßgebenden Kompositionsprinzip blieb zwar erfolglos, so dass diese Studien über die Struktur der Genesisdichtungen keine letzte Klarheit zu geben vermochten"[145]. Sünger glaubt aber nachweisen zu können, dass die Zahlen 46 und 276 als symbolische Zahlen eine wesentliche Rolle für die Struktur beider Fassungen (W und M/K) gespielt hätten.[146] Sie misst dem Wort *leim* besondere Bedeutung bei, weil es in den drei ‚Kapiteln' (W 3 bis W 5=V. 215–444), in denen die Zahl 46 von besonderer Bedeutung ist,[147] siebenmal vorkommt. Smits hält diese Ergebnisse von Sünger für ungesichert und erhebt jeweils Einwände.[148] Abschließend argumentiert Smits mit dem Hauptgrund ihrer Kritik:

> Sowohl Hella Voss als auch Maria Therese Sünger lassen die hier in M[/K] fehlenden Verse[149] außer Betracht, ohne damit über die Richtigkeit von Diemers Interpolation entscheiden zu wollen. Die Frage nach eventuell vorhandenen symbolischen Zahlen kann aber nie befriedigend beantwortet werden, so lange solche textkritischen Probleme ungelöst am Rande stehen bleiben, denn wer sich nur nach Zahlen richtet, ist allen Tücken der Überlieferung ausgesetzt.[150]

Von dieser Skepsis geht die Strukturuntersuchung von SMITS aus. Sie stellt eine ausführliche Analyse der Initialen von W und V an.[151] Dabei geht es ihr in erster Linie um die in diesem Zusammenhang wenig berücksichtigte Handschrift V. Einzig Moeser erwähnte einmal, die Initialen von V seien oft des äußeren Aussehens wegen gesetzt worden.[152] Smits widersprach dieser Annahme mit dem Hinweis auf die besonderen Verhältnisse der Initialensetzung im Layout der Handschrift V.[153]

---

144 Sünger (wie Anm. 19), S. 109.
145 Sünger (wie Anm. 19), S. 109.
146 Sünger (wie Anm. 19), S. 83–90.
147 Sünger (wie Anm. 19), S. 97–99.
148 Smits: Die frühmittelhochdeutsche Wiener Genesis (wie Anm. 14), S. 39–41.
149 Gemeint ist der 104, 16 – 105, 16 durch Abirrung des Schreiberauges verursachte Ausfall von Versen, die (ohne Blattverlust) in der Vorlage etwa eine Seite gefüllt haben mögen. Diemer ergänzte nach V, s. Apparat der vorliegenden Ausgabe zu M/K 5642.
150 Smits: Die frühmittelhochdeutsche Wiener Genesis (wie Anm. 14), S. 42.
151 Smits: Die frühmittelhochdeutsche Wiener Genesis (wie Anm. 14), S. 42–59.
152 Moeser (wie Anm. 131), S. 109.
153 Smits: Die frühmittelhochdeutsche Wiener Genesis (wie Anm. 14), S. 43.

Smits unterteilt den „Text der Josephgeschichte in drei Abschnitte von ungefähr gleichem Umfang und von einer gewissen inhaltlichen Geschlossenheit", um den Vergleich der Initialensetzung in W und V zu erleichtern:
- V. 3446–4253 Die Geschichte Josephs bis zum Höhepunkt seiner Macht
- V. 4254–5175 Die Fahrten der Brüder nach Ägypten und Jakobs Einzug in dieses Land
- V. 5176–6062 Die weiteren Begebenheiten in Ägypten[154]

Das Hauptergebnis der besonders für den ersten dieser drei Teile detaillierten Analyse läuft darauf hinaus, dass die Einbeziehung der Initialensetzung von V für Strukturuntersuchungen zur *Frühmittelhochdeutschen Genesis* unumgänglich ist, insbesondere wenn es sich um die Frage einer möglichen Zahlenkomposition handelt. Zur Handschrift M/K bemerkt Smits im Besonderen: „Die Millstätter Handschrift spielt bei der Frage nach der Zuverlässigkeit der Initialabschnitte und Kapitelabgrenzung in W eine sehr geringe Rolle, da sie kein Licht auf das Verhältnis zwischen W und V werfen kann"[155]. Unbeschadet dieser Bemerkung hält Smits den textkritischen Wert von M/K bezüglich der Initialen für zuverlässiger als den von W und V.[156]

HENSING geht wie Sünger von einer zahlenkompositorischen und symbolbestimmten Gliederung in W aus,[157] die er auch verbindlich ausgemacht zu haben glaubt. Darauf ist hier nicht näher einzugehen.

---

154 Smits: Die frühmittelhochdeutsche Wiener Genesis (wie Anm. 14), S. 44 ff.
155 Smits: Die frühmittelhochdeutsche Wiener Genesis (wie Anm. 14), S. 54 f.
156 Kathryn Smits: Überlieferungsprobleme der Wiener Genesis und Millstätter Genesis. Seminar. A Journal of Germanic Studies. Volume V. Number 1. Toronto 1969, S. 59.
157 Hensing (wie Anm. 79), S. 27–120. Außer Fragen der Zahlenkomposition versucht er „von Erzähleinheit zu Erzähleinheit fortschreitend [...] das jeweilige Geflecht aller inhaltlichen, erzähltechnischen und formalen Gestaltungszüge aufzudecken, da erst die Beachtung des Zusammenhangs einen Einblick in die Arbeitsweise des Dichters und seine thematischen Intentionen gewährt". Ders., S. 5 f. Mit diesem Versuch setzt sich Zips kritisch auseinander. Manfred Zips: Göttlicher Heilsplan und menschliches Handeln. Zum Verständnis der Wiener Genesis. In: Österreichische Literatur zur Zeit der Babenberger. Vorträge der Lilienfelder Tagung 1976. Hrsg. v. Alfred Ebenbauer/Fritz Peter Knapp/Ingrid Strasser. Wien 1977, S. 297–318.

1.6 Bilder

1.6.1 Allgemein

M/K gilt als die älteste durchgängig illustrierte deutsche Handschrift überhaupt[158] und ist schon seit vielen Jahren von Germanisten und Kunsthistorikern aufgegriffen und untersucht worden.

Auch die für eine Vorlagenstufe erschlossene Handschrift *WM war vermutlich eine Bilderhandschrift, weil M/K auch im *Physiologus* in erheblichem Umfang mit Illustrationen versehen ist, nur in der *Exodus* nicht.[159]

V hat weder Bilder noch Rubra vorgesehen, sondern der Text enthält in seinem Inneren als optisches Gliederungsmittel lediglich einfache Initialen, deren Stellung von jener in W und M/K zum Teil deutlich abweicht.[160]

1.6.2 Zur Bebilderung in W

Auch W ist als Bilderhandschrift angelegt. Sie spart von einigen Ausnahmen abgesehen an denselben Textstellen Raum für nachzutragende Illustrationen und Rubra ein, wo M/K Bilder und Rubra hat.[161] Ausgeführt sind in W nur sieben Bilder ganz am Anfang des Textes bis Bl. 5b; mit ihnen hat es aber eine besondere Bewandtnis.[162]

---

158 Wolfgang Stammler: Wort und Bild. Studien zu Wechselbezeichnungen zwischen Schrifttum und Bildkunst im Mittelalter. Berlin 1962, S. 139 ff.
159 Voss lehnt aber das Bestehen einer illustrierten Mutterhandschrift (*WM) ab. Voss (wie Anm. 15), S. 51.
160 Dazu vgl. oben und Gutfleisch-Ziche (wie Anm. 82), S. 31.
161 Krachers Kommentar dazu: „Die Größe dieser freien Räume ist verschieden: Sie bewegt sich zwischen 5 und 12 Zeilen, nur zweimal überschreitet sie dieses Maß". Kracher (wie Anm. 10), S. 36; Dollmayr weist auf die Stellen dieses Überschreitens hin: „Einmal (28a) sind 18 Zeilen für ein Bild im Text vom Schreiber freigelassen worden und einmal (4b und 5a) zwei ganze Seiten". Dollmayr: Die altdeutsche Genesis (wie Anm. 3), S. IV.
162 Man vermutet, dass die Bilder in W von zwei verschiedenen Künstlern stammen (1–4 von der einen schlechten, 5–7 von der anderen guten Hand). Menhardt analysiert die Bilder in W unter dieser Einordnung. Menhardt: Bilder (wie Anm. 39), S. 364–369. Hermann schätzt die Qualität der beiden Zeichner: Die zwei Bilder des ersten Zeichners („Luzifer und die drei Erzengel" und „Engelsturz") zeugen trotz der Unbeholfenheit der Zeichnung von einer beachtenswerten Phantasie der Erfindung; alle drei Bilder des zweiten Zeichners gehören zu den Besten, was man an österreichischen Federzeichnungen des 12. Jahrhunderts besitzt. Hermann (wie

1.6.3 Zur Herleitung der Bilder in M/K

MENHARDTS Arbeit „Die Bilder der Millstätter Genesis und ihre Verwandten" ist in der Forschung die erste Spezialuntersuchung zu den Bildern von M/K. Menhardt nimmt – unterstützt durch Henschel – an, dass der Text auf der Grundlage einer mittelbyzantinischen Oktateuch-Handschrift illustriert worden sei.[163]

Voss befasste sich ebenfalls intensiv mit den Bildern von M/K und hält hingegen eine Cotton-Genesis-Handschrift für die ikonographische Vorlage der *Frühmittelhochdeutschen Genesis*.[164] Ob Menhardt oder Voss Recht hat, dürfte aber kaum zu entscheiden sein.[165]

MAZAL nimmt eine Stellung dazwischen ein und glaubt, dass sowohl die Oktateuch-Handschrift als auch die Cotton-Genesis-Handschrift in einer gemeinsamen Tradition stehen, in deren Zusammenhang auch die Vorlage für die Illustrationen der *Frühmittelhochdeutschen Genesis* WM zur Verfügung gestanden habe.[166]

1.6.4 Abhandlungen zu einzelnen Bildern und Bildkomplexen in M/K

PICKERING interpretiert die Bilder der Erschaffung Adams und der Paradieseserzählung, wobei er sich in seiner Veröffentlichung von 1956 mit Menhardt, dann in seiner zweiten Veröffentlichung von 1964 mit Voss auseinandersetzt.[167]

SCHADE beschäftigt sich mit Pickerings Interpretation kritisch und auch unter Berücksichtigung von Illustrationen derselben Szenen. Auf umfangreichen

---

Anm. 17), S. 237. Henkel kritisiert hingegen ihre Qualität. Henkel: Studien zum Physiologus im Mittelalter (wie Anm. 24), S. 68.
163 Menhardt: Bilder (wie Anm. 39), S. 329. Henschel, s. o. Anm. 40.
164 Voss (wie Anm. 15), S. 63. Zahlten unterstreicht aufgrund der Behauptung von Weizmann die Abhängigkeit aller illustrierten Schöpfungszyklen von der verlorenen Cotton-Genesis-Handschrift. Johannes Zahlten: Creatio mundi. Darstellungen der sechs Schöpfungstage und naturwissenschaftliches Weltbild im Mittelalter. Stuttgart 1979, S. 73f.
165 Eßer (wie Anm. 15), S. 23.
166 Mazal (wie Anm. 45), S. 210 und S. 215.
167 F. P. Pickering: Zu den Bildern der altdeutschen Genesis: Die Ikonographie der trinitas creator. ZfdPh 75 (1956), S. 23–34; ders.: Die Ikonographie der trinitas creator (II). ZfdPh 83 (1964), S. 99–114.

Forschungen zur Genesisillustration beruhend versucht er, einzelne Illustrationen, theologische und philosophische Hintergründe mitbeachtend, zu deuten.[168]

SCHWAB behandelt zwei Abrahamsszenen der *Frühmittelhochdeutschen Genesis*. Dabei zieht sie auch die Illustrationen heran.[169] Sie kommt zu dem Schluss:

> Die enge Zusammenarbeit zwischen dem Illuminator und dem Verfasser der *Frühmittelhochdeutschen Genesis* (also der Vorlage der *Wiener Genesis*), die sich in dem Text im Zusammenhang mit den Illustrationen der Millstätter Handschrift spiegelt, lässt vielleicht darauf schließen, dass der Erzähler mit dem Bildmaterial vertraut war, das dem Zeichner zur Auswahl vorlag [...].[170]

1.6.5 Erzähltechnische Funktion der Bilder

GUTFLEISCH-ZICHE bezweifelt fundamental die Annahme der bisherigen Forschung, „dass die Dichtung unabhängig von den Bildern geschaffen und nachträglich mit einem fertig vorgegebenen Bilderzyklus ausgestattet wurde"[171]. Sie stellte die These auf, „dass sich die Dichtung von vornherein auf die Bilder bezieht"[172].

MICHAEL CURSCHMANN reagiert positiv auf ihre These und postuliert die Funktion von Bildern „als Bestätigung der Dignität des volkssprachigen Texts"[173]. Ferner: „Das Bild motiviert und aktiviert den volkssprachigen Text in seiner Funktion als schriftwürdiger Sinnträger."[174]

NORBERT H. OTT affirmiert sowohl die These von Gutfleisch-Ziche als auch Gutfleisch-Ziches Einschätzung der Bilderfunktion durch Curschmann.[175] Auch er misst den Bildern der *Frühmittelhochdeutschen Genesis* einen ähnlichen Wert

---

[168] Herbert Schade: Das Paradies und die Imago Dei. In: Wandlungen des Paradiesischen und Utopischen. Studien zum Bild eines Ideals. Hrsg. v. H. Bauer u. a. Berlin 1966, S. 79–182.
[169] Ute Schwab: Zwei Abrahamsszenen der frühmittelhochdeutschen Genesis. In: Die mittelalterliche Literatur in Kärnten. Hrsg. v. P. Krämer. Wien 1981, S. 231–250.
[170] Schwab (wie Anm. 169), S. 245.
[171] Gutfleisch-Ziche (wie Anm. 82), S. 83.
[172] Gutfleisch-Ziche (wie Anm. 82), S. 83.
[173] Michael Curschmann: Wort – Schrift – Bild. Zum Verhältnis von volkssprachigem Schrifttum und bildender Kunst vom 12. bis zum 16. Jahrhundert. In: Mittelalter und frühe Neuzeit. Übergänge, Umbrüche und Neuansätze. Hrsg. v. Walter Haug. Tübingen 1999, S. 389.
[174] Curschmann (wie Anm. 173), S. 390.
[175] Nobert H. Ott: Vermittlungsinstanz Bild. Volkssprachliche Texte auf dem Weg zur Literarizität. In: Wolfram-Studien XIX. Text und Text in lateinischer und volkssprachiger Überlieferung des Mittelalters. Freiburger Kolloquium 2004. Hrsg. v. Eckart Conrad Lutz. Berlin 2006, S. 203f.

wie Gutfleisch-Ziche bei. Aufgrund von Curschmanns Forschung präzisiert er weiter die Rolle der Bilder. Im Bezug auf die Bilder der *Frühmittelhochdeutschen Genesis* sagt er:

> Wenn auch der volkssprachliche Text nun nicht mehr im Schlepptau lateinischer Texte und Bilder einherkommt, so ist doch noch immer der lateinische Hintergrund sichtbar, der bei *Genesis* wie *Physiologus* die Illustrationen veranlaßte und damit den deutschen Text auf dem Weg zu seinem Literarizitätsstatus ein Stück weit voranbrachte.[176]

1.6.6 Tabellarische Übersicht zum Bildbestand von MK und zu den Bildlücken in W[177]

W			
A1	Anbetung der Engelchöre	Ir	S. 2
A2	Luzifers Übermut	Iv	S. 4
A3	Luzifers Sturz	IIr	S. 6
A4	Christus zwischen Stifterpaar	4r	S. 20
B1	Büste eines heiligen Bischofs zwischen männlichem und weiblichem Besteller	4v	S. 22
B2	Heiliger mit ornamentiertem Nimbus und Schriftrolle, mit Segensgestus, zwischen zwei Bärtigen, einer davon mit Buch	5r	S. 24

W				M/K			
B3	Thronender Gott mit Kreuznimbus und Spruchband, dessen anderes Ende eine barfüßige mit Tunika und Pallium bekleidete Gestalt hält	5v	S. 26	Bild 1	Beschluss, den Menschen zu schaffen	3r	S. 27
	Lücke für Rubrum und Bild	6r	S. 30	Bild 2	Erschaffung Adams	3v	S. 31

---

176 Ott (wie Anm. 175), S. 204.
177 Die Bildtitel sind aus dem Verzeichnis der Bilder von Hella Voss (W: S. 44; M/K: S. 197–199) übernommen.

W				M/K			
Lücke für Rubrum und Bild	9r und 9v	S. 44	Bild 3	Beseelung Adams	6r	S. 45
Lücke für Rubrum und Bild	11r und 11v	S. 54	Bild 4	Adam zwischen dem Baum des Lebens und dem der Erkenntnis	8r	S. 55
Lücke für Rubrum und Bild	12v	S. 60	Bild 5	Adam gibt den Tieren Namen	9r	S. 61
Lücke für Rubrum und Bild	13r	S. 62	Bild 6	Erschaffung Evas	9v	S. 63
Lücke für Rubrum und Bild	13v und 14r	S. 66	Bild 7	Versuchung Evas	10r	S. 67
Lücke für Rubrum und Bild	15r	S. 72	Bild 8	Sündenfall	11r	S. 73
Lücke für Rubrum und Bild	16r	S. 76	Bild 9	Entdeckung	12r	S. 77
Lücke für Rubrum und Bild	19r	S. 90	Bild 10	Vertreibung aus dem Paradies	14v	S. 91
Lücke für Rubrum und Bild	21r und 21v	S. 100	Bild 11	Engel als Wächter am Paradiesestor	16v	S. 101
Lücke für Rubrum und Bild	22r	S. 102	Bild 12	Beilager Adams und Evas	17r	S. 103
Lücke für Rubrum und Bild	23v	S. 108	Bild 13	Geburt Kains	18r	S. 109
Lücke für Rubrum und Bild	25r	S. 114	Bild 14	Opfer Kains und Abels	19r	S. 115
Lücke für Rubrum und Bild	25v	S. 118	Bild 15	Brudermord	19v	S. 119
Lücke für Rubrum und Bild	28r	S. 128	Bild 16	Befehl an Noah zum Archebau	21r	S. 129

W				M/K			
	Lücke für Rubrum und Bild	28r	S. 128	Bild 17	Einzug in die Arche	21r	S. 129
	Lücke für Rubrum und Bild	29r und 29v	S. 134	Bild 18	Auszug aus der Arche	22r	S. 135
	Lücke für Rubrum und Bild	29v	S. 136	Bild 19	Noahs Dankopfer	22r	S. 137
	Lücke für Rubrum und Bild	30v und 31r	S. 140	Bild 20	Noahs Blöße und Hams Spott	23r	S. 141
	Lücke für Rubrum und Bild	31v	S. 144	Bild 21	Noahs Fluch über Ham	23r	S. 145
	Lücke für Rubrum und Bild	32v	S. 148	Bild 22	Turmbau zu Babel	24r	S. 149
	Lücke für Rubrum und Bild	33v	S. 152	Bild 23	Erwählung Abrahams	24v	S. 153
	Lücke für Rubrum und Bild	35r	S. 158	Bild 24	Verheißung an Abraham	25v	S. 159
	Lücke für Rubrum und Bild	36r	S. 162	Bild 25	Sara legt Hagar zu ihrem Mann	26r	S. 163
	Lücke für Rubrum und Bild	36v	S. 164	Bild 26	Geburt Ismaels	26v	S. 165
	Lücke für Rubrum und Bild	37r	S. 168	Bild 27	Gebot der Beschneidung	27r	S. 169
	Lücke für Rubrum und Bild	37v	S. 170	Bild 28	Besuch der drei Engel bei Abraham	27r	S. 171
	Lücke für Rubrum und Bild	38v	S. 174	Bild 29	Geburt und Beschneidung Isaaks	28r	S. 175
	Lücke für Rubrum und Bild	39r	S. 176	Bild 30	Hagar in der Wüste	28v	S. 177
	Lücke für Rubrum und Bild	40r	S. 180	Bild 31	Opferung Isaaks	29r	S. 181

XL —— Einleitung

W				M/K			
Lücke für Rubrum und Bild	41r	S. 184	Bildlücke	Saras Tod	29v	S. 185
Lücke für Rubrum	41v	S. 186	Bild 32	Abraham schickt seinen Knecht zur Werbung aus	30r	S. 187
Lücke für Rubrum und Bild	44r	S. 196	Bild 33	Rückkehr mit Rebekka	31v	S. 197
Lücke für Rubrum und Bild	44v	S. 200	Bild 34	Abrahams Tod	32r	S. 201
Lücke für Rubrum und Bild	45v	S. 204	Bild 35	Isaaks Gebet und die Geburt Esaus und Jakobs	32v	S. 205
Lücke für Rubrum und Bild	46r	S. 206	Bild 36	Jakob unterm Zelt	33r	S. 207
Lücke für Rubrum und Bild	47r	S. 210	Bild 37	Esau verkauft seine Erstgeburt	33v	S. 211
Lücke für Rubrum und Bild	47r und 47v	S. 212	Bild 38	Isaak und Rebekka vor Abimelech	34r	S. 213
Lücke für Rubrum und Bild	48r und 48v	S. 216	Bild 39	Isaak schickt Esau auf die Jagd	34v	S. 217
Lücke für Rubrum und Bild	49v	S. 220	Bild 40	Segnung Jakobs	35r	S. 221
Lücke für Rubrum und Bild	51r	S. 226	Bild 41	Esaus Rückkehr	36r	S. 227
Lücke für Rubrum und Bild	52v und 53r	S. 234	Bild 42	Jakobs Abschied	37v	S. 235
Lücke für Rubrum und Bild	53v	S. 236	Bild 43	Jakobs Traum von der Himmelsleiter	37v	S. 237
Lücke für Rubrum und Bild	54r	S. 240	Bild 44	Jakobs Gelübde zu Bethel	38r	S. 241
Lücke für Rubrum und Bild	54v	S. 242	Bild 45	Begegnung Jakobs und Rahels am Brunnen	38v	S. 243

Zur bisherigen Forschung — **XLI**

W				M/K			
Lücke für Rubrum und Bild	57v und 58r	S. 256	Bild 46	Rachel überlässt Jakob der Lea um Liebesäpfel	40v	S. 257
Lücke für Rubrum aber kein Platz für Bild	61r	S. 268	Bild 47	Jakobs Auszug aus Labans Haus	42v	S. 269
Lücke für Rubrum und Bild?	62r	S. 272	Kein Bild		43v	S. 273
Lücke für Rubrum und Bild	62v	S. 274	Bild 48	Laban sucht seine Götzen	43v	S. 275
Lücke für Rubrum und Bild	65r	S. 284	Bild 49	Jakobs Kampf mit dem Engel	45r	S. 285
Lücke für Rubrum und Bild	66v	S. 288	Bild 50	Begegnung Jakobs und Esaus	46r	S. 289
Lücke für Rubrum und Bild	68r	S. 296	Bild 51	Blutbad zu Sichem	47r	S. 297
Lücke für Rubrum und Bild	71r	S. 308	Bild 52	Geburt Benjamins und Rachels Tod	49r	S. 309
Lücke für Rubrum und Bild	72r	S. 312	Bild 53	Isaaks Tod	49v	S. 313
Lücke für Rubrum und Bild	73r	S. 314	Bild 54	Versöhnung zwischen Esau und Jakob	50r	S. 315
Lücke für Rubrum und Bild	74r und 74v	S. 320	Bild 55	Josephs erste Traumerzählung	51r	S. 321
Lücke für Rubrum und Bild	75v	S. 324	Bild 56	Josephs zweite Traumerzählung	51v	S. 325
Lücke für Rubrum aber kein Platz für Bild	76v	S. 330	Bild 57	Verkauf Josephs an die Ägypter	52r	S. 331
Lücke für Rubrum und Bild	77r und 77v	S. 334	Kein Bild		52v	S. 335

W				M/K			
Lücke für Rubrum und Bild	78v	S. 338	Bild 58	Verkauf Josephs an Potiphar	53v	S. 339
Lücke für Rubrum und Bild	81r und 81v	S. 350	Bild 59	Josephs Flucht vor der Frau des Potiphar	55r	S. 351
Lücke für Rubrum und Bild	82v	S. 354	Bild 60	Bäcker und Schenk in den Kerker geworfen	55v	S. 355
Lücke für Rubrum und Bild	84v	S. 364	Bild 61	Joseph als Traumdeuter zwischen Bäcker und Mundschenk	57r	S. 365
Lücke für Rubrum und Bild	85r und 85v	S. 368	Bild 62	Traum des Königs und Hinweis auf Joseph im Kerker	57v	S. 369
Lücke für Rubrum und Bild	86r und 86v	S. 372	Bild 63	Joseph vor dem König	58v	S. 373
Lücke für Rubrum und Bild	88v	S. 380	Bild 64	Joseph wird die Statthalterschaft über Ägypten verliehen	59v	S. 381
Lücke für Rubrum und Bild	89v	S. 386	Bild 65	Josephs Vermählung	60v	S. 387
Lücke für Rubrum und Bild	90v	S. 390	Bild 66	Joseph und seine Familie	61r	S. 391
Lücke für Rubrum aber kein Platz für Bild	91v	S. 394	Bild 67	Jakob schickt seine Söhne ohne Benjamin nach Ägypten	61v	S. 395
Lücke für Rubrum und Bild	93r	S. 402	Bild 68	Einkerkerung der Brüder Josephs	62v	S. 403
Lücke für Rubrum und Bild	93v	S. 404	Bild 69	Entlassung der Brüder aus dem Kerker	63r	S. 405
Lücke für Rubrum und Bild	94r und 94v	S. 408	Bild 70	Heimsendung, Simeon als Geisel zurückbehalten	63v	S. 409
Lücke für Rubrum und Bild	97v	S. 422	Bild 71	Zweite Ankunft der Brüder mit Benjamin bei Joseph	65v	S. 423

Zur bisherigen Forschung —— **XLIII**

W				M/K			
Lücke für Rubrum und Bild	99r	S. 428	Bild 72	Joseph erblickt Benjamin und wendet sich ab	66v	S. 429
Lücke für Rubrum und Bild	101r	S. 438	Bild 73	Joseph gibt sich den Brüdern zu erkennen	68r	S. 439
Lücke für Rubrum und Bild	103v	S. 448	Bild 74	Rückkehr mit dem Goldbecher	69v	S. 449
Lücke für Rubrum und Bild	105r und 105v	S. 456	Bild 75	Joseph mit seinen Brüdern vor dem König	70v	S. 457
Lücke für Rubrum und Bild	106v	S. 462	Bild 76	Judas übergibt seinem Vater Josephs Geschenke	71v	S. 463
Lücke für Rubrum und Bild	107v	S. 468	Bild 77	Aufbruch Jakobs und der Seinen nach Ägypten	72r	S. 469
Lücke für Rubrum und Bild	108r	S. 470	Bild 78	Gott erscheint Jakob im Traum	72v	S. 471
Lücke für Rubrum und Bild	110r und 110v	S. 480	Bild 79	Jakob und seine Söhne vor dem König	74r	S. 481
Lücke für Rubrum und Bild	111v und 112r	S. 486	Bild 80	Kornverkauf in der Hungersnot (unkenntlich)	74v	S. 487
Lücke für Rubrum und Bild	114r	S. 496	Bild 81	Joseph mit seinen Söhnen und Brüdern an Jakobs Sterbelager	75v	S. 497
Lücke für Rubrum und Bild	114v und 115r	S. 500	Bild 82	Jakobs Segen über Ephraim und Manasse	76r	S. 501
Lücke für Rubrum und Bild	116r	S. 506	Bild 83	Jakob segnet seine Söhne	76v	S. 507
Lücke für Rubrum und Bild	126v	S. 552	Bild 84	Seelenschoß der drei Patriarchen	83r	S. 553
Lücke für Rubrum und Bild	127r	S. 556	Bild 85	Totenklage um Jakob	83v	S. 557

W				M/K			
Lücke für Rubrum und Bild	128r	S. 560	Bild 86	Leichenzug nach Kanaan	84r	S. 561
Lücke für Rubrum und Bild	128v	S. 562	Kein Bild		84r	S. 563
Lücke für Rubrum und Bild	129v	S. 564	Bild 87	Josephs Tod	84v	S. 565

2 Zur Anlage der Handschriften

2.1 Rubra und Bilder

Die Handschrift M/K enthält im Zusammenhang mit den Bildern und Texten rote Überschriften, die ich Rubrum/Rubra nenne. Die Funktion der Rubra im Verhältnis zu den Bildern und zu den Texten ist umstritten. Sind die Rubra Bild- oder Kapitelüberschriften? In der Aufeinanderfolge von Bild und anschließendem Text könnte man meinen, dass sie für eine Einheit von Bild und dem folgenden Text stehen. Da es aber auch Rubra unmittelbar vor folgendem Text und ohne ein zwischengeschaltetes Bild gibt, wäre es denkbar, dass die Rubra, auch wo sie vor einem Bild stehen, eigentlich auf den Text und nicht auf das Bild zu beziehen sind (,Kapitelüberschriften'). Dann würde sich die Frage stellen, in welchem Verhältnis das Bild zum Rubrum bzw. zum Text steht. Als dritte Möglichkeit käme in Frage, dass das Rubrum vorrangig auf das Bild und erst nachrangig auf den Text zu beziehen sei (,Bildüberschrift'). Diese Fragen lasse ich offen und vermeide die Bezeichnungen ,Kapitelüberschrift' bzw. ,Bildüberschrift'. Stattdessen verwende ich den neutralen Ausdruck ,Rubrum/Rubra'.[178]

Folgende acht Kombinationen von Rubra mit oder ohne Bild und entsprechenden Lücken für Rubra mit oder ohne Bild sind in Gegenüberstellung von M/K und W möglich:

	W	M/K
1	Lücke für Rubrum + Bild	Rubrum + Bild
	80 Fälle: z. B. f. 6r vor Vers 215	80 Fälle: z. B. f. 3v Vers 220–221 + Bild 2
2	Lücke für Rubrum ohne Bild	Rubrum ohne Bild
	44 Fälle: z. B. f. 9r vor Vers 375	44 Fälle: z. B. f. 6r Vers 382–383
3	Lücke für Rubrum + Bild	Rubrum ohne Bild
	nur einmal f. 77r vor Vers 3610	nur einmal f. 52v Vers 3885–3886
4	Lücke für Rubrum + Bild	Rubrum + Lücke für Bild
	nur einmal f. 41r vor Vers 1891	nur einmal f. 29v Vers 2063–2066
5	Lücke für Rubrum ohne Bild	Rubrum + Bild
	3 Fälle: f. 61r vor Vers 2859	3 Fälle: f. 42v Vers 3090–3093 + Bild 47
	f. 76v vor Vers 3576	f. 52r Vers 3847–3850 + Bild 57
	f. 91v vor Vers 4254	f. 61v Vers 4583–4588 + Bild 67

---

178 Vgl. Anm. 20.

6	Lücke für Rubrum + Bild 2 Fälle: f. 62r zwischen Vers 2908 und 2909 f. 128v zwischen Vers 6031 und 6032	weder Rubrum noch Bild 2 Fälle: f. 43v zwischen Vers 3143 und 3144 f. 84r zwischen Vers 6430 und 6431
7	Bild nur einmal f. 5v vor Vers 171	Rubrum + Bild nur einmal f. 3r Vers 176–177 + Bild 1
8	Rubrum 2 Fälle: f. 41v vor Vers 1903 (ohne Lücke für Bild) f. 126v vor Vers 5948 (mit Lücke für Bild)	Rubrum + Bild 2 Fälle: f. 30r Vers 2079–2082 + Bild 32 f. 82v–83r Vers 6332–6333 + Bild 84

In der Regel gilt:

Rubrum — Bild — Text.

Von dieser Regel gibt es in der Handschrift M/K fünf Abweichungen, die je für sich kommentiert werden müssen.

1. Der wohl einfachste Fall liegt vor bei Rubrum 28, Bild 24. Hier hat die Handschrift die Folge: Rubrum — Text — Bild. Anscheinend ist hier versehentlich die normale Folge: Rubrum — Bild — Text vertauscht, indem der Text vor das Bild gestellt wurde. Entsprechend wird die normale Folge: Rubrum — Bild — Text in Diemers Ausgabe wiederhergestellt.

2. Bei Rubrum 23, Bild 19 erscheint auch hier wohl versehentlich die ‚Bildüberschrift' als ‚Bildunterschrift', nämlich nicht über, sondern unter dem Bild. Sie und das Bild stehen im einleuchtenden Zusammenhang mit dem folgenden Text.

3. Der gleiche Fall liegt vor bei Rubrum 109, Bild 80. Was das Bild darstellt, ist in der Handschrift kaum erkennbar. Die auf das Bild folgende ‚Bildüberschrift' steht aber als ‚Bildunterschrift' in nachvollziehbarem Zusammenhang mit dem folgenden Text.

4. Die Handschrift M/K zeigt bei V. 1401. 7 vor Beginn der Noah-Geschichte für das Folgende ein Rubrum: *Hie heuet sich daz andir bůch*.... Dem vorgeschaltet erscheinen zwei Bilder (16 und 17), jedes mit einem Rubrum, aber in beiden Fällen folgt nicht wie gewohnt auf das Bild ein Text. Insbesondere ist der auf das Rubrum folgende Text nicht einleuchtend auf das vor der Buchüberschrift stehende Bild (17) beziehbar. Die Klärung der Funktionszusammenhänge dieses Komplexes von Rubra, Bildern, Buchüberschrift und auf die Buchüberschrift folgendem Text erfordert eine eigene Untersuchung. Hier sei nur auf die Abweichung von der sonst gültigen Folge Rubrum – Bild – Text hingewiesen.

5. Die verworrenen Verhältnisse um das Bild 61 und das Rubrum 76 bedürfen einer ausführlichen Untersuchung auch im vergleichenden Blick auf die

Bildlücken in W. Nach dem Erscheinungsbild von M/K gibt es hier ein Rubrum ohne nachfolgenden Text. Stattdessen befindet sich unmittelbar unter dem Bild ein Rubrum ohne nachfolgendes Bild, das in inhaltlichen Einklang mit dem folgenden Text steht; ein Fall also, wie er auch sonst begegnet.

M/K enthält 87 Bilder und 132 Rubra. Gezählt wird nach den in M/K ausgeführten Rubra und Bildern. Bilder und Rubra erhalten je eigene Zählungen. Diese Zählungen gelten auch für die in W nicht ausgeführten Rubra und Bilder. Sie sind in den Handschriftenapparat zu M/K bzw. W verzeichnet.

2.2 Initialen

2.2.1 Handschrift W

Gliederungsmittel
Der Text der Handschrift ist gegliedert
- in ‚Bücher' ansatzweise durch dreizeilige Initialen (s. u.)
- in größeren Erzählabschnitte; diese umfassen die Abschnittsgruppen und Einzelabschnitte
- in Abschnittsgruppen zwischen den Bildern bzw. Rubra
- in Einzelabschnitte innerhalb der Abschnittsgruppen.

Die folgenden Angaben gelten nicht ausnahmslos, zeigen aber klare Tendenzen beim Einsatz von Initialen als Gliederungsmitteln.

Größenunterschiede
Dreizeilige Initialen:
- 1r: Beginn der Genesis, Seitenanfang
- 28v: Anfang der Geschichte Noahs, Seitenanfang (*Noe was ein gůt man ...*)
- 33v: Anfang der Geschichte Abrahams, Seiteninneres

Zweizeilige Initialen:
- regelmäßig nach Bild- bzw. Rubrumlücke
- regelmäßig am Anfang der Segen Jacobs (am Schluss der voranstehenden Zeile Raum freigelassen)

Einzeilige Initialen:
- regelmäßig innerhalb der Abschnittsgruppen; im Falle vom Satzanfang am Zeilenanfang ein wenig nach links aus dem Schriftspiegel herausgerückt

Färbung
Die Färbung der Initialen wechselt vielfältig; genaue Einzelangaben hierzu im Initialapparat zur Transkription W bei Smits.
- Zweifarbig rot/gelb, gelb/grün oder rot/grün, vornehmlich am Anfang der größeren Erzählabschnitte und Abschnittsgruppen, aber manchmal auch am Anfang der Einzelabschnitte. In der Tendenz nehmen bei den Initialen der Abschnittsgruppen einfarbige Initialen in Gelb ab Folio 8v zu, ab Folio 17v herrscht die Gelbfärbung vor
- am Anfang der Einzelabschnitte innerhalb der Abschnittsgruppen noch vielfach zweifarbig rot/gelb oder rot/grün
- einfarbig am Anfang der Einzelabschnitte, innerhalb der Abschnittsgruppen anfangs rot, dann tendenziell zunehmend gelb

2.2.2 Handschrift M/K

Gliederungsfunktionen
Am Anfang des Genesistextes (1r) steht ein dreizeiliges, auffällig großes, leicht über dem Schriftspiegel herausgerücktes N in Capitalis rustica. Dem entspricht am Anfang des *Physiologus* ein ebenfalls leicht herausgerücktes, vierzeiliges, mit floralen Elementen ausgeziertes I. Eine innere Einteilung in mehrere ‚Bücher', wie sie in W angedeutet scheint, lässt sich in M/K nicht belegen.

Im Übrigen hat M/K die gleiche Binnengliederung wie W (Abschnittsgruppen zwischen Bildern bzw. Rubra und Einzelabschnitte innerhalb der Abschnittsgruppen).

Größenunterschiede und Form
Es gibt keine Größenunterschiede zwischen Abschnittsgruppeninitialen und Initialen bei Einzelabschnitten. Die Initialen sind gegenüber der Textschrift deutlich vergrößert. Sie reichen in den oberen und unteren Zeilenzwischenraum und, wo sie nach einem Bild stehen, häufig weit in den Bildraum hinein.

Der Form nach haben sie meist unziale Gestalt, aber häufig erscheint auch Capitalis rustica oder quadrata. In beiden Gestalten sind sie gewöhnlich mit kleinen Zierelementen ausgestattet.

Rubra
Die Schrift der Rubra ist nicht nur durch die rote Färbung gegenüber der Textschrift hervorgehoben, sondern auch leicht vergrößert, besonders in der Breite. Die Initialen sind ausnahmslos rot.

2.2.3 Handschrift V

Gliederungsmittel
In V steht nur ein Teil der *Frühmittelhochdeutschen Genesis*. In die Kompilation der *Vorauer Bücher Moses* (s. o.) wird nur die zweite Hälfte der *Frühmittelhochdeutschen Genesis* als *Josephsgeschichte* übernommen. Dieser Teil setzt ohne Gliederungsmarkierung mit normaler Abschnittsinitiale (s. u.) unmittelbar anschließend an die voranstehende *Vorauer Genesis* ein.[179] Der Schluss der *Josephsgeschichte* ist in V mit dem Wort *Amen* gekennzeichnet, und entspricht damit dem letzten Rubrumvers in M/K

> *Got uns genade*
> *Amen.*

vor dem Schlussbild von M/K, das die Bestattung Jacobs darstellt.

Der jetzt folgende Teil der *Vorauer Bücher Mosis* schließt nun ohne jede Anfangsmarkierung und wiederum mit normaler Abschnittsinitiale an die Josephsgeschichte der Vorauer Handschrift an.

Binnengliederung
Eine Binnengliederung der Josephsgeschichte in V, wie sie in W und M/K angedeutet sein könnte (s. o., Anfang der Noah- und der Abrahamsgeschichte) ist in V nicht zu erkennen. V hat auch keine Abgrenzung von Abschnittsgruppen und Einzelabschnitten wie sie in W und M/K vorliegt.

Abschnittsgliederung
Als einziges Gliederungselement hat V Abschnittsinitialen.

Größenunterschiede und Form
Die Abschnittsinitialen sind sämtlich einzeilig.

---

[179] Am Anfang und am Schluss der letzten Zeile der Josephsgeschichte hat ein mittelalterlicher Benutzer Markierungen angebracht, die wohl den Schluss der Josephsgeschichte kennzeichnen sollen.

Färbung
Die Initialen sind abwechselnd rot, blau oder schwarz in beliebiger Folge der Farben; nur selten beginnen aufeinanderfolgende Abschnitte mit gleichfarbiger Initiale.

3 Zur vorliegenden Ausgabe

3.1 Die älteren Ausgaben

3.1.1 Handschrift W

Bei der Herstellung der vorliegenden Edition wurden für W die fünf folgenden Textausgaben berücksichtigt.

Hoffmann: Die Genesis nach W (= Ho)

Editionstext
Die Verse sind in Graffs unvollständigem Textabdruck (*Diutiska* III, 40–112) und der Wiener Handschrift 2721 in Langzeilen gezählt. Die Graff'schen Seitenzahlen werden in Klammern links am Rand hinzugefügt. Die Verszählung ist durchgehend links vom Text angegeben, Hoffmann zählt auch als neue Verszeile, wenn einige Wörter wegen der Drucktechnik nach unten verschoben sind. Mit Kursivschrift zeigt er Zweifelsfälle an. Die Fraktur wird angewandt, um offenbare Nachlässigkeiten der Schreiber und sonst entstandene Lücken zu ergänzen.

Apparat
Abweichungen von der Handschrift und Hinweise auf Lachmann (Zu den Nibelungen), Wackernagel (Altdeutsches Lesebuch), Vulgata, Grimm (Grammatik) und Fundgrube I werden im Apparat beigegeben.

Piper: Die Genesis nach W (= Pi[1])

Piper teilt die *Genesis* in zwei Teile auf:

    1. Schöpfung und Sündenfall, Kain und Abel, Noah, Abraham und Isaak und seine Söhne. In: *Die geistliche Dichtung des Mittelalters. Erster Teil. Die biblischen und die Mariendichtungen.* S. 87–193. **(= Pi[1])**

    2. Die Josephserzählung. *ZfdPh* 20. (1888), S. 257–289 und S. 430–481. **(= Pi[2])**

Editionstext
Die Verse sind in Kurzzeilen wiedergegeben. Die Verszahlen stehen durchgehend links vor dem Text. Pipers Verszählung weicht geringfügig von der vorliegenden Ausgabe ab: V. 1–3458. Piper markiert den Seitenwechsel in den Handschriften W und K (= M/K) in eckigen Klammern und ebenfalls in eckigen

Klammern die Seitenzahl der Herausgeber H (= Hoffmann), Dr (= Diemer M/K), D (= Diutiska III von Graff) links vom Text oder an ihrem jeweiligen Ort auch mitten im Vers.

Ab. V. 527 steht rechts die eigene Verszählung des jeweiligen Kapitels (Sündenfall; Kain und Abel; Noah; Abraham, Isaak und seine Söhne). Piper emendiert mehr Akzente (besonders den Zirkumflex und den Akut) als die anderen Herausgeber. Smits folgt dieser Emendation zum großen Teil.

Apparat
Abweichungen von der Handschrift und Hinweise auf die Varianten von W sowie alle Einzelheiten der Handschrift (z. B. Buchstabenlücken, leere Zeilen, nachgetragene Zeichen, Streichung, Rasur usw.) sind verzeichnet. Die emendierten Akzente (Zirkumflex und Akut) und deren Varianten sind auch hier angegeben.

Piper: Die Josephsgeschichte der Genesis nach W (= Pi²)

Editionstext
Die Verse sind in Kurzzeilen wiedergegeben. Die durchlaufende Verszählung der gesamten Genesis, die ab V. 3446 beginnt,[180] steht links, die der Josephserzählung steht rechts (V. 1–2625). Den Seitenwechsel markiert Piper genauso wie bei Pi¹, allerdings wird Sb (= Sitzungsbericht von Diemer V) hinzugefügt.

Auch hier emendiert Piper mehr Akzente (besonders Zirkumflex und Akut) als die anderen Herausgeber (Smits folgt wieder diesen Emendationen zum großen Teil).

Apparat
Abweichungen von den Handschriften W und V und Hinweise auf die Varianten von W und V sowie alle Einzelheiten der beiden Handschriften sind bei Piper mit nicht wenigen falschen Angaben verzeichnet.

---

[180] Pipers Zählung nach Kurzversen weicht allerdings geringfügig von der vorliegenden Ausgabe ab.

Dollmayr: Die Genesis nach W (= Do¹)[181]

Editionstext

Die Verse sind, in Orthographie und Akzenten der Wiener Handschrift getreu, in Kurzzeilen wiedergegeben. Die Zählung der Kurzzeilen ist links angegeben, die der Handschriften in Klammern (z. B. [24a]) an ihrem jeweiligen Ort, selbst innerhalb eines Wortes, wenn die Seite der Handschrift dort endet. Der leichteren Lesbarkeit wegen ist gegen die Handschrift Großschreibung der Eigennamen und Interpunktion durchgeführt. Die Absetzung der Verse entspricht meist den Verstrennungspunkten der Handschrift (Abweichungen sind auf S. VII vermerkt). Wo Wörter oder Silben in der Handschrift gegen unsere Norm zusammengeschrieben oder getrennt sind, wird dies im Text durch kleineres Spatium angedeutet. Alle sonstigen Abweichungen von der Handschrift sind durch Kursivdruck kenntlich gemacht.

Apparat

Die handschriftlichen Lesarten von W sind im Apparat ohne Sigle gegeben, die der anderen Handschriften durch V bzw. K (M/K) bezeichnet. Von den Textemendationen früherer Forscher sind im Apparat nur die erwähnt, die nach Erachten Dollmayrs noch damals aktuell waren.[182] Die Lesarten von V wurden außer orthographischen oder grammatischen Varianten oder bloßen Buchstabenverschreibungen vollständig wiedergegeben, Varianten der Handschrift M/K sind dagegen dort wegen der Modernisierung und großer Abweichung von W und V nur herangezogen, wo die Lesart von M/K für die Bewertung von W von Gewicht ist oder wo M/K mit V gegen W übereinstimmt. Der Text von W und V ist nach Dollmayrs eigenen Kollationen wiedergegeben, M/K jedoch nach Diemers Text und Pipers Nachkollation.

An folgenden Stellen sind Dollmayr Versehen unterlaufen:
- S. 43, V. 1473. 1 (*Ho* 28, 24; *SmE* V. 737): unde uns die sunde abewaskent *ist bei Sch nicht zu belegen*
- S. 83, V. 2894 (*Ho* 45, 42; *SmE* V. 1448): *nicht Ma, sondern nur Vo teilt nach* in *den V. 2894 in zwei Verse, also Dreireim* skieden / in / gesahen *Do¹*
- S. 180, V. 5950 (*Ho* 83, 7; *SmE* V. 2981): *die Zeilennummer 5950 steht fälschlicherweise an Zeile 5951.*

---

181 Zu Do² siehe das Verzeichnis der Siglen.
182 Von den überaus zahlreichen willkürlichen Besserungsvorschlägen meinte er, sie wären für den Apparat unnötig belastend gewesen.

Smits: Die Genesis nach W (SmT/SmE)
Smits stellt dem kritischen Text den Handschriftenabdruck gegenüber.

Handschriftenabdruck (= SmT)
Die Worttrennung der Handschrift ist möglichst getreu wiedergegeben. Die Raumverteilung entspricht zeilengleich der der Handschrift; die vereinzelt gebrauchten nicht farbigen Majuskeln, die Reimpunkte, Bindestriche und der Gebrauch von „s" und „ſ" werden getreu wiedergegeben. Fehlende Initialen sind mit „( )" angedeutet. Die Zeilenzahlen der Handschrift stehen ebenso wie die Blattzahl der Handschrift rechts.

Zwei Apparate zum Handschriftenabdruck
1. Paläographische und materielle Besonderheiten
2. Angaben zur Initialensetzung

Einen Handschriftenabdruck hat Smits als Ersatz für ein fehlendes und damals noch nicht zu erwartendes Faksimile für wünschenswert gehalten. Inzwischen gibt es das Faksimile von Papp, auf das verwiesen werden kann. Die paläographisch-kodikologischen Angaben des ersten Apparats bei Smits wurden in die vorliegende Edition übernommen, nachdem sie am Faksimile und auch am Original so präzise wie möglich überprüft wurden.

An folgenden Stellen von W sind Smits, wie bei Autopsie der Handschrift feststellbar war, Versehen unterlaufen:
- S. 128, Bl. 23b, Zeile 6: n *am Rand nicht feststellbar*
- S. 164, Bl. 43a, Zeile 16: G *am Rand nicht feststellbar*
- S. 202, Bl. 63a, Zeile 16: z *am Rand*
- S. 228, Bl. 76a, Zeile 12: d *am Rand undeutlich, aber lesbar*
- S. 270, Bl. 97a, Zeile 2: *nicht* I, *sondern* L *am Rand*
- S. 272, Bl. 97a, Zeile 15: *nicht kleines, sondern großes* N *am Rand*
- S. 272, Bl. 98a, Zeile 3: *nicht kleines, sondern großes* L *am Rand*
- S. 296, Bl. 108b, Zeile 10: i *am Rand nicht feststellbar*
- S. 304, Bl. 112b, Zeile 5: s *am Rand*
- S. 304, Bl. 112b, Zeile 11: d *am Rand*
- S. 336, Bl. 127a, Zeile 3: s *am Rand*

Editionstext (= SmE)
Nach Smits sind Pretzels Vorschläge zur Reimbereinigung nicht immer praktisch verwendbar für die Zwecke ihrer kritischen Ausgabe. Deswegen wurden

gewisse Inkongruenzen im Reimbereich ausgeglichen.[183] Die Verse des Textes sind in Langzeilen wiedergegeben. Die Verszahlen stehen links vor dem Text. Die ‚Kapitelzahlen' stehen in eckigen Klammern links vor dem Text, die Verszahlen Dollmayrs stehen rechts in runden Klammern. Die Fundstelle in der Ausgabe von Hoffmann wird für den ersten Vers jeder Seite nach Seiten- und Zeilenzahl angegeben (z. B. Ho 45, 31).[184]

Apparat zum Editionstext
Hier werden ausgewählte Varianten von M/K und V[185] und ausgewählte Emendationsvorschläge der Forschung verzeichnet. Solche Angaben zum Editionstext wurden nach Überprüfung in den Variantenapparat der vorliegenden Ausgabe übernommen. Darüber hinaus ließen sich weitere Varianten feststellen, die in den Apparat der vorliegenden Ausgabe aufgenommen wurden.

Gelegentlich gibt es Hinweise auf die Vulgata. Ausführliche Anmerkungen zum Apparat des Editionstextes sind beigegeben.[186]

An folgenden Stellen von W sind Smits im Apparat zum Editionstext Versehen unterlaufen:
- S. 89, V. 94 (*Ho* 12, 5; *SmE* V. 47) ervulte *ist bei We nicht zu belegen.*
- S. 105, V. 529 (*Ho* 17, 7; *SmE* V. 265) verwiez *ist bei Gri nicht zu belegen.*
- S. 153, V. 1715/1716 (*Ho* 31, 25; *SmE* V. 859): daz] des *? Gemeint ist das erste* daz.
- S. 161, V. 1919/1920 (*Ho* 33, 43; *SmE* V. 960): *Zeilenangabe 960 fehlt.*
- S. 169, V. 2095/2096 (*Ho* 36, 5; *SmE* V. 1048): wunne: wunne *Ho*
- S. 185, V. 2499 (*Ho* 41, 5; *SmE* V. 1250): pehuote *Ca*
- S. 187, V. 2548 (*Ho* 41, 31; *SmE* V. 1274): lief *He*
- S. 203, V. 2948 (*Ho* 46, 25; *SmE* V. 1475): *nicht* gegân *Do¹, sondern* gegan *Do¹*
- S. 211, V. 3124 (*Ho* 48, 35; *SmE* V. 1563): *nicht* giswichen *Ho, sondern* gisuichen *Do¹*
- S. 223, V. 3404 (*Ho* 52, 13; *SmE* V. 1705): *nicht* uil *Pr, sondern* vil *Pr*
- S. 231, V. 3609 (*Ho* 54, 32; *SmE* V. 1807): Egyptelant *He*
- S. 243, V. 3881 (*Ho* 58, 1; *SmE* V. 1943): *nicht* Zware *Ho Pi, sondern* Zuare *Ho,* Zuâre *Pi²*
- S. 257, V. 4155 (*Ho* 61, 13; *SmE* V. 2080): *nicht* guten *He, sondern* guoten *He*

---

183 Smits: Die frühmittelhochdeutsche Wiener Genesis (wie Anm. 14), 75f.
184 Siehe dazu die Editionsrichtlinien im Einzelnen, Smits: Die frühmittelhochdeutsche Wiener Genesis (wie Anm. 14), S. 75–81.
185 Siehe dazu die Ausführung bei Smits: Die frühmittelhochdeutsche Wiener Genesis (wie Anm. 14), S. 77f.
186 Smits: Die frühmittelhochdeutsche Wiener Genesis (wie Anm. 14), S. 344–349.

- S. 269, V. 4462–4467 (*Ho* 64, 38–40; *SmE* V. 2234–2236) *Falsche Zeilenangabe*: *nicht 2334, sondern 2234*
- S. 273, V. 4534/4535 (*Ho* 65, 33; *SmE* V. 2269): iuch : irricheite *nur Ho Pi²*
- S. 305, V. 5219 (*Ho* 74, 11; *SmE* V. 2612): *nicht* werven, *sondern* weruen *Ho Pi²*
- S. 307, V. 5260 (*Ho* 74, 33; *SmE* V. 2633): *nicht* Uon dev *Ho Pi² Do¹, sondern* Vone diu *Ho Pi² Do¹*
- S. 307, V. 5263 (*Ho* 74, 34; *SmE* V. 2634): *nicht* eige *He, sondern* eigen *He*
- S. 321, V. 5576 (*Ho* 78, 27; *SmE* V. 2794): *nicht* tête *Pr, sondern* tete *Pr*
- S. 327, V. 5729 (*Ho* 80, 21; *SmE* V. 2870): *nicht* gitougen *Pr, sondern* getougen *Pr*
- S. 333, V. 5863 (*Ho* 82, 4; *SmE* V. 2937) : *nicht* han *Pr, sondern* hân *Pr*
- S. 337, V. 5932/5933 (*Ho* 82, 40; *SmE* V. 2971/2972): *nicht* gesegenote: tot *Ho, sondern* geseginote: tôt *Ho*
- S. 339, V. 5990 (*Ho* 83, 28; *SmE* V. 3001): *nicht* irginc *Ws Pr, sondern* ergienc *Ws Pr*

3.1.2 Handschrift V

Bei der Herstellung der vorliegenden Edition wurde für V die folgende Textausgabe berücksichtigt.

Diemer: Die Josephsgeschichte der Genesis nach V (= Di²)

Zum Editionstext
Die Verse des Textes sind in Langzeilen wiedergegeben. Die Verszahlen der Josephserzählung stehen links vor dem Text, die Blattzählung der Handschrift rechts. Die Seiten- und Zeilenzahl der Ausgabe von Hoffmann wird auf jeder Seite oben angegeben (z. B. W. 52, 37). Wo im Apparat zu V die Vermerke „bei Di² in [ ]" bzw. „bei Di² in ( )" und kursiver Druck erscheinen, ist auf Diemers Erläuterung Bezug genommen: „Das Eingeschlossene in [ ] erscheint im Texte überflüssig, das in ( ) ist aus W., das cursiv Gedruckte von mir ergänzt". (Di² S. 636, Anm.*)

Zum Apparat
Die Varianten des Textes sind unten mit Verszahl auf jeder Seite ohne Kommentar angezeigt.

Ausführliche Anmerkungen zum Apparat des Editionstextes sind im folgenden Heft beigegeben (Beiträge zur älteren deutschen Sprache und Literatur, XXI. Band, auf S. 339–409).

3.1.3 Handschrift M/K

Bei der Herstellung der vorliegenden Edition wurde für M/K die folgende Textausgabe berücksichtigt.

Diemer: Die Genesis nach M/K (= Di¹)

Zum Editionstext
Die Verse sind in Langzeilen wiedergegeben. Die Verszahlen stehen links, die Zählung der Ausgabe von Hoffmann oben (z. B.: Fundgr. 53. 52) und die Zeilenzahlen der Handschrift rechts (z. B.: bl. 52ª; der Seitenwechsel der Handschrift ist mit „ | " kenntlich gemacht). Das in „[ ]" Eingeschlossene ist von Diemer ergänzt. In Kursivschrift zeigt er seine Emendationen und die Rubra an. Die Initialen sind fett verzeichnet. Die Bilder der Handschrift sind in möglichst getreuen Nachzeichnungen in die Ausgabe aufgenommen, allerdings nicht alle.

Zum Apparat
Anmerkungen
    Da, wo ihm eine Erläuterung nötig scheint, sucht Diemer teils durch Anmerkungen, teils durch Übersetzung schwierige Stellen zu klären. Ebenso fügt er da, wo die Umarbeitung nachlässig oder unklar scheint, die Abweichungen der älteren Handschrift den Anmerkungen bei. Die Anmerkungen sind zwar sehr detailliert (es gibt sehr viele Hinweise auf Belege aus verschiedenen Werken), aber seine „überaus zahlreichen und willkürlichen Besserungsvorschläge" werden von Dollmayr kritisiert.[187]

Wörterbuch
    Diemer fügt ein Wörterbuch bei, in dem die einzelnen Lemmata meist genau nach der Schreibweise des Denkmals alphabetisch aufgeführt sind. Das Denkmal war damals in Benecke/Müller/Zarnckes mittelhochdeutschem Wörterbuch nur für wenige Lemmata benutzt worden, so dass eine große Anzahl von Belegen, Wörtern und Formen dort gar nicht verzeichnet ist. Diemer beschränkt sich nicht bloß auf das vorliegende Gedicht, sondern nimmt auch aus anderen, meist nahe verwandten, Belege auf, die ihm unterkommen und bei Benecke/Müller/Zarncke nicht nachgewiesen sind.

---

[187] Dollmayr: Die altdeutsche Genesis (wie Anm. 3), S. XI.

3.2 Zielsetzung der vorliegenden Ausgabe

Der Text von M/K wurde in der Forschung bis jetzt weniger berücksichtigt als der in W. Die Gründe für die Vernachlässigung des M/K-Textes lassen sich den Stellungnahmen verschiedener Forscher entnehmen: Diemer, der eine komplette Ausgabe von M/K als einziger veröffentlicht hat, findet, dass der Schreiber von M/K einer sei, der

> schon viele altertümliche Wörter und Formen beseitigt, dem Umlaute nicht mehr fremd sind, der allzu lange Verse kürzt und reinere Reime an die Stelle bloßer Anklänge setzt, obwohl beides nicht immer wo es nötig wäre geschieht [...] Besonders tätig und eifrig selbst in größeren Änderungen zeigt sich der Umarbeiter am Anfange d. i. bis in zwei Drittheile der Genesis; allmählich erlahmt aber die Lust zu verbessern.[188]

Bei Eßer findet man: „Abweichende Lesarten der Millstätter Hs. werden in aller Regel nur insoweit diskutiert, als sie zu einer Erhellung des Wiener Textes beitragen"[189]. Hennig hält sogar den Vergleich mit V und M/K für sinnlos:

> Ich verzichte daher auch auf den Vergleich mit der Vorauer und der Millstätter Genesis. Die Vorauer ist eine eigenständige neue Übersetzung des Buches Genesis, auch wenn dem Dichter die Wiener Genesis bekannt war. Die Millstätter ist eine Bearbeitung des älteren Wiener Textes, die gerade auch die Reime gebessert und das Metrum *normalisiert* hat. Wenn man sich bei ihr für die Besserung von Versen, die in der WG nicht in den Rahmen des Vierhebers passen, Auskunft holen wollte, so geriete man in die Gefahr, statt des ursprünglichen Textes einen bearbeiteten einzuschmuggeln, dessen Prinzipien dem Dichter selbst gar nicht bekannt oder doch für ihn nicht maßgeblich waren.[190]

Eine Zusammenfassung der Ergebnisse der älteren Forschung bietet Ehrismann:

> M[/K] ist eine über ein halbes Jahrhundert jüngere Bearbeitung von W, die den Sinn zwar wenig antastete, aber mit dem Grundtext doch ziemlich frei verfuhr, indem sie sprachliche und technische Altertümlichkeiten, veraltete Formen, Wendungen und Reime und ungebräuchlichere Redensarten durch neue und gewöhnlichere ersetzte und ein reineres Metrum herstellte. Aber durch Korrigieren wurde zuweilen der alte Text verschlechtert und durch Kleinigkeiten, wie Umstellungen von Worten, Vereinfachung des Satzbaues, direkte Rede statt indirekte, die Ausdrucksweise alltäglicher gemacht. Die Änderungen sind nicht überall gleich stark, am Anfang des Ganzen und des Joseph sind sie durchgreifender.[191]

---

188 Diemer: M/K. I. (wie Anm. 7), S. VI.
189 Eßer (wie Anm. 15), S. 8.
190 Hennig: Metrik (wie Anm. 90), S. 34.
191 Ehrismann (wie Anm. 50), S. 79.

Knapp urteilt:

> Auch hier sind es jedoch rein sprachliche, stilistische und metrische Eingriffe, die den Sinn der einzelnen Aussagen zumeist wenig, Inhalt und Tendenz des Gesamtwerkes gar nicht antasten. Die Freiheit der Senkungsfüllung und der Hebungszahl wird etwas eingeschränkt, veraltete Wörter, Fügungen und Reime werden ausgewechselt. [...] Einen poetischen Gewinn bedeuten die Änderungen ganz selten. Auch wo sie nicht missglückt sind, wirken sie fast immer flacher. Wirklich wertvoll ist die Handschrift nur dort, wo sie altes Gut der gemeinsamen Vorlage im Gegensatz zum Wiener Codex bewahrt hat.[192]

Die vorliegende Arbeit setzt sich nicht mit den bisherigen Urteilen über den M/K-Text auseinander, sondern sie zielt darauf ab, eine komplette Parallelausgabe der Handschriften, wie es sie bisher nicht gibt, in übersichtlichen Spalten herzustellen.

Synopse der Handschriften

Die Synopse ist bis zur Josephsgeschichte eingerichtet wie folgt:

bis zur Josephsgeschichte (V. 1 bis V. 3445)

Linke Seite	Rechte Seite
W	M/K

ab der Josephsgeschichte (V. 3446 bis zum Schluss)

Linke Seite		Rechte Seite
W	V	M/K

Der synoptische Text der vorliegenden Edition wurde auf der Grundlage der Facsimile- und gedruckten Ausgaben angefertigt, die auf S. 567 angeführt sind. Dank des freundlichen Entgegenkommens der Österreichischen Nationalbibliothek (Wien), des Augustiner-Chorherrenstifts Vorau und sowie des Kärntner Landesarchivs in Klagenfurt konnte ich auch die Handschriften in den Originalen ausführlich einsehen.

---

192 Fritz Peter Knapp: Die Literatur des Früh- und Hochmittelalters in den Bistümern Passau, Salzburg, Brixen und Trient von den Anfängen bis zum Jahre 1273. Graz 1994 (= Geschichte der Literatur in Österreich von den Anfängen bis zur Gegenwart), S. 111f.

3.3 Editionsrichtlinien

Alle Handschriften haben in der vorliegenden Edition zwei Apparate.

3.3.1 Handschriftenapparat

Dieser Apparat enthält Angaben zu:
- Rasuren
- Korrekturen (die ursprüngliche Form vor der Korrektur ist vermerkt)
- Initialen (Merkmal der Initialen wird summarisch angegeben: z. B. *dreizeilige Initiale, große Initiale; Initiale am linken Zeilenrand*)
- Bildern (durchnummeriert: z. B. *Bild 18*)
- Lücken oder vermutlichem Platz für das Rubrum (die Größe der Lücke wird in Zeilen gemessen: z. B. *5 Leerzeilen für Rubrum 2*)
- Rubra (durchnummeriert: z. B. *Rubrum 8*)
- An den Seitenrändern für die Schreiber der Initialen vorvermerkte Buchstaben sind nach Überprüfung an den Originalen und Faksimilia verzeichnet.

3.3.2 Variantenapparat

Der Variantenapparat enthält sämtliche Lesarten der bisherigen Forschung.

Die Angaben des Apparats zum Editionstext bei Smits wurden nach Überprüfung in den Variantenapparat der vorliegenden Ausgabe übernommen. Aufgrund dieser Angaben wurden weitere Varianten neu recherchiert.

Akzentvarianten (Zirkumflex, Akut) beschränken sich auf solche Varianten, die Piper (Pi[1] und Pi[2]) in seinen Apparaten vermerkt. Die vorliegende Ausgabe verzichtet auf alle Akzentvarianten, die Piper gegen W und V in den Apparaten seiner Ausgaben verzeichnet, und ebenfalls auf Varianten, die Smits gegen W emendierend in ihren Text aufnimmt.

Smits transkribiert in ihrem Editionstext – nicht in ihrer Transkription – durchgehend ů, v̂ und ŏ zu uo. Der Text der vorliegenden Edition übernimmt diese Vereinheitlichungen nicht.

3.3.3 Verwendete Zeichen

— = Streichungen in der Handschrift; z. B. ~~umbe daz~~
/ in Rubra: bei Zeilenumbruch wegen Platzmangels; vor dem folgenden Wort hat die Handschrift das Zeichen §; z. B. bei Bild 10 (S. 91).

 öz dem para
    § diso

Hinweise auf die Seitenwechsel der Handschriften
Die Seitenzahlen aller Handschriften stehen immer rechts kursiv in eckigen Klammern.
| = Seitenwechsel der Handschrift; z. B. wan | so des wirt not *[5r]*; wenn Seitenwechsel und Versanfang zusammenfallen, entfällt das Zeichen |.

Rubra und Bilder
Alle 132 Rubra sind im Apparat nummeriert.

 Bei Bildlücken in W ist im Handschriftenapparat die Zahl der Leerzeilen, die für das Rubrum und gegebenenfalls das Bild freigelassen wurden, geschätzt angegeben, s. o. S. XLV.

 Die Reihenfolge der Rubra (mit oder ohne Bild) in M/K wird handschriftengetreu wiedergegeben. Die Rubra erscheinen in der Edition in Fettdruck.

 Die Bilder in W stammen von zwei Zeichnern – A: Bilder A1–4 und B: B1–3. Die von Voss verwendeten Kurzbeschreibungstitel sind im Apparat vermerkt.

Initialen
Die Unterschiede der Initialengrößen und der Farben werden außer Acht gelassen. Die Initialen werden fett gesetzt. Nach jedem Initialabschnitt steht eine Leerzeile.

Referenzzahlen bei den Texten
1. Foliohinweise: rechts neben den Textspalten in eckigen Klammern und kursiv
2. laufende Kurzverszahlen der vorliegenden Ausgabe (für W übereinstimmend mit Dollmayrs Ausgabe von W): links bzw. rechts von den Textspalten
3. laufende Langverszahlen der vorliegenden Ausgabe zu W in Referenz auf Hofmanns Ausgabe: rechts von der W-Spalte
4. laufende Langverszahlen zu V in Referenz auf Diemers Ausgabe der Josephsgeschichte: rechts von der V-Spalte in größerem Schriftgrad

5. laufende Langverszahlen zu M/K in Referenz auf Diemers Ausgabe: rechts von der M/K-Spalte in größerem Schriftgrad

In den Apparaten zu W und M/K bzw. zu W, V und M/K werden die Verszahlen nach den Kurzverszählungen der vorliegenden Ausgabe angegeben.

Lücken
1. Rubra: Freie Plätze für Rubra in W, die der Raumverteilung mit oder ohne Bild in M/K entsprechend in der Handschrift verteilt sind, werden möglichst vorlagengetreu mit der Anzahl der Lückenzeilen angegeben, wobei für W immer mit 20 Zeilen pro Seite gerechnet wird. Bei W lässt sich in manchen Fällen kaum feststellen, ob Bildlücken oder Textlücken vorliegen. Ich beschränke mich deshalb auf die Ortsangaben der Lücken.

In V gibt es keine Leerräume für Rubra oder Bilder. Die Leerräume der vorliegenden Edition sind hier technisch bedingt und entsprechen keinen Leerräumen in der Handschrift.

2. Inhaltliche Textlücke: Die Handschrift M/K hat an einer Stelle einen großen Textverlust im Umfang von vermutlich einer Seite. Diemer erklärt das wohl zurecht durch die Annahme eines Abirrens des Schreiberauges bei der Kopie der Vorlage. Vgl. dazu den Handschriftenapparat zu M/K Vers 5273.

Orthographie: Worttrennung, Eigennamen
Die Orthographie der Handschriften wurde grundsätzlich beibehalten, z. B. variierende Schreibungen wie wrm bzw. wurm.

Die Zusammen- bzw. Getrenntschreibung der Handschriften wurde weitgehend beibehalten. Nur wo es für eine leichtere Lesbarkeit ratsam war, wurde eingegriffen. In manchen Fällen ist aber eine Entscheidung sehr schwierig. Varianten der Worttrennung in den verwendeten Ausgaben sind im Variantenapparat vermerkt.

Personen-, Orts- und Ländernamen werden je nach den Handschriften groß oder klein geschrieben.

Interpunktion
Die Interpunktion ist – meist in Anlehnung an die älteren Ausgaben – neu gestaltet.

Am Ende der Verse stehen in allen Handschriften Reimpunkte, in der vorliegenden Ausgabe werden sie jedoch nicht übernommen.

Kursivierungen

1. Im Text: Alle Abweichungen von der Handschrift sind im Text durch Kursivdruck kenntlich gemacht, z. B. Emendationen (bzw. Konjekturen), fehlende oder korrigierte Initialen, Textergänzungen, mutmaßliche Lesungen an schwer entzifferbaren Stellen.

2. In den Apparaten: Alle Siglen (z. B. *Ho Pi[1]*) und alle Zeichen, die nicht in den Handschriften stehen, sind kursiv gesetzt.

Sonderzeichen

„ſ" wird zu „s" normalisiert. Alle anderen Besonderheiten werden möglichst den Handschriften getreu wiedergegeben.

Akzente

Akzente werden handschriftengetreu wiedergegeben. In Fällen, wo Piper im Text gegen die Handschrift Akzente setzt, wird sein entsprechender Apparathinweis im Variantenapparat der vorliegenden Ausgabe vermerkt. Smits folgt in solchen Fällen meist den Regelungen Pipers.

Gelegentlich lassen sich ungewöhnliche Akzentsetzungen vielleicht im Sinne rhetorischer Emphase interpretieren, z. B. *ín* V. 3466 in W.

3.4 Siglen

3.4.1 Handschriften-Siglen

W: Codex Vindobonensis 2721 der Österreichischen Nationalbibliothek in Wien.
V: Codex 276 des Chorherrenstiftes Vorau.
M/K: Codex 6/19 des Kärntner Landesarchivs, Klagenfurt.

3.4.2 Siglen zur Forschungsliteratur

Ca: **Carr, Charles Telford**: Journal of English and Germanic Philology 33. 1934. pp. 113–114.
Di[1]: **Diemer, Joseph**: Genesis und Exodus. Nach der Millstätter Handschrift. Band. I–II. Wien 1862.
Di[2]: **Diemer, Joseph**: Geschichte Joseph's in Ägypten nach der Vorauer Handschrift (Beiträge zur älteren deutschen Sprache und Literatur. XX. Band. Vorgelegt in der Sitzung vom 5. October 1864). In: Sitzungsberichte der philosophisch-historischen Classe der kaiserlichen Akademie der Wissenschaften. 47. Band. Wien 1864. S. 636–687.

Do¹:	**Dollmayr, Victor**: Die altdeutsche Genesis. Nach der Wiener Handschrift. Halle 1932 (= ATB 31).
Do²:	**Dollmayr, Victor**: Die Sprache der Wiener Genesis. Eine grammatische Untersuchung. Straßburg 1903 (= Quellen und Forschungen zur Sprach- und Kulturgeschichte der germanischen Völker. 94. Heft).
Gra:	**Graff, Eberhard Gottlieb (Hrsg.)**: Diutiska III. Denkmäler deutscher Sprache und Literatur aus alten Handschriften. Stuttgart/Tübingen 1829.
Gri:	**Grimm, Jacob**: Kleinere Schriften. Bd. 5. Berlin 1871, S. 277–286.
He:	**Henschel, Erich**: Zur Heimat des Dichters der ‚Wiener Genesis'. PBB (Halle) 77. 1955, S. 147–158; **Ders.**: Weitere Beobachtungen und Vorschläge zum Text der ‚Wiener Genesis'. PBB (Halle) 85. 1963, S. 417–432.
Ho:	**Hoffmann, Heinrich**: Fundgruben für Geschichte deutscher Sprache und Literatur. II. Teil. Breslau 1837.
Je:	**Jellinek, Max Hermann**: Rez. Dollmayr (1903). ZföG 55. 1904. S. 418–421.
La:	**Lachmann, Karl**: Anmerkungen zu den Nibelungen und zur Klage. Anmerkungen von Karl Lachmann. Wörterbuch von Wilhelm Wackernagel. Berlin 1836.
Ma:	**Maßmann, Hans Ferdinand**: Deutsche Gedichte des zwölften Jahrhunderts und der nächstverwandten Zeit. Dritten Bandes erster Teil: Die strafsburg-molsheimische Handschrift. Quedlinburg/Leipzig 1837 (= Bibliothek der gesammten deutschen National-Literatur von der ältesten bis auf die neuere Zeit/1).
Pi¹:	**Piper, Paul**: Die geistliche Dichtung des Mittelalters. Erster Teil. Die biblischen und die Mariendichtungen. Berlin/Stuttgart 1888 (= Deutsche National-Literatur. Historisch kritische Ausgabe. 3. Band).
Pi²:	**Piper, Paul**: Das Gedicht von Joseph nach der Wiener und der Vorauer Handschrift. ZfdPh 20. 1888. S. 257–289 und S. 430–481.
Pn:	**Pniower, Otto**: Zur Wiener Genesis. Diss. Berlin 1885.
Pr:	**Pretzel, Ulrich**: Frühgeschichte des deutschen Reims. Bd. 1. Leipzig 1941 (= Palaestra 220).
Rö:	**Rödiger, Max**: Die Wiener Genesis. ZfdA 18. 1875. S. 263–280.
Sch:	**Scherer, Wilhelm**: Geistliche Poeten der deutschen Kaiserzeit. Heft 1: Zu Genesis und Exodus. Straßburg 1874 (= Quellen und Forschungen zur Sprach- und Culturgeschichte der germanischen Völker. 1. Heft).
SmT:	**Smits, Kathryn**: Die frühmittelhochdeutsche Wiener Genesis. Berlin 1972 (= Philologische Studien und Quellen. Heft 59). (Transcript)
SmE:	**Smits, Kathryn**: Die frühmittelhochdeutsche Wiener Genesis. Berlin 1972 (= Philologische Studien und Quellen. Heft 59). (Edition)
Vo:	**Vogt, Friedrich**: Ueber Genesis und Exodus. PBB (Ha.) 2. 1876. S. 208–317 und S. 586–592.
Wc:	**Wackernagel, Wilhelm**: Altdeutsches Lesebuch. Basel 1873.
We:	**Weller, Alfred**: Die frühmittelhochdeutsche Wiener Genesis nach Quellen, Übersetzungsart, Stil und Syntax. Berlin 1914 (= Palaestra 123).
Wl:	**Waller, Anton**: Rez. Dollmayr. Die altdeutsche Genesis (1932). AfdA 52. 1933. S. 29–31.
Ws:	**Wesle, Karl**: Frühmittelhochdeutsche Reimstudien. Jena 1925 (= Jenaer germanische Forschungen 9).

3.5 Editorische Behandlung des Dreireimproblems

Der Apparat wird bezüglich Dreireimen durch Verweise auf den folgenden Teil der Einleitung entlastet.

3.5.1 Dreireim am Abschnittsanfang

Verse 3891–3893

> 'Do ich hineht was **intsuebe**
> in micheler **unhebe**,
> do sach ich drî **wînrebe**

Dreireim Vo, aber wînrebe *kein Reimwort Ho*

Verse 5920–5922

> *S*vn min der **lezziste**,
> du nebist der **wirsiste**
> noch der **bezziste**,

Dreireim am Abschnittsanfang Ho Vo Pi² Do¹, Sun mîn der lezziste / dû nebist der wirsiste noch der bezziste *SmE*

Verse 5931–5933

> *D*o der uile gûte **iacob**
> sine sune uol **geseginote**,
> do begreif in der **tôt**.

geseginote : tôt *Ho; Dreireim Ma Rö Vo Pi² Do¹ SmE*

3.5.2 Dreireim im Abschnittsinneren

Verse 2670–2672 (?)

> wand den sun den si **gewan**
> den hiez si **dan**.
> uon deme scol der antechrist **werdan**;

Vgl. zu diesen Erscheinungen Vogt, S. 260; vgl. auch Abschnitt 3.5.5, V. 2670–2674.

Verse 2821–2823

> Iacob wart sin **innen**,
> got hiez in **entrinnen**.
> er sprach zů sinen **chinden**

Dreireim Vo Do¹, auch in M/K, vgl. M/K Verse 2854–2856

Verse 3362/3363

> einez unt zueinzich **iâre** die du dinem oheime **dienotest**,
> ê du sî **gewunnest**.

Der Text ist offensichtlich gestört. W hat Reimpunkte hinter iâre, *hinter* dienotest *und hinter* gewunnest, *nicht hinter* oheime. *Die Verse 3362/3363 werden dadurch extrem überlang. M/K scheint mit dem Flickvers 3362.1 und der entsprechenden Fortsetzung in V. 3362.2 und 3363 den Text eigenhändig gebessert zu haben. – Ho und Pi¹ teilen V. 3362 in drei Verse: V. 3362.a und 3362.b mit den Reimen* iâre : oheime; dienotest *faßt Do¹ als eigenen Vers im Reim auf* gewunnest. *– SmE teilt Verse 3362/3363 in drei Verse 3362a, b und c, die auf* jâre, dienôtest *und* gewunnest *enden; V. 3362a wird dadurch reimlos. Im Apparat erklärt Smits die Stelle als verderbt.*

Verse 3386/3387

> Den lieberen **sun**
> sezzet **man** ze der **zesewen**,

Den lieberen sun sezzet man / ze der zesewen: Ho, Pi¹ nimmt Verse 3384–3386 als Dreireim und V. 3387 als Reimpaar, weil die Handschrift nach sun, man *und* zesewen *Verstrennungspunkte hat*: Den lieberen sun / sezzet man / ze der zesewen.

Zur vorliegenden Ausgabe — LXVII

3.5.3 Dreireim am Ende von Initialabschnitten

Verse 1097–1099

> want wir tuelen neheine **wile**
> uns pewellen mit hŭre iŏch mit **nide**,
> mit ubermŭte iŏch mit **kire**.

Dreireim Rö Pi¹ Do¹, want wir **tuelen** / neheine **wile** / uns **pewellen** / mit hŭre iŏch mit **nide** / mit ubermŭte iŏch mit **kire** *Ho Ma He*

Verse 1392–1394

> reines **sibeniu**,
> unreines **sibeniu**,
> iegeliches niene wan **zwisckiu**.

Dreireim (oder verderbte Stelle der Vorlage?) Do¹, dagegen konjiziert La reines iegeliches **sibeniu** / unreines niene wan **zwisckiu** *(Anm. zu den Nibelungen, 2081, S. 261) Di¹ Pi¹ SmE.*

Verse 1419/1420

> daz diu flŭt fure **was**.
> do beit er unz er **chôs** poume unde **gras**.

Dreireim, wenn man V. 1420 unterteilt

Verse 1804–1806

> want wir tuelen neheine **wile**
> uns pewellen mit hŭre iŏch mit **nide**,
> mit ubermŭte iŏch mit **kire**.

Dreireim Rö Pi¹ Do¹, want wir **tuelen** / neheine **wile** / uns **pewellen** / mit hŭre iŏch mit **nide** / mit ubermŭte iŏch mit **kire** *Ho Ma He, Einschub eines Verses nach V. 1804:* daz er im gehiezze *SmE*

Verse 2672–2674 (?)

> uon deme scol der antechrist **werdan**;
> wand er uon nîde **chom**,
> sone scolt er nieht salich **werden**.

Dreireim Vo, vgl. auch Abschnitt 3.5.5, V. 2670–2674.

Verse 3355–3357

> durch des tôdes **smerzin**
> hiez si in **benomín**,
> daz chuît ire seres **sun**.

Dreireim Ho Rö Vo Pi¹ Do¹ SmE, benomín : sun Ma, inen : sune He

Verse 3604/3605

> unze si inein **wurten**,
> weder si in **erslůgen** oder si in **erwurgten**.

Verse 3604/3605 können als Dreireim aufgefasst werden, wenn man Vers 3605 unterteilt: unze si inein **wurten**, *(V. 3604) /* weder si in **erslůgen** *(V. 3605a) / oder si in* **erwurgten** *(V. 3605b) Ma Vo, möglicherweise ist V. 3605a/b aber auch als überlanger Vers zur Markierung des Abschnittsendes zu verstehen.*

Verse 3654–3656

> si sprachen daz si in heten **uvnten**,
> dâr ane getan **wunten**
> sam in ein tîer hête **uerslunten**.

Dreireim Do¹, Ho teilt V. 3654 in zwei Verse: si sprachen / daz si in uvnten heten

Verse 3739/3740

> noh in sineme **ellente** V. 3739
> uber inne **statte** V. 3740a
> deheinem sinem **uiante**. V. 3740b

Verse 3739/3740 können als Dreireim aufgefasst werden, wenn man V. 3740 unterteilt: noh in sineme **ellente** *(V. 3739)* / uber inne **statte** *(V. 3740a)* / deheinem sinem **uiante** *(V. 3740b), oder aber als überlanger Vers zur Markierung des Abschnittsendes Ma Rö Vo.*

3.5.4 Selbständige Dreireim-Abschnitte

Verse 2577–2579

> Laban sprach **do**
> 'gedienest du mir **also**,
> so gibe ich dir sîe **gerne**'

Dreireim Ma Rö Vo Pi¹ SmE, Verse 2577/2578 als ein Vers Ho vgl. Apparat Do¹ (Dreireim?)

Verse 3227/3228

> Al daz wir eigin daz si **gemeine**,
> weret uns disses **eine**!'

gemeine : eine Ho Ma Do¹ SmE, zu einer Interpretation als Dreireim kann man kommen, wenn man V. 3227 in zwei Verse abteilt Rö Vo Pi¹:

> Al daz wir **eigin** V. 3227a
> daz si **gemeine** V. 3227b,
> weret uns disses **eine!**'V. 3228

Möglicherweise sind die Verse 3227b/3228 aber auch als überlanger Vers zur Markierung des Abschnittsendes zu verstehen.

3.5.5 Fragliche Dreireime

Verse 1047/1048

> uertiligot **wurde** an deme gotes **tôde**
> der aller sunde was **ane**.

> uertîligôt **wurde** / an deme gotes **tôde** *Pi¹*

Verse 1551–1553

>   daz si sich wolten mâren
>   in die werlt wite,
>   si namen ziegel unde ander geziuge
>   unde begunden wurchen ein **urre**,
>   einen michelen **turn**.
>   da hůp sich ein grozer **sturm**.

Verse 1548–1553 Verstrennung nach W Ho Do¹, verderbte Stelle? V. 1548 Waise? Verse 1551–1553 Dreireim? Do¹, maren : wite / ziegel : geziuge / begunden : urre Vo Rö

Verse 1702–1704

>   der gotes engel ir zuo **sprach**,
>   hiez si widere **cheren**,
>   ire urôwen wesen **undertan**,

V. 1702 Waise, fehlt ein Vers nach V. 1701? Do¹ SmE; Ho zieht Verse 1702/1703 zu einem Vers zusammen; Verse 1702–1704 als Dreireim Pn.

Verse 1707–1709

>   der wurde scarf unde **grimmich**
>   wider daz liut **unsalich**,
>   er wurt ouch in **ungnadich**.

Dreireim Vo, Dreireim? Do¹, V. 1709 nicht in M/K, als Interpolation aufgefasst SmE

Verse 1845–1847

>   er chot 'abraham **abraham**!'
>   er antwrte ime **sa**
>   'sich wa ich **stan**'.

Dreireim oder als ein Vers zu betrachten wie in M/K? Do¹, Ho und SmE ziehen Verse 1846/1847 zu einem Vers zusammen.

Zur vorliegenden Ausgabe — LXXI

Verse 1860–1862

> ich weiz er niene **erwant**,
> ê er ime **gebant**
> îewederen uûz iŏch **hant**.

Dreireim? Do¹, Ho und SmE ziehen Verse 1861/1862 zu einem Vers zusammen, obwohl W deutlich Verspunkte nach gebant hat.

Verse 2893–2894

> ê si uon ime **skieden**;
> er ne wisse ube si **in** iemmer **gesahen**.

Vo teilt V. 2894 nach in in zwei Verse, also Dreireim skieden / in / gesahen Do¹.

Verse 2670–2674

> wand den sun den si **gewan**
> den hiez si **dan**.
> uon deme scol der antechrist **werdan**;
> wand er uon nîde **chom**,
> sone scolt er nieht salich **werden**.

Im Bereich dieser Verse ist offenbar ein Vers ausgefallen, schwer zu sagen, an welcher Stelle. Wenig wahrscheinlich dürfte werdan Reimwort auf dan *sein, wodurch die Verse 2670 bis 2672 zum Dreireim würden. Das wäre ein Fall von Dreireim im Abschnittsinneren. Do¹ erwägt einen solchen Befund zwar (im Anschluss an Rö) mit Fragezeichen, wobei er aber auch auf Ho verweist, der die Verse 2673 und 2674 zu einem überlangen Vers zusammenzieht; dieser könnte dann die Funktion haben, das Abschnittsende zu markieren, freilich mit dem ungewöhnlichen rührenden Reim* werdan : werden Ma. *– Ebenso erwägt Do¹ mit Rö einen Dreireim am Abschnittsende für Vers 2672 bis 2674. Im Reim auf* werdan / werden *(V. 2672/2674) wäre* chom *allerdings unvollkommen. – SmE lässt den Vers 2672 als reimlosen Einzelvers stehen, hinter dem dann im Reim auf* antechrist *der ausgefallene Vers anzusetzen wäre. Die Verse 2673/2674 fasst Smits als einen binnengereimten Langvers auf. Vielleicht darf man im Anschluss hieran für W die folgende Konjektur einführen:* uon deme scol werdan der antechrist. / wand er uon nîde chomen ist, / sone scolt er nieht salich werden.

Der ausgefallene Vers hätte dann das Abschnittsende gebildet. M/K hat den verderbten Textzustand bereits vorgefunden und kaum überzeugend zu bessern versucht, um auf die nötige Zahl von vier Versen zu kommen. Der Bearbeiter ersetzt V. 2673 in W wand er uon nîde chomen *durch* als an den bůchen geschriben ist. *Das wird nicht ursprünglich sein, weil dadurch das für den Argumentationszusammenhang wichtige Motiv verloren geht, dass* dan uon nîde chomen *ist.*

Verse 3257–3259

> die gerne mit in **lebeten**,
> ûb die man sich **besniten**
> nah hebreiskeme **site**

V. 3257 fehlt in M/K, Dreireim oder verderbte Stelle?

Verse 3262–3264

> wolten in sam in selben **getruwen**;
> si waren fridesame **liute**,
> si scolten si haben ze **trûte**.

V. 3262 fehlt in M/K, Dreireim oder verderbte Stelle? Ho und Pi[i] teilen V. 3262 in zwei Verse: wolten in sam in / selben getrûwen; He *erwägt* wolden samet on bûwen / on sulven getrûwen.

Verse 3384–3387

> ê hiez er seres **sun**,
> do hiez er zesewen **sun**.
> Den lieberen **sun**
> sezzet man ze der **zesewen**

Den lieberen sun sezzet man / ze der zesewen *Ho, Pi[i] nimmt Verse 3384–3386 als Dreireim und V. 3387 als Reimpaar (*sezzet man / ze der zesewen*), weil die Handschrift nach* sun, man *und* zesewen *Verstrennungspunkte hat:* Den lieberen sun / sezzet man / ze der zesewen.

Verse 4014/4015

   ime heten **lugenare**
   gemachot daz er **ware** geworfen in **charchâre**,

Ho Vo und Pi² teilen V. 4015 nach ware *(gegen WV) in zwei Verse, Dreireim?*

Synoptischer Text

Ir Bild A1: Anbetung der Engelchöre

Iv Bild A2: Luzifers Übermut

IIr Bild A3: Luzifers Sturz

Nv fer nemet mine liebe, [1r] 10, 1
ich wil iu aine rede fore tŏn.
ube mir got der gŏte
gerŏchet senten ze mŏte
5   daz ich chunne reden
also ich diu bŏch hore zelen,
so wurde diu zala minnechlich: 10, 5
de*m* gotes wuntere ist niwet clich.

Ane got enist niweth mangel.
10 er was ie an anegenge.
done was nieman mere, 11, 1
do hiez engil werde:
zehen chore er bestifte,
mit engelen er si al berihte.

15 Zware wil ich iu daz sagen,
er gab iegelichem chore sinen namen:
einen namete er engele, 11, 5
den anderen hoch engele,
den dritten gestůle,
20 den uierden herscefte,
den uinften namete er gewalte.
den sehsten fursten,
einen namete er cherubin,
den anderen seraphin.

25 Do hiez er werden einen engel, 11, 9
der scain uz den anderen allen.
er was anderer engele wunne, [1v]
wante ime got wol gunde
wunne in dem himele,
30 sines chores was ein michel menege.

---

1 Nv] N *dreizeilige Initiale* **8** denn] nn *aus* m *korrigiert,* n² *auf radiertem* e *(?) SmT*
17 namete] met *auf Ras.* **23** namete] met *auf Ras.* **27** andererer, a *rad.*

---

1 Nû *SmE* | liebon *Pi¹*, lieben *SmE* **2** eine *SmE* **8** dem] denn *Ho,* dem *Pi¹ Do¹ SmE* | niweht glîch *SmE* **9** niweht *SmE* **12** hiez er engil *Ho Pi¹ SmE* | werden *Pr SmE* **15** Zwâre *Pi¹ SmE*
25 Dô *Pi¹ SmE* **26** scein *SmE* **27** anderer *Do¹ SmE*

Nv uernemet mine lieben, [1r]
eine rede wil ich iv uorbrieuen:
obe mir got der gůte
gerůchit ze senden ze můte,
5 daz ich wol chunde reden
also ich div bůch hore zelen,
so wrde min sprechen lobelich:
dem gotes wndir ist niht ge*li*ch

An got ist *dehein mangele*, 1, 5
10 er was ane angenge:
do newas nie mæn mere
do schůf er engel here,
zehen chore er bestifte,
mit den engilen er sie berihte.

15 Mere wil ich iv sagen,
er gap iegelichem chore sinen namen:
einen nante er engele,
den anderen erzengele,
gestůle nante er den dritten, 1, 10
20 herschefte den uierden,
Gewalt nante er den fun*ften*,
den sehsten nante *er* fursten,
einen hiez er cherubin,
der nach *waren* seraphiɴ.

25 Do hiez er werden einen engel
der schein ŏz in allen,
siniv genade was *ir wnne*
wand im sin got wol gunde,
ein *wunne was er* dem himele: 1, 15
30 sines chores was ein michele menige.

---

1 *1r ist in M/K zum großen Teil unlesbar. Di¹ ergänzt im Einzelnen frei oder nach W* **1** | *Nv*] *ein Loch in der großen Initiale*   **22** nante fursten

---

8 g[eli]ch *Di¹*   **9** [dehein mangele] *Di¹*   **11** [do newas nie] *Di¹*   **21** fun[ften] *Di¹*   **22** [er] *Di¹*
24 [waren] *Di¹*   **27** [siniv] *Di¹* | [ir wnne] *Di¹*   **29** [wunne was er] *Di¹*

```
        zeware sagen ich iw daz:
        er nant in liehtvaz.
        er was gote uil liep,
        an ime hůb sich allerest ubermůt.

 35     Got der ist genadik unde gůt,                          11, 15
        uil starche widerot er die ubermůt.
        wande daz liez er wole scinen
        an dem unsaligen,
        do er begunde chosen
 40     mit sinen genozen,

        er sprach in zů uil ubermůteclich,                     11, 19
        er sprach 'min maister ist gewaltich
        hie in himele,
        er wanet ime mege iuweht sin widere.
 45     ich pin alsame hêre,
        ich newil unter ime wesen nie mere.
        ich pin also scone,
        ich wil mit minem chore
        ebengewaltich ime wesen.
 50     ich wil âne | in genesen                               [2r]
        unde wil den stůl min                                  11, 25
        setzen norderen halp sin
        ûf dem himele.
        ich wil iz ime haben ebene.'

 55     Got der sprach do.
        eineme sineme holden zů
        'ich wil dir sagen, michahel,
        wie min holde lucifer
        hat erhaben sich wider mir.
 60     geboten sî dir
        daz er uil sciere si uerstozzen                        11, 30
        mit allen sinen genozzen
```

---

32 nant *aus* namet *rad*.   **36** uil *aus* uile *rad*.   **41** ubermůteclich *aus* ubermůtecliche *(oder -o) rad*.   **48** minem *aus* mineme *(oder -o) rad*.   **53** dem] den *aus* deme *rad*.

---

31 iu *SmE*   **33** liep] trût *Je Pr*

zware sagen ich iv daz,
er nante in ein liehtuaz;
Er was gote uil liep,
an ime hůp sich die ubermůt.

35 Got ist gnadich und gůt,
uil starche widerot er die ubermůt;
wande daz liez er wol schinen
an dem uil unsæligin,   *[1v]*
do er begunde chosen   1, 20
40 mit sinen genozzen,
ich neweiz waz er an im selbem rach,
ubirmůtechlichen er in zů sprach
'min meister ist gewalt*ich*
in dem himele,
45 er wanet im muge niht sin widere:
ich bin im ebenhere,
undir im wil ich niht wesen mere.
ich bin also schone,
ich wil mit minem chore
50 im ebengewaltich wesen,   1, 25
an in sol ich immir genesen;
dar zů wil ich den stůl min
setzzen norderen halp sin
ŏf dem hohem himele,
55 ich wilz im haben gelich und ebene.

Got der sprach do
einem sinem holden zů
'michahel ein engil hêr uernim
wie min holde LUZIFER
60 sich hat erhaben widir mir: 2, 1
geboten si dir
daz er uil schiere werde uerstozzen
mit anderen sinen genozzen

---

43 gewalt

---

32 lichtuaz *Di¹*   **33–34** [Er was gote uil liep,/ an ime hůp sich die ubermůt] *Di¹*
43 gewalt[ich] *Di¹*

             uone himile in die helle
             mit allen die ime gehengen
    65   unde die der ioch zů geswigen.
             sich daz ir deheiner hie belibe.'

             Do got daz gebot,

             der chor wart zestoret.

             do scein der gotes gwalt:
    70   michahel hůb ûf sine hant,
             er tete demo tieuele einen slach,   11, 35
             daz der himel under ime brast,
             daz er ze der stunde
             uůr in abgrunde
    75   mit so micheler menege,
             same ein weter chome mit regene
             drî tage unde drî | naht.   [2v]
             uil michel ist diu gotes chraft.

             Do der chor ward errumet,   11, 40
    80   got nam ze sinen engelen rat,
             wie si ime rieten
             daz er den chor bestifte.
             do sprachen die engele
             zegote ire herren
    85   daz er uz allen den choren   12, 1
             die ime da gehorsam waren
             so uil engele name
             daz sin dienest da gare wâre.
             des antwurt in got der gůte,
    90   er sprach ime wâre anderes ze můte.
             sprach er wolte machen einen man
             nach sinem bilde getan,

---

71 tete demo] e² *und demo auf Ras.* **78** uil *aus* uile *rad.* **87** uil *aus* uile *rad.*

---

67 Dô *Pi¹ SmE* **71** dem *Do¹* **78** uile *Pi¹*, vil *SmE* **79** Dô *Pi¹ SmE* **87** uile *Pi¹*, vil *SmE*

```
        uon himele in die helle,
    65  dar zů alle die im gehengen,
        die ŏch mit listen dar zů geswigen;
        bewar daz ir deheiner hie belibe.'

        Do got daz gebot                                    2, 5
        sa hůp sich angist unde not
    70  in dem selbem chore,
        daz mugit ir gerne horen;
        do schein gotes gewalt:
        michahel hůp ŏf sin hant,
        mit einem chreftigen slage
    75  warf er den tieuil her abe
        daz er ze der selben stunde
        uil in daz apgrunde                                 [2r]
        mit ein so grozzer menige,                          2, 10
        sam ein wetir chome mit regene
    80  dri tage und dri naht:
        michil was div gotes chraft.

        Do der chor errŏmet wart
        got nam ze sinen engelen rat,
        wie si im nu rieten
    85  daz er den chor behielte.
        do sprachen die engil here
        ze got ir liebem herren,
        daz er ŏz allen den choren                          2, 15
        die im noch gehorsam wæren,
    90  so uil engil næme
        daz sin uollir dienst da wære.
        des anturt in got der gůte,
        er sprach im wære andirs ze můte;
        er wolde machen einen man
    95  nach sinem bilde getan,
        der ŏch des gedæhte
```

---

83 sinen rat **93** andir

83 [engelen] *Di¹* **93** andir[s] *Di¹*

        daz der wůcher brahte   12, 5
        unz er den chor erwlte.

95   **D**o daz allez ergiench,
        got zů sinem werche uiench.
        er begunde scaffen.
        himel unde erde machen,
        diu finstere diu was uil groz.
100   wazzer uber alle die erde floz.
        er nebeit sa nieht,
        er sprach 'nu wese lieht.'
        do er do gesach   12, 10
        daz lieht gůt was,
105   do | tét er sunter   [3r]
        lieht unde uinster.
        daz lieht nante er tach,
        finstere die naht.
        daz was daz eriste tegewerch sin.
110   uil gewaltich ist unser trehtin.

        Uile michel ist daz gotes wunder.
        er sprach 'nu werde sunder
        wazzer uon der erde,   12, 15
        daz si trukchen werde.
115   diu gruntfeste si gescaffet,
        diu steder wole gemachet,
        diu wazzer da in zwisken rinnen,
        swa so si springen.'
        gote en ist nieht unmaht.
120   daz was der ander tach.

        Ich waiz er do samenote
        diu wazzer gnote
        al in eine stat.   12, 20

---

93 wůcher **94** unzer **99** uil *aus* uile *rad.* **104** lieht] i *aus* e *korrigiert* **107** nante *aus* namete *rad.*

93 wuocher *SmE* **94** ervulte *SmE*, ervvlte *Pi¹* **95** Dô *Pi¹ SmE* **104** daz daz *SmE*
107 namete *Pi¹*

	daz er ẘchir bræhte	
	unz der chor wrde uol:	2, 20
	daz geuiel den engilen allen wol.	
100	**D**o daz allez ergiench	
	got ze sinem werche uiench:	
	er begunde schaffen,	
	himil und erde machen.	
	div uinster was uil groz,	
105	wazzir ubir alliz ertrich uloz;	
	erne beitet sa nieht,	
	er sprach 'nu werde lieht.'	
	do er do daz gesach,	2, 25
	daz lieht was des mennischen gemach,	
110	do schiede da er sundir	
	daz lieht uon der uinstir;	
	daz lieht nant er tach	
	die uinstir die naht.	
	daz was daz erste tagewerch sin:	
115	uil gewaltich ist unsir trehtin.	
	Vil michel sint gotes wnder.	
	er sprach 'nu werde sundir	[2v]
	wazzir uon der erde	2, 30
	daz si truchen werde.	
120	div gruntueste si geschaffet,	
	die stetten sin gemachet,	
	dei wazzir da enzwischen rinnen,	
	swa abir si springen.'	
	got was unmugelich niht:	
125	daz was des anderen tages lieht.	
	Vil wol weiz ich daz er do samenote	
	dei wazzir genote	
	mit einandir an ein stat:	2, 35

---

123 Si *Di¹* **127** wazzer *Di¹*

uil michel ist diu gotes chraft.
125 mere hiez er daz wazzer.
der erde gebôt er.
daz si wůcher brahte
also si nature hete,
wurze unde samen
130 nach iegelicheme geslahte getan,
chrût unde bouma,
iegelichez nach siner natura.
nu uernemet, lieben min,   12, 25
daz was tagewerch daz dritte sin.

135 **D**o sprach got | der gůte   [3v]
also ime do was zi můte
'nu wesen lieth ziere
in der uestenunge dere himele
unde teilen tach unde na*ht*,
140 geben ie wederem sine chrap*ht*.'
da mite sul wir machen   12, 30
tage unde *w*ochen,
zîth unde iâr.
er gebôth dem merern liehte, daz is war,
145 daz iz lieth pâre
unde dem tage frume ware.
er geboth der maninnen
daz si liuthe mit minnen,
ioch den sternen
150 daz si schinen uber die erde
unde zierten tach unde na*ht*   12, 35
mit perehteler chraft
unde schinen uil ziere.
daz was tagewerch sîn daz uierde.

---

124 uil *aus* uile *rad.* **126** gebôter **128** sin **132** sine **139** nath **140** chrapth
142 vvochen **144** dem *aus* deme (*oder* -o) *rad.* **146** dem *aus* deme (*oder* -o) *rad.*
151 nath **153** uil *aus* uile *rad.*

---

124 uile *Pi¹*, vil *SmE* **128** siu *Wl SmE*, si in *Di¹*, si *Do¹* | hete] hâte *SmE* **132** siner *Do¹*, sîner *Di¹ SmE* **135** Dô *Pi¹ SmE* **139** naht *Pi¹ SmE* **140** chrapht *Pi¹ SmE* **142** wochen *Ho Pi¹ SmE*
144 gebôt *SmE* | deme *Pi¹* **146** deme *Pi¹* **150** scinen *SmE* **151** naht *Pi¹ SmE* **153** uile *Pi¹*, vil *SmE*

	uil michel ist div gotes chraft.	
130	daz wazzer hiez er mêr.	
	der erde gebot er	
	daz si ŵchir bræhte	
	also si nature hæte:	
	wrzze und samen	3, 1
135	nach iegeliches geslæhte getanen,	
	chrŏt und bŏme	
	nach siner nature.	
	nu merchet ir uil lieben min,	
	daz was daz dritte tagewerch Sin.	
140	**D**o sprach got der gŭte	
	also im was ze mŭte,	
	'nu belibet ir lie*h*te engele	3, 5
	in der uestenunge der himele,	
	und teilen tach unde naht,	
145	geben iewederem sin chraft;	
	da mit so schulen wir machen	
	tage und wochen	
	zit und iar.'	
	er gebot der sunne daz ist war,	
150	daz si lieht pære	
	unde dem tage urum wære;	
	er gebot der mæninne	3, 10
	daz si lŏhte mit minnen,	
	dar zŭ den sternen	
155	daz si lŏhten ubir die erde	
	und zierten tage und naht	
	mit berhtiler chraft;	
	er hiez si schinen mit gezierde:	
	daz was tagewerch daz | uierde.	[3r]

---

129 michil **142** liete

129 michel *Di¹* | gote *Di¹* **132** ŵcher *Di¹* **142** lie[h]te *Di¹*

155 **Dŏ** sprach unser trechtin
die gnade waren sîn
er hiez werden uische,
wenige unde michele,
uogele dem lufte,
160 wildiu tier der erde,
rôs unde rinder 12, 40
unde ander manich wunder
die iu nieman nemach erzelen.
er hiez die erde allez daz ne | ren. [4r]
165 mit dem wŏchere unde si bare,
daz si im allem urume ware,
also iegeliches nature ware getân. 13, 1
er hiez si ez allez biwaren
mit ware ioch mit reste,
170 mit aller slahte wiste.

---

159 dem *aus* deme (*oder* -o) *rad.* **162** wnder **163** niemo **166** im allem *aus* ime (*oder* -o) alleme (*oder* -o) *rad.* **170** *danach 4r Bild A4: Christus zwischen Stifterpaar*

159 deme *Pi¹* **161** ros *Pi¹ SmE* **162** chunder *He,* wunder *Pi¹ SmE* **163** nieman *Pi¹ Do¹ SmE* **166** ime alleme *Pi¹* **169** ware] râwe *He*

160	Do sprach unsir trohtin,	
	so sin genade wol mohte sin,	
	er hiez werden uische	3, 15
	wenige und michele,	
	in dem lufte die uogele,	
165	dei tier der erde ze lobene,	
	ROS unde rindir	
	und andir manich wndir,	
	daz nieman wol mage erzelen.	
	er gebot der erde daz allez neren	
170	mit dem ẘchir und si bære,	
	daz si dem allem urum wære	
	also iegeliches nature wære getan:	3, 20
	so gebot erz im wesen gehorsam	
	mit bewarunge und mit reste,	
175	so si aller beste wesse.	

---

173 gehorsam] g *korrigiert*

20 —— W

[4v]

4v Bild B1: Büste eines heiligen Bischofs zwischen männlichem und weiblichem Besteller

[5r]

5r Bild B2: Heiliger mit ornamentiertem Nimbus und Schriftrolle, mit Segensgestus, zwischen zwei Bärtigen, einer davon mit Buch

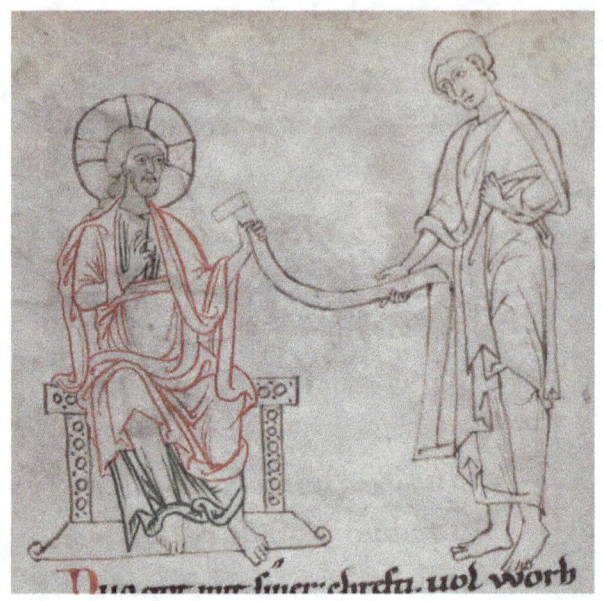

[5v]

Duo got mit sîner chrefti
uol worhte alle sine gescephte,
do sprach er gůt
mit frolichem můt

175 'Nv tůn wir ouch einen man 13, 5
nach unserem pilidi getan,
der aller unserer getate,
nach uns gebiete,
deme sich daz wite mere
180 nieht irwere
daz er dar inne neme
al des in gezeme,
iz ne si niener so tîef

---

171 davor 5v Bild B3: Thronender Gott mit Kreuznimbus und Spruchband, dessen anderes Ende eine barfüßige mit Tunika und Pallium bekleidete Gestalt hält **177** unsere

---

171 chrefte *SmE* **173–174** got der guote:muote *He*, er guote:muote *SmE* **175** Nû tuon *SmE*
177 unserer *Do¹ SmE* **183** tief *Pi¹ SmE*

**Hie schult ir merchen
wie got den mennisch wolde schephen**

Nů got mit siner chrefte
uol worhte sine geschefte
180 do sprach der gůte
mit urolichem můte,

Nv schephen wir einen man   4, 1
nach unserem bilde getan
der aller unsirer getæte
185 nach uns gebiete,
und uor des willen daz wite mêr
sich nimmer gewer,   [3v]
daz er dar inne neme
allis des in gezeme:
190 ezne si nindir so tief   4, 5

176–177 *Rubrum 1 und Bild 1: Beschluss, den Menschen zu schaffen*

daz ime dar inne si liep
185 iz ne ile dare 13, 10
da er ime hare,
uerneme waz er welle,
tů | daz file snelle. [6r]

Dehein lêu si so her
190 noch nehein ander tier
noch ne si so wilde
ze uelde noch ze walde,
iz ne si ime untertan
suî er dermite welle gebaren.

195 **D**er fogel neuliege nie so hohe, 13, 15
suen er ime růffe,
erne chome sciere,
suâ er in hore.

Dehein wurm si so freissam,
200 erne si im gehorsam.
nieth ich uz nime,
iz ne uolg ime;
daz dehein êiter
si so pittir
205 daz ime scade 13, 20
oder wider ime chraft habe.

Er sol uns sin gelich,
aller gescepfte forhtlich.
ufreth sol er gen,
210 an zuein beinen sten,
daz er ze himele warte,
merche der sternen geuerte,
merch iegelich zit
an deme himele wit.'

---

184 liep] l aus f rad. **214** danach 5 Leerzeilen für Rubrum 2 und Bild 2

203 eiter *Pi¹ SmE* **205** daz ez ime *SmE*

daz im dar inne si liep,
ezne ile dar
da er im hin hare,
uerneme daz er welle
195 unde leiste ez uil snelle.

Dehein Lewe si so her,
noch dehein tier
nimmir werde ez so wilde
ze uelde noch ze walde,
200 swelhes willen er mit im welle han.   4, 10
izne si ime untertan

Der uogil enuliege nie so balde
ze uelde noch ze walde,
erne chome im uil schiere
205 swa er in hore.

Nehein wrm si so ureissam
erne si im gehorsam:
niht ich ŏz nime
ezne uolge ime.
210 dehein pittir eitir im schade   4, 15

noch dehein chraft engegen im habe.

Vns sol er sin gelich
aller geschefte uorhtelich,
ŏfreht sol er gen,
215 ŏf zwein beinen sten
daz er ze himile warte,
merche der sterne geuerte,
merche ein iegelich zit
an dem himel wit.

---

201 [izne si ime untertan] *Di¹*

215   **D**er here werchman   [6v] 13, 25
       da nach einen leim nam,
       also der tůt der uz wahsse
       ein pilede machet,
       also prouchet er den leim
220   suîez geuiel in zuein,
       deme uater iouch deme sune,
       der spc̄ sanctus al mit ime.
       irne waren doch nieht drî:
       der eine hete namen drî,
225   der têt in sines uater wisheite   13, 30
       nach des heiligen geistes geleite
       uz deme leime einen man
       nach sineme pilede getan.

---

220 suiez *Pi¹*, swî ez *SmE*   **222** spiritus *SmE*   **225** tet *Pi¹ SmE*

220 **Gesegent si er genůch** 4, 20
der den mennischen hie gescůf.

Der uil here werchman [4r] 5, 1
dar nach einen leim nam:
also der tůt
225 der ŏz wahse machet ein bilde gůt,
also prŏchet er den leim;
swie abir ez geuiel den zwein
dem uatir unde dem svn,
der heilige geist was al mit ime.
230 nu merchet doch da bi, 5, 5
der eine het namen dri,
der tet in sines uater wisheite
nach des heiligen geistes geleite,
er schůf ŏz dem leime einen man
235 nach sinen bilde getan.

220–221 *Rubrum 2 und Bild 2: Erschaffung Adams*

Da ze deme hŏbite er bigan
230 daz pilede machon:
daz hŏbit tet er sinewel,
zoch uber den gebel ein uel,
gab ime gůt gebare,
bedacte iz mit hare,
235 gab dem weichen hirne 13, 35
den gebel ze scirme.

Er têt an dem antlutze
siben locher nutze:
zuei an den oren,
240 daz er muge horen,
ioch zuei ougen,
daz er sehe die getougen,
zuei an der nase,
daz er stinchen muge,
245 in deme munde einez, 13, 40
so nutze nist | neheinez. [7r]

In deme munde hiez er hangen
eine zungen lange.
fure die ilte er machen
250 einen chinnebachen,
zane zuei geuerte,
peinin uile herte,
daz si daz ezzen prechen,
unt daz diu zunge spreche.

255 Suenne si den wint fahit 13, 45
unt in in den munt zuhet,
an den zanen si scefphet
daz wort daz si sprichet.

Da nach têt er ime die ahselun, 14, 1
260 file geliche gescaffen.
fon den rechent sich

---

229 Dâ *Pi¹ SmE* **237** tet *Pi¹ SmE* **251** der zane zwei *Di¹* **259** tet *Pi¹ SmE*

An der selben stunde
dazze dem hŏbit er sin begunde:
daz hŏbit machet er im sinwel,
dar ubir zoch er im ein uel,
240 er gap im gŭt gebære, 5, 10
er bezoch ez mit dem hare,
er gap dem weichem hirne
den gebil ze schirme.

Er gap dem antlutzze
245 siben locher nutzze:
zwei an den oren
daz er mage gehoren;
zwei an den ŏgen
daz er sæhe die gotes tŏgen;
250 zwei an der nâs 5, 15
da mit er smechende was,
in dem munde einez:
mit nutzzen ist deheinez.

In dem munde hiez er hangen
255 eine zunge lange;
fur die ilot er machen
einen chinenbachen,
den zanen zwei geuerte
peinen uil harte
260 daz si daz | ezzen brechen, [4v] 5, 20
div zunge daz wort spreche.

Swenne div zunge den wint uæhet
und in den munt zivhet,
an den zanen si schephet
265 daz wort daz si sprichet.

Dar nach machit er im die ahselen
reht wol geschaffen,
zwen arme sich da uon strechent

zuene arme geliche.
den stent an deme ende
zuo wolgetane hente.
265 an den sint forne
finf fingere mit horne.
daz horn sint die negele. 14, 5
fur die gant die chunebele,
daz die selben fingere
270 helfen einen anderen.
so ist der grozeste
unter in der nutzeste,
daz ist der dume,
der hilfet in sliume,
275 wande si áne in nemugen
sa niuweht gehaben.

Der dá bí stát 14, 10
ein ie | gelich ding er zeiget. *[7v]*
der dritte heizet ungezogen,
280 wande er ilit sich fur nemen:
suare diu hant reichet,
allereriste er iz pegrifet.

In deme fierden
scinent fingelin die zieren,
285 damite der man
spulget sin wib mahilen.

Ouch hat der chunig ze site 14, 15
daz pischtům mahilen darmite
suelehen phaffen
290 er ze herren wil machen.

Der minneste finger
der nehat ambeht ander

---

287 O-*Initiale fehlt*

---

262 gelîch *Pr SmE* **263** ente *SmE* **275** âne *Pi¹ SmE* **277** dâ bî stât *Pi¹ SmE* **281** reichet] slîffet *He* **287** Ouch *Ho Pi¹ Do¹ SmE*

und gelich rechenт.
270 den stent an dem ende 5, 25
zů wolgetane hende,
an den sint uorne
uingir mit horne;
daz horn sint die nagele,
275 fur die gant die chnubile,
die selben funf uingere
helfent wol ein andere.
so ist abir der grozzist
undir in der nutzzist,
280 ich meine den dŏme; 5, 30
des schulen si haben gŏme,
wan als ich iv sage,
an in mugen si niht gehaben.

Der uingir der da bi stet
285 ein iegelich dinch der zeiget,
der dritte heizzet ungezogen
wan er ilet sich fur nemen,
swar man die hant reichet
alerste erz begriffet.

290 **A**n dem uierden du sůchen solt 5, 35
daz uil wndirn schone golt,
da die man triwen
mit gemæchelent die urŏwen;

Ovch hat der chunich da ze site
295 bistum lihen da mite
swelher hande pfaffen 6, 1
er ze herren wil machen.

Der minist uingir
hat dehein ambit andir,

newane sos wirt not
daz er in daz ore grubilet,
295 daz iz ferneme gereche
suaz iemen spreche.

Da nach tet er ime die bruste, 14, 20
deme herzen ze ueste,
daz sime schirmen
300 for alleme suerden.
wirt daz herze geserget,
so ist daz leben getrůbet:
ime newerde sciero paz,
diu sele můz rumen daz faz,
305 dar inne ist ire hus,
unze si daz ser tribet dar uz.

Daz herze hat umbe | uangen [8r] 14, 25
lebere unt lungen.
wider selbe dei lit
310 ein milze wola breit.

In der lebere
hanget ein galle chlebere.
si ist unsůze,
sine wil daz man si nieze.

315 **S**wer si uz gerahsinet
suenne si ime uber get,
der ist genern, 14, 30
den můz rîte iouch fieber ferbern,
deme ne můt iouch den lip
320 gelesuht noch fich.

In deme herzen ist unser leben,
uon der lungene wir den atem nemen,
uon der lebere daz gesune,

---

294 grubilôt *Pi¹* **299** sime] simez *Wl SmE* **307** hânt *He SmE*

300	wan | so des wirt not	[5r]
	daz er in daz ore grubilot,	
	daz der mennisch uernem gerechen	
	swaz man ze im gespreche.	

Der nach schůf er im die bruste   6, 5
305 dem herzzen ze ueste
     daz si im solde schermen
     uor allen dingen swerenden:
     wan wirt daz herzze geseret
     des libes leit ist gemeret;
310 im werde danne schiere baz
     div sele můz rŏmen daz uaz.
     dar inne ist der sele hus
     unze si got tribet ŏz.

Daz herze hat umbeuangen   6, 10
315 leber und lungelen:
     bi den zwein leit
     ein milze ze mazzen breit.

An der selben lebere
     hanget uil chlebere
320 ein galle unsůzze,
     nieman chan si geniezzen

Swenne div galle ubir get,
     swer si uon im geræhsnet
     der ist der nôte sa genern: 6, 15
325 den můz der ʀîte und uiebir uerbern,
     dem můet ioch den lip
     wedir gelsuht noch fich.

In dem herzzen ist unsir leben,
     uon der lungelen wir den atem nemen,
330 uon der leber daz gesŏne,

---

307 schwerdenden   **313** got] g *korrigiert*

307 swerenden *Di¹*

uon deme milze lachen wir sliume,
325 uon der gallen den zorn 14, 35
des manec man wirt florn.

Vnter deme hŏbet iouch der ahsilun
tet ér ime eine suegelen
durch die habe ganch
330 beidu maz ioch tranch.

Hintene tet er ime den rukke.
ab deme gent rippe,
piugent sich here fure
deme herzen ze were,
335 daz ime stoz noch slag 14, 40
nieht gewer | ren nemag. [8v]
ob den rippen
ligent zuo sculteren,
da die arme ana weruent,
340 suenne si sich rŭerent.

Da auer irwintet der ruke,
da stant zuo huffe.
uon den chliubet sich der lip
in zuei bein gelich.
345 da ze deme chnieraden 14, 45
da sint si gebogen,
daz si sich leichen, 15, 1
suenne si scriten.

Nider halb des chnieraden
350 an deme beine stant die waden:
so sich daz bein recche,
daz iz niene stet sam ein stecche.

Vnder der rippe scerme
hanget daz gedarme,

---

328 er *Pi¹ SmE* **337–338** ob den rippegn ligent/ zuo sculteren *Ho Pi¹* **338** zwô sculter likkent *Ws Pr*, zwô sculteren ligent *SmE* **343–344** sich:gelich *He SmE* **354** gederme *Pr SmE*

uon dem milzze lachen wir tivre,
uon der galle nemen wir den zorn,
da uon manich man wirt uerlorn.

Vndir dem hŏbit und undir der ahselen   6, 20
335 machet er im ein swegelen,
durch die sol haben ganch
beidiv maz | und tranch.   *[5v]*

Er machet im einen rukke,
uon dem gent dei rippe,
340 dei pivgent sich furher
dem herzzen ze wer
daz im stoz noch slach
niht wol gewerren mach.
obe den rippen   6, 25
345 zŵ schulter likkent,
an die fůgent sich die arm,
si hin ode her uarn.

Da danne erwindet der rukke
da stant zŵ huffe,
350 uon den chlivbet sich der lip
in zwei bein gelich:
dazze dem chnieraden
sint si zesamen geladen
daz si sich leichen   6, 30
355 swenne so si schreiten.

Nidir halp des chnieraden
an dem beine stant die waden;
so sich daz pein reche
daz ez iht ste sam ein steche.

360 **V**ndir der rippe scherme
hanget daz gedærme,

355 ein weichiu wamba 15, 5
     diu důuuet daz geweide:
     suaz slintet der chrage,
     daz zime nimet der mage.
     waz zimet daz al ze sagene,
360 daz nutzest chumet al ze magene.

     Nider halb des magen
     get ein wazzersaga
     in die platerun
     untir zuisken hegedrůsen.
365 daz wir daz niene nennen, 15, 10
     da wir mite chinden,
     daz machent sunde,
     daz uns daz dunchet scande.

     Dů | worht er ime die fůze, [9r]
370 pede eben groze,
     in finfiu gescruffet,
     ze finf zehen gewrchet.
     die habent nagele
     same die fingere da obene.

375 Dv̊ got zeinitzen stucchen 15, 15
     den man zesamene wolte rucchen,
     dů nam er, sos ich wane,
     einen leim zahe,
     da er wolte
380 daz daz lit zesamene solte,
     streich des unter zuisken,
     daz si zesamene mahten haften.

---

369 worbt **374** *nach* obene *Rest d. Z. + eine Leerzeile für Rubrum 3 freigelassen*

355–356 weichiu:geweide *He* **369** worht *Ho Pi¹ Do¹ SmE* **372** gevurchet *He SmE*, gewurchet *Pi¹*

da bi ein weiche wambe
div dowet ze hande
swaz geslindet der chrage, 7, 1
365 daz zime genimet der mage.
waz zimet daz zesagene,
daz nuzzist chumet uon dem magene.

Mᴇʀ wil ich iv sagen:
nidirhalp des magen
370 gat ein wazzirsage
in der plateren habe
enzwischen den hegirdru̇sen, 7, 5
daz wir daz niht nennen mu̇zzen,
da wir da mit chinden:
375 daz machent uns die schande und sunde

Do worht er im die fu̇zze
bede eben gro̊zze,
den gap er
ze lehen o̊ch funf zehen, [6r]
380 uon horne habent si nagele
sam die uingir obene.

Wie die dri namene 7, 10
den mennischen lideten zesamene....

Do got uon manegem stuche
385 den man wold zesamene ruchen,
do nam er als ich wæne
einen leim zahen,
da mit er lîmen wolde
da daz lît zesamene solde,
390 daz streich er enzwischen,
zesamen begunde erz mischen.

382–383 *Rubrum 3*

387 zachen *Di¹*

Den selben lettun
tet er ze adaren.
385 uber ieglich lit er zoch 15, 20
den selben leim zach,
daz si uasto chlebeten,
zesamene sich habeten.

Vz hertem leime
390 tet er gebeine.
uz proder erde
hiez er daz fleisk werden.
uz letten deme zahen
machot er die adare.

395 **D**ů er in allen zesamene geuůchte, 15, 25
dů bestreich er in mit einer slote.
diu selbe slote
wart ze dere hute.

---
398 danach eine Leerzeile für Rubrum 4

394–395 Dů er in allen/ zesamene geuůchte *Ho*

Den selben leim strich
nam got fur sich,
ubir die adir er in zoch
395 beidiv nidir unde hoch.
daz si uaste chlebeten,
zesamene sich uaste habeten.

7, 15

Dů er daz pilede erlich
400 gelegete fure sich,
dů stůnt er ime werde
obe der selben erde.
sinen geist er in in blies, 15, 30
michelen sin er ime friliez.
405 die adere alle
wrden plůtes folle
ze fleiske wart div erde,
ze peine der leim herte,
die adere pugen sich,
410 sua zesamene gie daz lit.

---

399 *davor 10 Leerzeilen für die Fortsetzung des Rubrums und Bild 3* | D *große Initiale*

399 Dů *Pi¹*, Duo *SmE* **403** im în *SmE* **404** firliez *Pi¹* **406** wurden *Pi¹ SmE*

**Wie die roten erde
got hiez lebentich werden
mit sinem adem
den er in in begunde blasen**

Do got daz pilde erlich	7, 20
do gelegete fur sich,	
do stund er im werde	
ob der selben erde,	
sinen geist er im inblies,	[6v]
michilen sin er im uerliez.	
die adir alle	8, 1
wrden plůtes uolle,	
ze uleisch wart div erde,	
ze peine der leim herte;	
die ader sich leicheten	
swa dei lider zesamene reicheten.	

398–401 *Rubrum 4 und Bild 3: Beseelung Adams* **411** dem

411 der *Di¹*

         Die hente er pruchte
         zeineme iegelichen werche.
         ze stet er uf stůnt,   15, 35
         hinnen unt ennen er giench.
415   er scowot al bi | sunter   [10r]
         die manegen wnter,
         fihe iouch fogele,
         wilde iouch gezogene.
         et tet ouch gŏme
420   wrze iŏch pŏme.
         michel uunter in habete
         daz der fisk in deme wazzere spilete.
         dere wrme freissam   15, 40
         er niewet erchom.

425   **D**ů er iz allez ersach,
         got ime zuo sprach
         'du solt in minen stal
         disses phlegen al,
         du solt sin alles wesen herre.
430   waz bedarftu denne mere?
         elliu dinch furhten dich
         alsame mich.
         nieth si so grulich   15, 45
         iz newider sitze dich.

435   **L**euue noch einhurne   16, 1
         scone sineme zorne:
         suenner dich ferneme,
         sine grimme er hinelege.
         wis du mir untertan.
440   nieht mag dir widerstan.

---

411 Die] D *aus* H *rad.*   **431** *nach* dinch *ein Verstrennungspunkt*

---

416 wnter] chunder *He*, wunter *Pi¹ SmE*   **420** wurze *Pi¹ SmE*   **421** wunter *Pi¹ SmE*
423 wurme *Pi¹ SmE*   **424** nieweht *SmE*   **427** mînem *SmE*   **434–435** Leuue *Ho Pi¹ Do¹*, Lewe
SmE   **435** noch] ioch *Di¹*

	Die hende prŏchet er im starche	
415	ze einem iegelichem werche.	
	sa ze stunt der niwe man	8, 5
	stŭnd ŏf unde gie dan:	
	er schŏwot albesundir	
	manigerslahte wndir,	
420	uihe und uogele	
	wilde und gezogene;	
	er het ŏch gŏme	
	der wrze unde der bŏme,	
	groz wndir in habete	
425	daz der uisch in dem wazzir lebete;	
	uon dem wrme ureissam	8, 10
	erchom niht der niwe man.	
	Do er ez allez ersach	
	unsir herre im zŭ sprach	
430	'ditzzes solt du phlegen ubir al	
	mennisch in minem stal,	
	du solt sin alles wesen herre:	
	waz bedarft du danne mere?	
	elliv dinch furhten dich	
435	rehte alsam mich,	
	niht si so grŏlich	8, 15
	ezne widirsitzze dich.	
	Der Lewe und daz einhurne	
	borgen beide ir zorne,	
440	swenne si dine stimme uernemen	
	ir grimme schulen si hinlegen.	
	du solt mir wesen undirtan,	
	sone mage dir niht widirstan.	

---

443 nicht *Di¹*

Ich pín dín got.
unze du behaltest min gebot,
so bist tu untotlich 16, 5
alsame ich.'

445 Dŭ der geweltige got
al sîn werch fole tet
unte nieweht getan heta
daz ime misselicheta
in deheinen gebaren, [10v]
450 want si uile harto gŭt waren,
dŭ was dere uespere zit,
also daz pŭch chut.
der sehste tach so frante 16, 10
mit iegelichem abante.

455 Dŭ der sibente tach chom,
got newolte nieht mere wrchen.
den nam er im ze rawe,
uns armen ze genaden:
so man oder wib
460 al die wochen gemue sinen lip,
daz si an deme sunnentaga
gnade unt reste haben.

Got danach pegan 16, 15
einen pŏmgarten phlanzen.

---

444 nach ich Rest d. Z. freigelassen für Rubrum 5 **445** nach geweltige Rest d. Z. freigelassen für Rubrum 5 **454** iegelichen **462** nach haben Rest d. Z. freigelassen für Rubrum 6
463 nach pegan Rest d. Z. freigelassen für Rubrum 6

---

441 dîn Pi¹ SmE **452** chut] cuit Ho, chuît Pi¹, chwît SmE **454** iegelichem Do¹ SmE
456 wurchen Pi¹ SmE

	Ich bin din herre und din got;	
445	unz du behaltest min gebot	
	so bistu un | todelich	*[7r]* 8, 20
	rehte alsam ich.'	

**Daz werch siner suben tage
uerendet got als ich nu sage......**

450	Do der gewaltige got	
	sin werch het uerendot	
	mit sinen reinen handen	
	an allerslahte wandil	
	in gotlichen gebæren,	
455	wand si uil gůt waren,	
	do was ez an der uesperzit,	8, 25
	also daz půch chwit,	
	des sehstin tagewerches:	
	got unsir herre urŏt sich des.	

460	Do der subent tach chom	
	got sich uon dem werche nam,	
	uns armen ze genaden	
	nam er im ze rawe;	
	wan so der man und daz wip	
465	die wochen chestiget sinen lip	
	so schulen si an dem suntage	8, 30
	genade unde reste haben.	

**In gotlicher wise
phlanzit do got daz para / dise.**

470	Got do phlanzen began
	ein bŏmgarten wolgetan

448–449 *Rubrum 5* **468–469** *Rubrum 6* **469** paradise] § *vor* dise

465 der wart file wnnesam,
den hiez er paradisum.
in den satz er adamen,
hiez inen puwen.
da ẘhs inne
470 aller obezze wnne.
dei wachsent da gnota
in ieglichem manode:

So daz eine zitgot,   16, 20
daz ander stat plůt.
475 der riffe izne froret,
der wint iz abnetroret,
diu hitze ne darret,
nehein sne im newirret.

Lilia noch rosa
480 ne werdent da nieth bŏse.
aller slahte pŏme
wahset da sco | ne.   [11r]
den der stanch in chumet,   16, 25
neheines mazzes in gezimet.
485 er ist der wunne so sat,
daz er ezzen nemach.

Zinamin unt zitawar,
galgan unt pheffer

balsamo unt wirŏch,
490 timiâm wahset der ouch,
mirrun also uile,
so man da lesen wil,
crocus unt ringele,   16, 30
tille iŏch chonele,

---

487 Sinamin | zitawar] a¹ *ausgekratzt*

---

465 wunnesam *Pi¹ SmE* **469** wuohs *Pi¹ SmE* **470** wunne *Pi¹ SmE* **477** hitze iz ne *SmE*
487 Zinamin *Do¹*, Zinamîn *SmE*

	in wnnechlicher wise	
	den hiez er daz paradise.	
	Adam satzze er dar in ze einē gŏmen;	
475	er hiez in da bŏwen	
	wan da ẘhs inne	8, 35
	alles obezes wnne	
	ze iegelichem manot,	
	als ez wolde der riche got.	

480	Swenne ein obiz zitich wart	
	des andiren blůt sich nine spart,	
	der riffe entwelt ez ninder,	9, 1
	im schadeten ŏch niht die winde,	
	div hitzze tet im niht we,	
485	im schadet ŏch niht der chalde sne.	

	Lilie unde div Rose	[7v]
	und div zitlose	
	ẘhsen da ze gŏme	
	undir dem edelem gebŏme;	
490	in swen chom der blůmen smach	9, 5
	uor sůzze er deheines ezzens phlach,	
	er was sât uon wnne	
	mere danne ich gesagen chunne.	

	Man maht da wol nemen war	
495	zinimin und zitwar,	
	phephir und Galgan,	
	daz uil sůzze Thimian,	
	Balsamum unde wirŏch,	
	Aloe ẘhse da ŏch.	
500	Mirren ẘhse da uil	9, 10
	daz ich wol gelŏben wil,	
	Crocus unde Ringele	
	unde div schone Chonele,	

---

479 wolde] l *korrigiert*

492 Sât *Di¹*

495 mit deme fenechele
diu sůze lauendele,
peonia diu gůta,
saluaia unt ruta,
nardus unt balsamîta,
500 der stanch wahset so wita,
minz unte epphich,
chres unt lattŏch,
astriza unt wich pŏm 16, 35
habent ouch sůzen toum.

505 **S**uenne der pŏme plůt
unter den suechinot,
so ist der stanch sůze,
die wrze uile ruffe.

Der selbe garto stat ostene
510 an der werlte orte.
daz tieffe wentelmere dar ubere gat.
manich hoch berch da uor stat.
der garte stat so hohe, 16, 41
daz ime bigat der mane.

---

514 nach mane *Rest d. Z. freigelassen für Rubrum 7*

---

502 lattich *Do² Pr SmE* **505** Swenne *SmE* **506** unt er *Pi¹* **508** wurze *Pi¹ SmE*
513–514 der garte sô hôhe steit/ daz ome bî der mâne geit *He*

venichel ẘhse da stille
505 mit der schonen Tille.
Lavendula ẘhs da div gůte,
saluei und Ruta,
Nardus und Balsamita
der stanch wahset so wita,
510 Chres ẘhse da ŏch, 9, 15
Minzze und Latŏch,
Astrizza unde der sewenpŏm
heten da guten rŏm.

Swer den blůt gesmahte
515 deste baz er leben mohte.
ir smach der was sûzze;
gesegent immir můzze
wesen der ware gotes sun:
sin phlanzen ist uns hiute urum.

520 Ez stat der bŏmgarten ostent 9, 20
an der werlde orte,
daz wendilmer da fur gat,
manich hoch berch da uor stat,
der garte stet so hohe
525 daz in uergat der Mane.

---

509 [der stanch wahset so wita] *Di¹*

515 **Ze** mitterest des karten [11v]
hiez got zuene poume wahsen
misliches gelazes, 17, 1
ungliches obezes.

Suer des einen gechort,
520 der tot in ferbiret,
er nerstirbet niemer
unt ist doch eben iunger.

Der auer des anderen pizzet,
uil lutzel ers geniuzet:
525 er weiz ubel unt gůt, 17, 5
daz ist der gewisse tot.

---

515 *davor 8 Leerzeilen für die Fortsetzung des Rubrums und für Bild 4* **526** *nach* tot *Rest d. Z. freigelassen für Rubrum 8*

**Von dem holze des lebenes
des gůten und | des ubeles,** [8r]
**uon dem holze der gewizzene
uindet hie geschribene.**

530 Ze mitterist in dem garten 10, 1
zwene bŏme starche
phlanzit der riche got:
in beiden er gebot
bringen ungelich ẘchir,
535 swer ez da welle sůchen.

Swer des einen ie gechort
den uermeit der grimmige tot,
der stirbet noch nimmir 10, 5
und ist eben iungir;

540 Der abir des andirn iht geizzet
uil lutzzil er sin genivzzet,
er weiz ubil und gůt:
daz ist der gewisse tot.

526–529 *Rubrum 7 und Bild 4: Adam zwischen dem Baum des Lebens und dem der Erkenntnis*

Dů der tiufel durch ubermŏt
wesen wolte same got
unt er in uerweiz,
530 daz er in ab deme himele stiez
iŏch sine gesinden alle
sant in die helle,
dů | worth er den man   [12r]
nach sineme pilede getan
535 uz erda iŏch leime   17, 10
tet er fleisk unt gebeine
deme tiefel ze itewizzen,
daz er sin ere solte besitzen.

Dů wolte unser herre,
540 daz der man in paradiso ware,

unz er so uile chinde
dar inne gewunne,

daz ter chor wurd erfullet,
den der tiefel flos durch ubermůt,

545 daz si denne ázen   17, 15
der tiuren obeze
dei uf deme pŏme wurten,

da si abe nieht ersturben
unt denne fůren
550 zů den himelisken gnaden,

---

527 *nach* ubermŏt *am Zeilenende kleiner Freiraum für Rubrumende*

529 verwiez *Je SmE*   **533** worht *SmE*   **545** ázen *Pi¹ SmE*

Got dem manne widerseit
daz er leidir niht uermeit
ze niezzen des obezes
der gewizzen gůtes unde ubeles

Do der tiuvil durch sin ubirmůt 10, 10
sich wolde gelichen got
und in got do uerliez
daz er in abe dem himil stiez
mit sinen gesellen
in die tieffen helle,
do worhte er den man
nach sinem bilde getan;
ŏz erde | unde uon leime [8v]
machet er im uleisch mit gebeine
dem tieuil ze itewizzen 10, 15
und daz er sine ere solde besitzzen.

Vnsir herre wold do
daz der mennisch in dem paradiso
wære gewesen inne
unz er uil chinde
hiete gewnnen
bi den sinen stunden,
unz daz eruullet wære der chor
den der tieuil ein warer tôr
uerlos durch sin ubirmůt 10, 20
div deheinē mennischen ist niht gůt,
und daz er niht uergæzze,
daz obiz gerne æzze
ubir al in dem bŏmgarten,
da uon er immir lebenes warte
unde da mit erwrbe
daz er niht ersturbe
unde fůre ane chwale
ze den himelischen genaden,

544–547 *Rubrum 8*

da si iemer lebeten,
nehein angest habeten.

Dů beualech got deme manne
daz eine ze behaltenne
555 daz er si*n* ouge 17, 20
cherte uon éineme pŏme
noch des inbizze
des da ufe wůhse.

uerbot ime uasto
560 daz er sich dar nieht anehafte
noch in es niemer so harte gezame,
daz sin in sinen munt ieht chome.
chod 'la mich dar ane chiesen, 17, 25

ube du mir wellest ge | horsamen, [12v]
565 ube du mich wellest wern
daz tu ditz ein obez wellest uerbern.
untze du iz midest,
nehein ubel durchennest.
also du sin gizzest,
570 ze stete durstirbest.
so můstu darben
aller diser eren
die du nu hast 17, 30
unze du min gebot pehaltest.'

---

555 si   **574** *nach* pehaltest *Rest d. Z. freigelassen + 11 Leerzeilen für Rubrum 9 und Bild 5*

555 sin *Ho Pi¹ Do¹ SmE*   **556** éneme *Ho*, eneme *Pi¹*, eineme *SmE*   **559** vaste *SmE*
563 chiesen dar ane *He*   **568** dû erchennest *SmE*   **570** dû erstirbest *SmE*
573–574 gewaldest:behaldest *He*, waltest:behaltest *SmE*

da er immir lebte, 10, 25
dehein angist niht enhabete.

580 Do beualch got dem manne
daz eine obiz ze behaltene
und daz er sin ŏge
cherte uon einem bŏme,
noch ze niezzen niht gedæhte
585 des ŵcheres des der bŏm bræhte.
tivre er in lerte
daz er den mŭt nindir dar cherte:
er uerbot im uaste 10, 30
des selben bŏmes este,
590 er uerbotz im alle stunde
niht ze bringen zŭ dem munde,
er sprach 'du solt mich niht uerliesen,
dar an so wil ich chiesen,
obe du ein min niwer man
595 di*e*ne stæte gehorsam.
der bete solt | du mich gewern, [9r]
des obezes solt du enbern.
ist daz du ez uermidest 10, 35
dehein leit du erlidest;
600 ist abir daz du sin gizzest
ze hant du erstirbest,
so chanst du ez danne niht bewarn,
an den eren bistu ueruarn
die du gewaltichlichen hast 11, 1
605 die wile du min gebot niht ubirgast.'

---

595 dine

---

585 bom *Di¹* **594** [obe] *Di¹* **595** di[e]ne *Di¹*

575 Al daz ter was lebentes,
uliugentes oder gentes,
wurm oder tiere,
dei | chomen skiere. [13r]
dei brahte got zů adame,
580 daz er in namen gabe.
*d*en namen den er in dů gab
den habent si elliu unze an disen hutigen tach.

---

581 den¹] en **582** *nach* tach *12 Leerzeilen für Rubrum 10 und Bild 6*

575 Al *Do¹ SmE* **576** gêntes oder vliugentes *Pr* **581** den¹ *Ho Do¹ SmE*, Den *Pi¹*

**Von siner chrefte
aller dirre geschefte
gap Adam den Nam
als sin bilde was getan......**

610 Allez daz lebentich was,
ez uluge gienge ode chras,
wrm ode tiere   11, 5
die chomen uil schiere,
dei braht got zů Adam
615 daz er gæbe in den nam:
den nam den er in do gap
den behabetens unz an disen tach.

606–609 *Rubrum 9 und Bild 5: Adam gibt den Tieren Namen* **606** siner siner **607** alle

606 siner *Di¹* 607 alle[r] *Di¹*

  Dȗ sprach aue got   17, 36
  'mich ne dunchet nieht gût
585 daz so eine si der man,

  wir sculen im eine hilfe tůn.'

  Da nach er in ane warf
  einen slâf uile starch,
  daz | er uon neheinem brahte   [13v]
590 erwachen nemahte.
  ein rippe er ime nam   17, 40
  uon der winsteren siten,
  tet da uz ein wib
  adame uil nach gelich.

595 **A**lso adam intspranch,
  got nam daz wib in die hant,

---

596 wîb *Pi¹ SmE* | in] an *Wl SmE*

Adam slief unde lach
unz im got ein rippe ŏz prach
620 **da uon geschŭf er ein wip**
si beidiv wrden do ein lip.

[9v]

Do sprach der gewaltige got 12, 1
'ez dunchet mich niht gŭt
daz der man si eine;
625 uon einem rippe chleine
eine gehelfen mache wir im.'
got unsir trohtin

schiere den man an warf
einen chreftigen slaf
630 daz er uon deheinem brahte 12, 5
erwachen nine mohte.
ein rippe brach er im uon dem libe,
daz schuf er zeinem wibe
div was dem manne ænlich:
635 got ist niht unmugelich.

Adam erwahte zehant,
got nam daz wip an die hant,

618–621 *Rubrum 10 und Bild 6: Erschaffung Evas*   621 lipvvvvvvvvvvvvvvvvvvv

er leite si zů adame.
dů sprach er sarîe

'**Di**tze gebeine 18, 1
600 ist min gemeine,
ditze wib lussam
ist uz mir getan.
maget sol si haben namen,
want si fone manne ist genomen.'

605 **V**on diu sol ieglich man
sinen uater iôch sine mûter lazzen,
er sol siu begeben, 18, 5
sol mit sinem wibe gûtliche leben.
so sol man unt wib
610 werden beidiu ein lîp.

Beidiv waren si nachent.

sine habeten nehein lit,
iz ne ware eben heilich.
dů si neduanch
615 nehein ubel gedanch,
noch unter ire brust 18, 10
chom nehein ubel gelust
unze si waren wolgezogen,
wes mahten si sich dů scamen?

---

619 *nach* scamen *Rest d. Z. freigelassen für Rubrum 11*

598 sârie *Pi¹ SmE* **606** lazzen] lân *Pr* **610** lîp *Pi¹ SmE* **611** *Eine Zeile fehlt nach V.611 in W, bei SmE nach M/K und Bartsch ersetzt:* scham hêten si deheine, scame hêten si neheine *Pi¹*

ze adam leitet er si do,
disiv wort sprach er im zů

640 'Ditzze gebeine 12, 10
ist min gemeine,
ditzze wip lussam
ist min lip' sprach adam
'maget sol si haben *namen*
645 wan si uon minem libe ist chomen.' *[10r]*

Von div sol ein iegelich man
sinen uater und sin můtir lan
und sol bi sinem wibe
gůtlichin beliben:
650 so sol man und daz wip 12, 15
beidiv sin ein lip.

Nachet waren si beide
scham heten si deheine:
der gotes gnaden urŏten si sich
655 si waren ebenheinlich
wan si niht bedwanch
dehein ubil gedanch
noch undir ir brust
chom dehein ubil achust
660 die wile si waren wol gezogen: 12, 20
nu wes mohten si sich schamen?

---

643 lîp *Di¹* **644** [namen] *Di¹*

[14r]

620 **Dů** der ferwazen
den man sach niezzen
die manech falten gnade
der er wart ane,
dů begund er ime erbunnen
625 der himelisken wunnen.
in alle wis er ilte, 18, 15
daz er in fernite,
daz er in uerriete,
daz er gotes gebot nine behielte.

630 **Der** ubel atem
fůr in die nateren,
daz er dar inne sich ferhale,
daz man niene sahe,

---

620 *davor 8 Leerzeilen für die Fortsetzung des Rubrums und für Bild 7* **628** uerréte

627 feriute *Pr* **628** uerriete *Di¹ Pi¹ Do¹ SmE* **633** man in niene *Ca Wl SmE*

Nidich was der ualant
dem mennischen do er uant
ze got uolle genade
665 **er begunde im uaste lagen.**

Do der uerwazzen   13, 1
den man sach niezzen
die manichualt genad*en*
der er was worden ane,
670 do begundes er im erbunnen
der himelisken wnne:
allen wis er ilte
daz er in uernidete,
daz er in uerriete   13, 5
675 daz er | gotes gebot niht behielte.   *[10v]*

D*es* tieu*el*s ubil atem
fůr in die nateren,
dar inne was er uerholne,
dem slangen het er enpholhene

662–665 *Rubrum 11 und Bild 7: Versuchung Evas*   **668** genadn   **676** tieues

668 genad[e]n *Di¹*   **676** tieue[l]s *Di¹*

daz er sin gechose
635 so haben můse.

Dů negetorst er den man an chomen, 18, 20
forht daz er in negerůchte fernemen,
ob er im ieth geriete,
daz er is nie neta | te; [14v]
640 ob er iz an in hate er haben,
er hiez in sinen wech scaben.

Dů genaht er sich euen,
adames winegen.
an dem erestem stoze 18, 25
645 sprach er ir zů uile sůze.

Er sprach 'wanne sagest tu mir, frŏwe,
durch welehe drŏwe
du iŏch der man din
ditze obez sulet miden?
650 unt sage mir da mite
durch waz got íuwez uerbute.'

Suie sin fragte der ubele hunt,
iz was ime uile wole chunt.
ich wane er sprach iz zediu, 18, 30
655 ub er uerleite siu,
daz sine getorsten sprechen
si haten is uergezzen,
si waren unwizzende
chomen in die sunde.

660 **D**ů sprach eua

---

640 erhaben *Ho Pi¹ SmE* **646** Er *Pi¹ Do¹ SmE* **651** iuw ez *Pi¹* **659–662** *Ho zieht anders als Pi¹ Do¹ SmE V.660 bis V.662 zu einem Vers zusammen, der mit ere auf* herre *V.663 reimt. Die W-Reime auf* –angen, *(hier)* slangen) *hat M/K an mehreren Stellen gebessert, s. V.1200/1201, V.1634/1635, V.2133/2134, V.2688/2689, V.3285/3286, V.3787/3788. Pi¹ Do¹ SmE setzen wohl zu Recht hier zwei Verse mit dem Reim* eua : slangen *an, denn M/K bessert auch hier (und nur hier) den Reim auf* eua *durch Hinzufügung von* sa, *ebenso bei V.748/749. Auch an zwei anderen Stellen hat M/K W-Reime mit Hilfe des Flickreims* sa *gebessert, s. V.796/797 und*

	daz er sin truge chose	
680	mit dem wibe haben můse.	
	Ze dem manne getorst er niht chomen,	
	er uorht er hiet in niht uernomen,	
	so daz er niht entæte	13, 10
685	swaz er im geriete.	
	wan hiet erz an in erhaben	
	er hiet ims weizgot niht uertragen.	
	Do nahet er sich ze dem wibe	
	Adames winige,	
690	mit lugelichem grŭzze	
	wispelet er ir zů sůzze.	
	Er sprac 'wanne sagest du mir urŏwe,	
	durch welch drŏwe	
	solt du und der man dine	13, 15
695	ditzze obiz miden?	
	sage mir durch dine gůte,	
	durch waz dirz got uerbute?	
	Swie sin uragete ein ubil hunt,	
	idoch was ez im wol chunt;	
700	ich wæne ers uragete umbe daz,	
	daz er si uerleite deste baz.	
	genote begunde er sprechen	
	waz got wolde an in rechen:	
	er riete ir an der stunde	13, 20
705	uallen in die sunde.	
	Do sprach eua	

---

692 wan

---

692 wan[ne] *Di¹*

zů dem slangen
'alle dise ere
gab uns got unser herre,
daz wir hie nemen 18, 35
665 al des uns gezeme
unt wir sin alles walten,
ob wir daz eine gebot pehalten
daz wir daz eine obez miden.
daz mugen wir lihte erliden.
670 er sprach ube wir sin gechorten [15r]
daz wir sa ersturben.'

Der wurm ungehiure
suor uile tiure
daz si nieht ersturben. 18, 40
675 suie sat si sin wurden.
er sprach 'daz weiz got,
suelehes tages ir es werdet sat,
des ist nehein lougen,
iune werden offen diu ougen.
680 so werdet ir gote,
so gehorsamet íuwerme gebote
ubel unt gůt,
allez weiz iz iur můt.'

Nu sehet ze dem uerwazen, 18, 45
685 mit wie getanen geheizen
er besuaich skiere
daz wib alware.

---

687 nach alware Rest d. Z. freigelassen für Rubrum 12 + 8 Leerzeilen für Rubrum 12 und für Bild 8

V.1924/1924.1. Deshalb dürfte die auch hier in V.660/661 vorliegende Fassung mit eua : sa nicht dem Original angehört haben.
681 iúwerme Ho, iuwerme Pi¹ SmE **682** guot SmE **686** besweich SmE

　　　　ze dem slangen sa
　　　　'alle dise ere
　　　　gap uns got der herre
710　　daz wir hie næmen
　　　　swes uns gezæme;
　　　　er hiez uns sin alles walten
　　　　ob wir sin gebot behalten;
　　　　daz eine obiz hiez uns miden:　　　　　　　　13, 25
715　　daz mugen wir lihte erliden,　　　　　　　　　[11r]
　　　　er sprach ob wirs immer enbizzen,
　　　　mit dem tode wrdez uns uerwizzen.'

　　　　Der wrm ungehivre
　　　　sŵr uil tivre
720　　daz si niht ersturben
　　　　swie sát si uon dem obiz wrden;
　　　　mere sprach er an der stat
　　　　'swelch stunt ir sin werdet sát,
　　　　des ist dehein lŏgen,　　　　　　　　　　　　13, 30
725　　offen werdent iv dei ŏgen,
　　　　so werdet ir sa got,
　　　　so gehorsamet ivrem gebot
　　　　beidiv ubil und gůt;
　　　　allez weiz iz ivr můt.'

730　　**N**u sehet ze dem uerwazzen
　　　　mit wie getanem gelæzze
　　　　er besweich zware
　　　　daz wip alwære.
　　　　gechlaget si iz immir got:　　　　　　　　　13, 35
735　　hie hůp sich angist und not.

Vvole geloupte si ime dů. [15v] 19, 1
daz leit gieng ire zů.
690 si begunde scowen
úf bi deme boume.
daz obez was erlich,
anzesehen zirlich.
ofte siz ane plicte,
695 aue sa si nider nicte.
si hete michele trahte 19, 5
weder si tůn mohte:
ub siz name
oder siz uerbare.

700 Der gelust si geduanch
daz siu ir einez in die hant nam.
so si ez ze dem munde bót,
óft siz wider zóch.

---

691 ûf *Pi¹ SmE* **700–701** gedwanch:hant *He SmE* **702** bôt *Pi¹ SmE* **702–703** oft *Pi¹ SmE*
703 zôch *Pi¹ SmE*

Von dem slangen 14, 1
wart eua betrogen
hie uerleitet si Adam
in der sunden chloben.

740 Wůl gelŏbet si dem slangen do,
ir unheil | nahet ir do: [11v]
si begunde schŏwen
ŏf bi dem bŏme;
daz obiz was erlich 14, 5
745 anzesehen nutzlich;
ofte si ez anblihte
ofte si nidir nihte;
si het manege træhte
waz si getůn mohte,
750 ob siz genæme
ode ob siz uerbære.

Der gelust si des bedwanch
daz si einez her abe swanch:
ofte si ez zu dem munde bot, 14, 10
755 diche siz her widir zoch,

736–739 *Rubrum 12 und Bild 8: Sündenfall*

　　　　ze lezzest si ernande,
705　　sbilete deme uiande.
　　　　si genote daz uirwitz　　　　　　　　　　19, 10
　　　　daz si dar intet einen biz.
　　　　si gaz iz halbez,
　　　　halbez tet siz gehalten.
710　　si gieng uile balde,
　　　　gab ez ir manne adame.

　　　　er scóup iz in den munt.
　　　　daz ríet ime der ubele hunt.
　　　　er noch sa fragte
715　　wa si iz bráche.

　　　　er gaz daz sín teil.　　　　　　　　　　　19, 15
　　　　zů giench in beiden daz unheil,
　　　　want sa zestunte
　　　　unt iz ime chom in den munt,
720　　dů ferstůnt er arman
　　　　daz er ubele hét getan.
　　　　er begunde sich scamen
　　　　daz er nieht hét | ane.　　　　　　　　　　[16r]

　　　　ER unt sin wib
725　　cherten fon ein anderen ir lip,
　　　　daz ir ne wederez nesahe　　　　　　　　19, 20
　　　　wie daz andere getan ware.
　　　　si spreiten ire hente
　　　　uber ir scante.

730　　Si ilten zeinem ficbŏme,
　　　　namen der lŏbe,
　　　　zesamene si siu suten,
　　　　so sich wane, mit smelehen.
　　　　da mit si sich gurten,
735　　die scante si uerburgen.

---

707 în tet *SmE*　**710–711** slûme:Adâme *He*　**712** scoup *Pi¹ SmE*　**713** riet *Pi¹ SmE*
715 brâche *Pi¹ SmE*　**716** sîn *Pi¹ SmE*　**718** ze stunte *Ho*, ze stunt *Pi¹*, zestunt *Pr SmE*
720 arm man *SmE*　**721** hêt *Pi¹ SmE*　**723** hêt *Pi¹ SmE*　**724** Er *Pi¹ Do¹ SmE*
732–733 zesamene: smelehen *He*　**733** sôs ich *SmE*

	ze leste si ernande	
	unde uolget dem uiande,	
	si uolget ir bosen furwitz	
	und tet dar in einen biz;	
760	halbiz siz uerslant	
	halbiz trůch siz in der hant.	
	si gie uon danne	
	ze Adam ir manne;	
	si bot imz an der selben stunt,	14, 15
765	er schŏb ez gahes in den munt:	
	daz riet im der ualant	
	nie geuragete er si ze hant	
	wa si daz obiz hiete genomen	
	ez was in leidir ubil chomen	
770	gare az er sinen teil:	
	in nahenot beiden unheil,	
	wan an der selben stunt	
	und ez im chom durch den munt	
	do uerstunt sich der arme man	14, 20
775	daz er ubil het getan.	
	sa begunde er sich schamen	
	daz er gewandes niht het an*e*	

	Er und sin schonez wip	
	cherten uon ein andir ir lip	
780	daz enwedirz sæhe	
	wie daz | andir getan wære;	*[12r]*
	si dahten mit den handen	15, 1
	ir beider schande.	

	Si ilten zeinem fichpŏme
785	nach des bŏmes lŏbe,
	zesamene siz bedwngen
	so si beste chunden,
	die scham si ue*r*burgen
	mit uil grozzen sorgen.

---

777 an **788** ueburgen

777 an[e] *Di¹* **788** ue[r]burgen *Di¹*

  Dů ruwen si ze spate   19, 25
  ir missetate
  dů sahen ir ougen
  alle die tŏgen
740 der si ungewizzen waren
  untze si daz obez uerbaren.

  Dv̊z tů chom uber mittentach,   [16v]
  dů gie der almahtige got
  hinnen unt ennen
745 after paradises wunnen.

---

741 *nach* uerbaren *Rest d. Z. freigelassen für Rubrum 13 + 9 Leerzeilen für Rubrum 13 und für Bild 9* **742** Dv̊z] Av̊z

---

742 Dv̊z *Ho Pi¹ Do¹*, Duo ez duo *SmE*

790	Do gerŏ si alze spate	15, 5
	ir missetate,	
	do sahen ir ŏgen	
	aller slahte tŏgen	
	der si ungewizzen waren	
795	di wile siz obiz uerbaren.	

**Wie nach der nonzit got
umb daz ubiruertigit gebot
refsit Adamen
und Euam sine gemahelen.**

800	Do ez chom ubir mitten tach	15, 10
	unsir herre got gie und sach	
	hin unde dar	
	in dem paradise daz ist wâr.	

---

792 ir] r *korrigiert* | ŏgen] ŏ *korrigiert* **796–799** Rubrum 13 und Bild 9: *Entdeckung* **797** vor umb daz ~~umbe daz~~

797 umb daz *Di¹*

Also in uernam 19, 30
der uile sculdige man,
adam unt eua
si purgen sich gesuase
fone gotes gesihte.
des duanc si diu forhte.

Duo si danches ne wolten chomen,
ir sculde sich ergeben,
dů was iz ime leit.
er bedaht ir mennescheit,
er rief uberlut 19, 35
'wa bistu, adam min trut?'

Er wesse wole wa er was;
ne wan er fragetes umbe daz,

daz er hete missetan,
ub er is wolte in sine gnade gen.

het er so getan,
so war er in dem paradiso bestan.
got hêt iz uerchorn.
so hêt der tiefel sin arbaite florn.

Dů er im harte, 19, 40

uil trurechlichen er im antwurte
'als ich dine stimme uernam,

michel forthe mich ane chom,
want ich was nacchet.
dů barg ich mich durch not.'

---

768 al sich

---

752 Duo *Ho Pi¹ Do¹ SmE* **758** Er *Pi¹ Do¹ SmE* **760–761** missetân:gân *Pr SmE*; daz er missedâde/ ube ers gên (=jehen) wolde ane sîn gnâde *He* **764** hêt *Pi¹ SmE* **765** hêt *Pi¹ SmE* **768** alsich *Ho*, als ich *Pi¹ Do¹ SmE*

	Also in do uernam	
805	der uil schuldige man,	
	Adam und Eua	
	si purgen sich sa	
	uor der gotes gesihte:	
	des dwanch si des leides geschihte	

810	Do si danches nine wolden	15, 15
	chomen also si solden,	
	daz was im uil leit;	
	got bedaht ir beder | mennischeit,	*[12v]*
	er rief ubirlŏt	
815	'wa bistu adam min trŏt?'	

	Er wesse wol wa er was,	
	wan daz erz tet umbe daz	
	ob er riwe dar umbe wold han	
	daz er het missetan	
820	und ob er wolde ruchen	15, 20
	gotes hulde ze sůchen.	
	hiete er also getan	
	so wære er in dem paradis bestan;	
	got het ez dannoch uerchorn	
825	und der tieuil sin arbeit uerlorn.	

	Adam eruorht im harte	
	do er got erhorte;	
	trŏrichlichen er daz ẘrt gewan,	
	er sprach ‚herre do ich din stimme uernam	
830	an der selben stunde	16, 1
	furhten ich mir begunde	
	wand ich was nachot	
	do barch ich mich durch not.'	

---

822 hite   **829** din *zwischen* ich *und* stimme *übergeschrieben*   **830** stunde *zwischen* selben *und* furhten *übergeschrieben*

---

822 hi[e]te *Di¹*

Got der gůte
sprach | in unmůte [17r]
'dune mahtest dinen nacchetům wizzen, 20, 1
775 ne hetest tu des obezes inbizzen
daz ich dir uerbôt,
da du ane hast gaz den tot.'

Adam sprach dů
uil unsalechlichen
780 'du gabe mir eine genozzinne, 20, 5
diu gab mir iz ze niezenne.
ich nehete sín inbizzen,
nehete si iz é gezzen.
Dv̊ si mír iz bôt,
785 dů az ich iz durch not.'
er wolt die sculde wellen
uf sine gesellen,
er want so inpraste
der sculde rache.

790 Vvie maht er den triugen 20, 10
der ane sihet alle getŏgen

unte in die scult ane wal
daz was dér wirsere ual ,
sam er gestanten ware,
795 ub er in des wibes ferbare!

Got ne redite mit adame mere,
er fragte daz wib sarie
wie si so getate
daz si ir man ferriete.

---

773 nummůte **786** sulde

---

773 in unmůte *Di¹ Pi¹ Do¹ SmE* **776** uerbôt *Pi¹*, verbôt *SmE* **779** unsâlechlîcho *Pi¹ SmE* **782** sîn *Pi¹ SmE* **783** ê *Pi¹ SmE* **784** mir iz bôt *Pi¹ SmE* **786** sculde *Ho Pi¹ SmE* **793** der *Pi¹ SmE*

Got der uil gŭte
835 sprach in unmŭte
'dines nachentûmes hietest du niht gewizzen,
hietest du des obezes niht enbizzen
daz ich dir uerbot, 16, 5
dar an hast du gáz den tot.'

840 Adam in grozzem leide sprach
'ach leider ach!
du gæbe mir ein gnozzinne
div brahte mirz ze minnen;
ich hetis nie enbizzen
845 und hete siz é niht gezzen,
wan als si mirz bot
do az ic*hz* durch not.'
da mit wold er die schulde uellen 16, 10
ŏf sinen gesellen:
850 er wande daz er zebræche
siner schulde rache.

Nu wie moht er den betriv | gen [13r]
dem chunt sind elliv tŏgen?
wande er mit chranchen sachen
855 daz wip wolde schuldich machen
daz wizzet alle ubir al,
daz was noch ein wirsor ual:
reht sam er gestanden wære 16, 15
ob ez niht wære geschehen uon ir alwære.

860 Got redet mit dem manne niht mêr da,
er uragete daz wip sa,
wie si so hiete getan
daz si uerraten hiete den man.

---

847 icz

---

847 ic[h]z *Di¹*

800 **S**i tet same der man, 20, 15
wolt sich intsculdegen,
wal die scult uf die nateren,
sprach si hete sie uerraten,
si hete sie besuichen
805 daz si des obezzes he | ten bizzen. [17v]

Got sprach zů deme wurme
in micheleme zorne
'want tu daz hast gemachot,
nu solt tu sin uerfluochot
810 unter alleme daz ter lebe, 20, 20
iz ke oder chrese.

Vber dine brust solt tu gen,

die erde můst tu ezzen,

al din leben
815 můzest tu dich so tragen.

Duo iŏch daz wib
tribet iemer zein anderen nit
noch unter iureme chunne
niemer gefehede zerinne:
820 **G**etritet si dir daz hŏbet 20, 25
sa si dich getŏbet,
du lagest ire uersene,
daz tu sie megest gehecchen.'

Ich wane aller dinge
825 daz hŏbet si anegenge
unt des libes ente
da diu uerse erwinte.

---

805 hêt enbizzen *SmE* **812–813** brust:muost *He* **812** gên *Pi¹ SmE* **814** allez dîn *Pi¹*, al dîn *SmE* | dîne lebedage *He* **816** Duo *Ho Pi¹ Do¹*, Dû *SmE*

  Adam tet si gelich:
865 si wold unschuldigen sich,
  ŏf die nateren zoch si die schulde
  daz si gotes hulde
  also schiere het uerlorn   16, 20
  mit dem obiz des si het bechorn.

870 In uil grozzem zorne
  sprach got ze dem wrme
  'wan duz hast gebrůuet,
  nu wis ŏch dv ueruluͦchet
  undir allem dinge daz nu lebe,
875 ez lŏffe chrese oder swebe.

  Vbir din brust solt du gen,
  ŏfreht nimmir mere gesten,
  die erde solt du ezzen,   16, 25
  chresent solt du si mezzen;
880 da bi wil ich dir sagen,
  mit sorgen můzzist du dich betragen.

  Du und daz wip
  traget ŏf ein andir nit,
  sůne můz nimmir gewinnen
885 ivr beidir chunne,
  si trette dir ŏf daz hŏbet;
  so si dich habe betŏbet,
  so lage ir uersen | ebene   *[13v]* 16, 30
  mit dinem eitir hechene.'

890 Ich wæne daz aller dinge
  daz hŏbet si ein angenge,
  und des libes ende
  da div uerse erwinde.

---

866 si si **875** strebe

866 si *Di¹* **875** swebe *vgl. Di¹ verweist im Wtb. unter* sweben *auf Exodus 158, 20 M/K (Papp V.2903) als Beleg für die Bedeutung „fliegen".*

So der man wirt getöffet,
so ist er aller siner sunten beströffet,
830 so ist er reine 20, 30
an alle meile.
so beginnet sín uaren
der é uerriet adamen,
so beginnet er ime liuben,
835 des er chumet in riuwe.
er begin | net ime sůzzen [18r]
daz ubele mach gebůzzen.
manech falte sunte er ime rátet,
an ethliche er uerleitet.

840 **D**en einen wirfet er ane glust, 20, 35
des hůres achust,
daz er aller prinnet
unz er daz wib gewinnet.
den magettům er fliuset,
845 daz engeliske leben er uerchiuset.
so hat er sich gemeilegot,
der tiufel des lachot.
so ist er unreine,
sone hat er gemaine
850 mit heligen chinden 20, 40
noch mit mageden den iungen
die mit sante maʀien
alzane sint in fröden,
so die mit rehte sint
855 die den tiufel uber wintent.

So in der glust geduinget
daz er sinen magtuom zebrichchet
unt er denne uerstet 21, 1
wie lutzel gůtes er darane hât,
860 so beginnet ime gollen
daz er sich hât pewollen.

---
829 so ist er] *Vorgriff des Schreibers aus V.830 He SmE* **832** sîn *Pi¹* sín *SmE* **833** ê *Pi¹ SmE*
837 daz er ubele *SmE* **838** râtet *Pi¹ SmE* **839** er in verleitet *SmE* **852** maʀien *Pi¹*, Marien
Do¹ SmE **853** frouden *SmE* **858** verstât *SmE*

	So der man wirt getöffet	
895	so sind im abe getrŏffet	
	die sunde und ist reine	
	uon allem meile:	
	so biginnet sin der ramen	16, 35
	der da uerriet euam und Adamen;	
900	er beginnet im livben	
	des er chumet in riwe;	
	er beginnet im ze sůzzen	17, 1
	daz er ubil mage gebůzzen;	
	manech sunde er im rætet	
905	mit manegir er in uerleitet.	

	Den einen wirfet er in den gelust,	
	den anderen *in* hůres achust	
	daz er aller brinnet	
	biz er daz wip gewinnet.	
910	den magetům můz er widir geben	17, 5
	des englischen leben,	
	schuldich hat er sich gemachet:	
	der tiuvil des danne lachet.	
	so ist er unreine	
915	wan er hat gemeine	
	mit der helle chinden,	
	er ist abir uon des himils gesinde	
	dar undir gescheiden,	
	ich meine sante Mærien	
920	und andir die ze gnaden sint,	17, 10
	ich meine div waren gotes chint:	

	da uon sone weiz ich waz er richet	
	der sinen magetům zebrichet,	
	als er danne sich uerstat	
925	daz er niht dar an hat.	
	so beginnet *er* im kol*l*en	
	daz | er sich hat bewollen	[14r]

---

907 anderen hůres   **926** beginnet im | kolken

---

907 [in] *Di¹*   **926** [er] *Di¹* | kollen *Di¹*

uil harte in amerot,
uil riuwechclichen er suftet.

After ist iz umbe die riuwe
865 saman ein gezartez tuoch wider zesamene siuwe.

daz tuoch stůnte michel baz [18v]
unz ez ganz was:
swie wol ez werde gebůzet,
den siut man da chiuset.
870 Och nestet ez porlenge,
é des glustes geduenge
in auer anegat,
daz er alsame tuot.

So er sich denne uerscamet, 21, 10
875 got er frauelichen uermanet.
so flizzet er sich danne
waz er wibe gewinne,
sone dunchet ín nieht gnuch
daz er selbe ist tot,
880 é er mit ime erstarbet
al die er fercharget,
die wole mahten genesen,
ob er sich ire wolte intwesen.
der gestet er aller in rede, 21, 15
885 seh er waz sin denne werden mege.

Ettelichen man
ilet der satanas bewellen,
cheren ab der gůte

---

863 suftet] t¹ *aus* f *korrigiert* **874** uescamet **875** uemanet **876** fliezzet **886** Ettelichen] Sttelichen, S *korrigiert*

---

863 suffet *Ho Do¹*, sûffet *Pi¹* **865** sam man *Pi¹ SmE* **866** stuont ê *Wl SmE*, stůnte *Ho Ma Pi¹ Do¹* **871** ê *Pi¹ SmE* **874–875** uescamet:uemanet *(Schreibfehler vgl. M/K* uerschamet:uermant*) und Di¹ Anm z. St. Dagegen* vescamet:vemanet *SmE* **876** flizzet *Do¹ SmE*, flîzet *Di¹* **878** in *Pi¹ SmE* **880** ê *Pi¹ SmE* **886** Ettelichen *Ho Pi¹ Do¹ SmE*

	so nimit er uon des herzzen grunde	
	daz sŏften mit dem munde.	
930	**E**z ist umbe etlich riwe	17, 15
	sam umb gezartiv tŭchir niwe:	
	swer dei wil zesamene	
	reuelen mit uademe,	
	so stŭnd in ir glanz	
935	baz do si waren ganz;	
	swie wol ez gebŭzzet wirdet	
	den zaR man doch da uindet.	
	etwa stat iz borlanch,	
	unz in abir bosir gedanch	
940	des gelustes bedwinget	17, 20
	und in nidir bringet.	
	So er sich denne uerschamet	
	got er uræuelich uermant;	
	so ulizzet er sich an der stunde	
945	was er muge gesunden,	
	so dunchit in niht genŭch	
	swaz er selbe getŭt.	
	mit im er ersterbet	
	die sele die er uercherget.	
950	die wol mohten genesen,	17, 25
	wolde er der sunde entwesen:	
	der mŭz er aller sten en rede,	
	er besehe waz sin werden mege.	
	Etlich man ilet snelle	
955	den wil satanas bewellen	
	und cheren uon der gŭte	

934 ir *zwischen* in *und* glanz *übergeschrieben*

	mit starche*m* ubermůte,	
890	etslichen mit kire,	
	den anderen mit nide.	
	etlichen er inzundet,	
	daz er lihte zurnet.	
	mit mislichen sculden	21, 20
895	ilet er mennesken pewellen,	
	der er doch mit půzze	
	dar nach chumet ze antlazze.	

*M*it so getaneme nide
get er | uns mite alle wile,   [19r]

900 daz er uns îe die sunde liubet,
unze uns pegrifet der tót,

daz wir ungebůzte
werden sine gnozze.
so hât er uns uol laget,   21, 25
905 an die uersene gehekchet.

*V*uolten wir ime daz houbet treten,
– so mohten wir uns sin erretten –
so er uns aller erist riete
die ubeltate,
910 daz wir in uerwiezzen,
zů uns niene liezzen:
so trâten wir ime daz houbet,   21, 30
so ware er sciere getoubet.

---

889 starchen   **913** getoubet] o *aus* u *korrigiert; danach Rest d. Z. freigelassen für Rubrum 14 + 9 Leerzeilen für Rubrum 14 und für Bild 10*

889 starchem *Do¹ SmE*   **890** kîre *Pi¹*, gire *Pr*, gîre *SmE*   **898** Mit *Do¹ SmE*   **900** ie *Pi¹ SmE* liubôt *Pi¹*   **901** tôt *Pi¹ SmE*   **906** Vuolten *Ho Pi¹ Do¹*, Gîlten *La*, Gâhiten *Rö*, Wolten *SmE*   **908–909** sô er uns die ubeltâte/ allerêrist riete *SmE*   **913** getoubet *Ho Pi¹ Do¹ SmE*

mit der ubirmûte,	
etlichen mit der kîre,	
etlichen mit nide,	
960 etlichen er enzundet	17, 30
daz er gerne zurnet,	
manegen er mit trugeheit stillet	
unz er in bewillet:	
den hilfet doch got der sůzze,	
965 sůchent | siz mit der bůzze.	[14v]
Mit sogetanem nide	
wil er uns uertriben	
uon den gotes hulden,	
und livbet uns die sunde	
970 unz uns der tot begrůzzet;	17, 35
so habe wir niht gebůzzet	
da wird wir uerstozzen	
ze des tieuils genozzen:	
so hat er sin lage gestrechet	
975 und in daz uersen gehechet.	
Wellen wir uns der sunden erreten	18, 1
so schulen wir im ŏf daz hŏbit tretten,	
und swenne er uns rate	
die grozzen ubiltæte	
980 so schulen wir in lazzen	
und phien *den* uerwazzen,	
zetretten im daz hŏbet:	
so liget er da betŏbet.	

---

981 phien uerwazzen

---

981 [den] *Di¹* **982** ze tretten *Di¹, die Handschrift hat eindeutig Zusammenschreibung.*

  Dů got in so micheleme zorne
915 geflŏ | chote deme wurme   [19v]
  unt forbedahte
  die manegen nôta,
  die menneske solten liden,
  dů beit er eine wile:
920 ob der man iouch daz wib
  wolten dannoch lazzen ir strit,
  ube si in gnade wolten gan   21, 35
  des in ware gescehen.
  ub si iahen
925 daz si sculdich waren:
  so wolt er uerchiesen ir sculde,
  wolte si lazen haben sine hulde.

922–923 gên:gescehen *Pr SmE* **922** gan] gên (=jehen) *He*

Do got geulůchete dem slangene, 18, 5
Euam mit ir manne
treip er do
ǒz dem para / diso.

Do got in grozzem zorne
geulůchte dem wrme,
mit im selben er do ordinot
die uil manegen not,
die der mennisch můse liden,
do beittet er ein wile:
ob der man ioch daz wip 18, 10
dannoch wol | den lazzen ir strit, [15r]
und ob si mit riwen wolden iehen,
des in ze leide wære geschehen:

so wold er uerchiesen ir schulde
und geben sine hulde.

984–987 *Rubrum 14 und Bild 10: Vertreibung aus dem Paradies* **987** paradiso] § *vor* diso
994 man *zwischen* der *und* ioch *übergeschrieben*

Leider sine wolten,
wante sine solten.
930 in ir alten rede si stûnten,
die scult ûf eine ander wullen.
sine wolten sich ergeben.   21, 40
des muzzen wir den scaden haben.

Dů got gnůch lange gebeit,
935 duo sprach er deme wibe manech leit,
er sprach scarfere worte,
suenne si suanger wurte,
é si gebare,   22, 1
daz der sere uile ware
940 dei si ane ire libe
emzege můse liden.

Dazů sprach er si scolte im sin untertan,
swi er wolte mit ir gebaren.

Hine zů adame chert er sich dů,
945 er sprach | ime zů,   [20r]
der gnadige herre   22, 5
rafst inen file sere:

'Du du mich newoltest fernemen
unt gernere uolgotest diner chonen,
950 daz tu daz obez ane wurde
daz ich dir ferbot bi deme gesunde:

nu hast tu also getan,
so der flůch uber dich můz gan.

---

930 alten] t *aus* l *korrigiert* **931** sult **943** gabaren

931 scult *Ho Pi¹ Ca SmE* **938** ê *Pi¹ SmE* **943** gebaren *Ho Do¹*, gebâren *Pi¹ SmE* **944** Hine *Do¹ SmE* **948** Dû *Pi¹*, Dů *Do¹*, Nû *SmE* **950–951** ane wunde:gesunde *He* **951** ferbôt *Pi¹ SmE*

1000	Leidir sine wolten	
	wand sine solten:	
	mit ir alten rede si sich werten,	
	die schulde si ŏf ein andir berten.	
	si wolden sich leidir niht ergeben:	18, 15
1005	des mŭzzen wir noch ubil leben.	

Do got do lange gebeit,
dem wibe sprach er manich leit:
er sprach mit scherphen worten,
swenne si swangir wrte,
1010 e si danne gebære
si mŭse dulten swære
die si an ir libe
niht wol moht erliden.

Darzŭ sprach er si solte   18, 20
1015 wesen undir mannes gewalte
und allis dinges undirtan
swaz ir gebute der man

Ze Adame chert er sich do
und sprach im zŭ,
1020 der genædige herre   19, 1
er refset in uil sere.

'Nu du mich nih*t* woldest uernemen
und uolgest diner mahelen,
daz du azze ane not
1025 daz obiz daz ich dir uerbot
bi dinem gesunde,
nu hast du sin sunde:
der ulŭch mŭz ubir dich gan,   19, 5
du uil unsælich man.

1022 nih

1022 niht *Di¹*

Suaz tu hinne fure gizzest 22, 10
955 uil harto duz garnest,
du mŭst mit arbeiten
allen din lîp leiten.

Hiuffolter unt dorne
wucheret dir diu erde,
960 des chrutes mŭst tu dich tragen,
daz mŭz tu selbe graben.

Vile dicho mŭz suitzen
in der sunnen din antluze,
é du garbeitest daz prot 22, 15
965 da du mit fertribest hungeres nót,
unz du erstirbest
unt ze erde wirdest,
dannen du wurde genomen.
want du ware ein stŏp,
970 so solt tu zŭ asken werden ŏch.'

Dŭ dei wenigen liute
fluren daz engliske gewate
unt nacchet waren 22, 20
in suntlichen gebaren [20v]
975 unt si in dem paradise
wesen nemŭsen,
der gnadige got
ir îe wedereme einen pellez gap
getan uz fellen,
980 daz siu der urost nemahte cholen.
Dŭ er síun angeleite,
ich weiz er aua sa redete

---

954 Suaz] S *undeutlich, radiert?* **958** H-*Initiale fehlt* **971** D-*Initiale radiert, ziemlich undeutlich*

---

957 dîn lîp *Pi¹ SmE*, den lîp *Wl* **958** Hiuffolter *Ho Pi¹ Do¹ SmE* **962** Vile *Do¹ SmE*, Uile *Ho Pi¹* **964** ê *Pi¹ SmE* **965** nôt *Pi¹ SmE* **968** *fehlt ein Vers nach V.968? Do¹ SmE*, dannen du wurde genomen, want du ware stŏp *als ein Vers Pi¹* **978** iewedereme *Pi¹ SmE* **980** cholen] chwelen *SmE* **981** siun *Pi¹*, si un *SmE* **981–982** legete:redete *Pr*, gelegete:redete *SmE*

1030	Swaz du hinnefur gizzest
	uil harte du daz erarnest,
	du mŭst mit arbeiten
	dinen lip leiten.

Dorne und hiuffoltir
1035 wahse dir uz der erden molte, [15v]
chrŏtes mŭst du dich betragen,
die erde mŭst du umbe graben.

Vil diche mŭz erswitzzen 19, 10
din antlitz in der hitzze,
1040 e du gearbeitest daz prot
fur des ubelen hungers not,
dannoch du erstirbist,
ze der erde widir wirdist,
danne du chomen bist,
1045 wan du wære ein stŏp und mist.'

Do dei wenigen lŏte
uerlurn die englischen wæte
und also nachet waren 19, 15
in suntlichen gebæren,
1050 und si got wolde wisen
ŏz dem paradise,
do erbarmeten si im an der stat:
iewederm er einen pelliz gap
uon tieruellen
1055 daz si der urost iht mohte chwellen.
do si die an geleiten
abir sa er redete

1034 hiuffoltir] § tir *unter der letzten Zeile*

'Sehet nu ist adam 22, 25
uns glich worden,
985 nu weiz er ubel unte gŭt,
nu ist er alse got.

Nu sculen wir behuten
mit unser wisheite
daz er des obezes ieth gechore,
990 dannen ín der tôt ferbere,
so mŭz er iemer leben,
in wize wesen.
Pezzer ist daz er sterbe 22, 30
unt sin sculde so gerochen werde,
995 denner werde untotlich
unt iemer uber in ge der grich.'

Dŭ er si dere wunnone bestiez,
ich weiz er si uz deme paradise liez
uile hart amerende
1000 in ditz ellende.

Wer mach sín so herte, 22, 35

daz ín nine steche an daz herze

daz durch so bosen strít
den adam héte unt sin wib
1005 al man chunne [21r]
sol darben solehere wunne.

Da bi megen wir nemen pilede
daz wir nechomen hin ze himele,
unz wir die sunde nieht begeben
1010 unt an dem strit streben,
daz uns daz lichet 22, 40

---

988 s *über* i *übergeschrieben*

990 in *Pi¹ SmE* **991** muose *Wl SmE* **1001** sîn *Pi¹ SmE* **1002** in *Pi¹ SmE* **1003** strît *Pi¹ SmE* **1004** hête *Pi¹ SmE*

	'Sehet nu ist Adam mit sorgen	19, 20
	uns gelich worden.	
1060	nu weiz er ubil und gůt,	
	nu ist er ŏch also got.	

      Nu schulen wir doch behůten
      mit der wisheit gůte,
      daz er des obezes iht gechore,
1065 danne in der tot uerbere,
      so můz er danne immir leben
      und in manegiv wizze streben.
      bezzir ist daz er sterbe   19, 25
      und sin schulde errochen werde,
1070 denne er werde untodlich
      und immir lide disen gerich.'

      Do er si uon der | wnne stiez   [16r]
      und si in dem paradise niht enliez,
      uil amerende
1075 in dizze ellende,

      nu wer mege sin so herte
      den Adamis geuerte
      in sinem herzzen niht bewege?   19, 30
      min warheit wil ich iv geben.
1080 daz durch den bosen strit
      den Adam het unde sin wip
      allez manchunne
      sich můz darben der wnne.

      Da bi so nemen bilede
1085 daz wir niht chomen hin ze himele
      die wile wir die sunde niht begeben
      und alliz an den strit streben,
      da uns wol an gelichet   19, 35

1063 *Di¹ konjiziert* mit der wisheit und der gůte *vgl. Di¹, M/K II, S. 17.* **1072–1073** *Di¹ konjiziert ziemlich gewagt*: dô er si in der wunne niht enliez / und von dem paradîse stiez *vgl. Di¹, M/K II, S. 18.*

   da uns ter tiefel mit beswichet,
   daz unsech daz tunchet gŭt
   da wir mite garnen den tot.

1015 **W**are denchen wir armen
   daz wir got ferchergen,
   daz er nieht erchenne
   unser hinterskrenchen,
   daz wir in megen triugen   23, 1
1020 mit unseren lugen?

   Wir choden unsech riuwe
   mit micheler untriuwe
   die manegen unfrume
   die wir getan haben wider ime,
1025 unte newellen si doch nieht lazzen
   noch warlichen pŏzzen.
   daz ist al ein spot,   23, 5
   des pelget sich got.

1028 pelget *eine Form von* pelgen *mit Sprossvokal hinter* l *ist in den Handschriften nur hier belegt* | *nach* got *Rest d. Z. freigelassen + 3 Leerzeilen für Rubrum 15*

1028 pelget *Do¹*, belget *SmE*

        und uns der tieuil doch beswichet,
1090 daz uns daz dunchit gůt,   20, 1
        da uon uallen wir in den tot.

        War denchen wir uerworhten
        daz wir got niht enfurhten?
        wænen wir daz er niht erchenne
1095 unsir gedanche anegenge?
        wir mugen in niht betriegen
        mit unserem liegen.

        Wir chomen zů der riwe   20, 5
        mit maneger untriwe:
1100 div riwe frumet uns niht
        unde ist wærlichen enwiht,
        wellen wir daz niht lazzen
        unde wærlichen bůzzen,
        daz ist der sele ein spot:
1105 des erbelget sich der riche got.

Dŭ got euen unt adamen
im daz paradisum hiez rumen,
dů hiez er den engel cherubin
da fore sten werigen
mit furinime suerte,
daz er daz pewarte
daz ter niemen inchome
der des wŭcheres gename
da mannegelich   23, 10
abe wurde untotlich,
want er daz wolte úf scalten,
ze bezzereme zite gehalten,
want er wolt fone wibe werden geborn
unte ane dem holze der martire gechorn
daz er den dar ana uerchargte

1029 *davor 9 Leerzeilen für die Fortsetzung des Rubrums und für Bild 11* **1042** gechron

1039 ûfscalten *Pi¹*, ûf scalten *SmE* **1042** gechorn *Gri Pi¹ Do¹ SmE*, gechron *Ho We*

**Do ŏz getriben wart
Adam und sin geuerte,
der engil | stůnd fur daz paradis
mit einem uivrim / swerte.**

[16v]

1110 Do got Adamen und euen 20, 10
uz dem paradiso hiez gen,
do hiez er den engil cherubin
da fur sten unde werigin
mit einem uivrinem swerte,
1115 und daz er daz bewarte
daz iman dar in chome
der des ẘchirs iht næme,
da mannegelich
wære uon untodelich.
1120 daz selbe holz er wolte 20, 15
im selben behalten:
uon einer magede wolde er werden geborn
und an dem holze den tot bechorn,
unde daz er den geualte

1106–1109 *Rubrum 15 und Bild 11: Engel als Wächter am Paradiesestor* **1109** § *vor* swerte

der uns an deme | holze beualte,   [22r]
1045   daz der adames uál   23, 15
         der é gie uber al
         uertiligot wurde an deme gotes tôde
         der aller sunde was ane.
         des choden wir alzesamine
1050   laus tibi domine.

         Adam sin wib erchande,
         so noch site ist in demo lande.
         er hete mit ir minne,
         so man noh spulget hinnen unt ennen.
1055   daz nebenam ire frost noh hunger   23, 20
         sine wurde eines chindes swanger.
         ê si den gebare,
         so ward ire ofto sware.

1050 nach domine *9 Leerzeilen für Rubrum 16 und für Bild 12* **1055** ufrost

---

1045 ual *Pi¹*, val *SmE* **1046** ê *Pi¹ SmE* **1047** uertîligôt wurde/ an deme gotes tôde *Pi¹, Dreireimproblem, vgl. Einleitung S. LXIX* **1055** frost *Do¹ SmE*

	der uns da het uerchargte,	
1125	unde daz Adames ual	
	der da gie ubir al	
	uertiligit wrde,	21, 1
	swenne got mennisch dar an ersturbe	
1130	der aller sunde was ane.	
	nu sprechet laus tibi domine.	

Adam minnet hie sin wip
da uon so | wart swangir ir der lip.　　　　　　[17r]

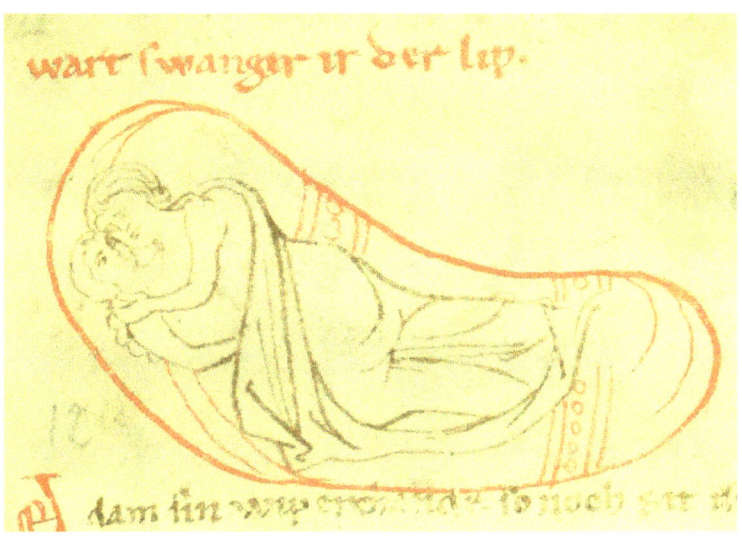

	Adam sin wip erchande	
1135	so noch sit ist in dem lande;	
	ich mein ez an die minne	21, 5
	der man noch phlegit grimme:	
	daz *ne* benam ir urost noch hungir	
	sine wrde eines chindes swangir.	
1140	é si den gebære	
	so wart ir ofte swære,	

1132–1133 *Rubrum 16 und Bild 12: Beilager Adams und Evas*

1138 [ne] *Di¹*

maniges si geluste,
1060 swelihiz si dere uerwiskte
daz tet ire | uile we, [22v]
also got ire fore sagete ê.
so chom si in unmaht, 23, 25
so was churz ire chraft,
1065 so was si fure tot,
daz was ein michel not.
daz treip salle
neun manode uolle,
so nie nehein tach
1070 churzer noh langer gelach,
sine wante wenegez wib
daz si begeben můse den líp.
daz můse so sin, 23, 30
want ir da zů drote unser trehten.

1075 **W**ante newas si ime geuallen an den fůz
unt hate ime gechlaget ir grůz.
lieze si der zahere nieht beturen
unz iz ime maht erbarmen,
hete ime weinnent an gelegen
1080 unz er ire sculde hate uergeben,
hate doch gesprochen 23, 35
daz si sin gebot hate uerbrochen,
iz ruwe si harte,
si bůzt iz gerne,
1085 ir war ouch daz leit
daz si ir man ferriet,
heten ainen anderen geraten
daz si beidiu antlazes paten:
ia ware so michel sin gnade,
1090 daz da ran ne ware nehein tuâla
er nehete in iz fer | geben, [23r] 23, 40
so mahten si mit gnaden hiute leben.

1065 sô lach si *Wl SmE* **1067** salle] si alle *SmE* **1072** lîp *Pi¹ SmE* **1074** trehtîn *Pi¹ SmE*
1075 Wante *Ho Pi¹ SmE*, Wanne *Wl* **1090** twâla *SmE*

	maneges si uerluste	
	swaz si do uerwischte:	
	daz tet ir uil we	
1145	als ir got uorsaget é.	
	sa chom si in unmaht,	21, 10
	churz wart do ir chraft;	
	so lach si fur tot:	
	daz was ir ein michil not.	
1150	also lebet si alle	
	niun manode uolle,	
	so ir nie dehein tach	
	churzir noch lengir lach:	
	si uil mûsæligiz wip	
1155	wande uerwandelen den lip.	
	daz mûse also sin	21, 15
	wande also drot ir min trohtin.	
	Ich wæne war si im geuallen an den fûz	
	und hie*t* im gechlaget ir leides grûz,	
1160	unde hiet sich *niht* der zæher gedarbet,	
	so hiet ez im erbarmet,	
	und wær im weinunde an gelegen,	
	ir schuld hie*t* er ir uergeben,	
	und hiete niwan gesprochen	
1165	'herre ich han din gebot zebrochen;	
	daz riwet mich uil sere,	[17v] 21, 20
	ich wil ez bûzzen herre.	
	da bi ist mir uil leit	
	daz ich min man ie uerriet,'	
1170	und wæren zû ein andir getretten,	
	hieten in antlazzis gebeten,	
	so michil wære zeware	
	gewesen sin genade,	
	erne hiet in uergeben,	22, 1
1175	deste baz moht wir hivte leben.	

1159 hie **1160** sich der **1163** hie

1151 [niun] *Di¹* **1159** hie[t] *Di¹* **1160** [niht] *Di¹* **1163** hie[t] *Di¹*

Gnůch haben wir in ferwizen.
wolte wir unsech selben dabi pezzeren!
leider wir netůn
mit willen noh mit werchen.
want wir tuelen neheine wile   23, 44
uns pewellen mit hůre iŏch mit nide,
mit ubermůte iŏch mit kire.

So wir gestiften dei menegen leit,
so birn wir also gemeit,
sam uns wole si gescehen,   24, 1
sone welle *wirs in* bihte iehen.
sus in růme
fermezze wir uns danne gnůge.

Do hine uber lanch
so sol got sin in danch,
ube wir zeinem phaffen chomen,
bitten ín unser biht fernemen:
sumelichez wir sagen,   24, 5
sumelichez wir ferdagen.
gote wir da liugen,
uns selben triugen.

So gibet er uns puozze
mit der suntone antlazze
der wir im beiahen,
nieht der wir uber hůben.
die můzzen wir dane tragen,
daz wirre | antlaz niene haben.   [23v]

Got weiz selbe   24, 10
al unser sculde.
wir netůn nieht so getŏgen
des wir im mugen ferlŏgen,

1097 wîle *Pi¹ SmE* **1097–1099** *Dreireimproblem, vgl. Einleitung S. LXVII* **1103** wirs in (=wir es in) *Ma Wl SmE*, wir sin *Ho Do¹*, wir sîn *Pi¹* **1106** Do] Sô *SmE* **1109** in *Pi¹ SmE* **1119** wirre =wir ire *SmE*

    Genůch habe wir in uerwizzen,
    wolden wir uns selbe noch bezzeren.
    leidir wir entůn,
    uns treit der wille niht darzů:
1180 wir entwalen dehein wile,
    wir bewellen uns mit nide,
    darzů mit der ubirmůt,   22, 5
    hůr und kíre uns leide tůt.

    So wir gestiften manigiv leit,
1185 so birn wir uil gemeit
    sam uns wol si geschehen,
    so ne welle wirs an der bíhte iehen;
    sus Růmen wir uns genůch,
    die sunde dunchent uns genuůch.

1190 Danne hin ubir lanch,
    so sol got sin endanch,
    ob wir ze einem phaphen chomen,   22, 10
    bitten in unsir bihte uernemen:
    sumilichiz wir sagen,
1195 sumilichiz wir uerdagen;
    got wir harte livgen,
    uns selbe wir trivgen.

    So git er uns sůzze
    antlaz nach der bůzze
1200 der sunden der wir haben uerichen,
    niht der wir wellen helen.
    die uerholen muzzen wir danne tragen,   22, 15
    antlazzes mugen wir niht gehaben.

    Got weiz wol unsir tŏgen,
1205 wir mugen im niht uerlŏgen:

　　　　　ne wan daz im liep ware
1125　　daz sich menneske ergabe
　　　　　siner sculde,
　　　　　daz er ime gabe sine hulde.

　　　　　Nu gnade uns got allen,
　　　　　ube wir geuallen,
1130　　so wir alzane tůn, 24, 15
　　　　　daz sín der tiufel negwinne rům,
　　　　　daz wirz ferdagen unz an den ente,
　　　　　daz er sín werde mendente.
　　　　　wir sculn iz é berůgen,
1135　　uil warlichen beriuwen,
　　　　　mit warer půzze
　　　　　chomen zantlazze,
　　　　　sculen den scenten
　　　　　der uns ferleitte mit den sunten.
1140　　daz gerůche du, trehten, 24, 20
　　　　　senten in allere christene sin.

1141 nach sin *Rest d. Z. freigelassen + 5 Leerzeilen für Rubrum 17 und für Bild 13*

1131 sîn *Pi¹ SmE* **1133** sîn *Pi¹ SmE* **1134** ê *Pi¹ SmE* | beruogen *He SmE,* beruogen *ist nicht als* berüegen *aufzufassen, sondern mfrk. Schreibung für* beruochen *He* **1140** trehtîn *Pi¹ SmE*

uil liep im wære
daz sich der mennisch ergæbe
aller siner schulde,
so hiet er sine hulde.

1210 **N**u genade uns got allen
ob wir geual | len, [18r]
so wir alzan tůn, 22, 20
daz der tieuil gewinne deheinen rům,
ob wir uerdagen unz an daz ende
1215 daz er iht werde mendende.
wir schulen uns é berůgen
mit zæheren genůgen
unde mit der waren bůzze
scheiden uon des ewartes fůzzen,
1220 wir schulen den geschenten
der uns wil uerschunten:
daz gerůche liebir trohtin 22, 25
ze senden in aller christen sin. Amen.

Eua gebar hie daz erste chint:
1225 **Kain wart er genant sint.**

1219 fůzzen] z¹ *auf Ras.*   **1224–1225** *Rubrum 17 und Bild 13: Geburt Kains*

Dv̆ des zit was,
adames wib des chindes gnas. [24r]
si gebar einen sun,
1145 den hiez si kain.

chot si hat in besezzen
mit micheleme smerzen.

Dů ouch des zit chom,
einen anderen sun si guan,
1150 abel si inen namote, 24, 25
lutzel an im habete.

Dv̆ dei chint gewůhsen,
daz si sich ferwisten,
kain wart uile wacher
1155 ze puwene den accher.
sumer unt winter
was er uil munter,
frûge ze siner howen,
er wolt sih siner arbeite frŏwen.
1160 dorn unt bramen 24, 30
ilt er uz prechen,
den accher er furbte,
daz deste baz dar ane wurte
ein iegelich chorn,
1165 da é stůnt hiuffolter unte dorn.

ER phlanzote sinen garten
mit mislichen chruten,
dar sich mit nerte,
dem hunger sich mit werte.

1170 Hirs unt růbe 24, 35
wân er ouch ůpte,
der îe wederez ist gůt.

1150 in en *Do¹* | namôte *Pi¹ SmE* **1158** fruge *Pi¹* **1165** ê *Pi¹ SmE* **1166** Er *Pi¹ Do¹ SmE*
1168 dâ er sich *SmE* **1172** iewederez *Pi¹ SmE*

	Do des do zit was	23, 1
	Adamis wip des chindes genas:	
	si gebar einen sun	
	der wart geheizzen kain.	
1230	also si daz chint an sach	
	trŏrielichen si do sprach	
	'din herzze ist besezzen	
	mit grimme und mit smerzzen.'	

Darnach do des zit was 23, 5
1235 eines anderen sunes si genas:
Abel si *in* namete;
lutzzil urŏden si an im habete.

Do dei chint gewͦhsen
daz si sich wol uerwesten,
1240 kain der wart wachir
ze pŏwen den achir;
summir unde winter
was er uil munter,
urůge ze siner hŏwen, 23, 10
1245 sines pŏwes begunde er sich urŏwen.
abe rŏtet er die dorn,
er sæt aller hande chorn,
den achir er | ersurbete [18v]
daz im dar an wrte
1250 ein iegelich chorn:
abe rŏtot er hivfoltir und dorn.

Er phlanzot sinen garten
mit maneger chrŏte arte,
da mir er *sich* nerte, 23, 15
1255 des hungirs er sich werte.

Hirse und růben
pŏwet er genůgen:
iwedirz was gůt,

1234 D-*Initiale fehlt* **1236** si namete **1238** D-*Initiale fehlt* **1254** er nerte

1234 Darnach *Di¹* **1236** [in] *Di¹* **1238** [d]o *Di¹* **1254** [sich] *Di¹*

112 —— W

   uz hirse man den prien tůt.
   aue nemach ich wizzen
1175 wie sie dannoch | machoten ir ezzen,   [24v]
   niwan ich fant gescriben
   daz si den hunger mit chrute fertriben.
   der da zů hate prot unt wazzer   24, 40
   der ne gerte wirtscefte bezzer.

1180 **D**ie milich si ouch nuzzen,
   mit den uellen sich rusten.
   in was bi den ziten
   sam nu ist sumelichen liuten
   die fon richtuomen
1185 zarmoten choment.
   die nechunden puwen,   25, 1
   die sehent menege riuwe,
   die indanc muzen nemen
   suaz in got geruchet geben.
1190 same tet adam
   iŏch sin wib lussam,
   můsen mit armůte
   liden ire note.

   Der iunger bruder   25, 5
1195 hůte der lember,
   er nechunde nieht puwen.
   er nespulgte untriuwe.
   in duhte durch gůt
   so man im gab milich unte prôt.
1200 so gieng er den tach langen
   da uz in der sunnen;
   daz fihe er zesamene treip,
   daz neheinez da uze beleip,
   er nebrahte iz heim widere,   25, 10
1205 so diu | sunne gie ze sedele.   [25r]

1180 Nie **1205** *nach* sedele *Rest d. Z. freigelassen + 9 Leerzeilen für Rubrum 18 und für Bild 14*

1180 Die *Ho Pi¹ Do¹ SmE* **1186** ne chunden *Ho*, nechunnen *SmE* **1194–1195** bruoder:der lember er huodde *He*

	ze pŏwen het er uesten můt.	
1260	ich mage abir niht wizzen	
	wie si dannoch macheten ir ezzen,	
	wan daz ich uant geschriben	
	daz si mit chrŏte den hungir uertriben,	
	dar zů brot und wazzir:	23, 20
1265	ir lipnar was niht bezzir.	

Die milch si ŏch nuzzen,
mit den uelliren si sich rusten.
in was bi den ziten
sam noch ist sumelichen lŏten,
1270 die div grozze armůt
diche unsælich tůt,
die niht chunnen pŏwen
die dultent manege riwe:
manich dinch můzzen si fur gůt nehmen   23, 25
1275 daz in got gerůchet ze geben:
sam tet Adam
und sin wip lussam,
die můsen liden grozze not
uon des libes armůt.

1280 **A**bel der iunge brudir
hůte siner lembir,
erne chunde niht pŏwen:
ledich was er uon untriwen,
in dŏhte uon got gůt.   23, 30
1285 so man im gap milch und brot,
so gie er den tach langen
mit der sunnehitzze beuangen.
sin uihe er zesamen treip
daz deheinz ŏzzen beleip,
1290 erne bræhte iz heim besunder
e der sunne gienge undir.

1291 [e der] *Di¹*

Dv̂ wurten die brudere unter in
eines tages des inein
daz ir îe wederer name
sines gůtes so file in gezâme
1210 unt si gote oppheroten
mit diu si heten.
si wolten sich im gerne genahen, 25, 14
uber ir oppher gerŭcht inphahen,
daz in deste baz dige
1215 al des er in uerlihe.

Kain unt sin bruder
prahten ir oppher.

1207 tages] tagedin **1209** gazâme

1206–1207 under on zwein: inein *He* **1207** tages *Di¹ Do¹ SmE* **1208** iewederer *Pi¹ SmE*
1209 gezâme *Ho Pi¹ Do¹ SmE*

Abel und Kayin   24, 1
sazzeten einen tach undir in,
daz si got ze eren unde ze minnen
1295 **ir ophir wolden bringen:**
einer mit dem garbe,
der andir | mit dem lambe.   *[19r]*

Do wrdin die brůdir undir in
eines tages enein
1300 daz ir iewedir næme   24, 5
sines gůtes des in gezæme,
unde ez got ophoroten
mit durnæhtem můte,
ob erz gerůhte enphahen.
1305 gerne wolden si sich im genahen
daz in deste baz gedige
swaz er in hiete uerlihen.

In mislicher andaht
ir iewedir sin ophir braht.

1292–1297 *Rubrum 18 und Bild 14: Opfer Kains und Abels*

kain was ein accherman,
eine garb er nam,
1220 er wolte sie opphe | ren [25v]
mit eheren iŏch mit agenen.
daz oppher was ungename, 25, 20
got newolt iz inphahen.

Abel was einvaltich unt semfter.
1225 er hielt siniu lember,
an nehein ubel er nedahte,
ein lam zopphere brahte.

Got inphie daz lamp
unt wesse im es michelen danch.
1230 kain der nît ane gîe,
daz antlutze im inphiel.

Dŵ sprach unser trehten 25, 25
'umbe waz zurnestu, kain?
du bist uil bleich,
1235 zŵ dinem prŵder ist dir leit.

Wil du wol tŵn,
des uindestu lôn;
hast anderes gedaht,
des wirt ouch rât.
1240 ich lazze dir den zugel
ze tŵnne gŵt oder ubel.
also dich gezimet, 25, 30
den ent er genimet.'

1222 ungename] a *auf Ras.* **1224** Abel] Vbel, *untere Hälfte des V radiert* **1228** G-*Initiale fehlt* **1236** Wil] Vvil **1243** denent | *nach genimet Rest d. Z. freigelassen + 6 Leerzeilen für Rubrum 19 und für Bild 15*

1224 Abel *Ho Pi¹ Do¹ SmE* **1228** Got *Ho Pi¹ Do¹ SmE* **1230** anegîe *Pi¹* **1236** Wil *Ho Do¹ SmE* **1243** den ent ez *Di¹ SmE*, den ent er *Pi¹ Do¹* | er] ez *Di¹*

1310	Cain was ein achirman.	24, 10

　　　Cain was ein achirman. 　　　　　　　24, 10
　　　ein garbe er nam,
　　　die wolde er opheren do
　　　mit agenen und in dem stro;
　　　got begunde ez uersmahen,
1315　er wolde ir niht enphahen.

　　　Abel was senfte unde gůt,
　　　ze got rihte er sinen můt:
　　　an dehein ubil er gedahte,
　　　ein lamp er ze ophir brahte.

1320　Got růchte daz lamp, 　　　　　　　　24, 15
　　　des wesse er im grozzen danch,
　　　ze kain ophir er niht sach:
　　　daz was im harte ungemach.

　　　Do sprach unsir trohtin
1325　'umbe waz zurnest du kain?
　　　du bist worden zornbleich,
　　　ze dinem brůdir ist din triwe weich.

　　　Wil du wol tůn,
　　　des uindest du gewissen lon,
1330　hast du andirs iht gedaht, 　　　　　 24, 20
　　　ze wizzen wirt ez dir braht.' 　　　　　[19v]

1320 lamp *zwischen* daz *und* des *übergeschrieben*

Dů kain gehorte [26r]
1245 war iz got cherte,
uil hart er ir bleich.
uil bald er dane straich.
nîdes was er uoller,
er sprach zu sinem brůder
1250 'nemagen wir hin uz gân?
waz sul wir hîe langere stan?'

Ze uelde si giengen 25, 35
mit ungelichem willen.
da slůch kain
1255 abel den brůder sin.
da hůp sich der nît,
der richsinot iemer sît.

Dů sprach unser trehtin
zů dem unsaligen kain
1260 'sagme ane, weniger,
ware hast du getan dinen brůder?'

1251 hie *Pi¹ SmE* **1258** trehtîn *Pi¹ SmE* **1260** sag mir *Ho Pi¹*

Ze dem morde was kain snel: 25, 1
sinen brůdir slůch er der hiez Abel

Do kain erhorte
1335 war ez got cherte
ze der ubil wart er bleich,
uil balde er danne streich.
nides was er uol und ẘdir,
er sprach ze sinem brůdir
1340 'wir mugen wol ŏz gan,   25, 5
waz wellen wir hie lengir stan?'

Ze uelde si giengen
mit ungelichir liebe:
da slůch der ubil kain
1345 abel den brůdir sin.
da hůp sich der nit
der hat gewert immir sít.

Do sprach unsir trohtin
ze dem unsæligem kain
1350 'sage an den triwen můdir,   25, 10
war ist chomen din brůdir?'

1332–1333 *Rubrum 19 und Bild 15*: *Brudermord*

      er chod newesse   25, 40
      noh sin hůten nesolte.

      Dů erbalch sich sin sere
1265 unser aller herre,
      er chod 'was hast du getan?
      nehortest du mich ane růffen
      dines průderes plůt
      deme du hast getan den tôt?
1270 diu erde ist uerfluchet   26, 1
      diu é was rein unt maget
      diu uone dinen hanten
      dines průderes plůt hat uerslunten.'

      Dv̊ne wolt er in nieht flîesen,
1275 er hiez in gen půzen,
      sin zeichen er im gab,
      daz ime niemen | tate deheinen slach.   [26v]
      dů můs er sin fluhtiger unt wadalere   26, 5
      ze uile manegeme iare.
1280 sin půze newas porgůt,
      ubel was sin herze iŏch sin můt.
      er lerte siniu chint
      dei zŏber dei hiute sint.
      dů wurten die scuzlinge
1285 glich deme stamme:
      ubel wůcher si paren,
      dem tiuele uageten.

      Adam hiez si miden wurze,   26, 10
      daz si inen newurren an ir geburte.

1290 sîn gebot si uerchurn,
      ir geburt si flurn.

1289 si inen] sinen

1271 ê *Pi¹ SmE* **1274** fliesen *Pi¹ SmE* **1289** si niene *Di¹*, si inen ne *(=Pron. refl.) SmE*, sin ne *? Do¹*

mit der rede begunde er ẘten,
er sprach er chunde sin niht gehůten.

Do erbalch sich unsir herre
1355 der anturt uil sere,
er sprach 'waz hast du getan?
du horst mich doch wol růffen an
dines brůdir blůt,
dem du hast getan den tot,
1360 ueruluchet ist div erde   25, 15
div e was maget und werde,
div hat uon dinen handen
dines brůdir blůt uerslunden.'

Do ne wolde er in niht | uliesen,   *[20r]*
1365 půzze gebot er im chiesen;
er gap im ein zeichen
daz in ze arge nieman dorfte anreichen.
do uloch er als ein wadilære
ze uil manegem iare;
1370 ubil was sin herzze und sin můt,   25, 20
div půzze was im borgůt:
er lerte siniv chint
dei zŏbir div hivte sint.
do wrden die schuzlinge
1375 gelich sinem stamme:
ubil ẘchir si paren,
dem tieuil si gehorsam waren.

Adam gebot den chinden bi ir libe   26, 1
sumeliche wrzzen ze miden;
1380 dar umbe daz si si niht entarten
an der ir geburte:
sin gebot si uerchurn,
ir geburt si uerlurn.

         dei chint si gebaren
         dei unglich waren:
         sumeliche heten hŏbet sam hunt,
1295   sumeliche heten an den brusten den munt,
         an den ahselun dei ougen,   26, 15
         dei mŭsen sich des hŏbtes gelŏben;
         sumeliche heten so michel oren,
         daz si sich damite dachten.

1300   Etlicher het einen fŭz
         unt was der uile grôz,
         damite lîuf er so balde
         sam daz tîer da ze walde.

         Etlichiu par daz chint
1305   daz mit allen uieren gie sam daz rint.

         Svmelîche flurn pegare | we   [27r] 26, 20
         ir sconen uarwe,
         si wurten suarz unt egelich.
         den ist nehein liut gelich:
1310   dei ŏgen in scinent,
         die zêni glîzent.
         suenne si si lazent plecchen,
         so mahten si iŏch den tiufel screchen.
         die afterchomen an in zeigtun
1315   waz ir uorderen garnet heten:
         alsolich si waren innen,   26, 25
         solich wurten dise uzzen.

         Adam auer einen sun guan,
         seth genanten.
1320   der wart gŭt unt kereth,
         ern ŭpte nehein unreht.

1317 danach eine Zeile freigelassen für Rubrum, vgl. Apparat M/K

1298–1299 sumelîche sô michele ôren hâten:dachten *He* **1302** liuf *Pi¹ SmE* **1303** tier *Pi¹ SmE* **1310** scînent *Pi¹ SmE* **1311** zeni *Pi¹ SmE* **1315** waz ir uorderen/ garnet hêten *Pi¹* hêten *SmE* **1320** kereht *Pi¹*, gereht *SmE*

dei chint dei si gebaren
1385 ungelich si waren;
sumelich hieten hŏbet als ein hunt, 26, 5
sumelich hieten an den brusten munt
an den ahselen ŏgen,
dei můsen sich des hŏbetes gelŏben;
1390 sumelich bedahten sich mit den oren,
wndirlich ist ez ze horen.

Etlicher het einen fůz
der was michel unde groz,
der lief also balde
1395 sam ein tier datzze walde.

Etlichiv gebar ein chint 26, 10
daz gie an allen uieren sam ein rint.

Sumelich uluren begarwe
ir uil schone uarwe,
1400 si werden swarz und eislich,
dem do niht was gelich,
dei ŏgen schinen in alle stunde,
die zene waren lanch in den munde;
swenne si die liezzen plechen
1405 so mahten si den tieuil schrechen.
alsolich leben liezzen die uer*chornen* 26, 15
al ir aftirchomen.
swie dise *inne* waren *getan*
die | geschaft můsen dise ŏzzen han. [20v]

1410 Den dritten sun gewan Adam:
Set was des chindes nam,
der ward ein uil gut chneht,
er minnot niht daz unreht.

1392–1393 Etlicher het einen fůz der was michel unde *mit Tinte von jüngerer Hand nachträglich geschrieben?* **1409** *danach kein Rubrum, vgl. Apparat W*

1399 [ir uil] *Di¹* **1401** [dem] *Di¹* **1404** [swenne si] *Di¹* **1406** uer[chornen] *Di¹* **1408** [inne] *Di¹* | [getan] *Di¹*

　　　　　er guan dei chint
　　　　　dei got liep hiute sint.
　　　　　al daz si taten
1325　　　in gotes lop siz cherten.　　　　　　　　　　　　26, 30
　　　　　so liebe dienoten si dir, trehtin,
　　　　　daz du si hiezze chint din.
　　　　　mit dem tiuren miltnamen
　　　　　waren si uon kaînes chinden gesceiden.

1330　　　der uater hiez belial,
　　　　　daz ist der leidige tiefal,
　　　　　der adamen uerscunte
　　　　　an die aller êristen sunte,
　　　　　der ime des paradises irbunde　　　　　　　　　26, 35
1335　　　und allem manchunne,
　　　　　den sin selbes ubile
　　　　　uer | treib uone himele,　　　　　　　　　　　　[27v]
　　　　　der negunde uns des nieht
　　　　　daz wir habeten daz ewige lieth
1340　　　daz er flos durch ubermůt,
　　　　　do er wesen wolde same got;
　　　　　der geriet ouch kain
　　　　　daz er slůg den brůder sin.

　　　　　Sconiv wib wurden　　　　　　　　　　　　　26, 40
1345　　　under kaînes geburte.
　　　　　swie ubel si waren,
　　　　　so was in doch got gnâdich:
　　　　　er machote si scône unte lusam,
　　　　　obe sî is ime wolten danchen.

1350　　　**D**o dei gotes chint gesahen
　　　　　des tieueles chint so wolgetane,

1343 slůĝ　**1350** D-*Initiale fehlt*

1329 kaînes *Pi¹*　**1339** lieht *Pi¹ SmE*　**1343** slůg *Ho Pi¹*, slůg *Do¹*, sluog *SmE*　**1345** kaînes *Pi¹*　**1346–1347** swie si wâren ubel unt nîdich:gnâdich *He*　**1348** lussam *Ho Pi¹*　**1349** sì *Ho*, si *Pi¹ SmE*　**1350** Do *Ho Pi¹ Do¹*, Dô *SmE*

	der selbe gewan chint	
1415	dei got hivte liep sint:	
	daz goteswerch si lerten,	26, 20
	ir můt si dar an cherten.	
	so liebe dienten si dir trohtin	
	daz si hiezzen dei chint din;	
1420	mit den werchen und mit dem namen	
	waren si gescheiden	
	uon kain chinden.	
	geschriben wir uinden:	
	der uatir hiez Beliali,	
1425	daz ist der ubil tieuil,	
	der Adamen schunte	26, 25
	an die ersten sunte,	
	der im des paradises erbunne	
	und allem manchunne,	
1430	den sin selbes ubile	
	uertreip uon himele,	
	der engund uns des niht	
	daz wir habeten daz ewige licht	
	daz er ulos durch ubirmůt,	
1435	do er sich gelichen wolde got:	
	der geriet ŏch kain	26, 30
	daz er slůch den brůdir sin.	

Schoniv wip wrten
uon kain geburte:
1440 an grozze ubil wanden si sich,
idoch was in got genædich,
er machit si schone und lussam,
got waren si niht gehorsam.

Do dei gotes chint
1445 gesahen des tieuels chint

zesamene si gehîten,
micheliu chint gewunnen,
gigante die mâren. 26, 45
1355 allez ubel begunden si mêreɴ.

Do begunde unseren trehtin
uile harte riuwen
daz er îe gescůf den man 27, 1
nach sinem bilde getan.
1360 iz rŏw in uone herzen
unde begunde in harte smerzen
die er gescůf zeren
daz die deme tieuele solden werden.
do wart ime ze můte
1365 daz er mit der sin | ulůte [28r]
die werlt wolte fliesen, 27, 5
daz ir niene solde besten.

1356 Do] So | *nach* begunde *Rest d. Z. freigelassen für Rubrum 20* **1358** gesĉûf **1367** *nach* besten *Rest d. Z. freigelassen + 18 Leerzeilen Rubrum 21 und für Bilder 16 und 17*

1355 mêren *Ho Pi¹ Do¹ SmE* **1356** Do *Do¹ Rö*, Dô *SmE* **1358** gescůf *Ho Pi¹ Do¹*, gescuof *SmE* **1362** ze êren *SmE*

	also rehte wolgetan,	27, 1
	ir minne buten si ein andir an:	
	uon ir beidir minne	
	michiliv chint si gewnnen,	
1450	Gigant daz waren,	
	allez ubil begunde sich meren.	

Got gerŏ sere
daz er den mennise het geschephet

	Do begunde unsir trohtin	27, 5
1455	darumbe harte riwich sin	
	daz er ie geschůf den man	
	nach sinem bilde | getan;	[21r]
	ez gerŏ in uon herzzen,	
	sere begund ez in smerzzen,	
1460	die er geschůf ze den eren	
	daz die dem tieuil solden werden:	
	do wart im ze můte	
	daz er mit der sinulůte	
	die werlde wolde uliesen	27, 10
1465	unde sinen zorn also uerchiesen.	

1452–1453 *Rubrum 20*

**Got Noe gebot
daz er die archen zimberot
und dar inne behielte
alles des er wielte.**

1470 **Hie giengen si in die arke:
die sinulût uorhten si starche.**

1466–1469 *erstes Rubrum und Bild 16: Befehl an Noah zum Archebau als erstes Bild für Rubrum 21* **1470–1471** *zweites Rubrum und Bild 17: Einzug in die Arche als zweites Bild für Rubrum 21*

	Noe was ein gůt man,	*[28v]*
	drî sune er gewan.	
1370	den chos er ime ze trûte	
	uz andereme liute.	
	deme chlagete er dei leit	
	dei der waren in der werlte breit.	
	er sprach nu si an in niene wolten denchen,	27, 9
1375	er wolte si mit der sinulŏte irtrenchen.	

	ER hiez noen wurchen ein arche	
	uile wunderen starche,	
	driu hunderet elline lanch,	
	daz dar inne ware gewaltiger ganch,	
1380	unte hiez si an der sîten	
	machen finfzich elline wît.	
	ouch duhte in genůge	27, 15
	ube si hate drîzzech elline an der hohe;	
	daz er si ouch so worhte,	
1385	daz si uerwerden nedorfte,	
	so uaste hiez er si chlampheren	
	unde lîmen,	
	daz si der flůte ureise	
	er liden mahte	
1390	unte er dar ín nâme	27, 20
	alles des der lebentik ware,	
	reines sibeniu,	
	unreines sibeniu,	
	iegeliches niene wan zwis | ckiu.	*[29r]*

1368 Noe] N *dreizeilige Initiale | nach* ein *Rest d. Z. freigelassen* **1375** sinulŏte

---

1373 wâren *Pi¹ SmE* **1375** sinulŏte *Ho Pi¹*, sinvluote *SmE* **1376** Er *Pi¹ Do¹ SmE* **1384** daz] er gebot im, daz *Pn* **1386–1389** er:lîmen, vreise:mahte *Ho Rö*, lîmen:mahte *Ma*, chlampheren:lîmen, vreise:mahte *Pi¹ Do¹*, lîmen:erlîden *SmE (Langzeilenstrophen nach Maurer), von Pn als Interpolation betrachtet* **1390** darîn *Pi¹* **1392–1394** *Dreireimproblem, vgl. Einleitung S. LXVII*

Hie heuet sich daz andir bůch.....   28, 1

Noe was ein gůt man,
dri sun er gewan,
1475 den chos im got ze trŏte
uz anderem livte,
dem chlaget er | siniv leit   [21v]
dei gewahsen waren in der werlde breit.
er sprach 'nu si an mich niht wolden denchen   28, 5
1480 nu wil ich si ertrenchen.'

Er hiez Noe wrchen
balde eine archen,
driv hundirt ellen lanch
daz dar inne wære gewaltiger ganch,
1485 er hiez si an der siten
machen funzich ellen wit,
ŏch dŏht in genůch
ob si wære drizzich ellen hoch
unde daz er si also worhte   28, 10
1490 daz si uerderben nih*t* bedorfte;
er hiez si limen und chlamben
daz si flůte strange
wol mohte erliden,
er hiez in niht beliben
1495 er ennæme dar in subiniv gemeines
und subiniv unreines
uzzir allem tiere:
er hiez in leisten schiere.

1472 *Überschrift zu Buch 2 des Gesamttextes*   **1490** nih

1490 nih[t] *Di¹*

1395 **Ich** waiz er in der arche
    drî solare worhte.
    in deme nideristen waren
    aller uogele gechrademe.
    in der arche hohe
1400 was noe unte sîn gezohe,
    er unde sin chone,   27, 25
    sine snúre unde ire wine.

    Uierzech tage unde uierzech naht
    der regen nîene gelach.
1405 ûf taten sih des himeles holer,
    dar en gagen switzten dei teler,
    daz wazzer floz uber al,
    iz fulte berg unde tal.
    dei gebirge do sunchen,
1410 dei lûte elliu ertrunchen.

    So der regen begunde stillen   27, 30
    unde dei wazzer bigunden uallen,
    noe einen raben ûz sante.
    an eineme âsa ér erlante.
1415 do sante er ûz eine tûben
    âne der untriuwen gallen.
    diu brahte ein olezwi.
    da chôs er sâ bî   27, 35
    daz diu flût fure was.
1420 do beit er unz er chôs poume unde gras.

1403 Uierzech] U *auf Ras.* **1420** nach gras *Rest d. Z. freigelassen + 1 Leerzeile für Rubrum 22*

1396 hiez drî solare wurchen *He SmE* **1397–1398** in deme nideristen gademe/ was aller vogele gechrademe *He SmE* **1402** snûre *Pi¹ SmE* **1404** niene *Pi¹ SmE* **1411** Sô *Pi¹*, Dô *SmE* **1414** er *Pi¹ SmE* **1415–1416** dûve:untrûwe *He* **1419–1420** *Dreireimproblem, vgl. Einleitung S. LXVII*

	Er hiez in in der arche	28, 15
1500	dri solær wrchen:	
	in dem nidiristem gademe	
	waren die uogele,	
	in der arche obene	
	was mit sinem gesinde Noe,	
1505	er und sine gemahele,	
	sine snur und ir winige.	

Vierzich tage und uierzich naht
der regen nie*ne* gelach:
ŏf tet sich der himil   28, 20
1510 und elliv div telir;
daz wazzir uloz ubiral
beidiv berge und tal;
dei gebirge do uersunchen,
dei lŏte elliv ertrunchen.

1515 **D**o dŭ der regen begunde stillen
unde dei wazzer uallen
Noe einen ʀaben ŏz sande:
ŏf einem ase nam er sine urande.
do sande er ŏz eine tŏben   28, 25
1520 div wolde niht beliben
sine bræht im ein olzwi:
sa chos er dabi
daz div sinulŭt fur was.
do beitot er unz er | sach lŏp und gras.   *[22r]*

1508 nie

1508 nie[ne] *Di¹*   **1520** d[iv] *Di¹*

[29v]

     Vz gie do noe mit sinen chinden
     iŏch mit ire wiben.
     do lîz er ûz tier unde wurme,
     fihe iŏch gefugele.
1425 er sprach 'gêt an dîe erde
     unde îlet daz uwer uile werde'.

1421 *davor 10 Leerzeilen für die Fortsetzung des Rubrums und für Bild 18; die ersten 3 Zeilen wurden zuerst oben geschrieben (*Vz *bis* sprach*), danach alles radiert und 7 Zeilen weiter unten wieder rekonstruiert* **1426** *nach* werde *Rest d. Z. freigelassen + 6 Leerzeilen für Rubrum 23 und für Bild 19*

1421 Vz *Pi¹*, Ûz *SmE* **1425** die *Pi¹ SmE*

1525 **ŏz der arke giengen** 29, 1
die dar inne waren.

Ovz gie Noe mit disem gesinde
mit wiben und mit chinden,
ŏz liez er uil schier
1530 beidiv wrme und tier,
uihe und gefugele
daz gŭt und daz ubele,
er sprach 'get an die erde 29, 5
daz ivr uil werde.'

1525–1526 *Rubrum 22 und Bild 18: Auszug aus der Arche*

        Do diu flůt fure wart   [30r]
        unde diu arche stůnt in monte ararat,
        do brahte noe   27, 40
1430 gote sin oppher.
        daz oppher stanch sůzze.
        ich weiz er ime do gehiez
        daz er niemmer mêre   28, 1
        die wærlt flure mit wazzere,
1435 unde segenote noe
        mit alleme sineme dinge
        unde sprach swer den anderen irslůge
        daz der dei wîze lîden můse,
        nehein ander wîze   28, 5
1440 neware daz er selbe můse liden.

        Danah gehiez got noe
        unde têt is ime ueste,
        daz er wolte haben minne
        zů allem manchunne,

1427 flůt

1427 flůt *Ho Pi¹ Do¹*, fluot *SmE*   **1438–1440** *Interpolation Pn*   **1442** tet *Pi¹ SmE*

1535 **Mit sinem ophir Noe wolde got loben,**
ze der uriuntscheft zeichen gap er im den regenbogen.

Do div ulût fur wart
unde div arche stunt ôf dem berge Ararat
Noe sich wol bedahte,
1540 sin ophir er got brahte:
daz ophir was sûzze,
unsir herre im gehiezze
daz er mit wazzirs chure 29, 10
die werlde | nimmir mere uerlur. *[22v]*
1545 Noe hiez er wol gelingen, 30, 1
er gesegent in mit allem sinem dinge,
er sprach swer den anderen flûge,
daz der die selben burde trûge.
dehein andir wizze hiez er in liden:
1550 daz erslahen gebot er hie mit miden.

Darnach got Noe gehiez
daz er sit war liez,
er swˆr ze haben minne 30, 5
ze allem manchunne,

1535–1536 *Bild 19: Noahs Dankopfer und Rubrum 23* **1536** uriuntschet **1538** Arat
1544 immer

1536 uriuntsche[f]t *Di¹* **1538** Ara[ra]t *Di¹* **1544** [n]immer *Di¹*

1445 daz er ze zeichene hête,
suenne iz wolchenote
unte der regenpoge
uns suebet obe,
daz der wâre scône 28, 10
1450 zeichen siner minnone,
daz wir dannoch zwiuilen nescolten
erne wolte uns gehalten.
ouch hôrt ich sagen
daz man sin nieht insehe drizzich iâr uor deme [30v]
| sůntage.

1455 **D**az zeichen ist also lusam,
daz stât also unuerborgen,
daz ist grůne unde rôt, 28, 15
daz bezeichent wazzer unde blůt
dei christe uz der sîte fluzzen,
1460 dô sí ime mit spere wart durchstochen.

uon diu sculen wir miskan
zů dem wazzere den win,
suenne man die misse singet
unde der gotes martere gedenchet;
1465 daz wirt ze ware 28, 20
ze blůte uf dem altare.

Mit deme selben blůte
gewinnen wir widere die tǒffe,
die wir so dikche uliesen,
1470 so wir uns mit sunden bewellen.
die riuwigen zahire
gebent unsis die tǒffe widere,

1453–1454 Interpolation *Vo Rö Pn* **1453–1454** sehe:sůntage *Ho* **1455** lussam *Ho Pi¹*
1460 si *Pi¹ SmE* **1472** unsich *Di¹*, uns ie ? *Do¹*, uns *SmE*

1555	er wolde im ŏch beneichen	
	in den wolchen ein zeichen,	
	daz was der regenpoge;	
	swenne der swebet den wolchen obe	
	so bedenchen dine sinne	
1560	ein zeichen, daz an siner minne	
	und darzů *du* niht zwiueln solde	
	erne wolde uns behalten.	
	ŏch hore ich sagen	30, 10
	daz man sin uor dem sůnstage	
1565	drizich iar niht ensehe:	
	got hat ez allez in siner spehe.	

Daz zeichen unsir sorgen
stat unuerborgen,
ez ist grůn unde rot,
1570 ez bezeichent wazzir unde blůt
dei christ ŏz siner siten her
uluzzen nach dem sper,
da mit er wart gestochen;   30, 15
ŏch schulen wir ze tage unde ze wochen
1575 wazzir zů dem wine mischen
so man singet die misse,
und der gotes martir gedenchet:
dar an wirt niht gewenchet
ezne werde zware
1580 ze blůte ŏf dem altære.

Mit dem selben blůte
gewinnen wir widir die tŏffe gůte
die wir diche uliesen   30, 20
so wir die sunde niht uerchiesen.
1585 die rivwigen zæhere
gebent uns die toffe widere,

1561 darzů niht

1561 [du] *Di¹*

daz si daz helle uîur erleskent,
uon sunden uns waschent. 1473.1

Noe begunde do buwen, [31r] 28, 25
1475 sinen wingarten phlanzen.
des wines wart er trunchen,
do gieng er slâfen.
ich weiz sîn sun cham
in allen gahen dar chom.
1480 er sach in blekchen,

1473 nach erleskent *Rest d. Z. freigelassen + 4 Leerzeilen für Rubrum 24* **1474** *davor 11 Leerzeilen für Fortsetzung Rubrum und für Bild 20*

1473 helle uiur *Pi[1]*, helleviur *SmE* **1473–1473.1** uon sunden uns waschent *fehlt und ergänzt Do[1] SmE unmittelbar vor Bildlücke)*; daz si uns von sunden waschent/ daz helle viur erleskent *Ergänzung nach M/K vgl. Di[1], M/K. II, . 22. Anm zu 30, 22. z. St., wo Do[1] nicht nachvollziehbar von unnötiger Umstellung der Verse 1473/1473.1 gegen M/K spricht*; unde uns die sunde abe waskent (V.1473.1) *Pi[1]*; V.1473 *in zwei Verse geteilt*: daz si daz helle / uiur erleskent *Ho Ma, Siehe ferner dagegen Rö S. 269.* **1478** châm *Pi[1]* **1479** gâhen *Pi[1] SmE*

daz helle | uivr si leschent, [23r]
uon sunden si uns waschent.

Noe tranch win unde slief,
1590 **daz gewant er niden ŏf swief:**
nachet sach in ligen cham,
er lachet unde zeiget in mit dem uingir / an.

Noe begunde mit triwen 31, 1
wingarten bŏwen:
1595 uon dem wine ward er trunchen,
der slaf begunde in druchen.
in allen gach dar chom
sin sun der hiez cham:
er sach *in* uil wol blechen

1589–1592 *Rubrum 24 und Bild 20: Noahs Blöße und Hams Spott* **1592** § *vor* an **1599** sach uil

---

1599 [in] *Di¹*

   er newolte in dekchen.
   er sach sine scante,
   spottende er dane wante.
   sine hende slůg er zesamine,   28, 30
1485 sines uater honde hete er ze gamine.
   sinen brůderen er sagete
   waz er gese | hen habete: *[31v]*
   sinen uater likken,
   under den beinen blekchen.

1490 **S**ine brůdere sêm unde iaphêt
   die newas sin gamen nieht.
   si namen ein lachen   28, 35
   hinten uber ahsale,
   uorne burgen si sich uil geware,
1495 ruckelingen giengen si dare,
   daz lachen wurfen si in ubere
   unde cherten uile balde widere;
   dane begunden si gahen,
   daz si die scante nesahen,
1500 und in leit ware
   ube iz ander iemen sâhe.

1490 Sine] Dine **1494** *nach* si c *(oder e) rad.* **1500**–1501 ubez **1501** *nach* sâhe *10 Leerzeilen für Rubrum 25 und für Bild 21*

1490 Sine *Gra Ho Do¹*, Sîne *Pi¹ SmE* **1491** den ne was sîn gamen nieht liep *Di¹*
1500–1501 ube iz *Do¹ SmE*, ub iz *Pi¹*

1600	und wolde in doch niht dechen,
	er sach sine schande, 31, 5
	spottunde er sich danne wande,
	sine hende slůch er zesamene
	und het sin grozze gamene.
1605	sinen brůdiren er sagete
	waz er gesehen habete,
	ŏz brůuet *er* mit den handen
	sines uater schande.

1607 [er] *Di¹*

Do noe erwachete [32r] 28, 40
und uil rehte urescete
wie cham hete getan,

1505 do er in sach plekchen,
ich weiz er in uerulůchete
mit aller siner afterchunfte.
er hiez si scalche sin,
dienen sinen brůderen.

1510 **D**ie anderen zwene er wihte 29, 1
zů uriême lîbe:
si waren in gezelten
so herren scolten,
daz si selbe unde ir wib
1515 in allen dingen waren salich,

1502–1503 erwachte: und vrêscte vile rehte *He*

Noe uluchot sinem sun Cham:
1610 **sin aftirchunft hiez er sinen brůderen werden undirtan.**

Do noe erwahte [23v] 31, 10
unde uil rehte betrahte
wie der schamlos cham
mit im hete getan,
1615 unde er in niht wolde dechen
do er in sach plechen,
er ueruluchet in an der stunt
dar zů alle sin aftirchunft,
er sprach 'nu wis ein schalch můdir
1620 aller diner brůdir.'

Die anderen zwene ebene 31, 15
die wihot er ze uriem lebene;
si waren in den gezelten
so herren uon rehte solten.
1625 si selbe und ir wip
waren uil sælich,

1609–1610 *Rubrum 25 und Bild 21*: *Noahs Fluch über Ham* **1613** *vor* schamlos *Platz für Initiale* D *von V.1530?*

noch ire chinden
niemmer gůtes scolte zerinnen,
unde ire scalche waren 29, 5
die cham unde siniu chint gebaren.

1520 **S**uelihe bi den zîten
ir uorderen gewihten
den gab diu erde
genůg des dar ane solte werden,
garten unde obezpŏme
1525 namen ouch der wihe gŏme,
ros unt rinder,
manech uihe ander
wart uile barig. 29, 10
in alle wis waren si salik.

1530 **V**one chames sculde
wurden allererist scalche.
ê waren si alle
eben urî | unde edele. *[32v]*
châmes hůhes unde spottes
1535 uile manige inkulten des.

Auch enist nieman so ummare
so der nîtspottare,
der ime daz ze frumikheite zuhet 29, 15
daz er sinen tiureren beliuget.
1540 so mach man den bosen
aller lihtese chiesen,
wande nehein frum man
spulget den anderen honen.

1517 scolte *aus* scolten *rad.*   **1530** V-*Initiale fehlt*   **1536** ummare] um mare *aus* umbmare (*oder* umhmare) *rad.*   **1543** *nach* honen *Rest d. Z. freigelassen* + 11 *Leerzeilen für Rubrum 26 und für Bild 22*

1530 Vone *Ho Pi¹ Do¹ SmE*   **1532–1533** eben:edele *Ho, zur Dreisilbigkeit ausgleichen Pr*
1536 Ouch *SmE*   **1537** nîtspottâre *Pi¹ SmE*   **1538** ziuhet *Pr*

	ir uil schonen chinden	
	chunde gŭtes nie zerinnen,	
	ir diener dannoch *waren*	
1630	die Cham und siniv chint gebaren.	

	Swelhe bi den ziten	31, 20
	ir uorderon gewihten	
	den ẘhs genŭch ŏf der erde,	
	des da solde werden:	
1635	die garten und die bŏme	
	namen der wihe gŏme,	
	ros und rindir,	32, 1
	manich uihe dar undir	
	wart uil bærich,	
1640	in allen wis sælich.	

	Von Chamen bosen gedanchen	
	wrden alerste schalchen,	
	e waren si alle uri und edele	
	unde lebeten wol unde ebne:	
1645	sines gespottes schulden	32, 5
	uil manege enkulden.	

	Och ist niemæn so unmære	
	so der nitspottære,	
	swer im daz ze frumicheit zivhet	
1650	daz er sinen tivroren belivget	
	so mage man den bosen	
	aller beste chiesen,	
	dehein urum man wold nie gerne	
	den anderen honen lernen.	

1649 *vor* swer *Platz für Initiale* O *von V.1566?*

1629 [waren] *Di¹*

Do noes chint begunden
1545 an ire ge | burte sich meginen, [33r]
do newurten si alle nieht gůt: 29, 20
sumeliche uerleite diu ubermůt,
daz si sich wolten mâren
in die werlt wite,
1550 si namen ziegel unde ander geziuge
unde begunden wurchen ein urre,
einen michelen turn.
da hůp sich ein grozer sturm.

Do wisse unser trehtin 29, 25
1555 den nieht inmach uerholn sin,
ube si iz mit der chrefte uoltâten,
daz sal die welt zestorten.

1548–1553 *Verstrennung nach W Ho Do¹, verderbte Stelle? V.1548 Waise? V.1551–1553 Dreireim? Dreireimproblem, vgl. Einleitung S. LXX; war* einen michelen turn *Glosse zu* urre *in WM? Vgl. Do¹ SmE* **1556** uol tâten *Ho,* vol tâten *SmE* **1557** sal] si al *SmE*

1655	**Ez wolden haben gigant**	32, 10
	gemŏret eine stein want	
	zir grozzem unheile:	
	ir spra | che wart geteilet	[24r]
	in zẘ und subinzich zunge,	
1660	**geschendet wrden si dar umbe.**	

	Do Noe chint begunden	
	an ir geburt sich megenen	
	do newrden si alle niht gůt:	
	sumelich uerleitot div ubirmůt,	
1665	si wolden sich uermæren	32, 15
	mit grozzer alwære	
	in die werlde wite;	
	si namen ziegil und andir gereite,	
	si begunden mŏren einen turn:	
1670	da uon so hůp sich ein grozzir sturm.	

	Do wesse unsir trohtin
	den niht uerholen mage sin,
	ob siz uol worhten
	daz si al die werlde stŏrten.

1655–1660 *Rubrum 26 und Bild 22: Turmbau zu Babel* **1659** *nach* zunge ſrad.

dannoch was ein zunga
in allem manchunne.
1560 do machote er dar uz
zuo unde sibenzich,
daz der manne nehéin
die da worhten den stein
uernemen nemahte 29, 30
1565 waz der ander sagate:
so einer den stein wolte,
so wante diser daz er den chalk bringen solte

uile harte si zewurfen,
nieht mere sine worhten.
1570 des gezimberes was ente.
der turn heizet scante,
uon diu daz die da ge | scendet wurden [33v] 29, 35
die wider gote da worhten.

1573 *nach* worhten *Rest d. Z. freigelassen + 10 Leerzeilen für Rubrum 27 und für Bild 23*

1562 nehein *Pi¹ SmE*

1675	dannoch was ein zunge	32, 20
	undir allem manchunne,	
	uz der machet er wærlich	
	zwo unde subinzich,	
	unde daz der manne dehein	
1680	die da worhten den stein	
	uernemen nine mohte,	33, 1
	waz der andir mit im do rahte.	
	so einer den stein wolde,	
	der andir wande daz er chalch bringen solde;	
1685	mit ein andir zurneten si sere:	
	daz gebot unsir herre.	
	uor leide unde uor uorhten	
	niht | lengir si worhten,	*[24v]*
	des gezimberes was ende.	33, 5
1690	der turn hiez schande	
	uon div, daz die geschendet wrden	
	die widir got also wrben.	

After noes lîbe
1575 in dem zehenten geslahte
do wart geborn ein man,
geheizen abram,
der daz chunne uberguldete
mit gůte iöch mit gedulte.
1580 ich sage iz iw zware,
sin wib hiez sara.
dei zuei hiwen 29, 40
begunden gote lichen.
er was ime gehorsam
1585 al des er in hiez tůn.

Got hiez in sin lant | rûmen, [34r]
sprah er scolte alsua puwen
uon sineme chunne

1574 A-*Initiale fehlt am linken Zeilenrand* **1575** *vor* geslahte *am Zeilenanfang Leerzeile für Initiale*

1574 After *Ho Pi¹ Do¹ SmE*

**In gotlicher ahte
nach Noe in dem zehentem geslæhte**
1695 **irwelt got Abraham
der ward im gehorsam.**

Aftir Noes libes ahte
in dem zehentem geslæhte
do wart geborn ein man 33, 10
1700 geheizzen Abram,
der daz chunne ubirguldete
mit grozzir gedulde.
ich sage iv daz zware,
sin wip hiez sara:
1705 dei selben zwai lŏte
begunde got trŏten,
si waren im gehorsam
alles dienstis undirtan.

Got hiez in daz lant rŏmen 33, 15
1710 unde andirswa pŏwen
uerre uon sinem chunne,

1693–1696 *Rubrum 27 und Bild 23: Erwählung Abrahams* **1694** geslæte

1694 geslæ[h]te *Di¹*

so uerre in unchunde,
1590 sprach er wolte ime da geben,
daz er iemer mit eren mahte leben.

ER glŏpte ime daz uile gerne 29, 45
unde uůr uon den sinen uile uerre
zeinem anderen lande, 30, 1
1595 da in niemen erchande.
got in da berůhte,
wande er iz uerre an in sůhte.

Do besaz diu erda,
da newolt nieht ane werden.

1600 abram duanch der hunger,
do sůth er stat andere.
mit wibe iŏch mit gewande 30, 5
fůr er ze egipte lande.
sin wib was uile scone,
1605 er uorhte daz ime dannen scade chome.
der man listiger
hiez si choden si ware sîn suester.
daz tet er umbe daz
daz er durch sî ne habete haz.

1610 Ich weiz si ime si namen,

si brahten si uure den chunich heren.

er wolte si haben ze wibe 30, 10
unde tet | ime durch sî uil ze liebe. [34v]

Suie here der chunich ware,
1615 daz was got bormare:
durch des uberhůres sunde

1609 haz] hat

1592 Er *Pi¹ Do¹ SmE* **1601** ander *SmE* **1609** si *Pi¹ SmE* | haz] *Ho Pi¹ Do¹ SmE*, unverschobene mfrk. Form *He* **1613** si *Pi¹ SmE*

            des landes in unchunde.
            er sprach er wolde im geben
            daz er destebaz mohte leben.

1715   **A**bram gelŏbte imz gerne;
            uon den sinen uŭr er uerre
            ze einem anderem lande
            da in nieman erchande:
            got in da berůhte   33, 20
1720   wan erz an in sůchite.

            Do besaz er die erde
            da ne wolde niht an werden;

            Abram dwanch der | hungir,   [25r]
            ein andir stat sůchet er besundir:
1725   mit wibe ioch mit gewande
            fůr er ze egipte lande.
            sin wip was uil schone,
            er uorhte daz ez im ze schaden chome:
            der man uil listiger   33, 25
1730   sprach si wære sin swestir.
            daz tet er alliz umbe daz   34, 1
            daz im durch si ieman trůge deheinen haz.

            Daz wip si im idoch namen
            und in allen gahen
1735   brahten si die fur den chunich:
            der was bidirbe unde frumich,
            der wolde si ŏch sinem libe
            han gehabet ze einem wibe.

            Swie her der chunich wære   34, 5
1740   daz was got bormære,
            durch des ubirhůres sunde

uile manige chestige er în ane sante,

unze ime der chunich gedahte

deiz ime durch daz wib gescâhe.

  1620 **D**o hiez er ime gewinnen   30, 15
den gůten abrahamen:
er sprach 'wârumbe betruge du mich
mit dinem wibe erlich?
du sprache si ware din swester.
  1625 ich hân ire manigen scaden unde sêr.
nu nim din wib
unde selftir din lîp!
nim mines scazzes   30, 20
iouch anderes nutzes
  1630 so uil so dir geualle
unde uar heim mit alle,
daz ich din mere
habe dehein ungeuůre.'

  Do abram heim chom,
  1635 der hunger was ergangen.
er unde loth, sines brůder sun,
gewnnen so michelen richtům,
daz si sament nemahten puwen.   30, 25
do můsen si sich sceiden
  1640 unde taten daz mit so | lehen minnen,   [35r]
daz ire hîwen nîene gebiegen
noch ne dorften
sament zewerfen.
si teilten beide
  1645 daz lant uile gemeine.

1645 *nach* gemeine *Rest d. Z. freigelassen für Rubrum 28*

1617 in *Pi¹ SmE*   **1622** warumbe *Pi¹*   **1625** ich hân ere manigen scaden unt laster *He*
1627 unde vrouwe self tir dînen lîp *He*, unde sî als dir dîn lîp *Di¹*   **1637** gewunnen *Pi¹ SmE*
1638–1643 puwen:sceiden, V.1640 Waise, hîwen:gebiegen, dorften:zewerfen *Ho, fehlt ein Halbvers? SmE*, *Pi¹* teilt V.1640 unde daz tâten/ mit so lehen minnen   **1640** *Interpolation Pn*
1641 *Finalsatz Pn; Pi¹* teilt V.1641 auch daz ire hîwen/ niene gebiegen | niene *Pi¹ SmE*

uil manich chestigunge
got in an brahte,
unz im der chunich gedahte
1745 daz im div uersmæhe
durch daz wip geschæhe.

Er hiez in allen gahen
gewinnen Abramen,
er sprach 'warumbe betruge du mich   34, 10
1750 mit dinem wibe erlich?
du spræche si wære din swestir,
uon ir han ich schaden und laster;
nu nim widir din wip,
geurŏ da mit dinen lip,
1755 nim mines schazzes
unde andirs mines nutzzis
so uil so dir geualle
unde uar heim mit alle:
bewar daz mich iht berŭre   34, 15
1760 uon dir dehein ungefŭre.'

Do Abram was heim chomen
der hungir het ende genomen:
er unde Loht sines brŭdir sun
gewnnen michelen richtŭm;
1765 ensamet mohten si niht gebŏwen
do schieden si sich entriwen
mit uil grozin minnen:
ir zornes wart nieman inne;
ir hien unde ir schoniv chint   34, 20
1770 zewrffen niht ein andir.

1763 brudir *Di¹*

Do der gůte abram
gote was also undertan,
do sprach got der gůte
mit frolichem můte
1650 er wolte sin scirmare sîn
unde wolte ime wole lonen.

30, 30

1646 nach der Rest d. Z. freigelassen für Rubrum 28 **1651** nach lonen Rest d. Z. freigelassen + 9 Leerzeilen für Bild 24

1650 sîn Pi¹ SmE

Sa ze hande [25v]
do Abram chom ze lande
got lonet im abir rehte;
er gehiez im sin geslæhte
1775 **ze glichen dem griez und den sternen:**
daz gelŏbet er im gerne.

Do der gůte Abram, 35, 1
got was wol undirtan
do gehiez im got der gůte
1780 mit urolichem můte
er wolde sin schirmær sin:
da mit wolde er lonen im.

1771–1776 *Rubrum 28* 1781 *schirmæ* 1782 *danach Bild 24: Verheißung an Abraham*

1771–1776 *Dieses Rubrum setzt Di¹ vor Bild 24; in der Handschrift steht es nach dem Bild vor V.*
1680 1781 *schirmæ[r] Di¹*

        Do sprach abram
        gote was er gehorsam
        'ich nehan erben,
1655   zewiu scolt du | mir mere geben?   [35v]
        den hast du gi geben chint   30, 35
        die mir dienent
        unde hast mir des uerzigen
        des tu in hast uerlihen!'

1660   **G**ot hiez in ûf sehen
        an den himel heiteren,
        hiez ín zelen die sternen
        die er sahe nahene oder uerre:
        also er daz mahte getůn,
1665   daz sam uile ieman mahte ersinden
        dere wůchere samen   30, 40
        die uon sinen lanchen chomen.

        Abram wart uile urô in sinem můte,

        des geheizzes er ne zuiuelote.

1670   da zů chod er daz er ime gabe
        suaz er des lantes ubersahe.
        abram wunder genam   31, 1
        wie daz mohte werden.

        Also er des nahtes rasten began,
1675   michel uorhte in ane chom.
        uile scîere er intsuebite,
        got ime do sagete
        daz sine afterchomen
        ellende scolten werden
1680   unde si warin da in scalktůme,   31, 5
        unz er in selbe ze helfe chome
        und er si mit gewal | te dane nâme,   [36r]
        so iz ime wol gezame.

1656 hast] h *aus* d *korrigiert*

1656 den hast] denchast *Ho*   **1660** ûfsehen *Pi¹*   **1662** in *Pi¹ SmE*   **1676** sciere *Pi¹ SmE*

	Do sprach Abram,	
	got was er gehorsam,	
1785	'erben han ich leidir niht,	35, 5
	zwiv solt du mir mere geben iht;	
	die mir undirtan sint	
	den hast du gegeben chint	
	unde hast der genaden mir uerzigen	
1790	die du in hast uerlihen.'	

	Got hiez in ŏf sehen	
	an den himil und hiez in zelen	
	die sterne die er sæhe	
	uerre oder nahen.	
1795	unde also uil so erz mohte getŏn,	35, 10
	daz als uil ieman spate ode urů	
	moht erahten den samen	
	der uon sinem libe chome.	

	Abram wart do	
1800	in sinem můte uro,	
	des geheizzis | des im got tet	*[26r]*
	grozze urŏde er des het.	
	got sprah daz er im gæbe	
	swaz er des landes ubirsæhe;	
1805	Abram nam groz wnder	35, 15
	wie er die warheit erfunde.	

	Also er des nahtes rasten began	
	michil uorht chom in an,	
	uil schiere er entswebete;	
1810	got im do sagete	
	daz alle sine aftirchomen	
	ellende solden werden:	
	da wærens in schalchtůme	
	unz er si da selbe næme	
1815	mit gotelichem gewalte,	35, 20
	im se*l*bem wolde ŏch er si behalten,	

1816 sebem

1816 se[l]bem *Di¹*

'in dem uierden chunne
1685 so lôse ich si danne'.

Abrahames wib sâra
diu was umbare.
si sprach zů ire manne,
nu ire got des negunde
1690 daz si bern solte, 31, 10
daz er doch niene tuâlte
erne gewunne wůcher
uon ire diuwe agar.
ze wibe si se imo gab,
1695 eines chindes wart si nothaft.
do begunde si ire urŏwen
sa zestunt uersmahen.

1685 *nach danne 10 Leerzeilen für Rubrum 29 und für Bild 25*

unz in daz uierde chunne
wolde er si losen danne.

Sara div getriwe
1820 **legit ir man zu ir divwe:**
also div ein chint gebar
der urŏwen nam si nindir war.

Von ir selber nature chraft
was sara unberhaft:
1825 intriwen redete si zŭ ir man   35, 25
'nu mir got nine gan
daz ich chint geberen schul,   36, 1
so gan ich dir wol
daz du chindes ẘchir
1830 uon Agar miner diuwe sŭchist.'
ze einem wibe si im die gap:
eines chindes wart si berhaft.
in allen gahen
begunde si die urŏwen versmæhen.

1819–1822 *Rubrum 29 und Bild 25: Sara legt Hagar zu ihrem Mann* **1820** divwe] v über i *übergeschrieben*

	Diu urŏwe daz newolte	
	noh dulten ne | scolte.	*[36v]*
1700	ich weiz si ire tét manech leit,	31, 15
	unz si sia uertreip.	

der gotes engel ir zuo sprach,

	hiez si widere cheren,	
	ire urŏwen wesen undertan,	
1705	unde sagete ire zeware	
	daz si sciere einen sun gebare,	
	der wurde scarf unde grimmich	31, 19
	wider daz liut unsalich,	
	er wurt ouch in ungnadich.	

1709 nach ungnadich *Rest d. Z. freigelassen + 7 Leerzeilen für Rubrum 30 und für Bild 26*

1700 tet *Pi¹ SmE* **1701–1704** *V.1702 Waise, fehlt ein Vers nach V.1701? Do¹ SmE; Ho zieht V.1702/V.1703 zu einem Vers zusammen* **1702–1704** *als Dreireim Pn, Dreireimproblem, vgl. Einleitung S. LXX* **1705** ze wâre *Pi¹ SmE* **1706** daz si sciere/ einen sun gebâre *Pi¹* **1707–1709** *Dreireimproblem, vgl. Einleitung S. LXX*

1835	**D**iv urowe nine wolde	*[26v]* 36, 5
	noch uerdulten solde	
	ire diern grozziv smacheit,	
	si uertreips unde tet ir manegiv leit:	
	des gewan si grozzen ungemach;	
1840	der engil zu der diern sprach	
	'ich wil dich baz leren,	
	du solt widir cheren,	
	wis diner urŏwen undirtan,	
	der zů wizze ane wan,	
1845	du gewinnest schiere einen sun	36, 10
	uon dem ich dir chunt tůn,	
	der wirt scherf unde grimmich	
	wider den livt unsælich.'	

Agar gewan ein chint
1850 **uon dem v̊hsen chaltsmide sint.**

1849–1850 *Rubrum 30 und Bild 26: Geburt Ismaels*

1710 Also si daz chint guan,
ismahelem si in nameton.
dannen chomen ismahelite
die uarent in dere werlt wite,
daz wir heizzen chaltsmide.
1715 ach in in ire libe!
wande al daz si habent | ueile [37r] 31, 25
daz en ist nieht ân etteliche meile.
er chôuffe wole oder ubele,
er wil ettewaz dar ubere.
1720 niemmer er gewandelot
des er uerchôuffet.
sine habent hûs noch heimot,
si dunchet uber al eben gůt.
daz lant si durchstrichent,
1725 daz liut mit untriuwen besuichent.
sus betriegent si daz lîut. 31, 30
sine rŏbent niemen uberlôut.

1727 nach uberlôut *Rest d. Z. freigelassen + 8 Leerzeilen für Rubrum 31 und für Bild 27*

1717 enist *Do¹* **1718** chouffe *Pi¹ SmE* **1721** uerchouffet *Pi¹*, verchouffet *SmE* **1726** liut *Pi¹ SmE* **1727** uberlout *Pi¹ SmE*

	Als Agar daz chint gewan	
	Ismahel gap si im den nam:	
	danne chomen Ismahelite	
	die uarent in dem lande wite	
1855	daz wir da heizzen chaltsmide.	36, 15
	we gescheh ir lide	
	wan alliz daz si habent ueile	
	daz ist mit grozzem meile.	
	er chŏf wol oder ubele	
1860	er wil ie etwaz dar ubere.	
	dei lŏte si beströffent	
	mit div und si uerchŏffent,	
	sine habent hŏs noch heimůt,	
	alle glet dunchent si gůt,	
1865	daz lant si durchstrichent,	36, 20
	daz livt si beswichent.	
	Alsus betriegent si daz livt,	
	si rŏbent nieman ubirlŏt,	
	ach gescheh in und ach,	
1870	we gescheh ir	chinnebach.	*[27r]*

Do abram die gotes getögen
so ulizzicliche hete uor ougen,
1730 do lerte er in die site
daz er sich an siner scante | besnite, [37v]
unde suaz mannes geburte
in sineme chunne wurde,
daz die alle sich same besniten,
1735 allez unreht uermiten
der site ist hiute 31, 35
under iudiskem liute
unde ist ire geloube
iz si in bezzere denne diu touffe.

1739 nach touffe Rest d. Z. freigelassen + 11 Leerzeilen für Rubrum 32 und für Bild 28

Von himel unsir herre got 37, 1
Abraham do gebot
besniden sich nach rehte
beidiv man und chnehte.

1875 Do Abram dei gotes tǒgen
so ulizzichlich da het uor ǒgen
do lerte in got den site
daz er sich besnite,
unde swaz mannes chunnes wrde 37, 5
1880 undir siner geburde
daz die alle sich besniten
unde alliz unreht uermiten.
der site ist hivte
undir Judischem livte,
1885 und ist ir gelǒbe
ez si in bezzer danne div tǒffe.

1871–1874 *Rubrum 31 und Bild 27: Gebot der Beschneidung*

1740 **A**braham saz uor sineme gezelte,
sines gebetes da spulgte.
do sah er drî man
uure sin gezelt gen.
der got*e* | werde [38r]
1745 bôug sich unz an die erde,
er bat si nahere gen, 31, 40
eines brotes prechen.

Si geuolgeten ime des
in namen mines trehtines.
1750 er hiez saram

1744 gote] goto

1743 gân *SmE* **1744** gote *Do¹ SmE* **1745** boug *Pi¹ SmE*

Abraham dri engil sach,
mit ezzen schůf er in gemach;
undir ezzen ein engil sprach 37, 10
1890 **'uon dir wirt geborn Isaach.'**

Abraham saz uor sinem gezelte, [27v] 38, 1
sines gebetes er phlegete
do sach er dri man
fur sin gezelt gan.
1895 der got werde
uiel nidir zu der erde,
er bat sich gesprechen
unde eines brotes brechen.

Si geuolgeten des willen sines 38, 5
1900 in dem namen unsirs trohtines.
Saram hiez er wrchen

1887–1890 *Rubrum 32 und Bild 28: Besuch der drei Engel bei Abraham*

　　　　wurchen dri uochenzen.
　　　　er ilte loufen,
　　　　ein marwez chalp bestrouffen.
　　　　do er iz erslůg,
1755　　die uůzze er in duog.
　　　　bedaz er getete die mandate,　　　　　　　　　　31, 45
　　　　so was daz ezzen gesoten iŏch gebraten.

　　　　So si begunden ezzen,　　　　　　　　　　　　32, 1
　　　　ich weiz si frageten
1760　　wâ der ware
　　　　sin gůt wib sara.
　　　　er chot si ware in gezelte,
　　　　so wib scolte.

　　　　Der engel sprach do
1765　　abrahame so liebe
　　　　'so ich herwidere chume ze iare,　　　　　　　32, 5
　　　　so hat chint dîn wib sara'.
　　　　ich weiz si des solich gamen hete,
　　　　daz si erlachête,
1770　　wande si wunder nam
　　　　wie daz scolte werden,
　　　　so lang si niunzich iare alt ware,
　　　　zehenzich abraham ire herre.

　　　　Der engel sprach zů abrahame　　　　　　　　32, 9
1775　　'zewiu lachet din wib sara?
　　　　were | got nu sprich,　　　　　　　　　　　　　[38v]
　　　　ist gote ieht ummathlich?'

　　　　Si lougenote sciere,
　　　　si uorhte ire sere.
1780　　er chot 'niene lougene,
　　　　du můst leisten gotes tŏgen,
　　　　wande du hast ze iare
　　　　einen sun urambâre.

1760 der] d *aus* ſ *rad.* **1761** sara] ſ *aus* i *rad.* **1766** iare] *aus* æ *rad.*

1758 Sô *Pi¹*, Dô *SmE* **1781** tougene *SmE*

dri uochenzen,
er selbe ilot lŏffen
ein marwiz chalp beströffen.
1905 do er daz chalp erslůch
den gesten er die fůzze dẘch;
do er begie die mandate
do was daz ezzen gesoten und gebraten.

Inne div unde si azzen 38, 10
1910 einer rede si niht uergazzen,
si urageten wa da wære
div getriwe Sare.
er sprach si wære undir dem gezelte
als ein wip uon rehte solte.

1915 Der engil sprach do
Abraham zů,
'so ich herwidir chum ze iare
so hat din wip sare
ein chint gewnnen.' 38, 15
1920 si erlachet und sprichet an den stunden
'wie daz immir mohte geschehen
so lanch so si wære gesehen
alt ze nivnzich iaren
und zehinzich Abraham ir herre?'

1925 Der engil sprach ze Abrahame
'zwiv lachet din wip sare?
wergot nu sprich,
ist got iht unmugelich?'

Si lŏgenot schiere 38, 20
1930 wan si erschamt sich sere.
der engil sprach 'niht enlŏgen,
du můst leisten gotes tŏgen,
du gebirst zeware
einen sun lobebære

                ysac scol er heizzen,   32, 15
1785   al die werlt scol er geurouwen.'

         Sara wart suanger.
         des wunderot manech wib ander.
         do ward er so er gote wol gezam,
         ysaac si | in nameton.   [39r]
1790   do si in besniten,
         michel wirtscaft si habeton.

         Do er begunde wahsen,
         daz er chume mahte sprechen,
         mit dem chebes prŭder er spilite.   32, 20
1795   diu urŏwe sara daz nelobete,
         si bat ir herren
         daz er daz hûs hiezze rumen
         die diu und ir sun,
         sine wolte sîn nieht ze erben.

1785 *nach* geurouwen *Rest d. Z. freigelassen + 10 Leerzeilen für Rubrum 33 und für Bild 29*

1935 Isaach den getriwen:
al die werlde sol er geurŏwen.'

**Sara wart undir des
swangir des chindes:
darnach si daz | chint gewan,** [28r] 38, 25
1940 **Isaach was sin nam.**

Sara wart swangir,
des wndirot die urŏwen ander.
do ward er so er got wol gezam;
Isaach was sin am.
1945 schiere si in dar nach besniten,
michil wirtschaft heten si da mite.

Do er begund wahsen
daz er mohte gesprechen
mit dem chebis brŏdir er spilete: 38, 30
1950 Sara des niht lobete,
mit dem herren begunde si rŏnen.
daz hŏs hiez si die gellen rŏmen
und sprach si wolde niht uerderben
mit ir chinde der rehten erben.

1937–1940 *Rubrum 33 und Bild 29*: *Geburt und Beschneidung Isaaks* **1937** *nach* undir *Komma* | *des zwischen* undir *und* swangir *übergeschrieben* **1951** si *zwischen* begunde *und* rŏnen *übergeschrieben*

1940 Isach *Di¹*

1800 Abrahame geuiel daz ubele.
got sprach ime zů uone himele,
er hiez in daz er tate,
also in sin wib gebeten hete.
er sprach daz got nien ergazze 32, 25

1805 er machete inen mare,
wande er sin same ware.

Abraham tet durch nôt [39v]
also ime got gebôt:
die diu und ir sun

1804 niener gazze **1806** nach ware *8 Leerzeilen für Rubrum 34 und für Bild 30*

1803 hete] hâte *SmE* **1804** got sprach daz er *Pn*, er sprach daz er *Pi¹*
1804–1806 *Dreireimproblem, vgl. Einleitung S. LXVII*

1955 Abraham geuiel ez ubile:
got sprach im zů uon himele
unde hiez in daz er tæte
als in sin wip gebeten hæte,
er wolde in des ergezzen, 39, 1
1960 daz chint wolde er machen unde setzzen
daz er wrde mære,
wand er sin same wære.

Agar div swinde
wart mit Ismahel ir chinde
1965 **uertriben in die ẘste:**
not si liden můste.
Daz chint si nam an den arm, 39, 5
des gůtes was si uil arm,
si erleit uon durfte groziv not:
1970 **der engil ir sine helfe bot**

[28v]

Abraham tet durch not
als im got gebot:
er hiez die diwe Agar sich niht sŏmen,

1963–1970 *Rubrum 34 und Bild 30: Hagar in der Wüste* **1965** uertriben

1965 ue[r]triben *Di¹*

1810 hiez er daz hûs rumen.
er gab ire brôt unde wazzer,
ouch negerte si do bezzer.
si gieng in eine wůste   32, 30
mit lutzeleme troste.

1815 **S**o ir des wazzeres zuirote,

do was si unde daz chint in michelere nôte.
ein pogestal si uon ime saz
weinente an daz cras,
daz si*ne* gesahe
1820 wie ir chint den ente name.

Got erhorte si do.   32, 35

da spranch ein sconer brunne,

daz chint si gelabite,
uon deme tode ernerte.
1825 da begunde er wahsen,
manech wilt fahen;
abe gescozze und ab iagede
nam er sin getragide.

Do er do gehîte,
1830 uile harte er chindote.
do er gie gotes geheiz: 32, 40
sin afterchumft wart uile breit.
daz wurden allez choufliute,
sine wurden niemannes triute,
1835 wande sine lânt in erbarmen
richen noch armen.
suen | si niene megen betriugen,   [40r]

1819 sine] si **1831** geheiz] g *aus* b *(oder* h*) korrigiert*

1815 Sô *Pi¹*, Dô *SmE* **1819** sine *Do¹ SmE*, si niene *Pn Pi¹* **1822** brunno *Pi¹* **1825** dô *SmE*
1835 si nelânt *Pi¹ SmE*

mit ir chinde daz hus rŏmen,
1975 er gap ir wazzir unde brot:
daz was ein chleiniv wegesnòt.
si gie in ein ẘste 39, 10
mit lutzilem troste.

Do ir des wazzeres begunde gebresten
1980 div wegemůde wolde rasten:
ze got si ir hende bot
wan si und daz chint was in grozzer not.
ein pogestal si uon im saz
weinunde an daz gras
1985 ze div daz si gesæhe
welhen ende ir chint genæme.

Got si do erhorte 39, 15
ir leit er zestorte,
einen brunne er ir zeigete,
1990 dar zů sich Agar geneigete,
sich unde daz chint si nerte
uon dem tode herte.
wahsen begunde do der chint
der geuie manich wilt,
1995 mit geschozze unde mit geiaide
gewan er sin getraide.

Do begunde er uaste prŏten 39, 20
nach chindischen lŏten;
der gotes geheiz an im ergie,
2000 ein breite aftirchunft er geuie:
daz wrden chŏflŏte
in einer | ubilen hŏte, [29r]
den richen noch den armen 40, 1
lazzent si in niht erbarmen
2005 swa si den mugen betriegen,

1993 begund

1993 begund[e] *Di¹*

    uil innere siz periuwent.
    suenne si ettewen ulustik machent,
1840 so stant si unde lachent.

    DeR almahtige got des gerůhte   32, 45
    daz er abrahamen besůhte,
    ob er in wolte minnen
    mit alleme sinem willen.
1845 er chot 'abraham abraham!'   33, 1
    er antwrte ime sa
    'sich wa ich stan'.
    got hiez ín sinen sun
    den er minnote uon herzen
1850 ûf einen berch fůren
    und imen da op | pheren.   [40v]

1840 *nach* lachent *Rest d. Z. freigelassen + 10 Leerzeilen für Rubrum 35 und für Bild 31*

1841 Der *Pi¹ Do¹ SmE* **1845–1847** *Dreireim? Dreireimproblem, vgl. Einleitung S. LXX*
1846 antwurte *Pi¹ SmE* | sa *Pi¹ SmE* **1848** in *Pi¹ SmE*

si chunnen uil wol liegen,
si stánt unde lachent
so si den armen ulustich machent.

Abraham got uersůhte,
2010 **bitten er in gerůhte**
daz er im liezze wesen gach 40, 5
unde opherot im sinen sun ysaach.

Got des gerůhte
daz er Abraham uersůhte
2015 ob er uon allen sinnen
got wolde minnen;
er sprach 'Abraham, Abraham!'

des anturt er im sa 'hie bi ich stan.'
got im sinen sun gebot
2020 den er uon herzzen minnot
ŏf einen berch fůren 40, 10
unde ze einem ophir uůgen.

2009–2012 *Rubrum 35 und Bild 31*: *Opferung Isaaks* **2009** uesůhte

2009 ue[r]sůhte *Di¹*

Daz chint er uie, 33, 5
an den berg er gie.
er worhte sinen altare.
1855 daz chint sprach wa der uriskine ware.
der uater sprach daz got wole wesse
welich oppher ime geriste.

Da bi dem worte
gegreif er in uile harte.
1860 ich weiz er niene erwant, 33, 10
ê er ime gebant
îewederen uůz iŏch hant.
ûf den altare er in warf,
er zoch sin suert uile scarf
1865 und nehâte got denne scierore gesprochen,
er hete den sun durch den hals gestochen.

Do aue got sach sinen willen, 33, 15
do hiez er in stillen,
er hiez in daz chint nieht růren,
1870 er sahe wole daz er in wolte minnen.

Abraham blichte hinter sih,
da sach er einen ram erlich,
der haftote in den pramen,
den nam er uil bechome.
1875 sinen sun er enbant, 33, 20
den ram er anerwant.
got er in oppherote
mit micheler deumůte.

1858 Da] D *aus* S *korrigiert?*

1858 Sâ *Rö SmE* **1860–1862** *Dreireim? Dreireimproblem, vgl. Einleitung S. LXXI* **1862** îe wederen *Do¹*, iewederen *Pi¹ SmE*

        Abraham, Abraham
        wart im des gehorsam:
2025 daz chint er geuie,
        an den berch er gie,
        er worht einen altare;
        daz chint sprach 'wa daz ophir wære.'
        er sprach 'got weiz wol
2030 welich ophir ich im bringen sol.'

        Sa bi dem worte   40, 15
        greif er in an harte;
        Abraham niht erwant
        unz er im hende und fůzze bant.

2035 ŏf den altære er in warf,
        er zoch ŏz ein swert | scharf,   [29v]
        unde enhete ez got niht undirstanden
        er hiet in erslagen mit sinen handen.

        Do got sah sinen willen
2040 er hiez in haben stille
        beidiv swert und hant: 40, 20
        sinen willen het er wol erchant.

        Abraham blihte hintir sich,
        er sach einen widir erlich
2045 haften in den pramen,   41, 1
        den nam er zware,
        sinen sun er enbant,
        den widir slůge er mit der hant,
        got er in ophorote
2050 mit grozzir divmůte.

	Do sprach unser	trehtin	[41r]
1880	zů abrahame uile minneclichen	
	'nu ich dir lieber bin	
	denne din einiger sun	
	und du ime ne woldest entliben	
	durch mine liebe,	
1885	nu wil ich dines libes samen	33, 25
	den sternen ebenmazen	
	und deme grizze	
	den daz mere uber ulîezze:	
	sam michel werde din chunne	
1890	daz uon dir enrinne.'	

	Do diu urŏwa sara	
	gelebete hundert iŏch siben und zueînzich iare,	
	dise werlt si begab.	33, 30
	abraham choufte ir eîn grab	
1895	und beualech si scone	
	mit stanch aller bimentone.	[41v]
	uile harte er si chlagete,	
	zelezzist er gedagite.	
	do begunde er sich trosten.	
1900	waz mahte er do bezzeres tůn?	
	so tůt unser igelich,	
	so ime gescihet samelich.	

1890 nach enrinne Rest d. Z. freigelassen + 8 Leerzeilen für Rubrum 36 und für Bild (Bildlücke in M/K) **1898** gedagite] a aus u korrigiert **1902** nach samelich Rest d. Z. freigelassen + 1 Leerzeilen für Rubrum 37

1888 uberuliezze Pi¹, uber vliezze SmE **1890** enrunne Ho **1892** zueinzich iâre Pi¹, zweinzich jâre SmE **1894** ein Pi¹ SmE

Do sprach unsir trohtin
ze Abrame den trŏte sin
'nu ich dir bin gewesen lieber 41, 5
danne din sun einiger,
2055 unde du im niht woldest entliben
durh den willen minen,
nu wil ich dines libes samen
den sternen ebenmazzen
und dem griezze
2060 den daz mer ubiruliezze;
sam wît werde din chunne
als ich dir des gunne.'

Saram Abrahames chonen 41, 10
got uon disem libe nam
2065 **nach hundirt iaren**
und subin und zweinzich zware.

Do div urŏwe sara
gelebet hundirt und subin unde zweinzich iare,
dise werlde si be | gap. [30r]
2070 Abraham chŏffet ir ein grap,
dar enphalch er si schone
mit smache aller ʙimentone.
sere er si chlagete 41, 15
als er des reht habete,
2075 idoch nach leide er sich troste
wan daz ŏch sin můste:
unsir iegelich daz selbe tůt
swenne er bechumbert wirt mit solher not.

2063–2066 *Rubrum 36 und Bildlücke*: Saras Tod

Do iz zů diu chom 33, 35
daz ysaac scolte gehiwen,
1905 sin uater abraham
eiskot sinen amman;
den hiez er suerigen,
so in got můse nerigen,
daz er der liute
1910 da er under buwete
niemmer wib negewnne
ysaac sineme chinde.
er hiez in dar uaren, 33, 40
dannen er *was geborn*,
1915 zů sines brůder hûs nachor,
daz ime batuel gabe sine tohter,
die sconen rebeccam,
ysaac ze gebetten.

1914 geborn was

1911 ne gewnne *Ho*, negewunne *Pi¹ SmE* **1914** was geborn *Vo Pn Do¹ SmE*

Sinen chneht sande Abraham
2080 **ze bringen Rebeccam**
ysaach ze einer chone:
sine geslæhte ẘhse da uone.

Do ez do chom
daz ysaach solde nemen ein chonen,
2085 der getriwe Abraham
uorderot sinen amman:
den hiez er swerigen,
so in got můse nerigen
daz *er* ŏz den lŏten
2090 undir den er da bŏwete,
nimmir wip gewnne
ysaac sinem chinde.
er bat in da hin uarn
uon danne er selbe was geborn,
2095 ze Nachor *in* sines brudir hŏs,
daz im ʙatuel gæbe dar ŏz
sine tohtir *die* schonen
ʀebeccam ysaach zeiner chonen.

2079–2082 Rubrum 37 und Bild 32: *Abraham schickt seinen Knecht zur Werbung aus*
2089 daz ŏz **2095** Nachor sines **2097** tohtir schonen

2089 [er] *Di¹* **2095** [in] *Di¹* **2097** [die] *Di¹*

　　　　Der scalch sprach, obe man ime ire niene gabe,
1920　　waz er des mahte;
　　　　er ne scolte ŏch sich des pelgen,
　　　　ob si ime newolte uolgen?

　　　　Abraham chod 'des eides sis du ledich,　　　　　　　　33, 45

　　　　ob dir ne uolge diu magit'.

1925　　In | dem ente　　　　　　　　　　　　　　　　　[42r] 34, 1
　　　　lŭd er zewo olbenten
　　　　mit mislichen dingen
　　　　der magide ze minnen.
　　　　also er dare chom,
1930　　er irbeizta bi einem brunnen.
　　　　do der abant zŭ seich,
　　　　daz fihe man ze trenche treib,
　　　　er stŭnt, bette　　　　　　　　　　　　　　　　　　34, 5
　　　　daz in got gewerte,
1935　　daz er ime daz wib erougete
　　　　diu sineme herren scolte.

　　　　Er chot 'nu wil ich haben ze zeichene,
　　　　welihe got mir eichine:
　　　　suelehe maged ich pite
1940　　daz si mir des wazzeres scepphe,
　　　　ob mir got uerlihit
　　　　daz si mir des nieht uerzihet,
　　　　sine heizze mich selben trinchen　　　　　　　　　　34, 10
　　　　iouch mine olbenten,
1945　　diu scol mineme herren
　　　　ze minnen iŏch ze êren'

1921 sich] h *auf Ras.*　**1925** I-*Initiale fehlt*

1919–1920 *Reim verderbt? SmE*　**1921** *vor* er: Abraham chod *Pn Pi¹* | nescolte er *SmE*
1923–1924 *Reim verderbt? SmE*　**1925** In *Ho Pi¹ Do¹ SmE*　**1937** Er *Pi¹ Do¹ SmE*

	Der chneht sprach an der zit	
2100	'waz ob man mir der urowen nine git,	
	dehein schulde ich des han:	
	sol abir ich danne uaren dan?'	

Abraham anturt des, 42, 5
er sprach 'wis du | ledich dines eides [30v]
2105 ob dir nine uolge sa
div schone rebecca.'

Nach des wortes ende
lůde er zwo olbenden
mit mislichen dingen
2110 der maget ze bringen.
als balde do er *dar* chomen was,
zeinem brunne erbeizte er an daz gras.
do der abent zů seich 42, 10
daz uihe man ze trenche treip;
2115 er stůnt unde bette
daz in des got gewerte
daz er im daz wip eroffenot
der sinem herren wære not.

Er sprach 'ich wil haben ze einem zeichene
2120 welhiv mir got welle beneichne*n*.
swelh maget ich bitte
daz si mir daz wazzir teilet mite,
ob mir got uerlihet 42, 15
daz si mir daz schephen niht uerzihet,
2125 sine welle mich selbe trenchen
und mine olbenten:
div sol minem herren
heim chomen nach eren.'

2111 er chomen **2120** beneichne

2108 zwo *Di¹* **2111** [dar] *Di¹* **2120** beneichne[n] *Di¹*

        Bidaz er daz gebet nider lie,
        diu scone rebecca zů gie
        und manech maged ander
1950   der ire gelich was neheiniu.

        Er sprach ire zů
        'wande netrenchest du mich, urŏwa?'
        ime selben si scanchte,   34, 15
        sin olbenten si ouch tranckte.
1955   got er gnadote
        daz er in so | sciere erhorte.   [42v]

        Er gab ir ze minnen
        zuene ôringe
        und zuene armpouge
1960   uz alrôteme golde
        und fragete si sâre
        wes tohter si ware.

        Si sprach abraham   34, 20
        ware ir uater oheim.
1965   si bat in ze hûs,
        sprah da ware uile hŏwes,
        da mahten geste
        haben gůte reste.

        Nieht si netvalte,
1970   ê si ir uater al gezalte.
        si begunde zeigen
        ire brůder laban
        bouge unde oringe   34, 25
        die sie enphie uon deme iungelinge.
1975   er lîuf dar scîere,
        sprach wand er ze hûs neuůre?

1950 ire] i *auf Ras.* | igelich

1949–1950 anderiu:neheiniu *Gri*   **1950** gelich *Ho Do¹*, gelîch *Pi¹ SmE*   **1951** Er *Pi¹ Do¹ SmE*
1956 erhôrte *Pi¹ SmE*   **1957** Er *Pi¹ Do¹ SmE*   **1975** liuf *Pi¹ SmE* | scîere *Pi¹ SmE*

	Zehant als er daz gebet uerlie	
2130	div schone Rebecca zů gie	
	unde andir manich maget	
	der im deheiniv so wol behaget.	

        Der bote sprach ir zů   42, 20
        'urŏwe trenche mich nu';
2135 im selben si schanchte,
        sin olbenten si tranchte:
        got er genadote
        daz er in erhorte.

        Er gap ir ze minnen
2140 zwen Oringe
        unde zwen armpŏge
        uon rotem golde tŏgen,
        er uragete si sâre   42, 25
        wes tohtir si wære.

2145 Si sprach daz Abraham
        wære ir uater Oheim:
        ze hŏse si in bat,
        si sprach hŏwes wære da gůt stat,
        da mohten die geste
2150 haben gute reste.

        Niht si entwalte
        unz si ir uatir brahte;
        si zeiget also tŏgen   42, 30
        Laban die armpŏge
2155 unde die Oringe
        'nu danche dem iungilinge.'
        nach im lief er schiere,
        ze huse bat in der herre.   *[31r]*

	Do er dare chom,	
	do ward er wole inphangen.	
	uile wole si in handeloten,	
1980	maniges si in uragoten	
	nah allem niumâre,	
	waz sin gewerf wâre.	

	Er chot sin herre hête in dare gesant	34, 30
	umb einen michelen ârant,	
1985	sineme iuncherren vmb ein wib	
	diu gůt ware und erlich,	
	die sconen rebeccam	
	deme herren ysaac ze betten.	

	Sinem | herren er lobete	[43r]
1990	waz er rihtůmes habete,	
	fihis und scatzes,	
	manichualtes nutzes,	
	und wie wole ire gescahe,	34, 35
	ob si in gname;	
1995	ob si iz wolten tůn,	
	daz si in des lîezzen spůn;	
	ob si des newolten,	
	daz si in niene tualten.	

	Si sprachen daz si gotes willen	
2000	niene wolten stillen:	
	'hie ist unser tohter	
	ân aller slahte laster.	
	suîe scîere dir geualle,	34, 40
	uar heim mit alle.'	

1977 chom] h *aus* o *korrigiert* **1989** S-*Initiale fehlt* **1995** tůn **1996** spůn **2001** trohter

---

1983 Er *Pi¹ Do¹ SmE* **1988** betten] gebetten *Wc He SmE* **1989** Sinem *Do¹*, Sînem *SmE*, Sinen *Ho*, Sînen *Pi¹ Wl* **1995** tůn *Ho Pi¹*, tuon *SmE* **1996** liezzen *Pi¹ SmE* | spůn] *Ho Pi¹*, spůn *Do¹*, spuon *SmE* **2001** tohter *Ho Pi¹ Do¹ SmE* **2003** suie sciere *Pi¹*, swie sciere *SmE*

	Do der bote ze huse chom	
2160	do warde er wol enphangen,	
	uil wol si in handeloten:	
	si urageten in genote	
	nach allem niv mære	43, 1
	und waz sin gewerft wære.	

2165	Er sprach 'min herre hat mich her gesant,
	sine botschaft hat er gewant
	minem iuncherren umbe ein wip
	div wol gezeme an sinen lip,
	die schonen Rebeccen
2170	ze einem trŏtgebetten.

	Sinen herren er lobete	43, 5
	waz er richtůmes habete,
	uihes unde schazzes
	unde andirs maneges nutzzes,
2175	unde wie wol ir geschæhe
	ob si in genæme:
	er bat daz si im sageten
	ob si sin willen habeten
	unde ob si nine wolden
2180	daz si da niht entwalten.

	Si sprachen daz si gotes willen	43, 10
	niht wolde*n* gestillen;
	'hie ist unsir tohtir
	an alliv laster,
2185	swie schiere dir geualle,
	uar heim mit alle.'

2182 wolde

2182 wolde[n] *Di¹*

2005	Er wart uil urô
	solicher antwurte.
	silberine napphe,
	guldine chopphe,
	uile gůt gewate
2010	ze chemenaten er brahte.
	er gébete zêrist
	der iunchurŏwen aller bezzeste,
	deme uater und dere můter
	iŏch ir brůder.

35, 1

2015	Gův̊t waren die gebe,
	wol geuiel sin rede.
	si sazen ze můse
	mit urolicheme gechose.
	da was spil unde wunne
2020	under wiben unde manne.
	uone benche ze benche
	hiez man alluteren win | scenchen.
	si spilten unde trunchen,
	unz in iz der slâf binam.

35, 5

[43v]

2025	Also der tach chom,
	ûf was der ysaachis man.
	des urloubes er bat.
	daz ime nieman negab,
	si baten daz er da ware
2030	zehen tage fristmale.
	daz duhte in ze lenge,
	er chot ze wiu si in scolten tuellen?
	er bat sich lazzen,
	daz is sinen herren ieht dorfte irdrizzen.

35, 10

2035	Do si sînen ernist gesahen,
	die maged si frageten,

2024 in] iñ

2005 Er *Pi¹ Do¹ SmE* **2010** brâhte er ze chemenâten *SmE* **2011** gebete *Pi¹ SmE*
2020 mannen *Wl Pr SmE*

	Der bote uil gewrte	
	wart uro der anturte:	
	silberine chophe	
2190	unde guldine naphe,	
	uil gût gewæte	43, 15
	braht er ze chemnaten;	
	er gebit ze erist	
	der iunchurŏwen gabe herist,	
2195	dem uatir und der mûtir	
	dar nach gap er dem brůdir.	
	Gût waren sine gebe,	
	destebaz geuiel in div rede:	
	si sazzen ze mûse	
2200	mit urolichem chose;	
	da was spil unde gamene	43, 20
	undir wiben unde mannen,	
	uon benchen ze benchen	
	hiez man win schenchen,	
2205	si azzen unde trunchen	
	unz in dei ŏgen hunchen.	
	Also der tach schein an	
	ŏf was der bote uon Abraham,	
	urlŏbis er bat:	[31v]
2210	urlŏp im nieman gap;	
	si baten in daz er da wære	43, 25
	zehen tage, zware	
	daz dŏhte in ze lenge,	
	er sprach 'warumbe welt ir mich hie twellen?'	
2215	er bat sich uaren lazzen	
	ze sinem herren an die strazze.	
	Vnde als si sinen ernst gesahen	
	die magit begunden si uragen	

       obe si ime wolte uolgen 35, 15
       zů eigenen seliden.
       si sprach gerne uůre,
2040   sua ire ieht gůtes gescâhe.

       Ze stete si ime se gaben
       mit sconen mageden.
       si gaben ir mite ir ammen,
       daz si der daneuerte deste min mahte erlangen.

2045   **Ze** rosse si giengen, 35, 20
       mit amare si scieden.
       uater unde můter
       iŏch ire brůder
       si baten unseren trehtin
2050   daz si salich můsen sin
       ze tusent tusent | iaren [44r]
       und alle die uon ire chomen.

2052 *nach* chomen *10 Leerzeilen für Rubrum 38 und für Bild 33*

2039–2040 vuore:guodes *He*   **2050**   muose *Wc Wl Ca SmE*

ob si im wolde uolgen
2220 zir eigen herbergen.
si sprach 'got mŭz ivch bewaren, 43, 30
mit im wil ich gerne uaren.'

Ze stet gaben si im
Rebeccam unde andir magedin:
2225 mit ir fŭr ir amme
daz si iht bedorfte belangen.

Ze rossen si giengen;
mit amer si sich schieden
uater unde mŭtir
2230 unde ir liebir brŭdir;
si baten unsiren trohtin 43, 35
daz si sælich mŭse sin
ze tŏsent tŏsent iaren:
wol hiezzen si si gebaren.

2235 **Dem chnehte was uon danne gach:** 44, 1
Rebeccam braht er zŭ ysaach.

2235–2236 *Rubrum 38 und Bild 33: Rückkehr mit Rebekka*

Isaac was uz gegangen
zů einem brunnen,
2055 daz er ouch sa*h*e   35, 25
waz taten sine snitare.

Also iz zů deme abande seig,
sin man mit dere iunchurŏwen zů reit.

Der herre ire gegen gie,
2060 uil wole er si enphie,
er uie sie behende,
er gie mit ire spilende
uber daz scône uelt,   35, 30
er leite sie in sin gezelt.

2065 **E**r unde rebecca
giengen ze bette.
do wart | ime daz selbe wib   *[44v]*
also liep same sin eigen lîp.
si irgatzte in zeware
2070 der manigen sêre
und benam ime die chlage   35, 34
die er tageliches hete ze siner mŭter grabe.

2055 sahe] sabe **2057** abande] b *aus* n *korrigiert* **2072** *nach* grabe *Rest d. Z. freigelassen +
8 Leerzeilen für Rubrum 39 und für Bild 34*

2055 sahe *Ho Do¹*, sâhe *Pi¹ SmE* **2072** *Pi¹ teilt in zwei Verse:* die er tagelîches hête/ ze sîner
mŭter grabe. *Nach* hete *ein Verstrennungspunkt in der Handschrift Do¹*

Ysaach was ŏz gegangen
ze einem brunnen
daz er ŏch besæhe
2240 waz worhten sine snittære.

also der abent zů seich [32r]
sin man mit der iunchurŏwen zů reit.

Der herre ir engegen gie: 44, 5
uil wol er si enphie,
2245 er uie si bi der hende,
er gie mit ir spilende
ubir daz schone uelt,
er leitot si in sin gezelt.

Er unde Rebecce
2250 giengen an ein bette,
da wart im daz selbe wip
liep so sin selbes lip:
si ergazzte in zware 44, 10
manegir herzze sere
2255 unde benam im die chlage
die er het ze siner můtir grabe.

Do abraham finf und sibenzich iŏch zehenzich iare alt wart,
do můs er leisten die uart
2075 die wir alle sculen leisten,
suîe alt wir werden.
der lip den ente genam,
diu sela fůr ze gotes ewen.
die himil ŵnne manichualt   35, 40
2080 die hat si da in gewalt.

Die got furhtent
und nah ime gerne wurchent,   [45r]
riche oder arme,
die choment alle zů sinem barme.
2085 in sîn scôz er si setzet,
alles leides ergetzet.
so wol den gebornen   36, 1
der daz scol garnen
daz er chumet under die genozze
2090 dîe der sitzent in siner scozze!
die nemůt hunger noh durst,
hitze noh urost,

2090 dieder *Pi¹*, die der *SmE*

**Abraham do starp
und wart geleit in daz grap.**

Do Abraham wart	45, 1
2260 zehinzich und funf unde subinzich iar alt	
do můse er leisten die uart	
div uns allen ist gespart:	
sin leben do ein ende nam,	
div sele ze genaden chwam,	
2265 in dem hat si gewalt	
der goteswnne manichualt.	

Alle div got uurchtent	45, 5
und nach im gerne wrchent	
riche ode arme	
2270 die choment alle ze sinem barme,	
in sin schozze er si setzzet,	
leides er si ergetzzet:	
so wol den gebornen	
der den chan garnen	
2275 daz er wart | ir genoz.	*[32v]*
die da sitzzent in siner schoz	
die nemůt hungir noch durst	45, 10
hizze noch urost,	

2257–2258 *Rubrum 39 und Bild 34: Abrahams Tod*

die nehorent gebage,
die sehent einualte genade.
2095 da ist fride unde wunne, 36, 5
alles spiles wunne.
si bittent umb uns gnote
daz uns got daz gebe ze mŭte
daz wir ilen mit allem willen
2100 unsich ime gehuldigen;
ube wir dem libe des geuolgen,
daz wir ín erbalgen,
daz wir an den sunten nieht uolsten, 36, 9

lazzen uns si sciere riuwen,

2105 sůchen sine genade,
die uinden wir sarie.

Des magen wir wol urô sin
daz so gŭt ist unser trehtin:
suîe | wir tůn, [45v]
2110 welle wir iz půzzen,
daz er uns gesetzet sůzze.
in abrahames scozze.

2112 *nach* scozze *11 Leerzeilen für Rubrum 40 und für Bild 35*

2095–2096 wunne:chunne *Wc SmE*, minne:wunne *Rö*   **2102** in *Pi¹ SmE*   **2109** suie *Pi¹*, swie *SmE*

~~~
         die nehorent gebæge,
2280     die sehent niwan genade:
         da ist urides unde wnne
         swaz wir erdenchen chunnen.
         si bittent umb uns genote
         daz uns got gebe ze můte
2285     daz wir zu in ilen
         unde uns got gehuldigen,
         dirre werlde niht uolgen,                45, 15
         ir gezierde sin erbolgen
         unde daz wir an den sunten
2290     deheine wile niht gesten,
         lazzen uns mit triwen
         unsir sunde riwen,
         sůchen niht trage
         unsires herren genade.

2295     **D**es mugin wir wol uro sin
         daz so gůt ist unsir trohtin;
         swie wir in den sunden leben              45, 20
         unde wellen wir unsir bůzze nemen,
         er sezze uns uil sůzze
2300     in Abrahames schozze.
~~~

　　　　Isaac sin sun   36, 15
　　　　was in michelen riuwen
2115　　daz sin wib rebecca
　　　　bern newolta.
　　　　mit lûterem můte
　　　　er ze gote růfte
　　　　daz er in anasahe
2120　　und ime ein chint gabe.

　　　　Got in erhorte,
　　　　dere bete er in gewerte.
　　　　rebecca wart suanger   36, 20
　　　　und trůch zuene brůder.
2125　　in der můter wambe
　　　　wa | ren si sa mit champhe: [46r]
　　　　ein ander si drungen,

**Rebecca was unberhaft:
ysaac got dar umbe bat.
sin gebet was im urum:
rebecca gewan zwene sun.**

2305	Ysaac der getriwe	46, 1
	was in grozzen riwen	
	daz rebecca sin wip	
	het einen unberhaften lip,	
	mit	lŏterem můte	[33r]
2310	er ze got rŭfte	
	daz er in an sæhe	
	unde im ein chint gæbe.	
	Got in erhorte	46, 5
	der bet der er gerte:	
2315	Rebecca wart swanger,	
	zwen brůdir trůch si mit ein andir.	
	in der mŭtir wambe	
	waren si mit champhe,	
	ein andir si drungen,	

2301–2304 *Rubrum 40 und Bild 35: Isaaks Gebet und die Geburt Esaus und Jacobs*

2318 camphe *Di¹*

die můter dwngen.
der eine was ruch und rot,
2130 der ander sleht unde gůt.

Do iz an die geburt chom,
den ruhen si ê guan.
den het der brůder geuangen 36, 25
mit dere hant umbe die uersen,
2135 daz man da bi mahte wizzen
daz er in scolt under slieffen
uaterliches erbes,
geistliches liebes.
durch daz er in so under grůb,
2140 so ward er geheizzen iacob.

Do si wahsen begunden,
ungeliche si geuiengen,
der altere wart iagire | und accherman, [46v] 36, 30
iacob wonete in gezelten,

2140 geheizzen] g *aus* b *rad.* | *nach* iacob *8 Leerzeilen für Rubrum 41 und für Bild 36*

2128 dwungen *Pi¹ SmE* **2138** lîbes *Wl Ca SmE*

2320 die mûtir si dwngen:
der eine der was ruch unde rot,
der andir sleht unde gût.

Do ez an die geburt chom 46, 10
den rŏhen si e gewan;
2325 den het der brûdir lise
umbeuangen bi der uersen
daz man da bi chiesen solde,
undirslieffen er in wolde
uaterliches erbes
2330 geistiliches lebenes:
durch daz er in so undirgrûp
so wart er geheizzen Jacob.

Jacob was emzich undir dem gezelt, 46, 15
Esav iagete in dem walde unde ubir uelt.

2335 Do si wahsen begunden
ungelich art si gewnnen:
Esau wart ein achirman unde ein iægere,
Jacob wonte in dem gezelt da widere,

2333–2334 *Rubrum 41 und Bild 36: Jakob unterm Zelt* **2333** undir] un *auf Ras.*

2145 ane got er alzane dahte,
sin můter in daz lerte.

Esau uůr ze holze
mit pogen iŏch mit polze,
mit netzen iŏch mit hunten
2150 uieng er hirze unde hinten.
er chund ouch fahen
reher dei uehen.
mit druhen iŏch mit stricche 36, 35
besueich er die hasen uil dicche.
2155 er uie mit deme spiezze
die ebere razzen.

So er iz denne hine heim brahte,
mislicher můse er gedahte,
uile wole er iz phefferote,
2160 sinem uater er da mite enstote.
dannan ward er ime liebere
den ener der iungere;
unde scolt iz sin, 36, 40
er hete in gerne gewihet uber in,
2165 daz er sin scalch ware
und suaz er chinde gebare.

Daz auer scol werden,
daz nemach nieman erwenten.
mannes geuverf nehilfet poruile, 37, 1
2170 ube is got niene wile.

Iacob ne spulgete liste,
ane gote was er ueste.
ich weiz er | ime dienote [47r]

2157 S-*Initiale fehlt*

2157 So *Ho Do¹*, Sô *Pi¹ SmE* **2159–2160** pfefferôte:engestôte *Pr*

       an got er den mut cherte:
2340 sin mŭtir in daz lerte.

       Esau fůr ze holzze
       mit pogen unde mit polzze,
       mit netzzin | unde mit hunden   [33v] 46, 20
       uie er hirz unde hinden.
2345 er chund wol uahen
       dei Reher mit der gahe,
       mit drŏhen und mit strichen
       uie er hasen diche,
       er uie mit dem spiezze
2350 den Ebir also ræzzen.

       So er ez danne brahte   47, 1
       mislicher mŭse er gedahte:
       uil wol er ez phefirot,
       sinem uater er ez bot,
2355 da uon gewan er des liebes lop
       fur sinen brŭdir Jacob,
       unde solde ez gewesen sin
       er hiet in gewihet ubir in
       daz er sin schalch wære   47, 5
2360 unde swaz er chinde gebære.

uil wunder*en* gnote.
2175 daz waz ime bezzer
danne ub er iagen uůre.

Esau sin brůder 37, 5
chom eines tages uil můder,
do hete iacob gemachot
2180 ein můs uz linsen uile gůt.
esau bat ime sin geben,
sprach er ware uil nach bechliben.
iacob sprach do
sinem brůder zů
2185 'wil du mir geben din erbereht, 37, 10
so bin ich dir is uil gere*h*t.'

2174 wunderen] wunderot **2176** *nach* uůre *10 Leerzeilen für Rubrum 42 und für Bild 37*
2186 bin] n *aus* m (*oder* ni) *rad.* | gereht] h *aus* b *korrigiert; danach Rest d. Z. freigelassen + 1 Leerzeile für Rubrum 43*

2174 wunderen *Ho Pi¹ Do¹ SmE* **2175–2176** bezzore (*oder* bezzere): vuore *Ws*, bezzere:vuore *Pr SmE*

Esau uerchǒfte hinz Jacob
sin erbreht umbe ein linsen choch.

Esau sin brůdir
chom eines tages mudir
2365 do het Jacob gemachot
ein můs uon linsen gůt.
Esau bat im des můses geben:
uor hungir was er nach bechliben.
Jacob sprach 'gib mir din erbreht   47, 10
2370 des můses bin ich dir gereht.'

2361–2362 *Rubrum 42 und Bild 37: Esau verkauft seine Erstbegurt* **2362** erbreht] t *auf Ras.*

Hunger iare chomen. [47v]
ysaac unde sin wib můsen iz rumen,
in egypti lant si wolten.
2190 got sprach daz si dár nescolten,
er hiez si in palestina
biten bezzere wila.
'nu gloub du iz mir,
ich pin allezane mit dir.
2195 daz ich dinem uater han geheizzen 37, 15
daz wil ich dir und dinen chinden leisten.
din uater dienote mir,
des wil ich lonen dir.'

2187 *davor 10 Leerzeilen für die Fortsetzung des Rubrums und für Bild 38*
2188 můsen iz rumen] *zur Konstruktion Di¹* **2190** dar *Pi¹ SmE*

In dem hungir iare
wolde Isaac zware
uaren in egiptin lant,
got wert imz ze hant
2375 **bi einem chunige hiez | Abimelech:** [34r]
Isaac enthielt sich.

Hungir iar waren chomen, 48, 1
ysaac und sin wip musen ez rŏmen,
in Egiptin lant si wolden.
2380 got sprach sine solden,
er hiez si in palestine
bîten einer bezzer wile.
got sprach 'nu gelŏbe mir,
daz ich han geheizzen dir
2385 daz wil ich dir unde dinen chinden 48, 5
leisten mit willen:
din uater Abraham dienot mir
des wil ich immer lonen dir.'

2371–2376 *Rubrum 43 und Bild 38: Isaak und Rebekka vor Abimelech* **2375** hiez] ez *auf Ras.*

2378 muosen ez roumen] *s. Di¹ Anm. zu 48.1, M/K II, S. 27*

Isaac wart uil urô
2200 solicher geheizzo.
er bestůnt in palesti | na   [48r]
mit abimelech deme chunige.
do uragoten in die lute,   37, 20
wie sibe imo daz wib ware.
2205 er chot 'si ist suester min,
ich ne mach ir nieht gesuichen'.

Der chunich gesach in allen gahen
wie ysaac und rebecca sament lagen,
spileten zesamene
2210 mit chonlicheme gamine.
er hiez in ime gewinnen,   37, 25
er newolte in sa nieht fragen.
er chot ze wiu er iahe
daz sin wib sin suester ware?

2215 Isaac tet rede gnůge,
sprach er uorhte daz man in durh sîa erslůge.
der chunich sprach wislichen
er hâte getan tumplichen:
daz mahte lihte gescehen   37, 30
2220 daz si ware uber legen
und die sunde waren ual
uber allez daz lant.

Der chunich da bi dem liute chunte
bi ir selbere gesunte
2225 daz sich an daz wib nieman newante
ze neheiner slahte scante,
dem sin lip ware mare
daz er si mit alle uerbare.

2225 neman **2228** *nach* uerbare *Rest d. Z. freigelassen für Rubrum 44*

2216 durch *Ho Pi¹ Do¹* | sia *Pi¹ SmE* **2221** unde diu sunde wâre gevallen *He* **2222** uber daz lant allez *He*, uber daz lant al *SmE* **2225** nieman *Do¹ SmE*

	Ysaac wart uil uro	
2390	der gotes geheizze do,	
	er bestůnt in palestine	
	bi Amalech dem chunege.	
	dei lŏte urageten in sare	
	wie gesippe im daz wip wære;	
2395	er sprach 'min swestir wærlichen,	48, 10
	ich chan ir niht geswichen.'	
	Der chunich sach in allen gahen	
	wie Isaac und Rebecca lagen,	
	in chonilicher gamene	
2400	spileten si zesamene.	
	er wold niht erwinden,	
	er hiez ims gewinnen;	
	er sprach zwiv er iæhe	
	daz sin wip sin swestir wære.	
2405	Ysaac anturt gefůge	48, 15
	'ich uorhte daz man mich	durch si erflůge.'	[34v]
	der chunich sprach wislichen	
	'ir tætet tumplichen,	
	daz mohte lihte sin geschehen	
2410	daz ir wæret ubirsehen,	
	so wære der sunden ual	
	chomen ubir ditzze lant al.'	
	Der chunich dem livte chunte	
	bi allem ir gesunte	
2415	daz sich an daz wip nieman	48, 20
	wande ze deheiner slahte schande,	
	unde swem sin lip liep wære	
	daz si der uerbære.	

2400 splenten **2411** der] den **2416** deheiner] deiner

2400 spileten *Di¹* **2411** der *Di¹* **2416** de[he]iner *Di¹*

　　　　Do ysaac er altote, [48v] 37, 35
2230　daz gesune ime tunchlote.
　　　　do er iz so gare flos,
　　　　daz er niweht nechos,
　　　　er hiez sinen alteren sun
　　　　dar zů ime horen,
2235　er sprach 'sun min,
　　　　du sihest daz ich ein alt man pin,
　　　　nu nim dinen pogen
　　　　der dich selten hat petrogen
　　　　und uar uz iagen, 37, 40
2240　daz ich mich chunne gelaben.
　　　　wirde ich des wînes urô,
　　　　daz ich gewalte miner worte,

2229 *davor 10 Leerzeilen für die Fortsetzung des Rubrums und für Bild 39*

2242 worto *SmE*

Isaac der alte
bat im Esau gehalten
sines geiaides einen teil.
er gehiez im daz meiste teil,
sines segenes im wrde
e daz er sturbe.

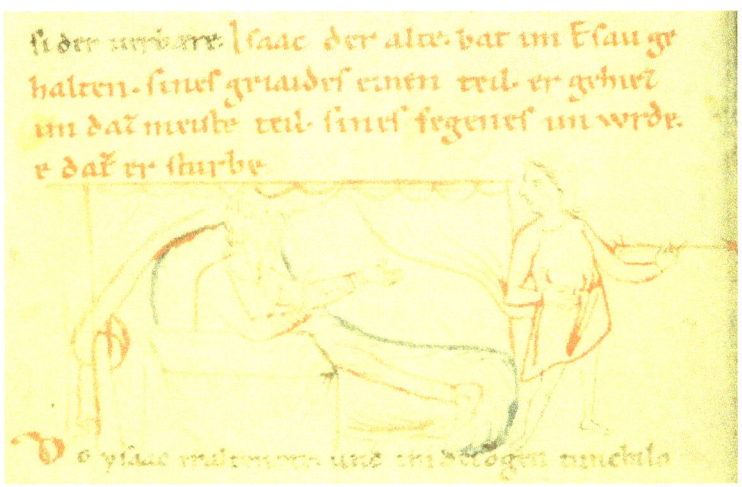

Do ysaac eraltenote 48, 25
und im dei ŏgen tunchiloten,

er hiez zu im Esav
horen sinen alteren sun.
er sprach 'sun min, 49, 1
du horist wol daz ich alt bin,
nu nim dinen pogen
der dich selten hat betrogen
und uar ŏz iagen,
uahe da mit ich mich gelabe:
so ich des wines danne han bechort
gewalt han ich miner wort,

2419–2424 *Rubrum 44 und Bild 39: Isaak schickt Esau auf die Jagd* **2422** im *auf Ras.*

so wil ich dich wihen,
daz | dir elliu diniu dinch iemmer wole dihen.' [49r]

2245 ER giench uon ime uile balde 38, 1
mit sineme geziuge ze walde.

Diu můter gehorte
wie er mit ime redite.
si sagite ire sune iacob
2250 waz sin uater sinem brůdere gebot.
si hiez in louffen,
zuei chitzi bestrouffen,
mit michelem flizze 38, 5
machen sinem uater einen imbiz,
2255 daz der segen uber ín ergienge,
ê sin brůder chome.

Iacob sprach do
siner lîeben můter zů
'nu weist du wole, můter,
2260 daz ruch ist min brůder,
ich pin sleht unde linde.
ich furhte, ub iz min uater eruinde,
daz er mich uerulůche 38, 10
und min mêre ze sune inrůche.'

2265 Si sprach 'der ulůch stê ane mir.
tů du daz ich sage dir'.

Dei chitze er brahte,
uile wole si siu garte.
den hals si ime mit einem uelle bewant
2270 iŏch iewedere hant.

Sines brůder gewate
daz si gehalten | hête [49v]

2244 *Pi¹ teilt in zwei Verse:* daz dir elliu dîniu dinch/ iemmer wole dîhen. *Nach* dinch *ein Verstrennungspunkt in der Handschrift Do¹* **2245** Er *Pi¹ Do¹ SmE* **2255** in *Pi¹ SmE* **2258** lieben *Pi¹ SmE* **2272** hête] hâte *SmE*

  so wil ich dich wihen   49, 5
  daz dir alliv diniv dinch wol gedihen.'

  Er gie uon im balde
2440 mit sinem gezivge ze walde.

  Div | mŭtir gehorte   [35r]
  wie er mit Esav redete:
  ir sun Jacob si sagete
  wie er geredet habete.
2445 Jacob hiez si lŏffen
  zwei chitzze chŏffen beströffen
  mit michilem ulizze   49, 10
  ir *herren* ze einem imbizze,
  daz der segen ubir in ergienge
2450 e daz sin brŭdir chome.

  Jacob sprach do
  siner lieben mŭtir zŭ
  'nu weist du wol mŭtir
  daz rŏch ist min brŭdir,
2455 ich bin sleht unde linde,
  ich furhte ob ez min uater eruinde,
  daz er mich uerulŭche   49, 15
  unde min ze einem chinde nine rŭche.'

  Si sprach 'der ulŭch ste ŏf mir,
2460 tŭ daz ich sage dir.'

  Dei chizze braht er snelle,
  den hals bewant si im mit einem uelle
  dar zŭ iewedir hant:
  daz ezzen wol bereitet wart.

2465 **S**ines brŭdir gewæte
  daz si behalten hæte,

2446 chǫ̈ffen **2448** ir ze

2446 chŏffen *fehlt Di¹* **2448** [herren] *Di¹*

daz heiz si in ane lecken 38, 15
unde heiz in sich allen dechen,
2275 daz er iener bar wâre,
ube iz ze diu gescahe
daz er in begríffe,
daz si in so uerliste.

Iacob nam daz ezzen unde brôt,
2280 da zů win uile gůt,
er sprach 'lieber uater min,
hie ist esau der sun din.
ich han getan so du gebute, 38, 20
nu hore du mine bete:
2285 du scolt sitzen,
mines iagides ezzen,

2278 *nach* uerliste *Rest d. Z. freigelassen +9 Leerzeilen für Rubrum 45 und für Bild 40*
2286 menes

2277 begriffe *Pi¹ SmE* **2286** mines *Ho Do¹*, mînes *Pi¹ SmE*

daz hiez si in an leken 49, 20
den lip wol bedechen:
si sprach 'uil wol du daz bewar
2470 daz sind in uater iht neme war,
daz er dich niht erwische
an sus getanen listen.'

Jacob braht daz ezzen:
der segen wart im gemezzen.

2475 Jacob nam ezzen unde brot [35v] 50, 1
unde dar zů einen win gůt,
er sprach 'liebir uater min,
hie ist Esau der sun din,
ich han getan so du gebute,
2480 nu uernim gerne mine bete:
du solt wol uermezzen
mines geiaides ezzen,

2473–2474 *Rubrum 45 und Bild 40: Segnung Jakobs*

        und scolt du mich wihen,
        dine sâlde mir uerlihen,
        geweltich tůn dines erbes,
2290 ê | du ersterbest.'   [50r]

        Isaac sprach do
        sineme sune iacobe zů
        'wie mahtest du in allen gahen   38, 25
        ieht wildes geuahen?'
2295 er sprach 'uater min der gůte,
        du maht wol wizzen deiz got wolte
        daz mir so scîere chom,
        des dich gezam'.

        Er chot 'her zů mir neige dich,
2300 daz ich begriffe dich,
        ob du esau sist   38, 30
        oder du mich trugist'.

        Forhtente gieng er dare.
        er begreif in uil geware,
2305 hals und hente.
        iacob stůnt bibente.
        er chot 'iacobes ist diu stime,
        esau sint die hente'.
        er zuîuelote dannoch,
2310 er fragote in ouch,
        daz er ime sagete zeware,   38, 35
        ub er esau ware.

        Iacob sprach 'ich pin.'
        uile wole geloupte er iz do ime.
2315 er bat ín daz er in gelabite
        mit diu und er da habite.
        daz ezzen was gůt,
        uile wole gephefferot.

2297 sciere *Pi¹ SmE* **2299** Er *Pi¹ Do¹ SmE* **2309** zuîuelôte *Pi¹*, zwîvelôte *SmE* **2314** ime] im *SmE* **2315** ín] in *Pi¹ SmE*

	dar undir solt du mich wihen	50, 5
	dine sælde uerlihen	
2485	geweltich machen dines erbes	
	e daz du ersterbest.'	

	Ysaac sprach do	
	sinem sun Jacob zů	
	'wie mohtest du in allen gahen	
2490	iht wildes geuahen?'	
	er sprach 'liebir uatir min,	
	da wolde ez unsir trohtin	
	daz mir daz schiere chwæme	50, 10
	daz dir wol gezæme.'	

	Er sprach 'zů mir neige dich,	
2495		
	ergriffen wil ich	
	ob du ez bist Esav	
	daz du mich niht triegest nu.'	

	Mit uorhten gie Jacob dar:	
2500	Isaac ergreif in gar	
	hals und hente;	
	Jacob stunt bidemunte.	
	er sprach 'Jacobis ist disiv stimme nu,	50, 15
	die hende sint Esav.'	
2505	er zwiuelot dannoch,	
	mere uraget er in ŏch	
	daz er im sagete zware	
	ob erz Esav ware.	

	Jacob sprach 'ich bin,'	
2510	wol gelŏbet erz im.	
	er bat in daz er in labete	
	mit div unde er habete:	
	daz ezzen was gůt	50, 20
	uil wol gephefirot.	

        Do er is gaz gnůch,
2320 do trůg er ime den win zů.
        er bat in ezzen unde trinchen,   38, 40
        unz er | in nach gemachote trunchen.   [50v]
        ysaac wart uil urô,
        er sprach iacobe zů
2325 'nu, trůt chint min,
        chusse mich an den můnt min.'

        Also er in chuste,   39, 1
        uile sůzze in anstanch daz geruste.
        mit deme herzen er ze gote sach,
2330 uil innechliche er sprach

        'Got dich gesegene
        in aller diner gehebide.
        hinnen uure mere
        wis aller diner chunnescefte herre,
2335 si pîugen sich sůzze   39, 5
        zů dinen uůzzen.
        der himel si dir gnadich,
        diu erde si dir parich.
        zala du newizzest
2340 waz du uihis gewinnest.
        dine chornstadalæ
        gen allenthalben ubere.
        chellare dine
        uliezzen uon ole iŏch uone wine.

2345 neheines gůtes du ne mangel   39, 10
        churze noh lange.
        dine uiande
        chomen in dine hende.
        die můzzes du uber winten

2341 *vor* chornstadalæ *am Zeilenanfang ca.* ⅓ *Leerzeile*

2319–2320 genuoch:truoch *He* **2320** den wîn er ime zuo truog *SmE* **2335** piugen *Pi¹*, biugen *SmE* **2345–2346** mangele:lange *Do² Pr SmE*

2515	**D**o er im az genůch	
	den win er im fur trůch:	
	er bat in genote trinchen	
	unz im div ŏgen begunden wenchen.	
	Ysaac wart uil uro,	
2520	Jacobe sprach er zů	
	'trut sun an dirre stunt	
	chusse mich an dem munt.'	
	Als er in do chuste	50, 25
	er dwanch in an die bruste:	*[36r]*
2525	uon herzzen er ze got sach,	
	innichlichen er sprach	
	'**G**ot dich gesegene	
	mit aller diner gehebede,	
	hinne fur mere	
2530	wis diner brůdir herre:	
	si piegen sich sůzze	
	ze dinen fůzzen.	
	der himil si dir genædich	50, 30
	div erde si dir pærich,	
2535	zale du neuindest	
	swaz du uihes gewinnest,	
	dine chorenstadele	
	gen allenthalben ubere,	
	die chellær dine	
2540	ubiruliezzen uon wine,	
	diniv uaz sin uol	
	zallen stunden uon ole,	
	deheines gůtes du mangele	50, 35
	wedir churz noch lange,	
2545	dine uiande	

2525 uon] n *auf Ras.* | herzzen] herzze *auf Ras.*

2350 ane aller slahte scante.
      gote můzzes du liep sin,
      der gerůche dich ouch bescirmen.'

      Do er in | uol wihte   [51r]
      und er ime erloupte,
2355 der win hête in pigen,   39, 15
      do wolt er růwen.
      unlange er lach,
      unz ime esau zů sprach

      '**S**tant ûf, uater min,
2360 du scolt inbizzen!
      du gelabe dich mines iagides,
      daz du mich wihest
      unde min leben gestatest,
      ê du ersterbest!'

2358 *nach* sprach *9 Leerzeilen für Rubrum 46 und für Bild 41*

2355 pidwungen *Pi¹*, pigangen *He*, bigên *SmE*

ubirwinde an alle schande,
got mŭzzist du liep sin
der beschirm dir den lip din.'

Do er uol wihte Jacob 51, 1
2550 unde er imz bat uergelten got
do wolde er gerne rŭwen:
der win begunde im den slaf fŭgen.
unlange er lach
unz im Esav zu sprach.

2555 **Also Jacob uon danne gahete
Esav sin ezzen brahte.**

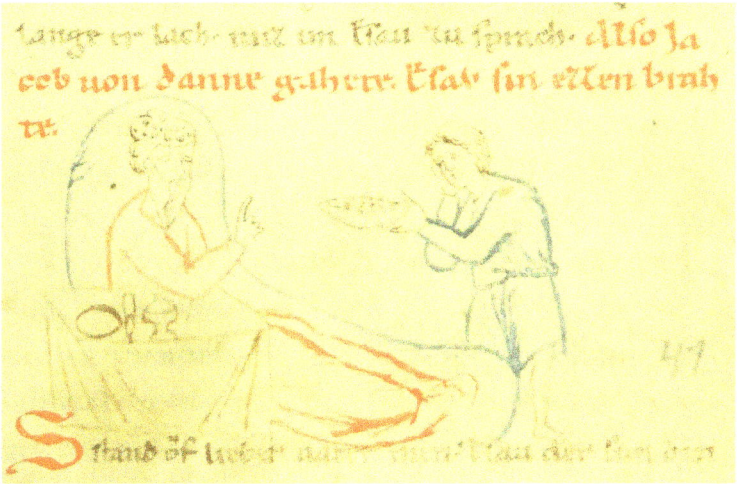

'Stand ŏf liebir uater min, 51, 5
Esav der sun din
bittet dich des,
2560 iz mines geiaides;
dar zŭ du | mich niht uerzihest [36v]
e du sterbist mich gewihest'

2555–2556 *Rubrum 46 und Bild 41*: Esaus Rückkehr

2365	Ysaac erchom so harte,	39, 20
	daz er negewielt siner worte.	
	uil michel wunter in genam,	
	wie daz scolte sin getan.	
	er chot 'wer ist da, weri got?	
2370	du hast mich unsanfte irwecchot.'	

|Esau	sprach do|[51v]
	sinem uater lindere zů	
	'hie ist esau,	39, 25
	dîn erist porner sun.	
2375	ich wolte daz du gesazzest	
	und mines iagides gazzist	
	und mich gewihtest,	
	also du mir gehiezzest.'	

	Der uater sprach do	
2380	uil riuwechlichen	
	'herre, wer was der	
	der her chom uor dir	
	und mir brahte uile gůt ezzen	39, 30
	iŏch win den aller bezzisten?	

2385	Also ich mich gelabete,	
	leider nieht langer ich mich inthabete,	
	ze stete ich in wihte	
	ze saligime libe.	
	selb ist er geheiligot:	
2390	suaz er geseginot daz ist gewihot,	
	suaz er uerulůchet	39, 35
	daz ne wirt uone gote niemmer berůchet.'	

	Also daz esau gehorte,
	do erscrei er uil lute
2395	'gote weiz, uater min,
	du scolt ouch mich wihen'.

2374 den **2394** liute

2374 din *Ho Do¹*, dîn *Pi¹ SmE* **2380** riuwechlîcho *SmE* **2394** lute *Do¹*, lûte *SmE*

	Ysaac *er*chom harte,	
	dehein gewalt er het siner worte,	
2565	michil wndir in genam	
	wie daz solde sin getan;	
	er sprach 'wer ist hie wergot?	51, 10
	unsanfte bin ich erwechot.'	

Esav sprach dŏ
2570 sinem uatir lindir zŭ
'hie ist esav
din erstgeborner sun,
ich wolde daz du gesæzzest
mines geiaides æzzist,
2575 der wihe mich niht erlazze
die du mir gehiezze.'

Der uatir sprach im dŭ   51, 15
riwichlichen zŭ
'herre wer was der
2580 der uo*r* dir chom her
unde mir braht gŭt ezzen
unde dar zu win den besten?

Als ich mich gelabete
niht lengir ich mich enthabete,
2585 zehant ich in wihte
ze einem sæligen libe:
selbe ist er sælich   51, 20
ze gote immir ewich,
swaz er ueruluchet
2590 got des niht enrŭchet.'

Als Esav daz erhorte
do erschrei er uil lŏte
'gotweiz uater du solt mir niht uerzihen
der genædigen wihe.'

2563 chom   **2580** uor] uon

2563 [er]chom *Di¹*   **2580** uor *Di¹*

Ysaac sprach do
uil amerlichen
'hie was gewisse
din brůder mit siner můter liste
unde hat mit untriuwen 39, 40
dinen segen un | terdrungen'. [52r]

Esau sprach do
er ware iacob geheizen rehto:
'er underslŏf mich ê mines erbes,
same hat er nu getan mines segines.
hast du auer noch ieht gehalten 40, 1
des ich scule walten?'

Isaac sprach er hête in ime gewihet ze herren,
er ne mahte daz wider tůn mere.
er chot, der ime gůtes pâte
daz der salich ware;

suer ime flůchete 40, 5
daz der wider gote tate.
'ich gab ime weizzes ubergnuht,
oles und wines uberfluz.
neheine salde han ich uz genomen.
waz mag ich dar ubere zů dir choden?'

Esau weinote,
er bat sinen uater uile gnote
daz er ettewie des gedahte 40, 10
daz er in gesaligote.

Den uater amerote
daz er in so gare uerteilet hête,
siner chlage smerze

2423 *D-Initiale fehlt*

2398 âmerlîcho *SmE* **2413–2414** swer sô ome vluochte: worhte *He* **2423** Den *Ho Pi¹ Do¹ SmE*

2595	**Y**saac sprach im zů	
	uil iæmirlichen do	
	'hie ist gewesen gewisse	51, 25
	din brůdir uon diner můtir listen	
	unde hat an disen stunden	52, 1
2600	dinen segen undirdrungen.'	
	Esau sprach mit grozzem toben	
	'man heizzet in rehte Jacoben:	
	er undirslŏf mich é mines erbes,	
	also hat er nu getan mines segenes.	
2605	liebir uatir hast *du* abir noch iht behalten	
	des ich schul walten?'	
	Ysaac chlagete sere,	52, 5
	er sprach 'ich han dir in gewihet ze einem herren,	
	des mage ich niht widirtůn,	
2610	got han ich | gebetten dar zů	[37r]
	daz der sælich wære	
	der in erlieze swære;	
	swer abir im flůchete	
	daz er daz gotes rich nimmir besůchete.	
2615	ich gap im weizzes unde wines nutz	
	oles unde wines ubiruluz,	
	deheine sælde han ich ŏz genomen:	52, 10
	nu waz mage dir ubir chomen.'	
	Esav weinote,	
2620	den uater bat er genote	
	daz er etwes gedæhte	
	daz im sælden brahte.	
	Dem uater uaste leidet	
	daz er in het uerteilet:	
2625	Esav chlage smerzze	

2605 hast abir

2605 Liebir *Di¹* \| [du] *Di¹*

        stach ín án daz herze.
        er sprach 'an der erde ueizte
        sî din segen aller meiste,
        uon deme himeltŏwe
2430   chome dir allere wŏchere urŏde.   [52v]
        dines suertes můst du lében,   40, 15
        dinem brůder scolt du dienen.
        aua wirt daz noch
        daz du abe dinem halse gescutest sin ioch.'

2435   **E**sau sprach do
        mit zornigem mute
        'scol ich den tach geleben
        daz ich dich langere nemůz haben,
        so wil ich mich denne
2440   rechen ane iacobe.'

        Do diu můter daz gehorte,   40, 20
        iacoben si eskote.
        si sagete ime esaus drô,
        si wrden beidiu uil unurŏ.

2445   **S**i sprach 'min sun gůter,
        uolge diner můter,
        ne wis hie wile neheine,
        uar zů dinem oheime.
        wis etteliche wile da,
2450   unze dines brůder zorn gestille.
        bi daz du wider chumest ze lante,   40, 25
        so ist sines heizmůtes ente,
        so riuwet in daz er dich uertreib
        unde netůt dir mere nehein leit.
2455   mir ist liebere daz ich ersterbe
        den ich mich iuwer beider darbe.'

2456 *nach* darbe *Rest d. Z. freigelassen für Rubrum 47*

2426 in an *Pi¹ SmE* **2431** leben *Pi¹ SmE* **2444** wurden *Pi¹ SmE*

	stach in in sin herzze,	
	er sprach 'an der erde ueizte	52, 15
	si din segen aller meiste,	
	uon dem himil tŏwe	
2630	chom dir ẘchirs urŏde,	
	dines bŏwes solt du leben,	
	dinem brůdir solt du ere geben,	
	ez chumit abir noch	
	daz du schuttest abe dir des dienstes ioch.'	
2635	**E**sav der ungůte	
	sprach mit zornigem můte	
	'ist daz ich den tach sol geleben	52, 20
	daz ich dich niht langir sol haben	
	so wil ich mich mit grozzem tobe	
2640	rechen an Jacobe.'	
	Do div můtir daz erhorte	
	Jacob si eiskote,	
	si saget im esav dro:	
	beide wrdens unuro.	
2645	**S**i sprach 'sun gůtir	
	uolge diner můtir,	
	wis hie wile deheine	52, 25
	uar ze dinem oheime,	
	wis etlich wile da	
2650	unz dines brůdir zorn zergá,	
	biz daz du widir chumest zelande	
	so hat sin zorn ende,	
	so riwet in daz er dich uertreip,	
	er getůt dir nimmir mere leit:	
2655	mir ist liebir daz ich ersterbe	
	danne ich ivr beidir ane werde.'	

2650 brudir *Di¹*

Do bat rebecca [53r]
ysaac da er lag an sinem bette,
daz er ne dulte 40, 30
2460 daz iacob uz deme chunne gehite.

ER hiez in ime gewinnen
und gebot iŏch bat in mit minnen
daz er niene gehîte
zů deheinem ungeslahten wibe.
2465 'uar zů diner můter brůder,
der gît dir sine tohter.

Got gerůche di*ch* geseginen 40, 34
und lazza dich so gemeginen,
daz du mit liutes chrefte
2470 chomest zů dinem erbe rehte.
nu wis gesunde,
got sente | dich gesunt ze lande.' [53v]

2457 *davor 9 Leerzeilen für die Fortsetzung des Rubrums und für Bild 42* **2467** *dic*
2472 *nach* lande *Rest d. Z. freigelassen + 9 Leerzeilen für Rubrum 48 und für Bild 43*

2457–2458 Ysaac:lag *SmE* **2461** Er *Pi¹ Do¹ SmE* **2467** dich *Ho Do¹ SmE,* dic *unverschobene mfrk. Form He*

Rebecca bat ysaac ir man 53, 1
daz er sande Jacoben hinz / Laban.

[37v]

Do bat rebecca ysaac
2660 an sinem bette da er lach
daz Jacob õz dem chunne gehite,
daz er des niht uerdulte.

Er hiez in im gewinnen,
er gebot unde bat mit minnen
2665 daz er niht gehiete 53, 5
ze deheinem ungeslahtem livte;
'uar ze dem brůdir diner můtir
der git dir sine tohtir.

Got gerůche dich gesegenen
2670 unde lazze dich so gemegenen
daz du mit livtes chrefte
chomest zu dinem erbrehte:
nu wis gesunde,
got der sende dich heim ze lande.'

2657–2658 *Rubrum 47 und Bild 42: Jakobs Abschied* 2658 § *vor* Laban

Do er daz urloup gewan
und er underwegen chom,
2475 da gesah er eine scone stât,
da uile steine lag.
einen er under daz houbet legite, 40, 40
uil skiere er intsuebete.
do sah er eine leiteren
2480 fon der erde in den himel gen
und sah ûf und nider stigen
engele die sconen
und sah unseren trehtin
dar obene sich dar ane leinen.
2485 er sprach ime zů
uile wunteren sůzze

'Ich pin got abrahames 40, 45
iŏch dines uater ysaaches.

2475 da] dô *SmE* | stat *Pi¹ SmE*

2675	**Jacob slaffunde lach,** 53, 10
	ein leitir er den himil rûren sach,
	got in der leitir stende
	die engil ŏf und nidir gende.

	Do er daz urlŏp genam	
2680	unde er undirwegen chwam	
	ein schone stat er sach,	
	da uil steine an lach;	
	einen er undir daz hŏbit legete,	54, 1
	uil | schiere er entswebete:	[38r]
2685	do sach er eine leiteren	
	uon der erde in den himil gen	
	unde sach ŏf und nider stigen	
	engil die wihen	
	unde sach got uil reinen	
2690	obene sich dar an leinen;	
	uil gŭt was sin gemach	54, 5
	got selbe zŭ im sprach	
	'Ich bin got Abrahamis	
	ioch dines uater ysaachis,	

2675–2678 *Rubrum 48 und Bild 43: Jakobs Traum von der Himmelsleiter* **2678** *nach* ŏf *Komma* | und *zwischen* ŏf *und* nidir *übergeschrieben*

2687 stiegen *Di¹* **2692** zu *Di¹*

	die erde, da du slaffest,	[54r]
2490	warlichen du die besizzest,	
	und ube du mir iz gelŏbest,	41, 1
	also uil so der ist des stŏbes	
	sam uil chumet samen	
	uone dineme lichename.	

2495	**D**u wirdest gebreitet
	osteret und westeret,
	nordane und sundana
	wirt iz uol diner chinde,
	und ich dich pehote	41, 5
2500	in aller diner note.
	also ich dir han geheizzen,
	so wil ich dir leisten.'

	Do iacob erwachote,
	er bedâhte iz in sinem mŭte,
2505	er sprach 'warlîchen ist got hîe,
	leider daz ich iz newisse'
	und sprach bi deme worte
	da ware des himiles porte.

2496 *nach* osteret t *rad.*   **2508** *nach* porte *Rest d. Z. freigelassen + 7 Leerzeilen für Rubrum 49 und für Bild 44*

2490 wârlîchen *Pi¹ SmE*   **2499** pehuote *Ca*, behuote *SmE*   **2503–2504** erwachte: in sîneme muote er iz bedâhte *He*   **2505** wârlîchen *Pi¹ SmE* | hie *Pi¹ SmE*

2695 die erde da du ŏf slæffist
wærlich du die besitzzest,
und ob du mirz gelŏbist,
also uil so ist der erde stŏbis
als uil chumit samen
2700 uon dinem lichnamen.

Du wirdist wol bereitet 54, 10
Ostirt unde Westirt gebreitet
Sundirn und Nordirt
uol ez uon dinen chinden wirt.
2705 ich bin der din hůtet
in allen dinen noten,
wan ich dirz han geheizzen
gerne wil ich dirz leisten.'

Do Jacob erwachote
2710 er bedaht in sinem můte,
er sprach 'got ist wærlichen hie, 54, 15
leidir daz enwesse ich é,'
unde sprach bi dem worte
er sæhe des himils porte.

2708 geren *Di¹*

  Do diu sunne erskein,   *[54v]* 41, 10
2510 do nam er den selben stein.
  ich weiz er in ûf rihte,
  zů einem altare er in wihte,
  mit ole er in begoz,
  deiz dar aba uloz.

2515 **S**inen antheiz er da tete
  mit innerem gebete.
  er sprach 'ube mich got behůtet
  in dirre uerte
  und mir gît lîpnare   41, 15
2520 iŏch wate ware
  und ub er mich heim bringet,
  daz mir niene wirret,
  so si diser stein
  urchunde under uns zuein
2525 daz ich got einen
  mit allem můte wil meinen
  und ime minen zehenten gibe
  minere wůchere und miner uihe'.

2510 selbem **2517** gote **2528** *nach* uihe *Rest d. Z. freigelassen + 8 Leerzeilen für Rubrum 50 und für Bild 45*

2510 selben *Ho Pi¹ Do¹ SmE* **2515** Sinen] Einen *SmE* **2517** got *Ho Pi¹ Do¹ SmE* | behuote *He*, behuotet *SmE* **2518** *nach* verte: nôte *He*

2715 **Hie enthiez Jacob
ein antheiz gut.**

Do div sunne erschein
do nam er den selben stein,
balde er in ŏf rihte,
2720 ze einem Altære er in | wihte,   *[38v]*
ole er dar ŏffe goz   54, 20
deiz allenthalben abeuloz.

Einen antheiz er tet
mit lŏterem gebet,
2725 er sprach 'ob mich got behůtet
in aller miner note
unde mir git fur war
spise unde lipnar
unde ob er mich heim bringet
2730 daz mir nine wirret:
so si der stein   55, 1
urchunde undir uns zwein
daz ich got wil einen
mit allem můte meinen
2735 unde im minen zehenten gibe
uon ertŵchir und uon uihe.'

2715–2716 *Rubrum 49 und Bild 44: Jakobs Gelübde zu Bethel*

	Do eR in daz lant chom,	[55r] 41, 20
2530	da der was sîn oheim,	
	do chom er zů einim brunnen,	
	da die hirte mit deme fihe zů drungen.	
	der brunne was gemeine	
	bedecket mit eineme steine.	
2535	er uragote si ube si erchanten einen man,	
	hiezze laban.	
	si sprachen daz er wole mahte;	41, 25
	si dûhte er ware ŏch siner slahte.	

Bidaz man die rede nider lîe,
2540 sines ôheimes tohter rachel zůgîe
mit micheleme quortere,
want si hůttere.

2531 enim **2539** B-*Initiale fehlt*

2529 er *Pi¹ Do¹ SmE* **2531** einim *Do¹ SmE* **2535–2536** erchanten: einen man hiezze laban *Ho Pi¹*, erchanten:einen man hiezze Laban genanten *Wl SmE* **2539** Bidaz *Ho Do¹*, Bî daz *Pi¹*, Bîdaz *SmE* | nieder *Ho* | lie *Pi¹ SmE* **2540** zů gîe *Ho*, zů gie *Pi¹*, zuo gie *SmE* **2542** hůttere] huotte ere *He*

**Rachel ze einer zistern gie,
Jacob trenchet ir daz uihe.**

Do Jacob chom in daz lant 55, 5
2740 da er sinen Oheimen uant,
do chom er ze einem brunne
da die uihirt mit ein andir drungen,
der brunne was gemeine
bedechet mit einem steine:
2745 er sprach 'erchennet ir einen man
der ist geheizzen Laban?'
si spræchen daz er wol mohte,
si dǒhte er wære uon sinem geslæhte.

Also man die rede nidir lie 55, 10
2750 Rachel sines Oheimes tohter zǔ gie
mit einer uiheqwarter gǔten
der si mǔse hûten.

2737–2738 *Rubrum 50 und Bild 45: Begegnung Jakobs und Rahels am Brunnen*

Also si zů ime chom,
abe wielz er den stein
und tranchte daz uihe
daz si dare hête getriben.

Do er si gesach so scône,
do wart ime uil liebe.
si dwngen sich ze den brusten,
ich weiz er si uil minnechliche chuste.
er begunde weinun,
sprach er ware ire basun sun.

Ire uater si iz sagete,
uil sciere er ime gagente.
er halst in und chuste,
ze hus er in wî | ste;   [55v]
er hebenote in zeware
baz den uber sin sun ware.
er uragete in da bi
waz sin geuerte scolte sin.

Do er im iz al gezalte,
do bat er sin got walten.

Do er ime in dem manode
uile wole gedienote,
laban sprach zů iacob
'min neue, weri got,
dune scolt nieht ingelten
deich dir gůtes pin sculdech.
ub du mir wellest dienon,
so sage wîe ich dir scule lonen?'

2553 I-*Initiale fehlt* **2560** was **2570** *nach* lonen *Rest d. Z. freigelassen + 1 Leerzeile für Rubrum 51*

2547 Dô er sie sô scône gesach *He* **2548** daz was im lief unde gemach *He* | do wart ime] dô wart si ime *SmE* **2549** dwungen *Pi¹ SmE* **2553** Ire *Ho Pi¹ Do¹ SmE* **2560** waz *Do¹ SmE*

	Also si dort | bi im erschein	*[39r]*
2755	abe walgot er den stein	
	unde trenchot daz uihe	
	daz si dar het getriben.	

Do er sie also schone gesach
daz was im liep unde gemach;
er dwanch *sie* zů den brusten,   55, 15
2760 minnichlich er si chuste,
er begunde weinen
ir basensun er sich nande.

Ir uater si *iz* do seite:
er chom uil gereite,
2765 er halsten in unde chusten,
er dwanch in zů den brusten,
er behielt in zware
baz danne ob er sin sun wære,
er uragot in da bi   55, 20
2770 waz sin gewerft solde sin.

Do er imz gezalte
er bat sin got walten.

Einen manot er genote
im dienote:
2775 Laban sprach zů Jacob
'min neue werigot,
du solt des niht enkelten   56, 1
daz ich dir ze triwen bin gebunten.
ob du m*i*r nu wellest dienen
2780 so sage wie ich dir schul gelonen.'

2759 dwanch zů   **2763** si do   **2779** mr

2759 [sie] *Di¹*   **2760** chůste *Di¹*   **2763** [iz] *Di¹*   **2765** in *fehlt Di¹*   **2779** m[i]r *Di¹*

Laban hête zuů tohter. 42, 1
diu eine was ane laster.
rachel die sconen
die bat er ime geben ze lone,
2575 ub er ime siben iar gedienote
wole nach sineme gemůte.

Laban sprach do 42, 4
'gedienest du mir also,
so gibe ich dir sîe gerne'

2580 Er dienote ime elliu
dei siben iâr volliu.
uor der minne
neduhte iz in sa porlenge
die er zů der magide hê | te [56r]
2585 umbe die er dienote.

Do daz zît uerentôte,
sin wib er eiscote.

Der oheim sine uriunt zesamene ladete, 42, 10
grozze wirtscaft er habete.
2590 die brûloufte waren gůt,
des uroute sich iacob.

2571 Laban] L *große Initiale* **2574** bat] hat **2580** E-*Initiale fehlt (kein Platz für Initiale)*
2581 wolliu **2582** der] dir

2571 zwô *SmE* **2574** bat *Ho Pi¹ Do¹ SmE* **2577–2579** *Dreireimproblem, vgl. Einleitung S. LXIX* **2579** sie *Pi¹ SmE* **2580** Er *Ho Pi¹ Do¹ SmE* | dienôte *Pi¹ SmE* **2581** volliu *Ho Pi¹ Do¹ SmE* **2582** der *Ho Pi¹ Do¹ SmE*

Jacob dienot umbe Rachel:
Liam nam er doch é,
dar nach nam er ze lone
Rachel die schone.

2785 Laban het zẘ tohtir, 56, 5
 div eine was ane laster:
 Rachel die schonen
 der bat Jacob ze lone
 ob er im nach sinem můte
2790 siben iar wol gedienote.

 Laban sprach stille
 'gedienest du mir nach minem willen
 ich gip dir uil gerne
 des du niht wil enberne.'

2795 Jacob dient im elliv 56, 10
 suben iar uolliv,
 dei dŏhten in elliv borlanch
 widir der minne gedwanch,
 die er zů der maget het
2800 umbe die *er* uaste dienet.

 Do daz zit sich uerendot
 die maget sinen lon er eiskot.

 Laban sine uriunde ladete [39v]
 groz wirtschaft er habete,
2805 div brŏtlŏft was wol ze lobe: 56, 15
 des urŏt sich her Jacobe.

2781–2784 *Rubrum 51* **2800** die uaste

2800 [er] *Di¹*

Als er an daz bette chom,
do leite dare sin ôheim
der man listiger
2595 sine alteren tohter.
eine diu er ire gáb 42, 15
diu der chemenaten phlag.

Iacob und lia
heten ire minne
2600 die naht lange
mit chonelicher wunne.
als er si anderes tages gesach,
do was iz ime ungemach.
er sprach daz er umbe rachel dienote, 42, 19
2605 ze wiu er in betrogen hête?

Laban sprach daz da nieht site ware
daz man die iungeren ê gabe.
'nu bite dise wochen,
unz ich mich darzů mege gerechinen.
2610 suenne dirre brûtloufte zît
allerest fure wirdit,
so gib ich dir si sâre 42, 25
ze lone anderre siben iâre
dei du mir | dienest, [56v]
2615 ube du so wellest.'

Iacob gelobete daz,
chot er ne bate sin baz.

Also daz tagedinch geuiel,
do gab er ime rachel.
2620 si ward ime michel liebere

2594 der] dare **2617** nach baz eine Leerzeile für Rubrum 52 **2618** tagedinch] nach ta Rest d. Z. freigelassen für Rubrum 52 **2620** libere

---

2594 der Ho Pi¹ Do¹ SmE **2596** gab Pi¹ SmE **2620** liebere Ho Ma Pi¹ SmE

Als er an daz bette chom
do braht im einen unrehtin lon
sin Oheim ein man listigir,
2810 Rachelen swester;
ein div er zu ir gap
div der chemenaten phlach.

Jacob und Lia
heten ir minne sá
2815 die naht lange   56, 20
mit chonelichir wnne:
do abir er si des anderen tages sach
do was ez im ungemach.
er sprach 'laban zwiv hast du mich betrogen,
2820 minen lon Rachel hast du mir gelogen.'

Laban sprach daz niht sit wære
daz man die iungiren e gæbe.
'nu beite dise wochen
unz ich mich baz habe besprochen;
2825 swenne dirre brŏtlŏft zit   56, 25
alerst an dem ende lít
so gip ich dir zware
ze lone uon andirn suben iaren
Rachelen die schone:'
2830 do dient er nach dem lone.

Rachel gap Jacob laban. Lia *vier* sun gewan
Ruben Levi Simeon und Judam.

Also daz taidinch do geuiel   56, 30
do gap er im Rachel:
2835 liebir wart si im sá

2829 Rachelem   **2830** nah   **2831–2832** *Rubrum 52*   **2831** vier] dri

---

2829 Rachelen *Di¹*   **2830** nach *Di¹*   **2831** vier *Di¹*

denne eniu diu altere.

Got daz newolte 42, 30
noh porlange nedulte:
er hiez liam werden suanger,
2625 unbâre bestůnt diu ander.

Do si daz chint gewan,
do hiez si in ruben.
si sprach got hête
gesehen zů ir deumote.
2630 si wolt ouch gedingen
daz si ir man scolte minnen.

Da nah wart si auer suanger 42, 35
und gewan einen sun ander.
si sprach daz got wol sahe
2635 daz man si wolte uersmahen,
er gâbe ir dar umbe den sun.
den namete si symeon.

Den dritten si gewan,
chot si newolte sa do nieht zuiuelen
2640 er neware ir einere man, 42, 39
wande si ime drî sune | hête gewunnen. [57r]
sa da bi
namote si in leui.

Do si den uierden guan,
2645 den hiez si iudam.
si sprach daz si sin got wolde loben,
daz er in ire gerůhte geben.
si duhte sich gnůch here, 43, 1
si ne gebar nieht mere.

2649 *nach* mere *Rest d. Z. freigelassen +2 Leerzeilen für Rubrum 53*

2629 deumuote *SmE*

denne ir swester Lia.

Got niht langir wolde
Lie leit niht uerdulden
er hiez si werden swangir,
2840 unberhaft bestûnt div andir.

Do gebar si ein chint,
Ruben nante si den sint,
si sprach 'gesehen hat got der gûte 56, 35
ze miner divmûte,
2845 noch han *ich* gedingen
daz mich min man minne.'

Darnach wart si swangir 57, 1
ein sun gewan si ander,
si sprach daz got wol sæhe
2850 daz man si wolde | uersmahen, [40r]
dar umbe hiez si den sun
bi sinem namen Symeon.

Den dritten sun si gewan:
si sprach uon rehte han ich minen man
2855 wand ich an disen stunden 57, 5
im dri sun han gewnnen.'
sa da bi
nante si in Leui.

Do si den uierden gewan
2860 den nante si Judam:
si sprach si wolde sin got loben
daz er ir in hiete gegeben.
si dŏhte sich genŭch here,
si gebar niht mere.

2845 han gedingen   **2850** wolde] e *über* d *übergeschrieben*

2845 [ich] *Di¹*   **2847** Darnach] D-*Initiale nicht fett markiert Di¹*   **2859** uirden *Di¹*

2650 Do rachel gesach
daz si umbare was,
ire suester si irbunde
unde sprach zů ire manne

'Newil du mir nieht chinde geben,   43, 4
2655 so newil ich nieht langere leben.'

Er antwurte ire in zorn,
sprach diu rede ware gare ulorn,
fragete si ub er got ware,
daz er ire geburt name?

2660 Si chot 'nu wêre mich
des ich bite dich:
ich han eine diu,
die lege ich uber miniu chniu.
die scolt du chonelichen bechennen,   43, 10
2665 daz ich doch uon ire chint mege gewinnen.'

Er | werte si dere bete,   [57v]
uil skiere er einen sun an ire tete.

Rachel wart uil urô
und wart daz doch undurfto,
2670 wand den sun den si gewan
den hiez si dan.

2660 were Pi¹ SmE   **2670–2674** Dreireimproblem, vgl. Einleitung S. LXV, LXVIII und LXXIf.

2865	**Rachel nidet ir swestir sint**	57, 10
	umb ir schoniv chint,	
	Jacoben bat si zehande	
	daz er ir div bechande	
	ŏbir ir chnie mit minnen	
2870	**ob si also chint moht gewinnen.**	

Do Rachel des innen wart
daz si was unberhaft
ir swestir wart si geuech uon danne
unde sprach zir manne

2875 'Jacob wil du mir niht chinde geben 57, 15
so nemage ich langir niht geleben.'

Er anturt ir mit zorne,
er sprach div rede wære uerlorne
wande erz got niht enwære,
2880 uon des gnaden si was unbære.

Si sprach 'nu gewer mich
des ich gebitte dich:
ich han eine div hie,
die lege ubir miniv chnie,
2885 die solt du chonelichen bechennen 57, 20
daz ich chint uon ir gewinne.'

Der bet gewert si der man,
uil schiere er einen sun gewan.

Rachel wart uro.
2890 ze unrehte was div urŏde do
wan den sun den si gewan
den hiez si dan,

2865–2870 *Rubrum 53* **2868** *nach* er *Komma* | ir *zwischen* er *und* div *übergeschrieben*
2869 ŏbir] nŏbir

2869 ŏbir *Di¹*

uon deme scol der antechrist werdan; 43, 15

wand er uon nîde chom,
sone scolt er nieht salich werden.

2675 Ze ware sage ich iz iu:
einen anderen sun gebar diu selbe diu.
des uroute sich diu urŏwe sin
und namet in neptalim.

Do ire suester lia uerstŭnt
2680 daz si mere niene chindote,
zŭ iacobes pette si leite 43, 20
ire diu uil gemeite.
dâr an worhte iacob
einen sun den hiez diu urŏwe gad.
2685 si gebar einen sun auer,
den hiez si aser.

Der lien sun ruben
der was zŭ den snitâren gangen.
erdepphile er uant,
2690 die nam er in sine hant.
er gab si siner mŭter, 43, 25
sumeliche âz er.

2692 nach er Rest d. Z. freigelassen + 1 Leerzeile für Rubrum 54 und am Anfang der folgenden Seite

---

2683 dâran *Pi¹*, dar an *SmE* | iâcôb *Pi¹*

	uon dem sol der Antichrist,	
	als an den bůchen geschriben ist,	
2895	her geborn werden,	57, 25
	da uon moht er niht sælich | werden.	*[40v]*

       Zware sage ich iv
       ein andirn sun gewan ir div,
       des urŏt sich Rachel zehande,
2900 Neptalim si in nande.

       Do Lia sich uerstůnt
       daz si niht mere chindot
       ze Jacobes bette si leite
       ir div uil gemeite:
2905 dar an got Jacobe *einen sun* gap   57, 30
       der wart genennet Gat;
       do gewan si einen sun Auer
       der wart genant Aser.

       Der Lien sun Ruben
2910 der was zů den snitæren gigen,
       erdephil er uant
       die nam er in sin hant,
       er gap si siner můtir,
       sumelich az der gůte.

2896 nih **2905** Jacobe gap

2896 nih[t] *Di¹* **2905** [einen sun] *Di¹*

> Liam pat rachel
> si gâbe ire der epphile teil.
2695 lia sprach in zorn
> diu bete ware gare ulorn
> 'newil du fur nieht haben
> daz du mir minen man hast benomen,
> dar uber gelanget dich   43, 30

2693 *davor 10 Leerzeilen für die Fortsetzung des Rubrums und für Bild 46 | I-Initiale fehlt*

2693 Liam *Ho Pi¹ Do¹ SmE* **2697–2698** newili dû vure nûweht hân/ daz dû mir hâst benomen mînen man ? *He*

2915	**Lia gap Rachel**	57, 35
	ein teil erdephil	
	daz si uerhanchte	58, 1
	daz si Jacob erchante	
	mit siner minne;	
2920	**do gebar si zwen iungilinge**	
	zabulon unde ysachar,	
	ein schone maget Dinam.	

	Liam bat Rachel	
	si gæbe ir erdephil:	
2925	Lia sprach in zorne	58, 5
	div bet wære gare uerlorne;	
	si sprach 'wil du fur niht haben	
	daz du mir minen man hast benomen;	
	dar ubir | gelanget dich	[41r]

2915–2922 Rubrum 54 und Bild 46: Rachel überläßt Jakob der Lea um Liebesäpfel

2926 gare *fehlt Di¹*

2700 mines obezzes erlich?'

Rachel sprach do
ir suester lien zů
'hineht lâze ich in slâffen bi dir,
ub du des obezes gist mir'.

2705 **D**o rachel die miete inphie,
lia ingagen iacob gie;
si sprach er můse die naht
mit ir sin unz | an den tach,   [58v]
si hete umb in gegeben   43, 35
2710 des si des tages scolte leben,
erdepphile die sůzzen,
sine wolte ir si nieht sus lazzen.

Do er mit ire gespilite,
des spiles des si gespilite,
2715 lia wart suanger
des gůten ysachar.

Danach gewan si den sehsten,
den hiez si zabulon.

Du ne gewan si nieht mere.   43, 40
2720 si gebar auer eine tohter,
die sconen dinam.
da bî gestilte si chinden.

Rachel gote ane lach,
unz er ire ein sun gab,

2722 nach chinden Rest d. Z. freigelassen + 1 Leerzeile für Rubrum 55 **2723** Rachel] R große Initiale **2724** nach er Rest d. Z. freigelassen für Rubrum 55

2714 gespilite] gelustite *Wl Pr SmE*, wolde *He* **2719** Du ne] Sune *SmE* | mêr *SmE* **2722** dâbî *Pi¹*, dâ bî *SmE*

2930 mines obezes erlich.'

Rachel sprach do
ir swestir Lien zů
'hient lazze ich in slaffen bi dir
ob du des obezis gist mir.'

2935 Do Rachel die miete enphie 58, 10
Lia hinz Jacob gie,
si sprach 'du můst dise naht
bi mir sin biz an den tach
wan ich han umbe dich gegeben
2940 des ich hivte solde leben,
erdephil gůte:
nu urŏ mir min gemůte.'

Do si do gespilten
alles des si wolten
2945 Lia gewan ysachar: 58, 15
der geburte nam si gerne war.

Dar nach si einen anderen gewan,
den selben hiez si zabulon.

Sune gewan si niht mer;
2950 si gewan eine tohter
die uil schone dinam:
ir chintraht da mit ende nam.

Rachel gebar Joseph got lop:
uon Laban nam urlŏp Jacob.

2955 Rachel got anlach 58, 20
unz er ir einen sun gap,

2953–2954 *Rubrum 55*

2725 den gůten ioseph,
      dem er michele sâlde uerlech.
      er wart uile scone,
      so er chuninge ze sune zame.

      Iacob pat sinen oheim   43, 45
2730 er erloupte ime heim
      mit wiben iŏch mit chinden
      die er da hete gewunnen;
      er hete ime lange gedienot,   44, 1
      er wesse wole wie er ime hête gelonot.

2735 Laban sprach do
      sinem eidime zů   [59r]
      'ich han wole besůchet
      daz din got růchet,
      und han wole eruvnten   44, 5
2740 daz uon den stunten,
      unt du zů mir chome
      und mines dinges phlage,
      daz got durch dich
      mir was gnadich,
2745 wand mir allez daz wole dech
      des er mir uerlech.
      selbe du nu scaffe
      waz ich dir tů ze gemache.'

      Iacob sprach daz er newolte   44, 10
2750 noch scaffen nescolte,
      ime ware wole chunt
      er hête ime uerdienot den gesunt,
      er mohte selbe wole wizzen
      waz er sin hete gnozzen;
2755 er wâre ein arm man,
      do er zů ime chom,
      fur daz er sines dinges phlage,   44, 14
      daz ime dar ane nehein ungemach gescâhe.

2752 uerdienôt *Pi¹*, verdienôt *SmE*

den gůten Joseph
dem got grozze gnade léch:
er wart uil schone
2960 unde salich ze dem gotes lone.

Jacob bat sinen Oheim
urlŏbes widir heim
mit wiben ioch mit chinden
die er het gewnnen,
2965 er het im lange gedienot 59, 1
unde wesse wol wie er im hiet gelonot.

Laban sprach do
sinem eidem zů
'ich han wol besůchet
2970 daz din got růchet
unde han wol funten
daz uon den stunden
unde du zů mir chome 59, 5
unde mines dinges phlæge
2975 daz got durch dich
mir was | genædich, [41v]
wand mir allez daz wol dech
des er mir uerlech:
selbe du nu niht schaffe
2980 waz ich dir tu ze gemache.'

Jacob sprach erne wolde
noch schaffen solde,
ez wære selbe wol chunt, 59, 10
uerdienet hiet er im sinen gesunt;
2985 er mohte selbe wol wizzen
waz er sin hiete genozzen;
er wær ein arm man
do er zů im chwam,
fur daz er sines dinges phlæge
2990 daz im dehein ungemach mere geschæhe:

2979 niht *fehlt Di¹*

sin ware ouch michel zit,
2760 daz er und siniu wîb
und siniu chint
bedahten ir selbere dinch
unt doch suîe bedaz ware,
er dienote ime dannoch mêre,
2765 unz er selbe besahe
waz | er uihes hête, [59v]
unt ub er wolte sunderen 44, 20
suaz er funte dar unter
ualewere oder uehere,
2770 er negerete lones mêre,
geizze oder scaffe,
ub es in ze uile duhte,
sprach, swaz ime got gâbe,
bedaz er uon ime scîede,
2775 ub er in des gewêrite
daz er mêre uon ime negêrete;
suaz er da zime diuvene vunte, 44, 25
er wolte des haben scaden und scante.

Laban do sprach
2780 ime ware diu rede lieb und gemach.
ze stete er daz uihe skîet,
als ime der eidem gerîet:

Dei der waren einer uarewe
die nam er im begarewe;
2785 dei misseuare waren 44, 30
iacobe dei gescahen.

Laban hete ubelen list:
er sunterote drîer tage urist

2779 L-*Initiale fehlt am linken Zeilenrand* **2783** D-*Initiale fehlt*

2763 suie *Pi¹*, swie *SmE* **2766** hête] hâte *SmE* **2774** sciede *Pi¹ SmE* **2775** gewerite *Pi¹ SmE*
2776 ne gêrete *Ho*, negerete *Pi¹ SmE* **2777** swaz er dâ zome diruvere vunte *He* **2779** Laban
Ho Pi¹ Do¹ SmE **2781** skiet *Pi¹ SmE* **2782** geriet *Pi¹ SmE* **2783** Dei *Ho Pi¹ Do¹ SmE*

sin wære ŏch michil zit
daz er unde siniv wip
unde darzů siniv chint 59, 15
selbe schůffen ir dinch,
2995 unde idoch swie dar umbe wære,
er diente im noch mere
unz im sin můt riete
waz uihes er hiete;
unde er wolde sunderen
3000 swaz uehes wære dar undir
ualwir ode ueher,
erne gert lones niht mer
geizze oder schaffe: 59, 20
ob abir er, daz des ze uil wære, sprache,
3005 sone gert er niht,
wan daz erz im gæbe swenne er uon im schide.
wolde er in des gewern,
anders wolde er niht geren,
swaz er darubir funde
3010 des wolde er haben schande.'

Laban do sprach
im wære div rede gemach:
ze stet er daz uihe schiet 59, 25
als im sin eidem riet.

3015 **D**ei do waren einer uarwe
dei nam er im begarwe,
dei misseuar waren
Jacob dei ge*sc*hahen.

Laban het ubil liste:
3020 er sundirot drier tage urist

3018 gehahen

3018 ge[sc]hahen *Di¹*, *vgl. Diemer: M/K. II. (wie Anm. 7), S. 145*

       al sin quorter,
2790   iacob hůter,
       uon den iacobes uehan,
       daz si ein ander niene mahten gesehen.
       daz têt er umbe daz
       daz iacobe newurde deheinez.

2795   Ia | cob dara widere dahte, [60r] 44, 35
       da er in mite nah ze laide brahte.
       er nam alberina staba,
       sneid in die rinte îewa abe,
       lîe dar ane suarze ulecche,
2800   ettewa wizze plekchen,
       sumeliche er ouch niene scinte,
       trůch si mit ime ze abende,
       da er daz uihe tranchte,
       in den nůsk er si leinte.

2805   So diu ôw denne tranch 44, 40
       unde der ram ûf sî spranch,
       der durst si duanch,
       daz si stůnt, tranch.
       sues si da wart berenthaft,
2810   so si ane sach den uehen stab,
       daz wart mislichen uare,
       daz nam iacob gare.
       dei eine uarewe gehabeten,
       labane dei gescahen.

2815   Do iacob gewan 44, 45
       michelen rihtům,
       sines oheimes súne
       rediton ubele uon ime,
       sprachen er hête si ze leide braht, 45, 1
2820   hête in benomen geizze unde scâf.

2789–2790 alliu vehe sîner quortere/ Iacôb, sîn eidem, huotte ere *He* **2799** lie *Pi¹ SmE*
2802 âbente *SmE* **2806** sî *fehlt Pi¹* **2811** mislîcher? *Di¹*, mislicher *SmE* **2817** sune *Pi¹ SmE*

	alle sine quwarter,	
	Jacob hûter	
	uon den | Jacobes uehen	[42r] 59, 30
	daz si ein andir nine sahen:	
3025	daz tet er umbe daz	
	daz Jacob wrde deheinez.	

Jacob da widir dahte
daz er in niht ze leide bræhte:
er nam Alberine stæbe,
3030 die rinten sneit er in abe,
dar an lie er swarzze uleche
unde etwa wizze plechen;
swelhe er nih*t* schinte 59, 35
die truge er in der hente;
3035 da er daz uihe tranchte
in den nůsch er si leinte.

So div ŏv danne tranch 60, 1
und der widir ŏf si spranch

an sach si den uehen stap,
3040 swes si da wart berhaft
daz wart mislich uare,
daz nam Jacob gar;
dei da waren einer uarwe
dei nam Laban begarwe.

3045 **D**o Jacob gewan michelen richtům, 60, 5

sines Oheimis sune redeten ubil uon im:

si iahen er hite si ze leide braht
unde hiet in benomen geizze unde schaf.

3033 nih

3021 qwarter *Di¹* **3033** nih[t] *Di¹*

Iacob wart sin innen,
got hiez in entrinnen.
er sprach zů sinen chinden
iouch zů sinen wi | ben   [60v] 45, 5
2825 er newolte da nieht langer biliben,
in duhte an ir uater gebâre
daz er ime nieht holt wâre;
er hête in ofte betrogen,
sin lôn zehenstůnt ime benomen.

2830 'Suenne er gerîet ze diu
daz er mir gab wîzziu oder suarziu,
so wart diu meiste menige
der selben uarewe;
so gerou in daz,   45, 10
2835 sprach er gunde mir der uehen baz,
so gewnnen si alle
sprekchelohte wolle.

Daz was gotes wille,
daz sagete er mir stille
2840 des nahtes in mineme trŏme,
hiez mich sin nemen goume
wie er ime lonete
des er mir ze untriuwen tâte,
hiez mich nemen wib unde barn,   45, 15
2845 mit allem mineme dinge heim uaren.'

Rachel und lia
sprachen beide,
sine wielten niwehtes
ire uater gůtes;
2850 erbes unde scatzes
und aller slahte nutzes

2821–2823 *Dreireimproblem, vgl. Einleitung S. LXVI* **2823–2824** zů sinen chinden iouch WM *als Interpolation aufgefasst* SmE   **2830** geriet *Pi¹ SmE*   **2836** gewunnen *Pi¹ SmE*

	Jacob wart sin inne,	
3050	got hiez in entrinnen;	
	er sprach ze sinen chinden	
	und ze sinen wiben,	
	er wolde da niht beliben:	
	in dŏht an ir uater gebære	60, 10
3055	daz er im niht holt wære,	
	er hiet in ofte betrogen	
	sin lon wol zehenstunt benomen.	

Swenne er geriet ze div
daz er im gap swarz ode wizziv,
3060 so wart div meiste menege
der selben uarwe:
sa gerŏ in daz, er sprach
er gunde im der uehen baz,
so gewnnen si alle   60, 15
3065 sprechlote wolle.

Daz was gotes wille,
daz saget er im stille
des nahtes in dem trŏme,
er | hiez in haben gŏme   [42v]
3070 wie er Laban gelonte
des er im ze untriwen tæte:
er hiez in nemen wip unde barn,
er gebot im balde heim uaren
mit allem sinem dinge: 60, 20
3075 daz saget er do wiben unde chinden.

Rachel unde Lie
die sprachen beide
sine wielten nivhtes
ir uater gůtes,
3080 gewandes noch schazzes
noch deheiner slahte nutzzes;

hête er si bestozzen, 45, 20

hête si uerchoufet,
gare in den munt gesloufet. [61r]

2855 'Du bist unser herre,
wir uolgen dir gerne.
du scolt unser phlegen,
din sculen wir genesen.'

ER uazzote sine olbenten
2860 mit sinen guanten,
ûf sŏme sazte er wîb und chint 45, 25
und fŭr den sinen sint.

2858 *nach* genesen *Rest d. Z. freigelassen + 1 Leerzeile für Rubrum 56, aber kein Platz für Bild 47*

2852 *nach* bestozzen *Waise; gemachet uil blôzze Ergänzung* Di¹ **2859** Er Pi¹ Do¹ SmE

er hiet *si* bestozzen
gemachet uil blozze,
er hiet si ŏch uerchŏffet 60, 25
3085 in sinen munt geslŏffet.

Si sprachen 'du bist unsir herre,
wir uolgen dir gerne,
du solt unsir wol phlegen,
got sol dir sin genade darumbe geben.'

3090 **Von danne fŭr uerholne** 61, 1
Jacob got enpholhene
mit wiben und mit chinden,
mit uihe mit allem gesinde.

Er uazzot sin Olbenten
3095 mit allem gewante,
ŏf sŏm sazzete er wip unde chint [43r]
unde fŭr er den sinen sint.

3082 hiet bestozzen   **3090–3093** *Rubrum 56 und Bild 47: Jakobs Auszug aus Labans Haus*

3082 [si] *Di¹*

scalchen und diuwen
peualech er daz uihe ze triuwen,
2865 daz si iz sanfte triben,
daz dei parigen ieht pechliben.

Do was der oheim geuaren
siniu scâf sceren.
rachel sin tohter
2870 stal ime siniu abgoter.

Iacob sinen oheim uersuigete 45, 30
daz er uon ime îlte.

Do der bote chuam
hine zů sineme sueher laban
2875 an deme dritten tage,
do hête er sin michele chlage.
er ilte ime nah alle
siben tage uolle.

Do er in eruůr an den bergen,
2880 da wolten si zewerfen.
da waren si mit ubile zesamene chomen, [61v] 45, 35
nehete iz in diu naht benomen.

Do der sueher intslîef,
ich weiz in got ane rîef,
2885 uerbôt ime uile uaste
daz er sich ane iacob ze arge niene hafte.

Anderes tages urv̂
sprach er sînem eidime zů,
ze wiu er ime intrunne 45, 40
2890 oder umbe waz er ime erbunde,
daz er siniu chint und ire barn
ê ne můse gerůzzen,

2883 D-*Initiale fehlt*

2883 Do *Ho Do¹*, Dô *Pi¹ SmE* | intslief *Pi¹ SmE* **2884** rief *Pi¹ SmE*

    schalchen unde diwen   61, 5
    beualch er daz uihe ze triwen
3100 daz si iz sanfte triben
    daz dei pærigen iht beliben.

    Do was der Oheim geuarn,
    siniv schaf wolde er schern,
    Rachel sin tohtir
3105 stal im siniv apgotir.

    Jacob sinen Oheim uerswigete
    u*nz* er uon *im* geílte.

    Do Jacob uon danne chwam   61, 10
    unde der bot chom hinz Laban
3110 an dem dritten tage
    do gewan er sin grozze chlage,
    er ilot im nach alle
    siben tage uolle.

    Er erfůr in an den bergen,
3115 mit im wolde er zewerfen:
    mit ubil wæren si zesamen chomen
    het inz div naht niht benomen.

    Do der sweher entslief   61, 15
    got in an rief,
3120 er uerbot im uaste
    daz er sich mit Jacob iht behafte.

    Des anderen tages urů
    sprach er Jacob zů,
    zwiv er uon im entrunne
3125 ode umbe waz er im enbunne,
    daz siniv chint unde ir barn
    an grůz uon im wæren geuarn:

3107 umz | uon geílte

3107 unz *Di*¹ | [im] *Di*¹

  ê si uon ime skieden;
  er ne wisse ube si in iemmer gesahen.

2895 **D**o ime aue daz niene geuiele,
  umbe waz er ime aue uerstale
  sine hûsgote
  die do mannechlich hête in site?

  Iacob antwurt ime do   45, 45
2900 durnahtere worto

  '**D**eich ze dir urloub nenam,
  do ich wolte heim uaren,
  daz liez ich durch miniu wib   46, 1
  dei mir sint also der lîp,
2905 ich uorhte du names si mir.
  ubele getruwe ich dir,
  uon | diu daz du mich dikche   [62r]
  ê des ungetriulichen besuiche.'

  Do sprach aue iacob,
2910 als ime iz got gebôt
  'ich dienote dir mit flizze,   46, 5
  ich neweiz waz du mir wizzest.
  daz du mich zihest diuue
  daz | gist du mir ze lone.   [62v]
2915 sua du si nu hie uindest,
  selbe du dir rihtest.'

2904 lîep **2908** *nach* besuiche *Rest d. Z. freigelassen + 14 Leerzeilen für Rubrum und für Bild?*
Vgl. Apparat M/K **2916** *danach 13 Leerzeilen für Rubrum 57 und für Bild 48*

2894 *Vo teilt nach* in *in zwei Verse, Dreireim? Dreireimproblem, vgl. Einleitung S. LXXI*
2904 lîp *Pi¹ Do¹ SmE* **2913–2914** daz dû dûve mich zîst/ mir ze lône dû daz gîst *He*

| | in susgetanir smæhe erne wesse | 61, 20 |
| | ob er si iht mære gesæhe. | |

3130 Do abir im daz niht geuiele
umbe waz er im stæle
sine hŏsgotir   62, 1
der do manichlich het in site.

Jacob anturte
3135 Laban uil gewrte.

'Daz ich ze dir urlŏp niht nam
do ich heim ze uarn mŭt gewan,
daz lie ich durch mine wip
dei mir sint so der lip:
3140 ich | uorhte daz du si næmest mir,   [43v] 62, 5
niht wol getrŏ ich dir
wan du mich hast diche
ungetriulichen beswichen'

Do sprach abir Jacob
3145 als imz got gebot
'ich dienot dir mit ulizzen,
danch woldest du mir niht wizzen,
daz du mich divue zihest da uone
daz gist du mir ze lone.'

3133 manichl | het site **3140** ich ich **3143** ungetriulichen] uil diche | beswichen] *danach keine Lücke für Rubrum und Bild, vgl. Apparat W* **3146** denot

---

3133 manichl[ich] *Di¹* | [in] *Di¹* **3140** ich *Di¹* **3143** [ungetriulichen] *Di¹* **3146** d[i]enot *Di¹*

IN sin gezelt er gie,
nieht unersûhtes er da lie.
do er da niene uant,
do gieng er in siner tohter umbehanch.
si parch sie under daz strô 46, 10
unde saz dâr ubere uile unurô.
si quot daz si nemohte ûf gestên, [63r]
ir ware diu suht gescehen.
siu bat daz er ir iz newizze.
er hiez si sizzen.
er irsturte al ire gewant,
ze lezzist er nieht da uant.

Iacobe wart uile zorn,
sprach er hête in paz uerboren,
hiez in uure ziehen 46, 15
sues er wolte zihen.

2923 ûfgestên *Pi¹* **2930** verborn *SmE* **2932** *nach* er: in *Wl Ca SmE*

3150 **Laban sůchot unde uande niht sin apgot** 62, 10
in dem gezelt des herren Jacob.

In sin gezelt er gie,
niht unersůchtes er da lie;
do er da niht uant
3155 do gie er in siner tohtir umbehanch.
si barch daz apgot undir daz stro
unde saz dar ubere unuro,
si sprach sine moht niht ŏf gesten,
urŏwen siechtům wære ir geschehen:
3160 si bat in daz er irz niht wizze: 62, 15
er hiez si stille sitzzen,
er ersturt allez ir gewant,
idoch er da niht enuant.

Jacob wart uil zorn,
3165 er sprach er hiet ez e baz uerborn
'nu heizzet iv furziehen
des ir mich welt zihen,

3150–3151 *Rubrum 57 und Bild 48: Laban sucht seine Götzen*

'Du ware', sprach er, 'ein arm man,
do ich zů dir chom.
2935 zuenzich iâr ich dir dienote
uile wunteren gnote.
din uihe wole wŏcherote,
unz ich sin hŏte.
got daz wole weiz
2940 daz ich dines rammes nie inbeiz.

Suaz mir wolf oder dîep genam 46, 20
des woltes du uone mir gelt haben.
des tages brante mich diu hizze,
unter dache ich niener suizte.

2945 Zehenstůnt du mich betruge,
min lon hinter dich zuge.
nehete iz got undertan, 46, 24
du hetest mich nakchet uon dir lazen gân.'

Zi leste si sich sůnten,
2950 mit guote si schie | den [63v]
do beualch der sueher
iacobe beda sine tohter
ze triuwen unte ze gnadun
mit allen ire chinden.

2955 Des brotes si sament prachen,
einen urido under in sprachen,
daz si ein andere holt wâren, 46, 30
alles ubeles ein andere uerbaren.

Ein ander si chusten
2960 unde schieden sich mit lusten.
der oheim
zoch wider heim.

2932–2933 Du] Nu 2948 gân] gegangen

2932–2933 Du *Ho Pi¹ Do¹*, Dû *SmE* 2941 diep *Pi¹ SmE* 2948 gân *Pi¹ SmE*, gan *Ho*, gegan *Do¹*

ir waret e ein armer man	
do ich zů iv chom,	
3170 zweinzich iar ich iv | dienote	[44r] 62, 20
wndirlich genote,	
iv*r* uihe *w*ol ẘchirote	
al die wile ich sin hůte:	
got daz wol weiz	63, 1
3175 daz ich uerholne nie deheines enbeiz.	

Swaz mir wolf ode diep genam
des woldet ir gelt uon mir han,
des tages brant mich div hitzze,
des nahtes můet mich daz unde ditzze.

3180 Zehen stunt ir mich betruget,	
min lon ir mir abezugit,	
het ez got niht undirtan	63, 5
nachet wære ich uon iv gegan.'	

Schiere si sich sůnten
3185 mit allem gůte;
do beualch der sweher
Jacob sine tohter
ze trivwen unde ze gnaden
mit uihe unde mit chinden.

3190 Des brotes si mit ein andir brachen,	
ein uride si mit *ein*andir sprachen:	
holt si do waren,	63, 10
leides si ein andir uerbaren.	

Ein andir si chusten,
3195 si schieden sich mit luste.
Laban sin Oheim
der ilot widir heim,

3172 iv \| ẘol   **3191** andir

3172 iv[r] *Di¹* \| wol *Di¹*   **3191** [ein]andir *Di¹*

iacob zoch ze lante,
got in bemunte.

2965 **M**ichel angest in nam,
do er sineme oheime intran,
wie in sin brůder inphienge, 46, 35
so er heime chome,
den er hête harte gelaidigot,
2970 do er uber in wart gewihot.

Zileste er inbôt
sinem brůder alle sine not,
in welihemo leide er wâre
mit sinem oheime zueinzich iâre;
2975 bât ín daz er durch sine gůte
ime gnadote,
daz er ime und sineme gesinde 46, 40
inlentis gunde;
er hete diuwa unde scalche,
2980 scâf unde chů | melche, [64r]
darzů esile
umbâre iŏch fesile;
ub er sine hulde hête,
daz in sin gnůch duhte.

2985 **V**vole inphieng er dîe boten, 47, 1
gab in gnůch gebraten iŏch gesoten,
er tet in luste uile
mit wine iŏch mit spile.
er irloupte in minneklichen, 47, 4
2990 hiez si widere zů sinem brůdere strichen.
er chom ime sciere
und inphieng in mit ziere.

Do ime die boten gesageten
welihen geziug er habete,

2975 bat in *Pi¹ SmE* **2985** Wole *SmE* | die *Pi¹ SmE*

Jacob fůr ze lande,
got er bechande.

3200 Michil angist in nam
do er sinem Oheim entran,
wie in sin brůdir enphienge 63, 15
so er heim chome,
den er het geleidigot
3205 do er ubir in wart gewihot.

Zelest er enbot
sinem brůdir alle sine not,
in wie grozzem leide
er wær mit sinem Oheime;
3210 er bat in durch sin gůte
daz er im genadote
unde im unde sinem gesinde 63, 20
inlentis gunde;
er het div unde schalche,
3215 chů uil melche,
dar zů esile
die gůt waren ze uasele;
dar ubir dŏht in genůch
ob er hiet | sin hulde gůt. *[44v]*

3220 Wol enphie er die boten:
spise gap er in wol gesoten,
er tet in liebis uil 63, 25
mit wine unde mit ezzens spil,
er erlŏbte in minnechlichen,
3225 er hiez si widir ze Jacob strichen,
dar nach chom er schiere,
er enphie in mit liebe.

Do im die boten sageten
welich gezoch er habete,

3207 sin

3207 sine *Di¹*

2995 daz er mit uîer hundert mannen
ingagen ime wolte rîten,
iacob ime daz eruorhte.
sin liut und daz uihe er in zuei teilte,
ub esau der alte zorn dar zů trůge 47, 10
3000 daz er die einen scare erslůge,
daz diu andere gnare,
so si ze gesihte newâre.

Do hůb er ûf die hende,
was ze gote digente,
3005 er sprach 'du got miner uorderone,
du mich uzzer note name
und mich hiez he | im uaren *[64v]* 47, 15
miniu wib und ire barn,
du bedenche mine wenikheit,
3010 la dir min grůz sin leit,
irlôse mich uon minem brůder,
ich ne gere alles mere,
daz in ne duvinge dehein nit
daz er mir erslahe chint oder wib'.

3015 Die herberge er fîe, 47, 20
unter sin uihe er gie.
er gestalte ze chreizze
zuei hundert geizze,
pokche zehenzik
3020 an den selben rinch,
scâffe zueihundert,
remme zuire zehenstůnt,

2995 uîer **3014** *nach* wib *Rest d. Z. freigelassen + 2 Leerzeilen für Rubrum 58* **3015** Die] D *große Initiale*

2995 uîer *Ho Do¹*, uier *Pi¹*, vier *SmE* **3011–3012** bruoder:mêr *Do² SmE* **3015** fîe *Pi¹ SmE*

3230	daz er mit uierhundirt mannen	
	engegen im wolde gahen	
	Jacob daz eruorhte;	63, 30
	sin uihe er teilote,	
	ob esav sinen alten zorn trůge	
3235	daz er die einen schar slůge,	
	daz idoch div andir genære	
	so si ze gesihte nine wære.	

	Jacob hůp ŏf sine hende	
	ze got was er digende,	
3240	er sprach 'du got miner uorderone,	
	du mich næme ŏzzir not	
	unde hiez mich heim uaren	63, 35
	miniv chint und ir barn,	
	bedenche mine wenicheit,	64, 1
3245	la dir minen grůz wesen leit,	
	erlose mich also můden	
	uon minem brůdir	
	daz in bedwinge dehein nit	
	daz er mir iht slahe chint oder wip.'	

3250	**Jacob herberge uie,**	
	undir sin uihe er gie,	
	mit sinnen er betrahte	64, 5
	waz er sinen **brůdir geben mohte.**	

	Jacob herberge uie,	
3255	undir sin uihe er gie,	
	er gestalt ze einem chreizze	
	zwei hundirt geizze	
	und an den selben rinch	
	poche zehenzich,	
3260	schaffe zwei hundirt,	
	widir zwir zehenstunt	

3250–3253 *Rubrum 58* **3253** sinem

3253 sinen *Di¹*

          unter iungen unt alten
          drizzich olbenten,
3025   uierzich chů,   47, 25
          zueinzich farre dar zuo,
          zueinzich esilinne,
          zehen iungide;
          zů iegelichem uihe
3030   einen hirte der iz tribe.

          Er beualech sinen mannen
          die wol redinen chunden,
          ub in sin brůder gagente
          unde si uragete | wer si waren.   [65r]
3035   oder weme dei scolten   47, 30
          den si uolgeten,
          daz si denne sprachen
          uile gezogenlichen

          'Din scalch iacob
3040   sante dir dise gebe gůt,
          er chumet selbe
          zů dinere gewelte.'
          waz ube ime got gebiutet
          daz er mich arges uermidet!'

3044 *nach* uermidet *Rest d. Z. freigelassen + 10 Leerzeilen für Rubrum 59 und für Bild 49*

	undir iungen unde alten	64, 10
	drizzich olbenten,	
	uierzich melche chů,	
3265	zweinzich phare darzů,	
	zwein | zich eselinne,	[45r]
	zweinzich iungide,	
	ze igelichem uihe	
	einen chneht der ez tribe.	
3270	**E**r beualch sinen mannen	
	die wol gereden chunnen	
	ob in sin brů*der* lagete	64, 15
	unde er si uragete,	
	war si wolten	
3275	oder wem daz uihe solte,	
	daz si danne spræchen	
	uil gezogenlichen	
	'**D**in s*ch*alche Jacob	
	sendit dir dise gebe gůt,	
3280	er chumet zů dir balde	
	mit allem sinem gewalte.	
	waz ob im got gebivtet	64, 20
	daz er mich *arges* uermidet.'	

3266 zwin **3272** brů **3278** salche **3283** mich uermidet

3266 zw[e]in *Di¹* **3272** brů[der] *Di¹* **3278** s[ch]alche *Di¹* **3283** [arges] *Di¹*

3045 **A**nderes tages morgen 47, 35
hête iacob michele sorgen.
ich weiz er des gedahte
daz er liut unde uihe uber | daz wazzer brahte. [65v]

*E*ine bestûnt er enehalp,
3050 ane lîef in ein engel balt.
uil lange er mit ime rang,
daz er in nieht uberwant.
er duang ime die huf, 47, 40
daz march suizte dar uz.
3055 same in ime er dorrete
suaz er gelustes hête.
dannoch habete er den engel so uaste,
daz er sich uon ime nieht erlôsen mahte.

3049 Eine] Sine

3049 Eine *Ho Pi¹ Do¹ SmE* **3050** lief *Pi¹ SmE*

Mit dem engil ranch Jacob
da gewan er des segens lop:
sin nam wart im uerwandelot,
israhel wart er genennot.

Des anderen tages morgen   65, 1
Jacob het michil sorge,
in sinem mûte er gedahte
wie er livt und uihe ubir daz wazzir bræhte.

Eine bestûnt er ein halp
ane lief in ein *en*gil palt,
uil lange er mit im ranch
daz er in niht ubirwant,
die huf er im dwanch,   65, 5
ŏz swizzot im daz march
sam ez im uon ringins note
gare dorrote:
dannoch habete | er den engil also uaste   [45v]
daz er sich erlosen nine mohte.

3284–3287 *Rubrum 59 und Bild 49: Jakobs Kampf mit dem Engel* **3293** ein engil] eingil

3293 [ein] engil *Di¹*

      Der engel sprach 'la mich!'   48, 1
3060 iacob chot 'des ne beginne ich,
      dune wellest mich segenen
      mit allen minen gehebeden.'

      Der engel in uragote
      waz namen er hête.
3065 er chot in duhte gnůch
      daz er hiezze iacob.

      Der engel sprach do   48, 5
      mit urolichem můte
      'den namen scolt du lazzen,
3070 israhel scolt du heizzen,
      want du maht wole iehen
      daz du got habest gesehen
      mit dinem ougen an daz | sin.   [66r]
      des maht du dich menden.'

3075 Iacob uragote in wer er ware.   48, 9
      er hiez in daz er urage uerbare.

      Ze stete er in wihte
      ze saligeme lîbe.
      diu sunne was in scine,
3080 ze himele fůr er uon ime.

      Also iacob daz gesach,
      uil urolichen er sprach
      'ich sach minen herren
      mit minen ougen peden,
3085 des ist min sele   48, 15
      genern in ewe.'

      After des er iemmer hanch
      fur daz er mit deme engele geranch.

3069 scolt] l *aus* t *korrigiert* **3077** *Z-Initiale fehlt*

3063–3064 vrâcte:hâte *Pr* **3077** Ze *Ho Pi¹ Do¹ SmE*

	Der engil sprach 'la mich.'	
	Jacob sprach 'nein ich	
	dune wellest mich segenen	
3305	mit aller miner gehebede. '	

	Der engil in uragote	65, 10
	waz namen er hiete,	
	er sprach 'got lop,	
	ich heizze Jacob.'	

3310	Der engil sprach im dů	
	urolichen zů	
	'den namen solt du lazzen,	
	israhel solt du heizzen	
	wan du maht wol iehen	
3315	du habest got gesehen	
	mit dinen ŏgen an daz sin:	65, 15
	des maht du wol uro sin.'	

Jacob uraget in wer er wære,
er sprach daz er die urage uerbære.

3320	Ze stet er in wihte	
	ze einem sæligem libe,	
	div *sunne* was in ir schin,	
	ze himil fůr er uon im.	

	Also Jacob daz gesach,	
3325	urolichen er sprach	
	'ich sach minen herren	65, 20
	mit minen ŏgen beden,	
	des ist min sele	
	gerne in gotes ewen.'	

3330	Darnach er immir mér hanch	
	fur daz er mit dem engil ranch,	

3322 div was

3322 [sunne] *Di¹*

       die adare sich zesamine chrumphen,
3090   danen begunde er limphin.

       Durch daz spulgent die iuden noh,
       so si slahent scâf oder poch
       oder feztiu rinder,   48, 20
       daz si dar ubere sezzent ire chinder
3095   mit hegininen hâckun,
       daz si die âder ûz chracen,
       bi daz si uz fol zîehent,
       daz fleisk so ze zanikunt,
       sam iz die gîri
3100   zebrochen | haben mit nide.   [66v]

       Do iacob die sine erfõr,
       do sah êr zuo riten sinen brůder.
       die diuwe unt ire barn   48, 25
       hiez er ze forderest uarn.

3100 nach nide Rest d. Z. freigelassen + 11 Leerzeilen für Rubrum 60 und für Bild 50

3097 uz] iz *Wl Ca SmE* | ziehent *Pi¹ SmE*   **3102** er *Pi¹ SmE*

die adir begunden sich rimphen,
da uon so mûs er limphen.

Durch daz spulgent die iuden noch,
3335 so si slahent schaf ode poch
oder ueiztiv rinder, 65, 25
daz si ubir die adir setzzent iriv chindir,
mit hegninen haken,
daz si die adir ŏz chraken,
3340 biz daz si *die* adir habent ŏz genomen
so ist daz uleisch dar an chomen,
daz im ist sam ez die gíre
zebrochen haben mit nide.

Jacob begegenet hie Esau sinem brůdir: 66, 1
3345 **do er ze lande chom also můdir**
genade wolde er uindin
mit | wiben unde mit chinden. *[46r]*

Do Jacob zů den sinen chom můdir
do begegent im sin brůdir,
3350 die diwe unde ir barn
hiez er ze uorderist uarn.

3340 sie adir   **3344–3347** *Rubrum 60 und Bild 50: Begegnung Jakobs und Esaus*

3340 [die] *Di¹*

3105 liam unt ire chint
stalt er an den anderen rinch.
rachel unt ioseph
die waren ime uile lîeb,
die stalt er an die dritten scare
3110 unt gieng er da fure.

Er tete siben uenie,
ê er sineme brŭdere chome ingegine.

Sin brŭder in ane lîef,   [67r] 48, 30
er was ime uil lieb,
3115 er begunde ime erbarmen.
er duang in an sich mit den armen,
er chust in minnichliche,
er weinot amerliche,
er bat ime sagen ze mare,
3120 wer dei wîb iouch die chint waren.

Iacob sprach dŏ
uil diemŏtichlichen

'Iz sint wib unt chint min,   48, 35
ich nemag in gisuichen'.

3125 Si buten sich elliu sŏzze
esau ze fŏzzen.

Er bat si stên,
bat in got lazzen wole gescehen
unte sprach 'wer sint aue die menige
3130 die mir chomen ingegine?'

3108 lîeb   **3124** giusuichen

3108 lîeb *Ho Do¹*, lieb *Pi¹ SmE*   **3111** Er *Pi¹ Do¹ SmE*   **3111–3112** venige:ingegine *Pr*, venje:ingegine *SmE*   **3113** anelief *Pi¹*, ane lief *SmE*   **3122** diemuotichlîcho *SmE*
3124 gisuichen *Ho Do¹*, gisuîchen *Pi¹*, giswîchen *SmE*

	Liam unde ir chint	66, 5
	stalt er an den anderen rinch,	
	Rachel unde Josep	
3355	die waren im uil liep	
	dei stalt er an die dritten schar	
	unde enkegen im dar.	

Er tet siben uenie
e daz er im chome enkegene.

3360 **S**in brŭdir was im uil liep,
Esav in an lief,
er begunde im erbarmen,   66, 10
er dwanch in an sich mit den armen,
er chust in minnechlichen,
3365 er weinot amirlichen,
er bat im sagen ze mære
wa dei wip iŏch siniv chint wæren.

Jacob der riche
sprach erbarmichlichen

3370 '**H**ie sint miniv wip unde miniv chint
die mir ze triwen gebunden sint.'

Si buten sich elliv sŭzze   66, 15
Esau ze fŭzzen:

*E*R bat si widir ŏf sten,
3375 'got lazze iv allen wol geschehen'
sprach Esav 'wer ist abir disiv menige
div | mir hie chumet enkegene?'   *[46v]*

3372 S-*Initiale fehlt*   **3374** E-*Initiale fehlt*

3372 Si *Di¹*   **3374** ER *Di¹*

        Iacob sprach dŭ   48, 40
        etwaz frolichere
        'dei sant ich dir,
        daz tu gnadich warest mir.'

3135   Esau sprach 'ich han uile,
        des dines ich nieht wil.'

        Iacob pat in gnote
        daz er des nieht tate,
        daz er in sone lêidigête,   49, 1
3140 daz er sine gebe firwiderete.
        sprach er sich zime nieht wole fersahe,
        ub er sine minne nenâme;
        ub er auer ire rŏhte,
        daz er sich | des iemer frŏte   [67v]
3145 unte wolt des iehen   49, 5
        daz er den gotes engel an ime hete gesehen.

        Dŏ er in uil chûm uberwant
        daz er sich dere gebe unterwant,
        esau wolt in bileiten
3150 mit sinen heliden gemêiten,
        er wolt in mit eren
        hine heim fŏren.

        Iacob sprach dŏ
        sinem brŭder zŭ
3155 'ich han mŏdiu wib unte chint,   49, 10
        tragentiu scâf iŏch rint.
        dei nemegen uns geuolgen
        so gahes zi den seliden.
        gemŏ ich siu ieht uber ire maht,

3158 vor so *Lücke, für Initiale?* **3159** ieht] Nieht *mit Initiale*

3131 frôlîchero *SmE* **3135–3136** vile:wile *Pr* **3139** so ne lêidigête *Ho*, sô neleidegete *Pi¹*, sô neleidigete *SmE* **3142** ne nâme *Ho* **3147–3148** bedwanc:underwant *He* **3150** gemeiten *Pi¹ SmE* **3159** ieht] Nieht *mit irrtümlich eingetragener Initiale* N, *so auch* Pi¹ Do¹ SmE, Nieht *steht nicht am Zeilenanfang wie* Ho *unrichtig anmerkt.*

	Jacob anturt dŏ,	67, 1
	sinem brůdir sprach er urolichen zů	
3380	'dise menege sande ich dir	
	daz du warest genædich mir.'	

Esau sprach 'ich han selbe uil,
des dinen ich nine wil.'

'Jacob sprach genote
3385 daz er des niht entæte
daz er in niht leidigete 67, 5
unde sine gebe niht uerredete,
wan er sich zů im niht wol uersæhe,
wære im sin gabe uersmæhe;
3390 ob abir er ir růhte
des urŏt sich sin gemůte
unde wolde des iehen
daz er den gotes engil an im hiete gesehen.

Do er in des chŏme ubirwant
3395 daz er sich der gebe undirwant.
Esav wolde in beleiten 67, 10
mit sinen here gemeiten
unde mit grozzen eren
heim mit im cheren.

3400 Jacob sprach dů
sinem brudir zů
'ich han můdiv wip unde chint
tragentiv schaf unde rint
dei nemegen uns niht geuolgen
3405 so gahes so wir wolden,
gemůie ich si *ih*t ubir maht 67, 15

3406 iht] hiet

3406 iht *Di¹*

3160 sine lebent nîeht uber naht.

Var du heim, herre,
ich chume skîêre.'
esau sprach dŏ   49, 15
sinem brŭder zŭ
3165 'nu nim auer miner manne
so uile dir geualle
die dir dienen same mir,
unze du chomest ze seyr.'

Iacob sprach des nehein durft ware,
3170 et ime diu gnade gescahe
daz er hête sine hulde,   49, 20
ime ware daz aller gnaden ubergulde.

Mit minnen si sich sciden   [68r]
noh niemer after diu sament gebiegen.
3175 esau fŏr an sin gŭt,
iacob irbeizte ze sóchôt.

Dŏ was da bi ein rîch mân,
emmor geheizzen.
des sun hiez sichem.   49, 25
3180 der hete ein chastel wol getan,
daz weiz ich er nah ime nante,
daz man in deste baz irchante.
uon deme chŏfte iacob
einen accher gŭt.

3172 *nach* ubergulde *Rest d. Z. freigelassen für Rubrum 61* **3173** *davor 1 Leerzeile für die Fortsetzung des Rubrums* **3177** Dŏ] D *ist verwischt* **3184** *nach* gŭt *11 Leerzeilen für Rubrum 62 und für Bild 51*

3160 nieht *Pi¹ SmE* **3162** skîere *Ho Do¹*, skiere *Pi¹ SmE* **3176** sochôt *Pi¹*, Só chôt *Do¹*, Sochot *SmE* **3177** Dŏ was] Duo saz *SmE* | man *Pi¹ SmE*

so uliesent si ir chraft.

Nu uar du heim herre,
ich chum dir uil schiere.'
3410 Esau sprach dů
sinem bruder zů
'nu nim Abir miner manne
so uil so dir geualle,
die dir dienen sam mir
3415 unze du chomest hin ze Seyir.'

Jacob sprach daz des dehein durft wære, 67, 20
ob et im div genade geschæhe
daz er hiete sine hulde,
aller genaden wære ez im ein ubirgulde.

3420 **Also Esav iacoben enphie**
uriuntlich sich div menege zerlie.

Mit minnen sich schieden
die gebrůdir lieben: *[47r]*
Esau fur an sin gůt,
3425 Jacob fůr ze sochot.

Do saz dabi ein man, 67, 25
Emmor was sin nam,
des sun hiez Sichem
der het ein uestiz chastel
3430 nach im er ez nande
daz man in destebaz erchande;
uon dem chŏfte Jacob
ein Achir ze gůtem lop.

3420–3421 *Rubrum 61*

3185	Iacobes tohter dina	[68v]
	tet sam diu getelose henne	
	diu in dorf get lekcen	
	dei si spate scol ernecchin,	
	giench after gŏwe	49, 30
3190	dei lant wib scowen.	

Si was uile lussam.
do gesach sie sichem.
ich weiz so michel geluste
ime chomen unter sine bruste,
3195 daz er fore minnen
aller begunde prinnen.

3188 dei] dei eier dei *Di¹ SmE*

Sichem begunde toben, 68, 1
3435 **er zuhte dem herren Jacoben**
Dinam sine tohtir,
dar umbe warde er unde sin uater
erslagen an der stunde
mit allem ir gesinde.

3440 Jacobes tohter dine
tet als ein getlose henne
div in daz dorf get leken 68, 5
dei aier dei si sol ŏz nichen,
si gie als ein ŏzgŏwe
3445 dei lantwip schŏwen.

Si was uil lussam
do gesach si sichem:
sere in ir geluste,
im chom undir sin bruste
3450 daz er uor minnen
do begunde brinnen.

3434–3439 *Rubrum 62 und Bild 51: Blutbad zu Sichem*

Diu liebe in genote,
daz er sie inzuchte,
den magtŏm er ire nam; 49, 35
3200 des in kalt uile manich man.
si ward ime lieber den der lip,
er wante si ware iemer sin wib.

Ich weiz er naht unte tach
sineme uater ane lach
3205 daz er ime die selben diernen
bewrf ze gemahelen.

Iacob suichte,
siner sune beitte.
emmor dare chom, 49, 40
3210 begunde der tohter bitten.
innen diu chomen die sune,
do ne wart diu bete frume.
als siz fernamen,
uil unfrŏ si wurten
3215 daz si | so waren firsmahet, [69r] 50, 1
an ire suester gehônit.

Emmor sprach zin
'nu fernemet minen sin:
iur suester ist mineme sune lieb;
3220 nune skeidet si uon ime nieht,
gebet ime si ze chônen,
lat si iemer sament wonen!
wir geben ire scâz unte uihe, 50, 5
eigines unte liutes uile,
3225 aller erêne gnouch.
nemet daz, weri got!

3206 bewurf *Pi¹ SmE* **3207** suîchte *Pi¹*, swîchte *SmE* **3221** chonen *Pi¹ SmE* **3223** scaz *Pi¹ SmE* **3225** êrene *Pi¹ SmE* | gnuoch *Ca*

	Div liebe in des genote	68, 10
	daz er si zuchote,	
	den magetům er ir nam:	
3455	des enkalt uil manich man.	
	si ward im lieber danne der lip,	
	er wande si solde wesen sin wip.	

	Sinem uater | er anlach	[47v]
	bediv naht unde tach	
3460	daz er im si gæbe,	
	uil gerne er si næme.	

	Jacob sere chleite,	68, 15
	siner sune er beite:	
	Emmor chom dar an den stunden,	
3465	siner tohter er bitten begunde;	
	inne div chomen die sune,	
	do was div bet dehein urum.	
	also si daz leit uernamen	
	unuro si waren,	
3470	dar umbe daz si waren gehonet	
	unde an ir swestir uersmæhet.	

	Emmor sprach zů in	68, 20
	'nu uernemet minen sin:	
	ivr swestir ist minem sun liep,	
3475	nu scheidet si uon im niht,	
	gebet im si ze chonen,	
	lat si mit ein andir wonen,	
	wir geben in schaz unde uihe,	69, 1
	eigines unde liutes uile,	
3480	dar zů aller eren genůch:	
	nu nemet ez, dunche ez ivch gefůch.'	

3461 gerene

3461 gerne *Di¹*

Al daz wir eigin daz si gemeine,
weret uns disses eine!'

Sychem der gesuîo
3230 der bat sie,
si liezzen in ire hulde haben,
daz er in mŏse geben
al daz si wolten,
daz si die hirat dulten.

3235 Si sprachen daz nemahten si getŏn
mit deheinen ire erên,
daz si decheim unbesnitenen mânne
gaben ire suester ze wibe;
si ne wolten in iz doch nieht fersâgen,
3240 wolten si in gelich werden,
daz si sich pisniten
unt begingen iudiske | site.   [69v]

Ob in daz niene geuiele,
si liezzen si haben ire hônde;
3245 wurt in wider ire suester,
sine bâten bezzer.

Emmor unte sychem
ne wolten sich des nieht besprechen,
sprachen daz gerne taten
3250 mit allen den si hâten.

Dŏ si in die burch chomen,
daz lîut zŭ in namen,
sageten in ze mare
wîe da ein riche man ware,
3255 der hêt einlife sune,

3227–3228 *Dreireimproblem, vgl. Einleitung S. LXIX* **3229** geswîe *Pr SmE* **3237** manne *Pi¹ SmE* **3239** fersagen *Pi¹ SmE* **3246** si ne bâten *Ho*, si nebâten *Pi¹ SmE* **3252** liut *Pi¹ SmE* **3254** wie *Pi¹ SmE*

Sichem der geswie
der bat si uil tivre,
si liezzen in ir hulde haben,
3485 gerne wolde er in geben
allez daz si wolden 69, 5
daz si den hírat dulten.

Des anturten si in dŏ,
si sprachen si mohtens niht getŭn
3490 mit eren noch mit rehte
daz si deheinem umbesniten chnehte
gæben ir swestir ze wibe,
erne wolde sich é besniden.
'gerne wellen wir geweren dich,
3495 wil du werden uns gelich
nach Judischem site, 69, 10
alles willen uolgen wir dir mite;

ob abir daz iv beiden niht geualle
so lazze wir die rede alle,
3500 unde gebet uns unsir swester
uor allem unsir lastir.'

Emmor und sichem
die wolden sich niht besprechen,
si iahen daz si ez gerne tæten
3505 mit Allen die si hæten.

Do si in | die burch chomen [48r] 69, 15
daz livt si zŭ in namen,
si sageten in ze mære
wie ein rich man da wære,
3510 der hiet einlif sun,

der si haben mahten michele frûme,
die gerne mit in lebeten,
ûb die man sich besniten
nah hebreiskeme site
3260 forne an der scante; 50, 25
si buweten gern in ire lante,
wolten in sam in selben getruwen;
si waren fridesame liute,
si scolten si haben ze trûte.

3265 **D**ŏ diu rede wart kitan,
dŏ ne was dar nehein man
der sich des wolte werigen
erne liezze sich martiren
an sineme lî | be [70r] 50, 30
3270 damit er scolte frumen sineme wîbe.

An deme dritten morgen frŏ,
dŏ iz sie smarz aller harteste
unt si fore swerden
sich nemahten irwerigen,
3275 dŏ giengen zuene iacobes sune,
die da zů waren frume,
namen ire wâffen,
dannoch daz lîut lach slâffen,
alle sis irslŏgen, 50, 35
3280 neheinen uber hŏben,
sueher unte gisuien
ilten si uerniden.

Die suester si namen,
begunden mit ire heim gahen.

3285 **D**ŏ die brůdere gesahen
wiez was irgangen,
die burch si zestôrten,

3256 frume *Pi¹ SmE* **3257–3259** Dreireimproblem, vgl. Einleitung S. LXXII **3258** ub *Pi¹ SmE*
3262–3264 Dreireimproblem, vgl. Einleitung S. LXXII **3278** liut *Pi¹ SmE* | slaffen *Pi¹*

gewinnen mohten si der grozzen urum

ob sich die man besniten
nach ebreischem site
uorne an der schande,
3515 bŏwen wolden si gerne in ir lande,

darzu wærens uridsame lŏte, 69, 20
si solden si haben trŏte.

Do div rede was getan
do newas da dehein man
3520 der sichz wolde an nemen;
gernor liezzen si sich e marteren
danne besniden an dem libe,
da si dienen solden den wiben.

An dem drittem morgen
3525 we taten in ir leides sorge
do si uor den swerten 69, 25
sich erwerigen *nine* mohten:
do giengen zwene Jacobes sun
di waren bidirb und frum,
3530 si namen ir waffen
dannoch da daz livt lach slaffen,
alle si erslůgen,
deheinen si sin ubirhůben,
swehir unde geswien
3535 ilten si ze uersniden,

ir swestir si namen, 69, 30
heim begunden si gahen.

Do die brůdir daz getaten
si ilten uil drate,
3540 die burch si storten

3527 erwerigen mohten   **3532** erlůgen

3527 [nine] *Di¹*   **3532** er[s]lůgen *Di¹*

den rŏb dane fŏrten.
uihi unte hien 50, 40
3290 hiezzen si dane triben,
nieht si da leipten,
ir anten si rachen.

Iacob si rafste
uil ernisthafte:
3295 si heten ime ubile mite geuarn
daz si girochen hetin ir zorn,
si heten ime florn sin êre, 50, 44
ime negetruwete nie | men mere, [70v]
daz sin ouch die haz heten
3300 dien ê minnoten.

'Vnser ist luzzil, 51, 1
ire menige ist michil.
uns newelle got nerigen,
wir nemagin uns in nieht irwerigen.'

3305 Die sine sune
antuurten ime
si mahten nieht firtragen
daz er ire suester ze wirtinne wolte haben,
si fŏren ê uz er lante, 51, 5
3310 ê si dultin die scante.

Iacob sprach dŏ
in michileme ummŏte
'uwer ieglich
pringe sinen roub fure mich,
3315 suaz er da gename
daz pringe here uil begarwe.
ub got wil,
des nebistet hie pore uile.
die heidenisken meilin 51, 10

3315–3316 genâme: begâhen *He* **3316** here] hê *He*, er *SmE* **3317** wile *Pr SmE*

den rŏp si danne fůrten,
uihe unde hien
hiezzen si danne triben,
si liezzen in niht uersmahen,
3545 ir anten si rachen.

Jacob si rafste   69, 35
uil ernisthafte,
si hieten im ubil mit geuaren
daz si gerochen hetin ir zorn,
3550 uerlorn hiet er sin ere,
im getrŏwet nieman mere,
er uorhte daz sin die haz hieten   70, 1
die in e minnoten',   [48v]

'dar zů ist unsir lutzzil,
3555 ir menege div ist michil,
uns enwelle got ernergen,
wir mugen uns niht erwergen.'

Die sin sun
anturten ime
3560 'wir mohten im daz niht uertragen   70, 5
daz er unsir swestir ze chebisen wolde haben,
geuaren wæren wir e uon dem lande,
e wir gedultet hieten die schande.'

Jacob der gůte
3565 sprach in unmůte
'ivr iegelich
bringe sinen rŏp fur mich,

ob got wil
des bestet hie poruil,
3570 dei heidenischen meilen   70, 10

3551 getrŏwot

3551 getrŏwet *Di*[1]

3320 nisculen unsich nieht unreinen.
lat mich skiere alle sehen,
suaz sin uwer ieglicheme ze teile si geskehen.'
uile skiere si brahten
daz si da geroubten.

3325 **Dŏ** iz allez fûr in chom,
dŏ | hiez er ein eich untergraben, [71r]
da parg er unter 51, 15
dei heideniskin wunter,
scaz den mârin,
3330 er newolte sin nieht dane fŏren
noch niemanne stâtote
daz er sine gîri dar ane sâtote.

Iacob sich dane hŏb,
do er den rŏb begrůb.
3335 an die stat er chom,
da er ê sineme brůder intran.

Als er intslief, 51, 20
got in ane rief,
er gehiez ime zeware
3340 daz er uil chinde gebare,
daz chunige die heren
uon ime chomen.

Er gnadot ime dŏ,
sin oppher praht er ime sa.

3344 nach sa Rest d. Z. freigelassen + 7 Leerzeilen für Rubrum 63 und für Bild 52

3325 fur Pi¹ SmE **3332** satôte Pi¹ SmE

schulen uns niht unreinen;
lat mich alle sehen
waz iegilichem ze teile si geschehen.'
uil schiere iegilicher tet
3575 als er im geboten het.

Do ez allez fur in chom
do hiez er ein eiche undirgraben,
da parge er untir
daz heidenische wndir
3580 schaz den mæren, 70, 15
er wolde sin niht fůren,
noch nieman gestattote
daz er sich des rŏbis gesattote.

Jacob sich danne hůp
3585 do er den rŏp begrůp,
an die stat er chom
do er sinem brudir entran.

Also er entslief
got in an rief,
3590 er gehiez im zware 70, 20
daz er uil chinde gebære
und daz here chunege
uon im geborn wrden:

des genadot er im da
3595 sin ophir braht er sá.

3345 Dŏ der langez chom, [71v]
      dŏ fůr er ze bethlehem.
      da beuie die sconen rachel 51, 25
      ein uile michil ser.
      si was suanger,
3350 si trŏch sun den ander.
      ire wart uil wê,
      do si sin ze chemenaten gîe.
      do si des chindes genâs,
      uil sciere ire ente was.
3355 durch des tôdes smerzin
      hiez si in benomín,
      daz chuît ire seres sun. 51, 30

      Hoy, weng iacob,
      wîe leide dir getet der tot,
3360 daz er dir nam daz wib,
      durch die du choletest dinen lîp

3357 chûit

3352 gie *Pi¹ SmE* **3353** genas *Pi¹ SmE* **3355–3357** *Dreireimproblem, vgl. Einleitung S. LXVIII* **3356** benomîn *Pi¹*, Benomin *SmE* **3357** chuît *Ho Do¹*, chuit *Pi¹*, chwît *SmE* **3359** wie *Pi¹ SmE*

Rachel gebar Beniamin:
uon disem leben nam si got hin,
des was iamir unde chlage;
Jacob het grozzen ungehabe.

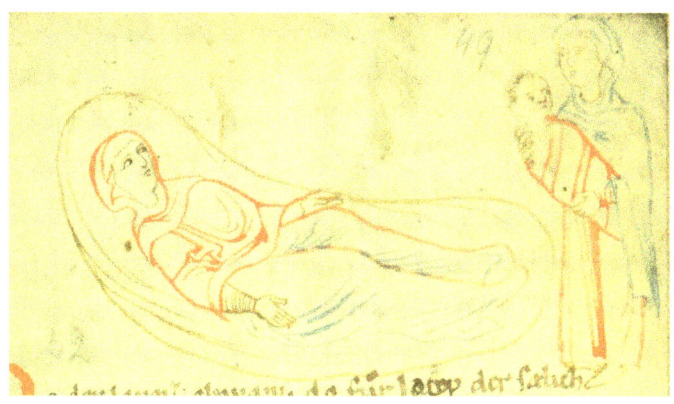

[49r]

3600 **D**o der langiz chwam 71, 1
do fůr Jacop der sælich man
ze der stat ze betlehem,
da beuie ein groz leit rachel:
si was swangir,
3605 si trůch einen sun andir,
ir wart uil we
do si sin ze chemnaten gie,
als abir si des chindes genas 71, 5
uil schiere ir ende was.
3610 durch des todes ungewin
so hiez si in benonim:
daz sprichet ir seres sun.

Ach leidir Jacob,
wie leide dir tet der tot
3615 daz er dir nam daz wip,
durch die du cholet*est* dinen lip

3596–3599 *Rubrum 63 und Bild 52: Geburt Benjamins und Rachels Tod* **3616** cholets

3616 cholet[e]s[t] *Di¹*

einez unt zueinzich iâre die du dinem oheime dienotest,

ê du sî gewunnest.

    Ich pin des gewis   51, 35
3365   daz unter iw zuisk
    niene wart diu minne so groz,
    so do was des iameres grůz,
    do du sahe wib scôniste
    wib liebeste
3370   den pitteren tot chiesen
    unt du si dannen nemahtest erlosen.

    Suie michel ware din | chlage,   [72r] 51, 39
    du mŏses si tragen zů dem grabe.
    uil du gechlagetest,
3375   suie luzzel du dar ane habetest.
    mit âmere du dane gienge,
    uil lucel du da mite ueruienge.

    Do der geleidigote man
    uon deme grabe hine heim chom,
3380   er nam an sinen arm   52, 1
    daz sin uil luzzele barn,
    den weisen benonim.
    den hiez er beniamin:
    ê hiez er seres sun,
3385   do hiez er zesewen sun.

    Den lieberen sun
    sezzet man ze der zesewen,
    daz man dabi wizze   52, 5
    daz er sî der liebere.

3372 clhage   **3389** nach liebere *Rest d. Z. freigelassen + 7 Leerzeilen für Rubrum 64 und für Bild 53*

3362–3363 *Dreireimproblem, vgl. Einleitung S. LXVI*   **3371** *Vo teilt in zwei Verse*: unt du si dannen/ nemahtest erlosen   **3372** chlage *Ho Pi¹ Do¹ SmE*   **3386–3387** *Dreireimproblem, vgl. Einleitung S. LXVI und S. LXXII*   **3388–3389** wizze dâbî:der liebere sî *He*

	einez unde zweinzich iar	71, 10
	die du dienot furwar	
	dinem Oheime,	
3620	e du *si* fůrt*e*st heime.	

Ich bin des gewis
daz undir iv enzwisk
nie wart so groz
div minne, so des leides grůz,
3625 so dů du sæhe wip schonist
unde wip aller liebist
den bitteren tot chiesen   71, 15
unde du si niht mohtest erlosen.

Swie michil wære dine chlage
3630 du trůge si doch hin ze dem grabe,
uil du geschlagest,
swie lutzil du dar an habest;
mit iamir du uon danne | ginge,   *[49v]*
lutzil du damit ueruienge.

3635 Do der geleidegot man
uon dem grabe heim chom
er nam an sinen arm   71, 20
den uil chleinen chintbarn
den weisen benonim,
3640 den hiez er do beniamin;
e do hiez er seres sun,
nu hiez er der zeswen sun.

Den liebern sun heizzet man ze der zeswen
beidiv sitzzen unde sten,
3645 da bi weiz man an argen list
daz er der liebor ist.

3620 du fůrtst   **3621** Ich] n *aus* b *rad.*   **3638** chintbartn

3620 [si] fůrt[e]st *Di¹*   **3630** si] i *Di¹*   **3638** chintbarn *Di¹*

3390 **D**a nach gesach iacob [72v]
ysaac sinen uater gůt.
der was do alt zeware
ahtzig und zehenzig iare.
die werlt er begab,
3395 iacob tet ime ein scone grab.

Er unde sine sune
weinoten ob ime,
unze des was gnůch. 52, 10
da nach er in begrůb.
3400 der gote werde
wart betroret mit der erde.
div sele fůr ze gnaden
zů ire uater abrahame.
da uand er gnadone uile,

3404–3405 vil:spil *Pr SmE*

Abrahames sun ysaac starp   71, 25
schiere dar nach:
Esau unde Jacob
3650 **bestatten in in gotes lop.**

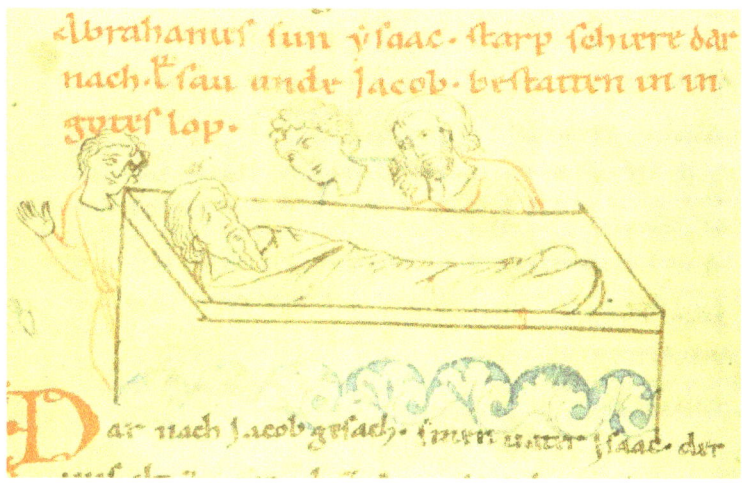

Dar nach Jacob gesach   72, 1
sinen uater Isaac
der was alt zware
ahtzich unde zehenzich iare,
3655 dise werlt er begap,
Jacob machet im ein schone grap.

Er unde sin sun
weinten ob im
biz daz sin was genůch,   72, 5
3660 da nach er in begrůp.
der got werde
wart bedechet mit der erde,
div sele fůr ze genaden
zir uater Abrahame,
3665 da uant si aller genaden uil,

3647–3650 *Rubrum 64 und Bild 53: Isaaks Tod*

3648 chiere *Di¹*

3405 aller mandunge spil,
da ist er sîn ebensazze,
da intluchet er sine scozze:

Suer dar zů ime wirt besceret,   52, 15
uile wole des ding feret.
3410 er nimet ín in sinen barm,
dâ newirt er niemmer arm.
er sizzet da same sůzze
sam in abrahames scozze,
wand ime der himilissken wunne
3415 da niemmer zerinnet.

Daz an dem bůche stat gescriben   52, 19
daz můzzen wir sumelichez uberheuen.
chunde wir iŏch wol scopphen,
so | scolte wir doch ettewaz uber hupphen.   *[73r]*

3419 *nach* hupphen *Rest d. Z. freigelassen + 10 Leerzeilen für Rubrum 65 und für Bild 54*

3408 Swer *SmE* **3410** in *Pi¹ SmE* **3414** himilisken *SmE*

aller mandunge spil,
da ist er ebensæzze
in sines uater schozze.

Swer dar zů im uert [50r] 72, 10
3670 alle genade wirt dem beschert,
er nimet in in sinen barm,
da newirt er nimmir Arm,
er sitzzet da uil sůzze
sam in Abrahames schozze,
3675 wand im der himilischen wnne
nimmir chan zerinnen.

Etwaz ist an den bůchen gescriben
daz wir můzzen ubirheuen,
ob halt wirz mit sinnen 72, 15
3680 chunden wol fur bringen.

**Gerne muget ir horen sagen,
als ysaac wart begraben
Esau und Jacob der riche
wrden geuriunt stætechlichen.**

3681–3684 *Rubrum 65 und Bild 54: Versöhnung zwischen Esau und Jakob*

3668 [in] *Di¹*

3420 Do der gûte ysaac uerfûr,
do wurden uile gelieb die zuene brûder,
esau unde iacob,
als iz got gebot.

Esau was ein riche man 52, 25
3425 in uihe iŏch in hiwen,
daz er in aller herscefte
nehête gebresten.

Von siner geburte
einlif herzogen wurten
3430 *h*ie ze dirre werlte
ire herscefte waren | uile herte. [73v]
daz tet got durch daz
daz er ysaaches same was:
ube si des himilriches scolten mangelon, 52, 30

3435 daz si auer dirre werlt erône mûsen menden.

Ouch scolte er geniezzen
sines uater gelazze,
der der erde gebot
daz si ime gebe wûchere genûch,
3440 noh ime der himel uerzige
er negabe ime touwes uile.

Esau und iacob 52, 35
heten bede genûch.
ir geziug was groz,
3445 sine heten neheinen gnoz.

3420 ysaac] a² *aus* c *korrigiert* **3430** hie] die **3445** *nach* gnoz *Rest d. Z. freigelassen für Rubrum 66*

3430 hie *Ho Pi¹ Do¹ SmE* **3435** crône *Ho Pi¹*, êrône *SmE*

3685	**D**o der gûte ysaac uerfûr	
	do wrden die zwene brůdir	
	Esav unde Jacob	
	geliep als ez got gebot.	
	Esav was ein richer man,	72, 20
3690	uihes was im uil undertan,	
	in aller herschefte	
	het er deheinen gebresten.	
	Von siner geburte	
	einlif herzogen wrten,	
3695	hie ze dirre werlde,	
	ir herschefte waren herte.	
	daz tet got durch daz,	
	daz er ysaachis same was	
	unde ob si solden mangelen	73, 1
3700	der himelisch*en* genaden,	
	daz si abir dirre | werlde eren	*[50v]*
	lange můsen menden.	
	Ovch solt er geniezzen	
	sines uatir geheizzen,	
3705	der der erde gebot	
	daz si im gæbe ẘchir genůch,	
	noch im der himil uerzige	73, 5
	erne gæbe im *io*ch tŏwes uil.	
	Esau unde Jacob	
3710	heten bede genůch,	
	ir gezoch was groz,	
	an eren heten si dehein g*e*noz.	

3700 himelisch **3708** ioch] ẘch **3712** gnoz

3700 himelisch[en] *Di¹* **3708** ioch *Di¹* **3712** g[e]noz *Di¹*

W

Iacob begunde buwen
in deme lante chanaan.
daz lant was gůt,
par wůchere gnůch.
3450 sine sune
giengen mit dem uihe.
da wart ioseph innen 52, 40
neiz waz unrehtere minnen
dere sine brůdere spulgten,
3455 daz man nieht scol melden;
daz taten der diuwe barn,
daz was ín ane geborn.

Sinem | uater er sagete, [74r]
waz er gesehen habete.

3460 Sin uater hiez in sin stille, 53, 1
uermiden solich gechelle.
da gesuigete er,
ne redite iz nieht mere.

Ioseph was uile scone,
3465 ern ůpte neheine hônde.
durch daz minnote er ín
fure alle brůdere sin.
einen rôch er ime scůf, 53, 5

3446 nach Iacob *Rest der Zeile freigelassen für Rubrum 66* **3461** uermiden] d *aus* u *korrigiert* **3465** hoñde

---

3446 Jacôb bûwen began *He* **3453** neiz] ich ne weiz *SmE* **3457** in *Pi² SmE* **3462** dô *SmE* **3463** mêr *Pr SmE* **3465** hônde *Ho Pi² Do¹ SmE* **3466** in *Pi² SmE* **3468** roch *Pi² SmE* | schuoch *Di¹ Vo*, scůf *Ho*, scûf *SmT*, scuof *SmE*

V

Jacob puwen began' [78b]
in deme lande ze chanan.
daz lant was gůt,
iz par wucheres gnůc.
5 Sine sune
gingen mit dem uihe.
da wart iosep innen
neiz waz unrehter minne,
der sine brůder spulgten, 5
10 daz man nine sol melden.
daz taten der diwe barn,
daz was in angeborn.

Sineme uater er sagete,
waz er gesehen habete.

15 sin uater hiz in | sin stille, [78c]
uirmiden solch gechelle.
do gesvicte er,
er ne redetiz niht mêre.

Joseph was uil shone, 10
20 er ne ŷpte necheine hônde.
durh daz minnote in
sin uater uur alle brudir sin.
Einen roch er ime scûf,

---

2 indeme **5** Sine] S *aus* A *mit Korrektur (kleines s über i übergeschrieben)* **12** an geborn **18** merê **23** Einen] Sinen

---

5 Sine *Di²* **18** mêre *Di²* **23** Einen *Di² vgl. V.5*

Joseph rŭgot uaste
mit einem bosen laster
3715 **an dir sine brŭder**
hinz Jacob ir uater.

In dem lande ze chanaan 73, 10
bŏwot Jacob als ein bidirp man:
daz lant was gŭt,
3720 ẘchir bar ez genůch.
sine sune mit dem uihe giengen,
Joseph sach daz si begunde triegen
der ualant mit unrehtir minne:
daz betrůbete sine sinne;

3725 *da*z taten abir der diwe barn,
daz was in also angeborn:

zehant er sinem uater sagete 73, 15
waz er gesehen habete.

Sin uater hiez in stille
3730 uermiden solich challen:
nach sines uater lere
redet er niht mere.

Joseph was gŭt unde schone,
er ůbete dehein hónde:
3735 durch daz so minnot er in
fur alle die brůdir sin.
ein roch er im schuf 73, 20

3713–3716 *Rubrum 66* **3725** daz] ez

3725 daz *Di¹*

W

    der gieng ime an den fůz,
3470 mit phellole bestalt.
    des urŏte sich der helt balt.

    So die brůdere daz gesahen,
    do si heim chomen,
    daz er in einen
3475 fure si alle wolte meinen
    mit aller slahte minnen,
    des begunden si ime erbunnen
    noh nemahten uore hazze   53, 10
    in mit gůte geruzzen.

3480 **P**orlang iz do ne stůnt,   [74v]
    ê ioseph sach einen troum gůt.
    der troum was uile hêre,
    er ward in allen gefůre.

3479 *nach* geruzzen *Rest der Zeile freigelassen + 3 Leerzeilen für Rubrum 67* **3480** *P-Initiale fehlt; davor 10 Leerzeilen für Bild 55*

3472 Sô *Pi²*, Dô *SmE* **3480** Porlang *Ho Pi²* Do¹ *SmE*

V

    der ime gi an den scûh,
25 mit phellel bestalt:
    des frovte sich der helt palt.

    Do di brudir daz gesahen,
    do si heim chomen,
    daz er in einen   15
30 uur si alle wolde meinen
    mit aller slahte minne,
    do begunden si ime irbunnen;
    noh ne mohten uor hazze
    in mit gůte geruzen.

35 **P**orlanc ez do ne stůnt,
    ê iosehp sah einen trovm gůt.
    der trovm was uile hêre,
    er wart in allen swâre,

---

30 wolden **31** alle **35** ez] z *auf Ras.*
38 swâre] wâre

---

30 wolde *Di²* **31** aller *Di²* **33** uur *Di²*
38 swâre *Di²*

```
         der langet unz ŏf den schůch
         mit phelle gestalt:
3740     des urŏt sich der helt palt.

         Do die brůdir daz gesahen
         ez begunde in uersmahen
         daz er in einen
         fur si begunde meinen
3745     mit allerslahte minnen:
         des ẘrden si im erbolgen,
         sine gemeinten im ŏch uor hazze                    73, 25
         mit trinchen noch mit mazze.
```

Joseph einen trŏm | habete,   [51r]
3750 **uater unde brůderen er in sagete.**

```
         Borlanch ez gestunt                                74, 1
         e Joseph sach einen trŏm gůt,
         der trŏm was here
         in allen gefůrbære:
```

3743 enen **3747** sine] si **3749–3750** *Rubrum 67 und Bild 55: Josephs erste Traumerzählung*

3743 e[i]nen *Di¹* **3746** erbolgen] erb[unnen] *Di¹* **3747** si[ne] *Di¹*

W

er chom sin selbe in not,
3485 er ward dar umbe uerchouffet.

Also do chom der tach,
sinen uater und sine brůdere er bat,
daz man ime uername 53, 15
waz ime in trŏme zů chome.

3490 Der uater hiez in iz sagen,
sprach erne scolte iz nieht | uerdagen. *[75r]*

Ioseph sprach do
uil gezogenliche

'Nv tůt is goume
3495 wie mir chom in trŏme,
daz wir alle giengen, 53, 20
garbe an deme akchere zesamene trůgen.
do gestůnt diu mîn
uil herisken;
3500 die iuweren si umbestůnten,
zů der minen sich naigten.'

Die brůdere sprachen in nîde
er hůbe sich ze chunige,
er wolte gewis sîn
3505 er scolte ire herre sin.

Des troumes er inkalt, 53, 25
der nit wart uber in manichualt.

V

er chom sin selbe in not, 20
40 er wart dar umbe uirchovfot.

Also do chom der tac,
sinen uater unde sine bruder er bat,
daz man ime uirname,
waz ime ze trovme chome.

45 Der uater hiz in ez sagen,
er chot er ne soltez niht uirdagen.

Iosehp sprah do
uil gutlicho:

'Nu tůt is kovme, 25
50 wi mir chom ze trovme,
daz wir ze uelde gingen,
garbe an deme acker zesamene trůgen.
do gestunt div mine
uil hêrisken,
55 di evwere da umbestunden,
zů der minen si sich neicten.'

Di brůder sprachen inne des,
er hůbe sich ze chunege,
er wolde gewis sin, 30
60 daz er ir herre solde sin.

Des trovmes er inkalt,
der nît wart in uber uil manecfalt.

---

40 uir chovfot 46 niht] h *auf Ras.* | uirdagæn
50 zetrovme 51 zeuelde

---

42 unde sine bruder *bei Di² in [ ]* 46 er chot *bei Di² in [ ]* | uirdagen *Di²* 52 an deme acker *bei Di² in [ ]* 54 hêrisken] hêrisk inne *Di²* 57 inne des] ime ubele *Di² vgl. Vo S. 210 zur Entstehung von* in nîde *W und M/K* 62 in uber *bei Di² in [ ]*

3506 D-*Initiale fehlt*

3493 gezogenlîcho *Pi² SmE*

3755	selbe chom ers in grozze not,	
	er wart dar umbe uerchŏffot.	

Also dŭ chom der tach
sinem uatir und den brŭderen er an lach
daz si im uernæmen   74, 5
3760 waz im getrŏmet wære.

Der uatir sprach er soldez im sagen
unde dehein wis nih*t* uerdagen;

daz tet Joseph gŭtlichen,
er sprach gezogenlichen

3765 'Nu schult ir des haben gŏme
wie mir ist chomen in dem trŏme
daz wir alle genŭge
garbe an dem achir zesamene trŭgen:
ŏfreht stund min garbe,   74, 10
3770 div ivren sich begarwe
gegen d*ie* minen neigeten,
undirhorich si sich zeigeten.'

Die brŭdir sprachen in nide,
er erhŭp sich ze einem chunege,
3775 wes er wænen wolde
daz er ir chunich wesen solde.

Des trŏmes er enkalt:
ubir in wart der nit manichualt,

3762 nih   **3771** die] der   **3778** in] *zwischen* ubir *und* wart *übergeschrieben*

3762 nih[t] *Di¹*   **3771** die *Di¹*

W

Ime troumte mere
uone grozzerer êre.

3510 Den troum newolte er uersuigen,
wand erne chund iz uermiden,
er můse zellen
daz ime got růhte offenen.

Do si zesamine chomen,
3515 er bat si ime horen.
ich weiz si ime gesuîgten, 53, 30
unze si den troum gehorten.
ioseph sprach do
uile gezogenliche [75v]

3520 'Ich weiz mich beduhte,
do ich mines slâfes brûhte,

3514 D-Initiale fehlt **3519** nach gezogenliche Rest der Zeile freigelassen + 10 Leerzeilen für Rubrum 68 und für Bild 56

3514 Do] Ho *Do¹*, Dô *Pi² SmE* **3515** horen] vernâmen *Di² SmE* **3519** gezogenlîcho *Pi² SmE*

V

Ime trovmote mêre
uon grozer êre.

65 den trovm newolte er uirsvîgen,
wande er ne kundez uirmiden,
er mus ez zellen,
daz ime got ruhte ze offenen.

Do si zesamene chomen, 35
70 er bat daz si ime horten.
ich weiz si ime gesvîcten,
unze si den trovm gehorten.
*Ioseph sprach do
uile gezogenliche:*

75 'Ich weiz mich beduchte,
do ich mines *slafes* bruhte,

---

65 uirsvîget **67** musez **76** mines bruhte

---

65 uirsvîgen *Di²* **73–74** *Ergänzung nach W Di²*
76 slafes *Ergänzung nach W Di²*

3780	wan im trȏmete mere dannoch uon grozzoren eren.	[51v] 74, 15

Den trŏm wolde er niht uerswigen,
er chunde ez niht uermiden,
er mŭse daz zellen
daz im got wolde eroffenen.

3785 Do si zesamene chomen
er bat si alle horen;
uil stille si geswigeten,
daz hŏbit si geneigeten:
Joseph sprach do   74, 20
3790 in gezogenlichen zṽ:

Einen anderen trŏm Joseph habete,
gemeinlich er in den sagete.

'Ichne weiz wie mich bedŏhte   75, 1

3789 dŏ   **3791–3792** *Rubrum 68 und Bild 56: Josephs zweite Traumerzählung*

3789 do *Di*[1]

W

wie sunne und mane
zů ze mir chome
und einlif sternun
3525 uone himele uerre
unde buten sich sůzze 53, 35
zů minen fůzzen.'

Den uater wunter nam
waz daz scolte bezechenen.
3530 doch sprach er ime zů
ettewaz rafsliche
'wane ich und din můter
iŏch dine brůdere
noch hie in erde
3535 din | durftig werden?' [76r]

Daz můse so ergen 53, 40
uber siner brůdere willen.
si heten in gerne florn,
ne wolt in got bewaren.

3540 Si giengen in unmůte
ire uihes hůten
und waren lange stunde,
daz si heim newanten.

Do sin den uater belangete,
3545 er bedaht iz in sinem můte
waz daz meinen scolte 53, 45
daz ir nehein widere zů ime wolte.
'ioseph!' er růfte,
uile skiere er ime antwurte.

3531 raslîche *Pi²*, raslîcho *SmE* 3533 brůder
Pr, bruoder *SmE* 3542 stunte *SmE*

V

wie sunne unde mane.
zů mir chomen,
vnde eilif sternen 40
80 uone himele verre,
unde sich sv̊ze
buten zů minen fv̊zen.'

Den uater wunder nam,
waz daz solte bezeichinen.
85 do sprah er ime zv̊
ettewaz rafsliche:
'Wande ich unde din můter
ioh dine brůder
noh hie | in erde 45 [78d]
90 din durftig werden?'

daz můse so irgen
vber siner brůdere willen,
sie heten in gerne flóren,
ne wolte in gót niht bewaren.

95 Si gingen in *un*můte
sines uihes hůten
unde waren *lange* stunde
daz si ime haim newante*n*.

Do is den uater belangote 50
100 er bedaht*ez* in sineme můte,
waz daz meinen solte,
daz ir nehein widere zů newolte.
'iosehp!' er růfte,
uil shîre er ime antwrte.

---

95 Si] Di | gingen] n¹ *zwischen* i *und* g
übergeschrieben | inmůte 97 waren stunde
98 newante 103 irrůfte

---

86 rafslicho *Di²* 95 Si *Di²* | unmůte *Di²*
97 lange *Ergänzung nach* W *Di²* 98 newanten
Di² 103 er růfte *Di²*

	do mich der slaf brŏhte,	
3795	wie sunne unde mane	
	ze mir bequamen,	
	dar zů einlif sterne	
	uon himil uerre	
	unde butten sich sůzze	
3800	ze minen fůzzen.'	

	Den uatir wndirote	75, 5
	waz daz bezeichinote;	
	an den selben stunden	
	refsen er in begunde,	
3805	er sprach 'wænest du daz ich unde din můtir	
	dar zu dine brůdir	
	noch hie in erde	
	din durftigen werden?	

	daz můz also ergen	
3810	ubir unsiren willen.'	
	undir den brůderen hůp sich zorn,	75, 10
	gerne hieten si in uerlorn.	

	Si giengen in unmůte	
	ir uihes hůten;	
3815	lange si waren	[52r]
	daz si heim niht bechwamen.	

	Den uater in sinem můte	
	sin sere belangote;	
	er bedaht waz daz meinen solde	
3820	daz ir deheiner chomen wolde,	
	Joseph hiez er zů *in* gen:	75, 15
	der chint chom fur in gestên.	

3804 begunden **3821** im

3804 begunde *Di¹* **3818** [sin] *Di¹* **3821** in *Di¹*

3550	**D**o sprach iacob	54, 1	105

W / V

3550 **D**o sprach iacob   54, 1
      zů sineme sune ioseph
      '**N**v, wench min chint,
      ich ne weiz wa dine brůdere sint.
      nu gench, tů ware
3555 wie ir dinch uare.
      mich ist michel wunter,
      ub ir dehein sî gesunter.
      so du si uindist,   54, 5
      uile skiere du mir chundest
3560 wîe ste ir dinch.
      nu ile, min trûtchint.'

      Ioseph uile balde lîef
      zů sichem in daz tîef,
      wande da was der weide gnůg
3565 unde | was diu selbe gůt.   [76v]

      Do sach in da ein man
      hinnen und ennen irre gan.
      der fragete in ub er ime sagen gerůhte 54, 10
      waz er sůhte.

3570 **E**r sprach sůhte sine brůdere,
      wa si hilten ire chorter.

      Der man chod er horte si sprechen
      si wolten zů dothaim.

105 **D**o sprah iacob
     ze sinem sune iosehpe:
     Du wene*giz*, min kint,
     ich ne weiz wa dine bruder sint.
     nu genc du frâge,   55
110 wi ir dinc ware.
     mich ist michel wunder,
     ob ir deheiner si gesunder.
     so du si uindest,
     uil shîre du mir kundest,
115 wi ste ir dinc.
     nu île min trůt kint.'

     Josehp uil palde livf
     ze sichem in daz tal tivf,
     wande da was der weide gnůc   60
120 unde was div selbe ovh gůt.

     Do sah in da ein man
     hinnen unde ennen irre gân,
     der fraget in, ub er ime sagen gerůhte,
     waz er da suhte.

125 **E**r chot, er sůhte sine brůder,
     wa si hîlten ir chorter.

     der man chot, er hôrte si sprachen,
     si wolten ze dothaym.

3552 N-*Initiale fehlt*

3552 Nv *Ho Do¹*, Dv *Pi²*, Dû *SmE*
3557 deheiner *SmE* **3560** wie *Pi² SmE*
3561 trût chint *Pi²* **3568** der vrâchte onen, obe
er geruochte *He* **3569** ome sagen waz er suohte
He; waz er dâ suochte *SmE* **3570** brůder *Pr*,
bruoder *SmE*

---

106 zesenem **107** wenecicz **111** uuunder
117 Josehp] Dosehp *kleines* i *in rote Initiale* D
geschrieben

---

106 sinem *Di²* **107** wenegiz *Di² vgl. Anm. Di²*

Jacob sprach 'nu gench min chint,

ichne weiz wa dine brůdir sint,
3825 tů ir ulizzichlichen ware
wie ir dinch uare,
mich hat groz wndir
ob ir deheinir ist gesundir;
so du si hast funden
3830 so solt du mir chunden
wie nu ste ir dinch:
nu ile balde min trŏtchint.'

Joseph balde lief
ze sichem in daz tal tief
3835 wan da was der weide genůch
der sich ir uihe betrůch.

Do gesach in ein man
hin unde her irre gan.
der uragot in ob er im sagen gerůhte
3840 waz er da sůchete.

Er sprach 'ich sůche also můdir
mine liebe brůdir.'

Der man saget im,
si spræchen si wolden in dothaim.

3824 din

3824 din[e] *Di¹*

Joseph streich nach in	Er strei*c*h nah in 65
3575 unde uant si in dothaim.	130 unde uant si ze dothaim.

Also si in uerrest sahen,	**A**lso si in uerriste ane sahen,
zů einen anderen si sprachen	ze ein anderen si sprachen:
'Nu sehet ze deme troumare, 54, 15	'Sehet ze deme trovmâre,
er bringet niumare!	er pringet nivmâre.
3580 slahem wir den selben hunt	135 Slahe wir den selben hunt

---

3574 J-*Initiale fehlt*   **3575** *nach* dothaim *Rest der Zeile freigelassen + 1 Leerzeile für Rubrum 69, aber kein Platz für Bild 57, vgl.* M/K   **3576** *nach* uerrest *Rest der Zeile freigelassen für Rubrum 69*

3574 Joseph *Ho SmE*, Jôsêph *Pi²*, Ioseph *Do¹*
3580 slahen *Ho Pi²*

---

129 streic   **130** unde ~~unde~~   **134** nivmâre] *kleines* e *über* ni *übergeschrieben*

---

129 streich *Di²*   **134** nivmâre *Di²*

3845 Joseph streich do nach in zehant,
in Dothaim er si uant.

Joseph sine brŭdir uant:
sumelich wolden in ze hant
uon dem libe han bestrŏffet:
3850 **in Egiptum wart er uerchŏfet.**

Also si in uerrist sahen [52v] 75, 30
zŭ ein andir si sprachen

'Nu sehet ze dem trŏmære,
er bringet nivmare,
3855 slahen wir den selben hunt,

3847–3850 *Rubrum 69 und Bild 57: Verkauf Josephs an die Ägypter* **3851** Also] *Große Initiale* A *am linken Rand des Seitenanfangs* **3855** selben selben

---

3855 selben *Di¹*

W

und werfen ín in dirre zisternen grunt!
wir choden daz den selben uerwazzenen
dei wilden tier urazzen.
so wirdet wol skîn
3585 waz ime die trôume frvme sin.'

Do daz uernam rubên, 54, 20
er bat si die rede lazzen sten.

Er sprach 'niene slahen in,
werfen ín in die cisternen!
3590 wir sculem unsere hente [77r]
behalten ane sunte.'
er wolt in gerne nerigen,
deme tode erwerigen,
ub er ínen so bename,
3595 daz er sinem uater wider chome.

Also ioseph zǔ in chom, 54, 25
uil skiere si in ane sprungen,
unsanfte si ime zǔ sprachen,
den roch si ime abe prachen.
3600 si taten ime ubele stozze
iŏch slege grozze,
liezzen in in einem wazzergademe sitzen,
unze si inbizzen,
unze si inein wurten, 54, 29
3605 weder si in erslůgen oder si in erwurgten.

Ich weiz si in allen gahen
chouflûte sahen.

V

unde werfen in an dirre cisternen grunt.
unde choden daz den selben uirwâzen
dev wilden tîr frâzen.
so wirt denne wole shîn, 70
140 waz ime di trovme frume sin.'

Daz uirnam ruben,
er bat di rede lazen sten.

'niht slahe wir in,
werfen in in di cisternen.
145 wir sulen unsere hende
behalten âne di sunde.'
er wolte in gerne nerigen,
deme tode werigen,
ob er in so bename, 75
150 daz er sineme uater widere chome.

Also er zu in chom,
uil shire si in ane sprungen,
unsanfte si ime zu sprachen,
den roch si ime abe prachen,
155 si taten ime ůbele stôze
iŏh slege groze,
si lizen | in in eineme wazzergademe sitzen,
unze si inbizzen, [79a]
unze si in *ein wurten*, 80
160 *weder si in* îrslůgen oder si irwurcten.

Ich weiz si in allen gahen
chovflůte gesahen,

---

136 andirrę **149** bêname **150** er *auf Ras.*
157 inin

3586 rûbên *Pi*[2], Ruben *SmE* **3589** in in *Pi*[2] *SmE*
3594 inen *Pi*[2], in in *SmE*
3604–3605 *Dreireimproblem, vgl. Einleitung*
S. LXVIII **3607** sahen] gesâhen *SmE*

137 selben *bei Di*[2] *in* [ ] **143** in] inen *Di*[2]
146 di *bei Di*[2] *in* [ ] **149** bename *Di*[2]
159–160 *Ergänzung nach W Di*[2]

     werfen in in der zisterne grunt,
     unde werde sin niht uergezzen
     so sprechen daz in dei tier haben da urezzen:
     so wirdet danne wol schin
3860 waz im geurumet habent die trŏme sin.'

     Do daz uernam Ruben   75, 35
     er bat si die rede lazzen sten.

     Er sprach 'slahet in niht gerne,   76, 1
     werfet in in die zisterne,
3865 wir schulen unsir hente
     unbewollen behalten.'
     er wolde in gerne nergen
     unde dem tode erwergen
     ob er in uon in benæme
3870 daz er sinem uatir widir chwæme.

     Also Joseph zů in chwam   76, 5
     nidelich sprungen si in an,
     unsanft si im zů sprachen,
     den roch si im abe brachen,
3875 si taten im ubil stozze,
     dar zů slege grozze,
     in ein wazzirgadme hiezzen si in sitzzen
     unz daz si enbizzen,
     unde dar nach enein wrten,
3880 wedir si in slůgen ode erwrgeten.

     In allen gahen   76, 10
     chŏflŏte si gesahen;

334 —— W

si fůrten mislich guant,
si wolten ze egypte lande.

3610 **D**o sprach iudas [77v]
der der bezziste was
'zewiu ist uns gůt?
tůn wir unserem brůdere den tot,
so uorderot got 54, 35
3615 zů uns sin blůt.

Vvelt ir iz an minen rât lazen,
ir muget sin baz geniezzen:
gebet in den choufliuten!
lât in iw gelten
3620 und nebewellet nieht iuwere hente
mit mordisken sunten!
er ist unser lichname, 54, 40
des sculen wir tůn ware.'

Der rât duhte si gůt,
3625 skiere ward er uercho | uffet [78r]
umbe zueinzig phenninge,
die teilten die zehen iungelinge.

V

di uurten mislich gewant,
si wolten in egyptolandt.

165 **D**o sprah iudas,
der der beste undir in was:
'zu wiv ist uns daz gůt?
daz wir unserem bruder tůn den tôt
so uorderet uns got 85
170 sin plůt.

welt irz an minen rat lazen,
ir megit sin palde genîzen.
gebet in den chovflůten,
lat si in ev gelten
175 noh ne bewellet ever hende
mit mortlîchen sunden;
er ist unser lichname,
des sul wir tůn ware.'

Der rat důhte si gůt, 90
180 shire wart er uirchovfet
umbe zveizec phenninge,
di teilten di zehen iungelinge.

3609 *nach* lande *Rest der Zeile freigelassen + 5 Leerzeilen für Rubrum 70* **3610** *davor 9 Leerzeilen für Bild 57? Vgl. Apparat M/K*
3624 Der] Eer **3627** *nach* iungelinge *Rest der Zeile freigelassen + 1 Leerzeile für Rubrum?*

3609 ze egypte lande] in Egyptelant *He SmE*
3611 bezziste under in was *SmE*
3618–3621 gebet in den choufliuten/ den Ismahelîten *(Ergänzung nach Vulgata La)*, gelten:bewellet, hente:sunten *La (s. Ho S. 54 Anm.), auch Ho Pi² Pr (ohne Ergänzung von La)*
3619 iw] iu *SmE* **3625** uerchouffôt *Pi²*

165 sprah] h *auf Ras.* **166** der²] dir
173 inden **180** uirchovfot
---
170 sin] daz sin *Di²* **172** magit *Di²*
176 mortlichen *Di²* **180** uirchovfet *Di²*

si fůrten mislich gewant
unde wolden in Egipten lant.

3885 **Judas riet einen gůten rat**
daz Joseph niht erslagen wart.

Do sprach iudas
der undir in der beste was,
'fur waz ist uns daz gůt?
3890 tu wir unserem brůdir den tot
der almæhtige got 76, 15
uorderet an uns sin blůt.

Welt irz an minen rat lazzen, *[53r]*
ich lere ivch sin mere geniezzen:
3895 gebet in den chŏflŏten,
heizzet in iv wol gelten
unde bewellet niht ivr hende
mit mordischen sunden;
er ist unsir lichname,
3900 deste baz schulen wir in haben.'

Der rat dŏhte si gůt; 76, 20
schiere wart er uerchŏffot
umbe zweinzich phenninge,
die teiloten die iungelinge.

3885–3886 *Rubrum 70 ohne Bild, vgl. Apparat W*

W

Die in da chouften,
die hiezzen in mit in gen.
3630 do muŏse daz chint lussam
ellende werden.

Er skîet mit riuwen
uon den ungetriuwen
mit gebuntenen armen,
3635 daz mahte got erbarmen.
manigen zaher er lie,
do er uon in gie.

Do ruben zŭ grŭbe chom
und in niene mahte uinden,
3640 sin gewate er zarte,
uil lute er harte
'we, brŭder min,
wa scolt du sin?
waz mag ich weniger man
3645 disses leides tŭn?'

Ein chitze si slŭgen,
uil gare si iz benŭgen,
den iosebes roch
dunkten si in daz plŭt,
3650 ir uater si in santen,
ub er in erchante,
daz er sahe
ub er sines sunes ware.
si sprachen daz si in *heten uvnten*,
3655 dâr ane getan wunten
sam in ein tîer hête uerslunten. [78v]

55, 1

55, 5

55, 10

3646 Ein] Din **3654** uvnten heten

3638 zŭ der grŭbe *Pi²* **3639** mahten *Pi²*
3654–3656 *Dreireimproblem, vgl. Einleitung
S. LXVIII* **3654** heten uvnten *Do¹*, hêten vunten
SmE, heten *fehlt Pi²* **3655** dârane *Pi²* | *Zeile von
SmE gestrichen, als Interpolation aufgefasst Vo*
3656 tier *Pi² SmE* | hete *Pi²*

V

Di in da chovften,
di hizen in mit in gên.
185 do mŭse daz kint lussam
ellende werden.

er shít mit riwen
uon den ungetriwen
mit gebundenen armen, 95
190 daz mahte got irbarmen.
manegen zaher er da lî,
da er after wege gi.

Do ruben zŭ der grŭben chom
unde in ni mahte uinden,
195 sin gewâte er zarte,
uil lŭte er harte:
'we *brŭder* min,
wa solt du sin?
waz mac ich weniger man 100
200 disses leides tŭn?'

Ein chizze si slŭgen,
uil gare siz benŭgen.
den iosepes roch
sitzen si in daz plŭt,
205 ir uater si in santen,
ob er in irchante,
daz er sâhe,
ob er sines sunes wâre.
si sprachen, daz si in uunden, 105
210 sam in ein tîr hete uirslunden.

---

192 wegegi **195** erzarte **197** we min
202 benŭgen **203** roch] o *aus* e *korrigiert*
206 ir chante **208** ober

---

196 lŭte *Di²* **197** brŭder *Ergänzung nach W Di²*
207 sahe *Di²*

3905	**D**ie in do chŏften,
	mit den můs er gen unde lŏffen:
	do můs der chint werde
	ellende werden.

	Er schiet mit riwen	
3910	uon den ungetriwen	
	mit gebunden armen,	76, 25
	daz mohte got erbarmen:	
	manigen zahir er lie	
	do er uon in gie.	

3915	**D**o Ruben zů der grůbe chom	
	unde er in niht mohte uinden	
	sin gewæte er zarte,	
	uil lŏte er harte	
	'we brůdir min,	
3920	wa solt du sin?	
	waz mage ich wenigir man	76, 30
	ditsse leides getůn?'	

	Ein chizze si slůgen,	
	uil gare si ez benůgen,	
3925	den Josebes roch gůt	
	dŏhoten si in daz plůt;	
	ir uatir si in sanden	
	ob er in erchande,	
	daz er besæhe	
3930	ob er sines chindes wære.	
	si sprachen si heten in funten	76, 35
	da im getan wæren die tot wnten	
	uon einem tiere wilden:	
	die geschiht baten si in eruinden.	

W

Als in der uater gesach, 55, 15
uil riuweklichen er sprach
'der roch ist mines chindes,
3660 so wem mir sines todes,
daz min got so hât uergezzen,
daz in îe dehein tîer scolte urezzen!'

Sin gewate er zarte,
uile barmikliche er harte
3665 'nu mǔz ich iemer weinen 55, 20
den minen lieben weisen.'

Do die sune chomen,
zǔ zime giengen.
so si in trosten ie mêr,
3670 so ime îe wirs têt daz sêr.
sprach daz weinente
mǔse chiesen den ente.

V

Also in der uater gesah,
uil riweclichen er sprah:
'den roch ist mines kindes.
so we mir sines todes,
215 daz min got so hat uirgezzen,
daz in dehein tîr solde frezzen.'

Sin gewâte er zezarte,
uil parmec*l*ichen er harte:
'nu mǔz ich iemer weinen 110
220 den minen liben weisen'

Do di sune chomen,
zǔ ime gingen.
so si in î trosten mêre,
so ime i wirs tet daz sêr,
225 er chot weinente
er mǔse chisen den *ente*.

3672 nach ente *Rest der Zeile freigelassen* + 7 *Leerzeilen für Rubrum 71 und für Bild 58*

3657 Alsô *SmE* **3660** sô wê *SmE* **3662** ie *Pi²* *SmE* | tier *Pi² SmE* **3670** ie *Pi² SmE* | tet *Pi² SmE*

216 de hein **218** parmechen **224** i wirs] ivvis

218 parmeclichen *Di²* **222** zu *Di²* **224** i wirs *Di²* **226** ente *Ergänzung nach W Di²*

3935 Also der uater den roch sach
riuwechlichen er sprach
'der roch ist mines chindes; 77, 1
so we mir sines todes,
daz min got so hat uergezzen
3940 daz in | dehein tier solde urezzen.' [53v]

Sin gewæte er zarte,
uil lŏte er harte,
'nu mŭz ich immir weinen
minen lip uerweisen.'

3945 **Josep wart uerchŏffet daz ist war** 77, 5
einem fursten putifar.

3945–3946 *Rubrum 71 und Bild 58: Verkauf Josephs an Potiphar*

*D*ie ioseben chouften, [79r]	di ioseben chovften,
do si in zů egypte lande brahten,	do si in zegypte lande brahten,
3675 si uerchouften in sâre 55, 25	si uirchovften in sare 115
zů eineme herren hiez putifâr.	230 ze einem hêrre, hiz butifar.
der was ein geweltig man,	der was ein geweltic man,
deme was daz here undertan.	deme was daz here | undertan. [79b]
durch sine lussame	durch sine lussâme
3680 nam er ín ze dienest man.	nam er in ze man.

*J*oseph got ane rŮfte,	235 *J*oseph got ane rŮfte,
uile wole er in berŮhte.	uil wole er in hôrte,
wole ime spůte,	wole ime spůte
sua er dienote.	sva er dinote.
3685 ein chint was er erlich, 55, 30	selbe was er erlich, 120
al sin gebare was tugentlich.	240 elliv sin gebare was zuthlich.
in elliu diu und er tete,	in alleu dev daz er tet,
so hête er gůte site.	so hete er gute site.
got gab im fransspůt	got gab ime franspůte
3690 in elliu diu und er bestůnt.	in alleu div und er bestunt.

*U*nlangez zît hine chom,	245 uile zites hine quam,
ê in sin herre sazte ze ambtman.	ê in sin hêrre sazte ze ambetman.
al daz er hête	al daz er hete,
daz peualh er zů siner gewelte,	daz beualh er al ze siner gewelte,
3695 daz ime al daz ware undertân 55, 35	daz ime alle di wurden undertan, 125
daz ter ime scolte dienen.	250 di ime solten dinen;
nieht er uz nam	niht er uz nam,
wane sin wib lussam.	wan sin wip lussam.

3673 D-*Initiale fehlt* **3676** hiez] i *aus* e (*oder* o) *korrigiert* **3681** J-*Initiale fehlt* **3690** *nach* bestůnt *Rest der Zeile freigelassen für Rubrum 72* **3691** U-*Initiale fehlt* | *nach* chom *Rest der Zeile freigelassen für Rubrum 72*

3675 sâr *Pr* **3680** in *Pi² SmE* **3681** Joseph *Ho SmE*, Jôsêph *Pi²*, Ioseph *Do¹* **3691** Unlangez *Ho Pi² SmE*, Vnlangez *Do¹* **3697** ůz *Pi²*

231 der] des **235** Joseph] Doseph, *kleines* i *in blauem* D **241** allen **244** allen **251** uznam

228 lande *bei Di² in* [ ] **231** der *Di²* **233** lussame *Di²* **235** Joseph *Di²* **240** elliv *bei Di² in* [ ] **241** alleu *Di²* **243** franspůte *bei Di²* e *in* [ ] **244** alleu *Di²* **248** al *bei Di² in* [ ]

Die Joseph chŏften
　　　do si in ze egiptelande brahten,
　　　si uerchŏften in sâr
3950　einem riter putifar:
　　　der was *ein* gewaltich man,
　　　daz hér was im undirtan;
　　　dur*ch* sine lussam
　　　nam ern zeinem dienst man.

3955　Joseph got an rŭfte,　　　　　　　　　　　　77, 10
　　　uil wol in got berŭhte:

　　　ein chneht was er erlich
　　　sine gebare waren tugentlich,
　　　er het uil gŭte site,
3960　heil uolgot im alliz mite,
　　　got gabe im fransmŭt
　　　ze allen dingen unde er bestŭnt.

　　　Dem fursten wart Joseph liep;
　　　er enphalch im allez daz er hiet.

3965　Vnlange zit hin chwam　　　　　　　　　　77, 15
　　　biz in sin herre ze ambetman
　　　machet ubir allez daz er het;
　　　also gewaltich er in tet
　　　daz ez im was undirtan
3970　als sinem lieben amman:
　　　niht andirs er ŏz | nam　　　　　　　　　　[54r]
　　　wan sin wip lussam.

3947 uerchŏften　**3951** was gewaltich　**3953** durc　**3963–3964** *Rubrum 72*

3947 chŏften *Di¹*　**3951** [ein] *Di¹*　**3953** durc[h] *Di¹*

	*D*o er daz ambahte gewan,
3700	do ward er so er gote gezam, [79v]
	gůt und gnadich,
	des wart er salich.
	deme liute er rihte
	mit getriulichem erniste.
3705	Er gebot daz niweht bestůnte 55, 40
	deheinem armen siner phrv̊nte.
	abe deme pûman
	er niweht innam
	mit unrehteme gedinge
3710	noh mit neheinem geduenge,
	newar sin reht dienest;
	iouch daz duhte in daz aller furste:
	der ime daz gab 56, 1
	deme uergab er iŏch des so er in sin bat.
3715	Von diu gîe der gotes segen
	uber al des er scolte phlegen.
	die liute waren salich,
	erde iŏch uihe uil barich.
	da got selbe was pûman, 56, 5
3720	waz mahte da ubele wůcheren?
	Vnder allem deme gůte
	gab got iosebe daz ze můte
	daz er an deme gewalte
	ime mêre mazzes nebeualgte
3725	ne wane | daz turre prôt, [80r]

3699 D-*Initiale fehlt*

3699 Do *Ho Do¹*, Dô *Pi² SmE* **3712** furest *Do²
Pr SmE* **3715** gie *Pi² SmE*

	*D*o erz ambahte gewan,
	do wart er also er gote zam,
255	gut unde gnadich,
	des wart er salich.
	deme livte er rihte
	mit getrůlicheme erniste.
	er gebot daz niht bestunde 130
260	neheineme armen siner phrůnte.
	abe deme pumanne
	er niht innam
	mit unrehteme gedingen
	noh mit deheineme gedvange,
265	*niwa*n sin rehtez dinest,
	daz duht in aller uurste,
	der ime daz gab,
	deme uirgab er iŏh sô er *in is* bat.
	uone div gi der gotes segen 135
270	uber allez des er solde phlegen.
	di livte waren salich,
	erde ioh uihe uil parich.
	Ua got selbe was puman,
	waz mahte da ubele wucheren?
275	Vnder alleme deme gůte
	gab got iosebe ze můte,
	daz er ime an deme gewalte,
	mere mazzes ne geualchte,
	ni war daz durri prot, 140

---

257 errihte **261** *vor* deme be *rad.*
265 iuvvan **266** daz *am rechten Rand mit einem Verweisungszeichen* ^ *nachgetragen* duhtin **268** in is] izs **275** Vnder] V *aus* A *ras.*
276 zemůte **277** andeme **277–278** mere mazzes] ~~me~~ mezzes, mere *am rechten Rand mit einem Verweisungszeichen* ^ *nachgetragen*
278 ne geualchte] nege ualchte

---

261 abe *Ergänzung nach W Di²* **265** niwan *Di²*
268 iŏh *bei Di²* in [ ] \| in is *Di²* **273** Uva *Di²*

　　　　Bi dem ambæhte
　　　　tet er got rehte,
3975　　got was im genadich,　　　　　　　　　77, 20
　　　　des wart er sælich:
　　　　daz liut er berihte
　　　　mit getrŏwelicher besihte.

　　　　Er gebot daz niht bestûnte
3980　　deheinem armen siner phrûnte.
　　　　abe dem pŏman
　　　　ubir reht er niht nam
　　　　mit unrehtem gedinge
　　　　noch mit deheinem gedwange
3985　　wan sin pariz dienist,　　　　　　　　77, 25
　　　　swem halt ein wenich dar an gebrast,
　　　　swenne erz im gap,
　　　　dem uergap er des er in bat.

　　　　Von div gie der gotes segen
3990　　ubir allez des er solde phlegen:
　　　　daz livt was sælich
　　　　erde und uihe pærich:
　　　　da got was selbe bŏman
　　　　da mûs ez alliz wol ergan.

3995　　Vndir allem dem gûte　　　　　　　　77, 30
　　　　gap got Joseph ze mûte
　　　　daz er chleinir zerunge phlach
　　　　beidiv naht unde tach:
　　　　er az niwan durriz brot,

3976 ward **3978** getrŏwelich **3997** chlenir

3976 wart *Di¹* **3978** getrŏwelicher *Di¹* | besichte *Di¹* **3994** irgan *Di¹* **3997** chle[i]nir *Di¹*

344 —— W

V

    da zů tranch er wazzer gůt
    unde was er doch so scone
    same diu wunnesame plůme,
    daz si alle wunter nam,   56, 10
3730 wannen er ware so wolgetan.

    *V*nder dere menige
    gebarote er gelich einemo helde
    so er was gesuase,
    so hête er mit gote sin gechôse,
3735 so beualh er elliu siniu dinch
    an unseren trehtin,
    daz er in béhůte
    in aller siner note
    noh in sineme ellente   56, 15
3740 uber inne statte deheinem sinem uiante.

    *G*ot werte in des
    und anderes maniges,
    neware daz er ime doch tete,
    so ie was sîn site,
3745 daz er in besůhte,
    ub er an ime ieht zuivelote.

    *D*o iz ioseph also wole ane uîe
    und ime an niehte missegîe,

---

280 dar zů tranch er wazzer gůt,
    unde was er idoch also shone,
    same dev wunnesamiv plůme,
    daz alle di wunder nam,
    wannen er ware so wolgetan.

285 Under der menege
    gebarot er gelich eineme helede.
    so er was gesvâse,
    so hete er mit gote gechôse.
    so beualch er ellev dev dine sin   145
290 an unseren trehtin,
    daz er in behůte
    in aller siner nôte,
    noh in sineme ellende
    ubir in ne gestatte dehaineme sineme
                                           [uiende

295 *G*ot gewerte in des
    unde anderes uile maneges,
    niwar daz er ime idoh tete,
    so î was sin site,
    daz er in besůhte,   150
300 vb er an ime gezviuelote.

    *D*oz iosep so wole ane uî,
    unde ime an nihte misse gî,

3731 V-*Initiale fehlt* **3746** *nach* zuivelote *Rest der Zeile freigelassen für Rubrum 73* **3747** D-*Initiale fehlt* | *nach* ane *Rest der Zeile freigelassen für Rubrum 73*

3727 er *fehlt Pi²* **3731** Vnder *Ho Pi² Do¹*, Under *SmE* **3732** helede *SmE* **3735** elliu dinch sîn *He*, elliu diu dinch sîn *SmE* **3737** behůte *Pi²*, behuote *SmE* **3739–3740** *Dreireimproblem, vgl. Einleitung S. LXVIII–LXIX* **3747** Do *Ho Pi² Do¹*, Dô *SmE* | uie *Pi²*, vie *SmE* **3748** missegie *Pi² SmE*, misse gîe *Do¹*

281 idoh **294** innegestatte **295** Got] Dot, *kleines g in D Pi²* **300** vber **301** D-*Initiale fehlt*

281 idoch *Di²* **289** dine] din *Pi²* **295** Got *Di²* **301** Doz *Di²*

4000	dar zů tranch er wazzir gůt	
	unde was doch schone	
	rehte sam ein blůme	
	daz si alle wndir nam	
	wa uon er wære so wolgetan.	
4005	**B**i so michilir menige	77, 35
	gebaret er gelich einem helide:	
	so er indir was geswæse	
	so het er mit got sin gechose,	
	so beualch er sele unde sin	
4010	an unsiren trohtin	
	daz er in behůte	78, 1
	in aller siner note	
	unde in sinem ellende	
	ubir in gestattot deheiner missewende.	
4015	**G**ot gewert in des	
	unde andir uil maneges	
	wan daz er im etwenne fůr andirs mite,	
	so ie was unsires herren site	
	daz er in besůhte	78, 5
4020	ob er an im zwiuilote.	

Joseph begunde hie siner
urowen wol geuallen tŏgen. [54v]

Do ez Joseph also wol an uie
und im an niht missegie

4021–4022 *Rubrum 73*

	do begunde er siner urŏwen lichen. 56, 20	do begunder siner frowen | lichen, [79c]
3750	si wolte in besuichen,	si wolte in besvichen.
	si begun | de getougen [80v]	305 si begunde tovgen
	an in werfen dei ougen.	an in werfen di ovgen,
	si tét wider in dei gebâre	si tet wider in di gebare
	dei ime waren ummare.	di ime waren ummâre,
3755	si begund in spenen	si begunde in spenen 155
	und unrehtes wenen.	310 und unrehtes wenen,
	wenen daz netohte,	des si ne tohte,
	ub si uore gote mahte.	ube si uone gote mahte.

Do si iz langere nemahte uerhelen, 56, 25
3760 do begunde si zŭ ime spilen.
diu selbe uerwazzene
bat ín mit ire slâffen.

Do siz langer ne mohte uirhelen,
do begunde size ime spilen,
315 dev selbe uirwazene
bat in mit ir slafen.

Sîn antwrte was zuhtlich,
diu rede duht in umpillich.

Sin antwurte was zuhtlich,
dev rede duhte in umpillich.

3765 **E**r sprach 'urŏwe, wie mahte ich iemmer
                [so ubele getŭn
oder mines gotes so uergezzen,
daz ich deme untriuwe tâte 56, 30
der mich gechouffet hate,
und suie ich ware sin scalk,
3770 daz er mir al sin gŭt beualech
und des ist al ungewizzen
des er hat besezzen
neware so uile
so ich ime sîn geben wile:

er chot 'wi mahtich imer so ubele 160
                [getŭn,
320 oder mines gotes so uirgezzen,
daz ich di untriwe tate,
der mich gechovfet hete?
svi ich ware sin scalch,
der mir allez sin gŭt beualch,
325 unde alles des ist ungewizzen,
des er hat *b*esezzen,
ni war so uil,
so ich es ime geben wil,

3749 lichen] n *aus* m *rad.*   **3759** D-*Initiale fehlt*
3765 E-*Initiale fehlt*

3750 beswîchen *He SmE*   **3753** tet *Pi² SmE*
3755 be gund *Do¹*   **3757** wân ir daz netohte
SmE \| wenen *ist wohl zu streichen oder es ist zu*
wenne *zu lesen Di¹*   **3759** Do *Ho Do¹*, Dô *Pi² SmE*
3762 in *Pi² SmE*   **3763** antwurte *Pi² SmE*
3765 Er *Ho Pi² Do¹ SmE*   **3770** bevalch *SmE*
3771 und alles des ist ungewizzen *SmE*

311 sine   **315** wirwazene   **317** zuhtlieh
319 er *am linken Rand mit einem
Verweisungszeichen* ^ *nachgetragen*
326 desezzen

---

315 uirwazene *Di²*   **317** zuhtlich *Di²*   **318** in]
im *Di²*   **319** imer *bei Di²* in [ ]   **326** besezzen *Di²*

4025 do begunde er siner urŏwen lichen,
si wolde in beswichen,
si begunde tŏgen
an in werfen dei ŏgen,
si trŭge im die gebære 78, 10
4030 die im waren unmære,
si begunde in spenen
unrehtes wenen,
also ir wol dohte,
swa si uor den lŏten mohte.

4035 **D**o si ez niht langir mohte uerhelen
do begunde si im zŭ spilen,
div selbe uerwazzen
bat in mit ir slaffen.

Sin anturt div was zuhtichlich, 78, 15

4040 er sprach 'urŏwe wie mohte ich
immir als ubele getŭn
oder mines gotes uerlŏgen darzŭ
daz ich dem untriwe tæte
der mich gechŏffet hæte?
4045 unde swie ich wære sin schalch
daz er mir allez sin gŭt beualch,
unde alles des ist ungewizzen
des er hat besezzen,
niwan also uil 78, 20
4050 des ich im geben wil,

W

3775 ich walte sin alles.
      got erlazze mich solihes fal | les.' [81r]
      uile mahte si sih es gemůn, 56, 35
      er ne wolte sin nieht tůn;
      uil mahte si sih es pelgen,
3780 erne wolte ir uolgen.
      daz hůr er uermeit,
      des chom er in arbeit.

      Eines tages daz gescach
      daz si in einen gesach.
3785 er tét neiz waz werche,
      da er niemannes zů bedorfte.
      si wânte iz ware ir wole ergangen, 56, 40
      daz si da ne sach niemannen.

      Si hiez in daz uverh lazen stan,
3790 hiez in mit ire gan.
      si chod 'slâf mit mir,
      wol lone ich dir.'

      Er weigerote,
      si pat ín gnote.
3795 do si in neheinen ente 56, 45
      mahte uberwinten,
      bî deme lachene si in uîe,
      uile skîere er iz uerlîe.
      uz deme hûs er flôch, 57, 1
3800 sinen weg uon ire zoch.

V

      ich waltes alles. 165
330   got irlaze mich sulehes ualles'
      Vil mohte si sich můn,
      er ne woldes niht tůn.
      uile mohte si sich pelgen,
      er ne wolte ir niht uolgen.
335   daz hůr er uirmeit,
      des chom er in groz arbeit.

      Eines tages daz gescah,
      daz si in einen uant,
      tůn neweiz waz werches, 170
340   da er nimannes zů ne bedorfte.
      si wande ez ware ir wole irgangen,
      daz si da ne sach nimannen.

      Si hiz in daz werch lazen sten,
      unde hiz in mit ir gen,
345   si chot 'slâf mite mir,
      wole lone ich es dir.'

      Er weigerote,
      si bat in uil genote.
      dô si in nehein ente 175
350   mohte uberwinten,
      bi deme lachchen si in uî,
      uil shire erz uirlî,
      ůz deme hůse er floh,
      sinen wech er uon ire zoh.

3800 nach zoch Rest der Zeile freigelassen + 3 Leerzeilen für Rubrum 74

3782 in michil arbeit *SmE* **3785** tet *Pi² SmE*
3790 unde hiez *SmE* **3792** ich es dir *SmE*
3794 in *Pi² SmE* **3797** uie *Pi²*, vie *SmE*
3798 skiere *Pi² SmE* | uerlie *Pi²*, verlie *SmE*
3799 flôh *Pi²*

332 erne **338** eineneuant **349** do *am linken Rand mit einem Verweisungszeichen* ^ *nachgetragen* **352** uir lî

338 einen *Di²* **349** dô *Di²*

ich walte sin alles
got erlazze mich solhes ualles.'
er sprach 'uil muget ir ivch gemůen
ob ichz immir welle getůn,
4055 unde birt ir mirs enbolgen
so wil ich iv doch niht uolgen.'
fur daz hůr sẘr er einen eit:
des gewan er michil arbeit.

Eines tages daz geschach 78, 25
4060 daz si in einen gesach,
ich newaiz waz er worhte,
da er niemans zů bedorfte:
si wand ez wære ir wol ergan
daz si da sach nieman.

4065 daz werch hiez si in lazzen stan
unde hiez in mit ir gan;
si sprach 'slaffe mit mir,
wol lone | ich dir.' [55r]

Joseph weigirote; 78, 30
4070 si bat in genote.
do si mit allen ir sinnen
in niht mohte ubirwinden
bi dem mandil si in uie;
uil schiere er in uerlie,
4075 uz dem hŏse er *ul*och,
sinen wech er zoch.

4069 Joseph] *vor der Initiale rad.* **4075** uloch] zoch

4075 uloch *Di¹*

Also er ire intran [81v]
unt ir lîe daz lachen
unde si wart innen
daz er si newolte minnen,
3805 si begunde wůffen,
den liuten růffen.

Do si chomen, 57, 5
si bat daz si ire uernamen.

355 Also er ir *in*tran
unde er ir li daz lachen
unde si wart innen
daz er sie niht wolde minnen,
si begunde wůfen, 180
360 den liuten ze růfen.

Do si ir chomen,
si bat si ire horen.

___

355 tran **357** unde si wart] si *mit Verweisungszeichen* r *übergeschrieben; zwischen* unde *und* wart *ein Komma* **360** zerůfen **362** si bat *mit einem Verweisungszeichen* ^ *am linken Rand nachgetragen*

___

355 intran *Di²*

___

3801 *davor 9 Leerzeilen für die Fortsetzung des Rubrums und für Bild 59*

___

3802 lie *Pi² SmE*

Div urŏwe wolde niht enbern 79, 1
Joseph můse si geweren.
der bete wolde er haben wandil,
4080 **si zuhte im sinen mandil,**
den zeigot si an den stunden
ze der notwer urchunde.

Joseph uon danne gie,
sinen mandil er da lie.
4085 div urŏwe wart inne 79, 5
daz er si niht wolde minnen:
si begunde wffen
den lŏten allen rŭffen.

Do si zů ir chomen
4090 si bat daz si *ir* uernamen,

4077–4082 Rubrum 74 und Bild 59: Josephs Flucht vor der Frau des Potiphar **4090** si uernamen

4089 zu *Di¹* **4090** [ir] *Di¹*

W	V
si chod 'iuwer herre hât wol getan,	'ewer herre hat wolgetan,
daz er gewan einen hebreisken ambtman	daz er gewan einen ebreisken man,
der ime ane mir wolte lonen,	der ane mich wolte lovfen,
daz er mich wolte honen.	unde wolte mich honen.
Er zogete mich	Er zogete mich
uil umpillich.	uil unpilliche.
ne hate ich gehâret,	ne hete ich gehart,
er hate mich inparet	er hete mich inpart
unde hate mich gehonet.	unde hete mich gehonet.
nu sehet wie er ime denne hête gelonet.	nu sehet wi er ime hete gelonet.
als ich rîef,	Also ich rîf,
daz lachen er hîe liez.	daz lachen er mir hî liz.
dabi maget ir sehen,	dabi muget ir sehen,
waz hîe ware gescehen,	waz hî ware geshehen,
ub ich gesuigete,	ob ich gesvicte,
do er mich zogite.'	do der mich zogete.'
Do der herre chom	Do der herre chom
und si iz ime al begunden zellen	unde si imz begunde zellen
und si ime gezeigte daz lachen,	unde si ime zeicte daz lachen,
waz mahte ioseph dawidere sprachen?	waz mohte iosep dawidere gesprechen?
wante er geloupte sineme wibe	unde er gelovpte sineme wibe
same sin selbes libe.	also sin selbes libe.
er hiez ín in charchâre werfen	Er hiz in in den charchare werfen
unter die uerworhten.	undir di uirworhten.
ane sine sculde	ane sine sculde
hête er uerlorn sine hulde.	florn heter sine hulde.
Do begunde iz got erbarmen	Do begundez got irbarmen,
daz si so uerrîet den armen.	daz si so quelten den armen.
er gab deme ze mûte	er gab deme ze mûte,
der des charchâres hûte,	der des charchares solde hûten,
daz er iosebe wart gnadich.	daz er iosebe wart genadic,
des ward er uile salich.	des wart er uile salic.
er begunde in minnen,	Er begunde in minnen,

3819 rief *Pi² SmE* **3820** hie *Pi² SmE* **3822** hie *Pi² SmE* **3831** in in *Pi² SmE* **3836** uerriet *Pi²*, verriet *SmE*

370 in part **382** da widere **383** sine me **386** diuir worhten **389** ir barmen

si sprach 'ivr herre hat wol getan
daz er gewan einen Ebraischen amman
der im selben ze lonen
mich gerne wolde honen.

4095 **V**mbe gezogen hat er mich 79, 10
gare unbillich
und hiet ich lŏte niht gehart
gare hiet er mich erbart
unde hiet mich gehonet:
4100 nu sehet wie er minem herren hiete | gelonet, [55v]
als ich rief
den mandil er lie und uon mir lief.
da bi muget ir wol sehen
waz hie wære geschehen
4105 ob ich hiete geswigete 79, 15
do er mich also zogerte.'

Der herre dar nach schiere chwam,
div urowe chlagunde lief in an,
bi dem mandil wolde si ir leit rechen:
4110 nu waz mohte Joseph da wider gesprechen
wan er gelŏbte sinem wibe
sam sin selbes libe.
er hiez in in den charchær werfen 80, 1
undir die uerworhten:
4115 also het Joseph ane schulde
uerlorn sine hulde.

Do begunde ez got erbarmen
daz si uerriet den armen;
er gap dem ze mŭte
4120 der des charchæres hŭte
daz er Joseph wart genædich: 80, 5
des warde er uil sælich.
der begunde in minnen,

4092 mamman **4110** widir **4113** den] der

4092 amman *Di¹* **4110** wider *Di¹* **4113** den *Di¹*

W

er ne wolte in duingen.
er beualech ime alle die 57, 25
die in noten waren,
3845 daz er sí begi | enge, *[82v]*
suîe iz ime geuîele.
want er was innen worten
daz er mit werchen iŏch mit worten
alzane got meinte,
3850 daz er hie wol besceinte.

V

er ne wolte in niht dvingen,
er beualch ime durh sine gûte
alle di da waren in der nôte,
daz er si beginge 200
400 svi so ime geuile,
wande er was innen worden,
daz er in werchen unde in worten
al nah gote meinete,
svasso er besheinete.

3850 *nach* besceinte *Rest der Zeile freigelassen +
9 Leerzeilen für Rubrum 75 und für Bild 60*

3843 er bevalech ime durh sîne guote *SmE* | die
fehlt *Do¹* **3844** alle die dâ wâren in der nôte
SmE **3845** si *Pi²* *SmE* **3846** suie *Pi²*, swie
SmE | geuiele *Pi²*, geviele *SmE*

---

402 woreten

---

397 durch *Di²* **402** worten *Di²*

        er wolde in niht bedwingen,
4125   er beualch im zeware
        alle die in dem charchær waren
        daz er si begienge
        swie *iz* im selbem geuiele,
        wan er was inne worden
4130   daz er mit werchen noch mit worten
        schuldich was unde doch got meinete,   80, 10
        als er diche bescheinte.

Des herren phistir und sin schenche
heten an ir dienste gewenchet,
4135   **dar umbe wrden si zeware**
        geworfen in den charchœre.

4128 swie im **4133–4136** *Rubrum 75 und Bild 60: Bäcker und Schenk in den Kerker geworfen*

4128 [iz] *Di¹*

W

Do in allen gahen
zuene wider den chunich missetaten,
ein phister und ein scenche,   57, 30
si můsen in daz gebende.
3855 in den charchâre man si warf,
in daz gebente uile starch.

Josebe wurten si beuolehen.
er nelie si nieht suellen,
er gab in maz unde tranch,
3860 er die | note in gotes danch.   *[83r]*
er begîe sí gnote
mit suiu er hête.

Do die selben herren   57, 35
wol stunte da waren,
3865 eines nahtes daz gescach,
daz ir iewederer einen troum gesach,
wî sîn dinch scolte ergen.
der chunig hête sî unsanfte besten,
si waren in sorgen
3870 waz ir scolte werden,
si waren unurô.
ioseph sprach in zů

'**J**a iar gůten chnehte,   57, 40
iz neuert umb iuch nieht rehte.
3875 ir gehabet iuch hiute ubile,
iz nezâme nieht adale.
saget waz iu si
und wesit piderbe.'

V

405 **D**o in allen gahen
zvene wider den chunic missetaten,
ein phister unde ein schenche,
si můsen in daz gebende.
in den charchare man si warf,   205
410 in daz gebente uil star*c*h.

Josebe wurden si beuolehen,
er ne li si niht svellen,
er gab in maz ioh tranc,
er dinote in gote danc,
415 er begi si genote
mit sviv er hete.

Do di selben hêrren
lange da gewaren,
eines nahtes daz gescah,   210
420 daz ir iwederer einen trovm gesach,
wi sin dine solde irgên,
der chuni*c*h hete si unsa*n*fte besten.
si waren in sorgen,
waz ir solte werden,
425 si waren unfrô.
iosep sprah in zů:

'**J**a ir gůten knehte,
ez vert umbe evh unrehte.
ir gehabet evh hivte ubele,   215
430 iz ne zâme niht adele.
saget mir ev si,
unde weset biderbe da bi.'

---

405 Do] Uo   406 misse taten   410 starh
411 Josebe] Uosebe   413 gab] g *auf Ras.*
414 di note   417 Do] Uo   420 ~~daz~~ *vor* einen
421 dine] n *aus* e *korrigiert*   422 chunic | unsafte   428 uert   432 weset] e *auf Ras.*

3873 J-*Initiale fehlt*

3857 Josebe *Ho SmE*, Jôsêbe *Pi²*, Iosebe *Do¹*
3861 begie si *Pi² SmE*   3867 wi *Pi²*
3868 chunich *Pi²* | si *Pi² SmE*   3873 Ia jar *Do¹*,
Jâ ir *Pi²*, Jâ jâ, ir *SmE*   3877 saget mir waz *SmE*
3878 biderbi *SmE*

405 Do *Di²*   410 starch *Di²*   411 Josebe *Di²*
417 Do *Di²*   420 iwederer *bei Di²* er² in [ ]
422 chunich *Di²* | unsanfte *Di²*   427 guten *Di²*
428 vert *Di²*

      Do in allen gahen   *[56r]*
      zwene widir den chunich getaten,
      ein phistir unde ein schenche
4140 si můsen in daz gebende;
      in den charchær man si warf,   80, 15
      des herren zorn was in starch.

      Joseph wrden si beuolhen,
      der lie si niht swellen;
4145 er gap in maz unde tranch,
      an in dienot er den gotes danch,
      er half in genote
      mit diu unde er hete.

      Do die selben herren
4150 lange stunde da waren
      eines nahtes daz geschach   80, 20
      daz ir iewedir einen trŏ*m* gesach.
      si nam wndir wie ir dinch solde ergen;
      der chunich het si unsanfte besten.
4155 si waren in sorgen
      waz ir solte werden,
      si waren unuro.
      Joseph sprach in zů

      'Jaria ir gůte chnehte,
4160 iz neuert umbe ivch niht rehte;
      ir gehabet ivch hivte ubile,   80, 25
      ez gezimt niht ivrem adele,
      habet got uor ŏgen
      unde saget mirz also tŏgen,

4152 trŏ

4152 trŏ[m] *Di¹* **4156** solde *Di¹*

W

si sprachen do
3880 etwaz trurichliche

'Svare ist uns getroumet, 58, 1
leider niemen uns iz skeidet.'
ioseph antwurt in
'got scol iuch trosten.
3885 waz ub ir mir sagetet
waz iuwe ware gescûmet?
mach skehen daz ich iz iu skeide,
als | iz iw ergienge.' [83v]

Do sprach der skenche, 58, 5
3890 mislih waren sine gedanche:

'Do ich hineht was intsuebe
in micheler unhebe,
do sach ich drî wînrebe
prozzen unde plůn,
3895 zů zitigen perigen sich machen.
do chom mir skiere

des chuniges pechâre.
den nam ich in mine hant, 58, 10

3880 nach trurichliche Rest der Zeile
freigelassen + 1 Leerzeile für Rubrum 76a
3881 S-Initiale fehlt | nach ist Rest der Zeile
freigelassen für Rubrum 76a 3891 intsube

3879 do fehlt Ho Pi² 3880 trûrichlîche Pi²,
trûrichlîcho SmE 3881 Svare Do¹, Zuare Ho,
Zuâre Pi², Swâre SmE 3888 iw] iu SmE
3890 mislîh wâren sîne gedanche bei Pi² in ( )
3891–3893 Dreireimproblem, vgl. Einleitung
S. LXV 3891 instuebe Ho Pi² Do¹, intswebe Pr
SmE 3892 unhabe Pi²

V

Si sprachen do
ettewaz truerclicho,

435 'svare ist uns getrovmet,
leider niman iz uns irsheidet.'
Josep antwurte in:
'got der scol evh trosten.
waz ob ir mir sagetet, 220
440 waz ev ware geshehen;
mach skehen daz ich iz irshîde,
also ez irginge.'

Do sprach der shenche
mislih waren sine gedanche:

445 'Do ich hinet was insvebet
in micheler unhabe,
do sah ich dri winrebe
prozzen unde plůgen,
ze zitegin pergen sich machen. 225
450 Do chom mir shîre

des chuneges pechare;
den nam ich in di hant,

---

435 getrovmot 437–438 in got] ingot. der
438 ev irosten 443 sprah 445 ich] i aus u
rad. | in svebet 446 micheler unhabe] michebe
447 driwin rebe

---

435 getrovmet Di² 438 evh trosten Di²
439 sagetet] sagetet mâre Di² 440 gesehen]
gesehen wâre Di² 441 mach skehen
Ergänzung nach W Di² 443 sprach Di²
446 micheler unhabe Di²

4165	ir birt in unmůte.'	
	do sprachen die gůten:	

Den phistir und den schenchen
begunde ein trŏm chrenchen,
Joseph sageten si in einem,
4170 **der chunde in bescheiden.**

'Sware ist uns getrŏmet;   80, 30
ist daz ir uns daz gelŏbet,
daz wolde got der uns zerloste.'
Joseph begunde si trosten,
4175 er sprach 'waz wirret daz ir mir saget
waz iv getrŏmet habet,
uil lihte ichz iv bescheide,
des danchet mir danne beide.'

Des anturt im der schenche,
4180 mislich waren sin gedanche,

'Do ich hint was enswebe   80, 35
in michiler unge | hebe,   *[56v]*
do sach ich dri winreben
prozzen unde ze dem blůde streben,
4185 ze zitigen peren sich machen,
do chom mir mit gemache
uon houe der was lære   81, 1
des chuniges pechære,
den nam ich in min hant,

4167 *vor der Initiale Ras.*   **4167–4170** *Rubrum 76 a*   **4169** sageten sageten

---

4169 sageten *Di¹*

W

        dei pere ich dâr in duang.
3900 deme chunige ich iz trůg,
        neheines arges er wider mich gewůg.'

        Joseph ime antwurte
        nach rehtem geuerte
        'so wol dich des troumes!
3905 uber drî tage du gedingest:
        der chunig dîn gedenchet,   58, 15
        uile skiere er nach dir sendet.
        er uerchiuset dine sculde
        und gît dir sine hulde.
3910 leides er dich ergezzet,
        wider an din ambahte dich setzet.
        den pechâre du im biutest,
        also du ê wonetest.
        sich daz du min nieht uergezzest,   58, 19
3915 so du an dînen gewalt widere
        und dir wole sî.   [gesizzest   [84r]
        sich wîe mir hîe si.

        Ich wart inzukchet,
        in ditze lant uerchoufet.
3920 ane sculde
        flos ich mines herren hulde.
        do warf man mich sare
        in disen charchâre,
        in dise uinstere grůbe.   58, 25
3925 nu tů du iz gote ze liebe:
        du rât deme chunige
        daz er mir gnade,
        daz er mich hinnen lose,
        ê ich den lîp fliese.'

V

        di pere ich dar in | dvanc,   [80a]
        deme chunege ich ez truc,
455 necheines arges er her zu mir gewůch.'

        Josep ime antwurte
        nah rehteme geuerte:
        'so wol dich des trovmes!   230
        uber dri tage du gedingest,
460 der chunic din gedenchet,
        uil shire er nah dir sendet.
        er uirchůset dine sculde
        unde git dir sine hulde,
        leides er dich irgezzet,
465 an din ampahte er dich setzet,
        den pechare du ime butest,
        also du ê gewonetest.
        Sih daz du min nine uirgezzest,   235
        so du an dineme gewalte gesizzest,
470 unde dir wole si;
        so gedenche wi mir hî sî.

        Ich wart inzucchet,
        in dizze lant uirchovfet,
        ane mine sculde
475 flôs ich mines herren hulde.
        do warf man mich sare
        in disen charchare,
        in dise uinstere grube.   240
        nu tu du ez gote ze libe,
480 du rat deme kunige,
        daz er mir genade,
        daz er mich hinnen lose,
        ê ich den lip uirlise.'

3902 Ioseph **3929** nach fliese *Rest der Zeile freigelassen für Rubrum?*

3899 dâr induang *Ho*, darîn duang *Pi²*, dar în dwang *SmE* **3902** Joseph *Ho SmE*, Jôsêph *Pi²* **3917** sich] sô gedenche *SmE* | wie mir hie sî *Pi² SmE*

---

455 zů **456** ant wurte **458** dich] mich **460** der] r *aus* f *rad.* **465** set zet **470–471** siso **472** Uch] *in* U *ein kleines* i *geschrieben* **475** hude

---

455 her zu mir in *bei Di²* in [ ] **458** dich *Di²* **475** hulde *Di²*

4190 dei pere ich dar in dwanch,
dem chunige ich den pechir trŭch:
deheines arges er widir mich gewch.'

Joseph im anturte
nach war und nach rehte
4195 'so wol dich des trŏmes! 81, 5
ubir dri tage du gedingest,
der chunich sines zornes gedenchet,
uil schiere er nach dir sendet;
er uerchivset dine schulde
4200 unde git dir sine hulde,
leides er dich ergezzet
an din ambit er dich sezzet,
du bivtest im den bechære
so du e gewon wære.
4205 nu sich daz du min iht uergezzest; 81, 10
so du an dinen gewalt gesitzzest
unde dir wol si
so solt du gedenchen min.

Ich wart gezuchet
4210 in ditzze lant uerchŏffet,
gar ane schulde
ulos ich mines herren hulde;
do warf man mich sare
in disen charchære
4215 in dise uinster grŭbe: 81, 15
nu tŭ ez got ze liebe,
dem chunige du rate
daz er mir genade,
daz er mich hinnen lóse
4220 e mir der lip uerbose.'

4194 nah wa

4194 na[c]h¹ wa[r] *Di¹* **4197** sines *Di¹*

W	V
3930 **D**o der phister uernam	**D**o der phister uirnam,
wîe er die troume chunde skeiden,	485 wi er di trovme chunde ersheiden,
do sprach er wîe er sâhe,	er chot, ovh er sahe
do er insuebe wâre,	do er insvebet ware,
obe sineme houbte drî zêinen 58, 30	obe sineme hovbet dri zeine 245
3935 melewes folle,	mit melewe uolle,
unt in der oberisten ware	490 unde in der oberesten ware
allere brote gebare	aller der brote gebâre,
dei dehein phister chunde machen	di i dehein phister chunde gemachen,
dei man uz melewe scolte bachen,	di man ůz melewe scolte pachen,
3940 unt daz die uogile so gare frâzzen,	unde iz di uogele gare frazen,
daz si ís nieht uerliezzen.	495 daz sis niht uerlîzen.
Joseph antwurte ime des 58, 35	**J**osep antwurte ime des:
'ach ach di | nes troumes! [84v]	'ach ach dines trovmes!
der drîere zeinen	der driger zeine 250
3945 můst du wol weinen.	můst du wole weinen.
uernim waz ich dir sage:	500 uirnim waz ich dir sage:
die drî zeinen sint dise drî tage.	di dri zeine sint dise dri tage,
der chunig denne gebîutet	der chunic dannen gebůtet,
daz man dir abe slehet daz houbet.	daz man dir abesleht din hovbet.
3950 er heizzet dich an den galgen hahen. 58, 40	er haizzet dich an den galgen hahen,
da beginnent dich die uogele asen,	505 da beginnent dich di uogele âsen,
nieht si din leibent,	niht si din uirleibent
gare si dich urezzent.'	gare si dich zezanekent.'

3930 nach der Rest der Zeile freigelassen für Rubrum? **3942** J-Initiale fehlt **3953** nach urezzent Rest der Zeile freigelassen + 10 Leerzeilen für Rubrum 76 b und für Bild 61, dann Platz für Rubrum 77, vgl. Apparat M/K

3931 wie Pi^2 SmE **3932** wie Pi^2 SmE **3934** zeinen Pi^2 SmE **3937** aller Pi^2 **3941** is Pi^2 SmE **3942** Joseph Ho SmE, Jôsêph Pi^2, Ioseph Do^1 **3948** gebiutet Pi^2 SmE **3953** urezzent] zezanekent SmE

---

485 chunder sheiden **497** acch ah
504 erhaizzet **505** begunnent

---

485 chunde Di^2 **497** ach ach Di^2
505 beginnent Di^2

Der phistir niht langir dagete,
sinen trŏm er im sagete
'got' sprach er 'si gemeinet,
disen trŏm *er* mir bescheinet:

4225 Do ich in minem slaffe lach   81, 20
ein trŏm mir geschach;
ŏf minem hŏbet sách ich leinen
uon | melwe uolle dri zeinen;   *[57r]*
in der oberisten waren
4230 aller brote gebare
die dehein phistir chunde machen,
dei man ŏz melwe chunde bachen,
die uogele daz gare urazzen
daz si sin niht uerliezzen.'

4235 Joseph anturt im des   81, 25
'ach dines trŏmes!
der drier zeinen
maht du wol weinen;
uernim waz ich dir sage:
4240 die dri zeinen sint dise dri tage,
der chunich danne gebivtet
daz man dir abe slehet daz hŏbit,
an den galgen heizzet er dich hahen,
die uogil beginnent dich dar abe asen,
4245 niht si din uerleibent   81, 30
gar si dich zerteilent.'

4224 trŏm mir

4224 [er] *Di¹*   **4240** dri¹] drie *Di¹*   **4244** beginnen *Di¹*

W

3955 **V**ber drî tage gelach
des chuniges geburt tag.
michel wirtscaft er | hête
mit aller siner dîete.
da begunde er gedenchen
des sinen scenchen.

3960 **Er** bedahte sine not,
daz er ime uile hête gedienot.
er hiez in ime bringen.

3959 scechen

3957 diete *Pi² SmE* **3959** scenchen *Ho Pi² Do¹ SmE*

V

Vber dri tage gelach 255
des chuneges geburt tac.
510 michel wirtscaft er hete [85r]
undir aller siner diete.
da begunde er gedenchen
des sines schenchen.

er bedahte sine nôt,
515 daz er ime uil hete gedinot.
Er hiez in ime pringen,

---

508 der **510** wirt scaft **511** deite **516** Er ehiez

---

508 Vber *Di²* **511** diete *Di²*

Vz der zeine azzen die uogele,   82, 1
der schenche brach dei winper obene.

Pharao machet ein wirtschaft
4250 **an sinen geburtlichen tach,**
      daz ambit lech er dem schenchen,
      den phister hiez er henchen.

Vbir dri tage gelach
des wirtes geburtlich tach:
4255 michil wirtschaft er hiete   82, 5
mit | aller siner diete,   *[57v]*
da begunde er denchen
des sinen schenchen.

Er bedaht sin angist unde sin not
4260 unde daz er im wol hete gedienot,
er hiez in im bringen;

4247–4248 *Rubrum 76 b und Bild 61: Joseph als Traumdeuter zwischen Bäcker und Mundschenk*   **4249–4252** *Rubrum 77 (ohne Bild)*

4258 sinin *Di¹*

	do mv̂se er wole gedingen.	do můse er wole gedingen.
	er chod daz er ime alle sine sculde 59, 1 [uergâbe,	er chot, alle sine sculde 260 er ime uirgabe unde er wolte
3965	wolte daz er sines ambahtes phlage.	520 daz er sines ampahtes phlage.

Den phister hiez er fahen,
houbeten unde hahen.
da mûsen in die uogele asen,
als ime was geskeiden.

Den phister hiz er uahen,
hovpten | unde hahen. [80b]
da můsen in di uogele asen,
also ime was gesheiden.

3970 **S**o der scenche an daz ambahte gesaz, 59, 5
sines troumskeiden er uergaz.
er irgaz triuwen
iouch maniger riuwen
die er in dem charchâre leid,
3975 ê ime ioseph den troum skiet,
der in azte unde tranchte,
pettote ime sanfte.
der scenche des alles ergaz, 59, 10
do sin dinch begunde sten baz.

525 **D**o der scenche daz ambahte besaz,
sines trovmes sheiden er uirgaz,
er uirgaz triwen 265
ioh maneger riwe,
di er in dem charchare leit,
530 ê ime iosep den trovm shiet,
der in azte unde trancte,
pettote ime sanfte:
der scenche des uirgaz,
do sin dinc begunde stên baz.

3965 sine **3979** nach baz Rest der Zeile freigelassen + 1 Leerzeile für Rubrum 78

3965 sines Ho Do¹, sînes Pi² SmE   **3970** Sô Pi², Dô SmE

---

525 besaz] e aus a rad.   **526** er] e auf Ras.
528 vor riwe t rad.   **529** deme   **532** peitote

520 daz er wider wœge/ sines ampahtes phlage Di²   **529** dem Di²   **532** pettote Di²

do mûse er wol gedingen,
er sprach 'nu habe mine hulde,
nim din ambit, uergeben si dir din schulde.'

4265 **D**en phistir hiez er uahen 82, 10
hôbeten unde hahen,
die uogele begunden in asen,
als wir da uor lasen.

Do der schenche sin ambit ubirsaz
4270 sines trŏmgeschaiden er uergaz,
ŏch uergaz er entriwen
maniger herzzeriwen
die er in dem charchær leit,
e im Joseph den trŏm geseit.
4275 dar zŭ er in æzzet unde trenchete 82, 15
unde pettot uil senfte,
der schenche des alles uergaz
do sin dinch begunde sten baz.

3980 **D**anen uber zuêi iar [85v]
gesach der chunig uile her
einen troum suâren.
den saget er den herren.
den nechunde nehein man
3985 rehte gesceiden
noh niemen unter deme liute,
waz der troum diutte.

Do begunde der scenche
sines troumsceidares gedenchen.
3990 er sprach zů deme chunige
'herre, uernim mine ubele,
wîe mir ist geschehen,
des můz ich dir gehen.

535 **D**annen uber zvei iâr
gesah der chunic uile her
einen troum svaren, 270
den saget er den herren.
den chunde nehein man
540 rehte gesheiden,
noh under deme liute,
waz der trovm důte.

Do begunde der scenche
sines trovmes gedenchen,
545 er sprah zů deme chunege:
'herre, uirnim min ubele,
wi mir ist geshehen, 275
des můz ich dir iehen.

3980 D-*Initiale fehlt; danach 9 Leerzeilen für die Fortsetzung des Rubrums und für Bild 62*

3980 Danen *Ho Pi² Do¹ SmE* | zuei *Pi²*, zwei *SmE*
3992 wie *Pi² SmE* **3993** jehen *SmE*

---

537 trovn svare **539** *vor* chunde ne *rad.*

---

535 zwei *Di²* **537** troum svaren *Di²* **539** den chunde *Di²* **545** zu *Di²*

Der chunich in sinem trŏme sach 83, 1
4280 **da uon er het ungemach.**

Danne ubir zwei iar
gesach der chunich fur war
einen trŏm swaren
den saget er den | herren, [58r]
4285 aller der deheiner
chunde den trŏm bescheiden
noch nieman undir dem liute, 83, 5
waz der trŏm bedŏte.

Do begunde der schenche
4290 sines trŏmscheidæres gedenchen.
er sprach ze dem chunige
'herre uernim min ubile,
wie mir ist geschehen
des mŭz ich dir iehen.

4279–4280 *Rubrum 78 und Bild 62: Traum des Königs und Hinweis auf Joseph im Kerker*
4280 ungimach

4280 ungemach *Di¹*

W

　　　Ich | unde din phister　　　　　[86r]
3995　lagen in charchares uinster.
　　　da beualech man unsich inne
　　　einem hebreisken iungelinge.
　　　der tet uns al daz gůt　　　　　59, 20
　　　daz ime got gebot.

4000　Do zeinem mâle
　　　troumte uns beiden suâre.
　　　des begunden wir truren,
　　　er begunde uns trosten.

　　　Vuir sageten ime die troume.
4005　die sciet er uns sliume,
　　　er sprach ich gewunne dine hulde,　59, 24
　　　daz man auer den phister hienge.
　　　der îewederiz wart,
　　　so sin nîe uerwandelot wart ein wort.

4010　Mich pat er gnoto
　　　daz ich sin wider dich gedahte,
　　　daz ich dir chunte
　　　daz er ware ellente,
　　　ime heten lugenare　　　　　59, 29
4015　gemachot daz er ware geworfen
　　　　　　　　　　　　　[in charchâre,

　　　daz du durch dine gůte
　　　namest in uz der note.'

4009 uerwandelot] *radiertes* d *nach* uer
4017 *nach* note *Rest der Zeile freigelassen + 1 Leerzeile für Rubrum 79 und am Anfang der folgenden Seite*

4004 Vuir] Wir *SmE*　**4008** iewederiz *Pi² SmE*
4010 genôte *Pr SmE*
4014–4015 *Dreireimproblem, vgl. Einleitung S. LXXIII*　**4014** hêten gemachôt lugenâre *SmE*
4015 wâre *SmE*

V

　　　Ich unde din phister
550　lagen in charchares uinstere.
　　　da beualch man unsich inne
　　　eineme ebreishen iungelinge,
　　　der tet uns al daz gůt,
　　　daz ime got gebot.

555　Do zeineme mâle
　　　getrovmte uns beiden svâre.
　　　des begunde wir truren,　　　　280
　　　er begunde unsich trosten.

　　　wir sageten ime di trovme,
560　di irshît er uns *sliume*.
　　　er chot, daz ich dine hulde gewunne
　　　unde daz man den phister hinge.
　　　Der îwederez wart,
　　　nehein wort uirwandelet wart.

565　mich pat er gnôte,
　　　daz ich sin wider dich gewůge,
　　　daz ich dir chunte,　　　　　285
　　　daz er ware ellende,
　　　ime heten *lugenare*
570　*gemachet* daz er ware
　　　geworfen in den charchare

　　　daz tu durh dine gůte
　　　in namest uzer note.'

---

553 aldaz　**560** palde　**569–570** im heten gemachet/ lugnare daz er ware

---

552 ebreisken *Di²*　**560** sliume *Di²*
563 îwederez] îwederez ervullet *Di²*
569–570 lugnare/ gemachet *Di²*

4295	Ich unde din phistir	
	lagen in des charchærs uinstir	
	da beualch man uns inne	83, 10
	einem ebreischem iungelinge	
	der tet an uns allez gůt	
4300	daz im selbe got gebot.	

Do ze einem mâle
trŏmot uns zeware
da uon wir trŏroten,
er troste abir uns genote.

4305	Wir sageten im unsir trŏme,	
	die schiede er uns uil slŏne:	
	er sprach 'ich gewnne hulde,	83, 15
	den phistir hienge man umb sine schulde:	
	der dewedirz sich uerwandelot,	
4310	ich lebe, der phistir lach tot.	

	Er bat mich in gůtir andæhte	
	daz ich sin widir dich gedæhte,	
	und daz ich dir chunte	
	er wære ellente,	
4315	im heten luginære	
	gemachet dise swære	
	unde daz er wære geworfen	83, 20
	in des charchæres molten.	
	er bat dich bitten durch dine gůte	84, 1
4320	daz du im hulfest ŏzzir dirre note,	
	er wolde mit rehte unde mit minnen	
	siner unschulde dich innen bringen.'	

4309 dwedirz

4309 d[e]wedirz *Di¹* **4311** gutir *Di¹*

W	V

W:

Der chunig gebot [86v]
man brahte ime den man gůt,
4020 daz man in padote und scare,
watete inen ziere.

Als er in gesach,
ich weiz er ime zů sprach

'Ich mach wole iehen 59, 35
4025 daz ich starche troume habe gesehen.
dîe ne wolt ich melden
neware minen holden.
under den neuant ich neheinen man
der mir si chunde geskeiden.

V:

Der chunic gebot,
575 man brahte ime den man gůt,
daz man in batete unde shâre, 290
watote *inen* shire.

Also er in gesah,
ich weiz er ime zu sprah

580 'ich mac wole iehen,
daz ich starche trovme han gesehen,
di newolte ich melden,
niman wan minen holden.
under den neuant ich niman,
585 der mir si chunde gesheiden.

4018 *davor 10 Leerzeilen für die Fortsetzung des Rubrums und für Bild 63*

4022 Alsô *SmE*

577 watote shire **579** zusprah **582** dine wolte

577 inen *Ergänzung nach W* Di²

**Pharao wolde des niht enbern,
Joseph hiez er schone schern,**
4325 **er chleidet in mit gůtem gewande:
sine trŏme saget im der chunich ze hande.**

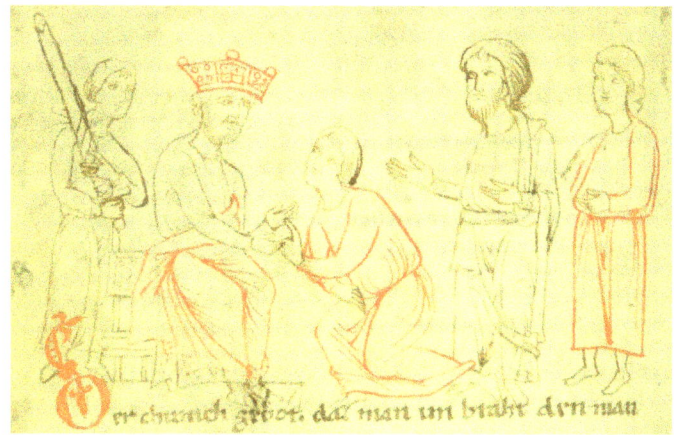

[58v]

Der chunich gebot 84, 5
daz man im braht den man gůt
unde in badet schiere,
4330 gechleideten in gewant ziere.

Also er in ansach
disiv wort er im zůsprach

'Ich mage wol iehen,
starche trŏme habe ich gesehen,
4335 die wolde ich ze nieman melden
wan ze minen holden;
undir den uant ich deheinen 84, 10
der mir si chunde bescheiden.

4323–4326 *Rubrum 79 und Bild 63: Joseph vor dem König* **4326** hande] hade; *zwischen* a *und* d *ein Buchstabe* (n) *ras.?* **4330** gwant **4337** den *zwischen* undir *und* uant *übergeschrieben*

4326 ha[n]de *Di¹* **4330** gewant *Di¹*

W

4030 Do sagete man mir,
ub | ich si zalte dir, *[87r]*
daz da uore nieht ne ware, 59, 40
du nesagetest mir suaz da uz geskahe.'

Do sprach ioseph
4035 'des uermizze ich mich nieht.
got antwurte deme chunige
franspůt âne mine skeiden.
gerne wil ich doch uernemen
waz ime in troume si chomen.'

4040 Er ne redete nieht mere.
do sprach der chunig here

'Ich weiz mich peduhte, 59, 45
do ich mines slaffes brûhte,
wie ich stůnte eine
4045 an eines stades reine.
do giengen uz der ahe 60, 1
siben chů rade,
feizte unte scône.
si giengen an daz cras grůne,
4050 an dere weide
giengen si mit uroude.

Daz stůnt unlenge,
ê andere sibene giengen ennen,
magare und unscone, 60, 5
4055 ich ne gesach nîe wirs getane.
die feizten si frazzen,
den hunger doch negebůzten.

4041 *nach* here *halbe Leerzeile* 4049 si
giengen] sigi|engen, i² *aus* e *(oder* r*) rad.*
4056–4057 den] n *aus* r *(oder* m*) rad.*

4042 mih *Pi²* 4049 gras *SmE* 4055 nie *Pi²*
SmE 4056–4057 si vrâzzen die
veizten:negebuozten *He*

V

Do saget man mir, 295
ob ich si gezalte dir,
daz da niht uore ware,
du ne sagetest mir svaz dar uz geshahe.'

590 Do sprah iosep:
'des ne uirmizze ich mich niht.
got antwurte deme chune | ge *[80c]*
fransmůte an minen sheiden.
Gerne wil ich daz uirnemen,
595 waz ime in trovme si zů chomen.'

er ne redete niht mêre. 300
do sprah der chunic hêre:

Ich weiz mich beduhte,
do ich mines slaues bruhte,
600 wi ich eine stunde
an eines stades reine.
Do gingen v̊z der ahe
siben chů rade,
ueizte unde shone.
605 si gingen an daz gras grůne,
an der wise. 305
gingen si mit frovde.

Daz stund unlange,
ê andere sibene chomen ennen,
610 magere unde unshone,
ich negesah ni wirs getane.
di ueizte si frazen,
den hunger doh niht gebuzten,

---

593 frans můte 594 Gerne] Derne 597 hêrre
603 chů 606 ander 609 an dere
611 wirsgetane 613 gebuzen

---

589 dune *Pi²* 594 Gerne *Di²* 597 hêre *Di²*
599 slauis *Pi²* 603 chů *Di²* 606 wise
bescovde *Di²* 608 inlange *Pi²* 613 doh *bei Di²*
in [ ] | gebuzten *Di²*

　　　　Do saget man mir
4340　ob ich si zalte dir
　　　　daz da uor niht wære
　　　　du nesagest mir dei gewissiv mære.'

　　　　Do sprach Joseph
　　　　'des uermizze ich mich niht;
4345　got si gesaget ivr trŏm,
　　　　der mŭzze sin och haben gŏm;
　　　　wande abir ir mir wol gelŏbet　　　　　　　　84, 15
　　　　so saget waz iv si getrŏmet.'

　　　　Er redete niht mere
4350　do sprach der chunich here

　　　　'Ichne weiz wes mich bedŏhte
　　　　do mich der slaf brŏhte;
　　　　wie ich stŭnde eine　　　　　　　　　　　　　85, 1
　　　　an eines stades reine
4355　do giengen ŏz der ahe
　　　　siben chŭ gerade
　　　　ueizt unde schone,
　　　　si giengen an daz gras grune
　　　　ze miner beschŏde
4360　mit ir grozzen urŏde.'

　　　　Daz stŭnde unlange;　　　　　　　　　　　　[59r] 85, 5
　　　　andir suben chomen gegangen
　　　　magere unde unschone,
　　　　ich ne gesach nie wirs getane:
4365　die ueizten si urazzen,
　　　　den hungir nie gebŭzzeten,

4364 wirs] s *auf Ras.*

4351 bedohte *Di¹*　**4358** daz] z *schwach erkennbar, bei Di¹* z *in* [ ]　**4364** [ich ne gesach] *Di¹*

W

an in niener skein,
ub si inbizzen der | feizten dehein.

4060 Des troumes ich intspranch.
do nestůnt iz porlang,
ê mir was sam ich sahe
da uzze an der sâte
in dem tualme
4065 wahsen an einem halme
siben eher sconiu
unde uolliv.

Danah sach ich sibiniu,
slachiu iouch durriu.
4070 dei uollen si ane scrichten,
uil skiere si uerslickten.'

Do sprach ioseph
'ditze neist trugeheit nieht.
der chunig sah eine
4075 die gotes getougine.
er gerůhte ime offenen
daz er wil stiften.
des in ist zuiuel nehein,
die troume sint pede ein.

4080 Dei siben rinder feiztiu
und dei siben eher uolliu
daz sint siben iâr gůtiu,
alles rates uolliu,
so nîe bi mannes geburte
4085 neheiniu bezzeriu wurden.
niene wart der geborn,
bi dem baz wurde fleisk unde chorn,

4087 dem *auf Ras.*

4058 nien erskein *Pi²*, niene erskein *SmE*
4084 nie *Pi² SmE* **4085** wurten *SmE*

V

an in nider ne shein
615 ob si inbizzen der ueizte dechein.

Des trovmes ich inspranc. 310
done stunt iz por lanc,
ê mir was, sam ich sahe.
da ůze an der sate
620 in deme tvalme
wahsen an eineme halme
siben eher shonev
unde uollev.

danach sah ich sibenev
625 slahchev unde durriv,
di uollen si ane srihten, 315
uil shire si si uirslihten.'

Do sprah iosep:
'dizze nist trugeheit niht,
630 der chunic sach eine
di gotes tovgen,
er gerůhte ime offenen,
daz er wil stiften.
des nist zviuel nechein,
635 di trovme sin beide in ein.

Di siben rinder ueiztev 320
ioh dev siben eher uollev
daz sint siben iâr gůtev,
alles rates uollev,
640 so ni bi mannes geburte
neheinev bezzeriv wurten.
ni ne wart der geborn,
bi deme baz wurte flei*sh* unde chorn,

---

614 ni^eder **619** ander **633** stifen **636** ueizt
640 geburtes **643** fleihs

614 nider *Di²* **623** vollev *Di²* **633** stiften *Di²*
636 ueiztev *Di²* **640** geburte *Di²* **643** fleish *Di²*

an in ninder uleisch schein
niwan daz pare pein.

Des trŏmes ich entspranch,
4370 do nestund ez porlanch
biz ich was als ob ich sæhe 85, 10
da uzze an der sæte
in dem twalme
wahsen an einem halme
4375 siben eher schoniv
dei waren eben uolliv.

Darnach sach ich subiniv
slachiv ioch durriv,
dei uollen si an schrihten
4380 uil schiere si si uerslihten.'

Do sprach Joseph 85, 15
'der chunich hat gesehen reht,
gesehen hat er in dem trŏme
dei gotes tŏgen,
4385 er hat im gerŭchet zeroffenen
daz er schiere wil begen,
wan des ist zwiuil dehein,
die trŏme gánt beide in ein:

Dei suben rindir ueiztiv
4390 dei suben eher uolliv,
daz sint suben iar gŭt 85, 20
mit allem rate wol behŭt,
so nie bi unsir geburte
bezzir iar wrten.
4395 nie wart mennisch dehein geborn
bi dem baz wrde uleisch unde chorn,

4388 bide

4388 b[e]ide *keine eckige Klammer bei Di¹* **4390** volliv *Di¹*

W

ole noh win.
wie mahtin si bezzere sin?

4090 **D**a | nah choment sibiniu   *[88r]*
so freis*lichiu*,
daz lutzel liutes bestet,
iz ne lige hungeres tot.

So daz chorn zerinnet,   60, 25
4095 so ist daz fihe skiere wirt furebraht,
so můzzen si suellen,
uore hungere chuellen.
wîe mahte in *wirs* sin?
so můzzen si irsterben.

4100 **V**vil du mines rates růchen,
du scolt dir einen wisen man sůchen
der nah dir daz lant   60, 30
habe in siner gewalt,
deme daz liut si undertan.
4105 der setze sinen ambtman
uber îegelich gou,
uber chorn iŏch hou.
den in disen siben iaren
daz nieht uersmahe,
4110 sine heizzen mannegelich fazzen án 60, 34
sines chornes daz finfte teil,   *[sin seil*
trage iz zů froneme stadile
oder fůr iz ûf sineme wage*ne*.

Man scol dir iz frŏnen,
4115 den chunftigen hunger da mite hônen.

4091 freissam **4098** wrs **4113** wage

4091 freislichiu *Do¹ SmE* **4095** ist *fehlt SmE*
4098 wirs] wie *Pi² SmE*; wirs *Ho Pi² Do¹ SmE*
4106 iegelîch *Pi²*, iegelich *SmE* **4110** an *Pi²*
SmE **4113** wagene *Ho Pi² Do¹ SmE* **4114** scul
Pi²

V

ole noh win,
645 wi mohten si do bezzer sin?

Danah chomen sibenev   325
so fleislichev,
daz lutzel lute bestet,
ez ne lige allez tot.

650 **D**o daz chorn zvirot,
so ist shire daz uihe uurbraht,
so mǔzen si svellen,
uor hunger chollen.
wi mohte in wirs sin?
655 so muzen si sterben

Uvil du mines rates rǔchen,   330
du solt einen gewissen man suchen,
der nah dir daz lant
habe in siner hant,
660 deme daz livt si undertan.
der sezze sinen ambetman
uber igelich g*ouwe*,
uber chorn unde howe.
di in disen siben iaren
665 daz niht uirsmahen,
sine heizen manneclich an sin seil 335
fazzen sines chornes daz finfte teil
tragez zů froneme stadele
oder uur ez ůf sineme wagene.

670 man scol ez fronen,
da mite sol man den hunger honen. *[80d]*

---

648 lut zel **657** solt] o *aus* u *korrigiert* | ge
wissen **660** under tan **661** ambet man
662 gouwe] gůt

---

647 fleislichev] *nachträgliche Besserung Pr*
657 sult *Di²* **662** gouwe *Di²* **669** uf *Di²*
671 sol man *bei Di²* in *[ ]*

　　　　ole noch win,
　　　　wie mohten si bezzir sin?

　　　　Darnach choment subiniv
4400　　so reht ureislichiv
　　　　daz luzzil lŏte bestet, 85, 25
　　　　ez enlige allez hungirs tot.

　　　　So des chornes zerinnet
　　　　daz uihe man schiere furbringet,
4405　　so mŭzzen si swellen
　　　　uor hungirs not chwellen:
　　　　wie moht in danne wirs sin
　　　　chunich liebir herre min. [59v]

　　　　Wil du mines rates rŭchen,
4410　　einen wisen man solt du sŭchen
　　　　der nach dir habe daz lant 85, 30
　　　　in siner gewalt,
　　　　dem daz livt si undirtan,
　　　　der setzzet sinen amman
4415　　ubir ein iegelich gŏ
　　　　ubir chorn unde hŏ,
　　　　den in disen suben iaren
　　　　daz niht uersmahe,
　　　　sine heizzen mannechlich uazzen an sin seil
4420　　sines chornes daz funfte teil,
　　　　trage ez urone stadele 85, 35
　　　　odir fŭr ez ŏf sinem wagene.

　　　　Man sol dirz uronen
　　　　den chunftigen hungir honen,

4424 den] e *über* d *übergeschrieben*

4400 ureislichiv] *nachträgliche Besserung Pr*　**4419** uazzen an sin seil] *s. Anm. 85, 34 Di¹*

W	V
so iz so tiuren beginnet,	soz tveren beginnet,
daz niemen | nieht uindet, [88v]	daz niman niht inuindet,
so scolt du in da mite helfen,	so scolt du da mite helfen,

4120
bedeu geben iŏch uerchouffen.
so genisit dir daz liut,   60, 40

675 geben unde uirchovfen.
so geniset dir daz livt,   340

daz wirt dir uil liep.
so mag man dir gesân.
so dunchet iz mich wole getan.'

daz wirt dir darnah liub,
so mac man dir gesan:
so dunchet ez mich wol getan.'

Do sprach der chunig uber lût,
4125   daz horte manig sin trût
'wâ magen wir deheinen man finden,

680   **D**o sprah der chunic uberlv̊t,
daz hôrte manec sin trût:
'jane mege wir niht uinden deheinen man

4123 *nach* getan *10 Leerzeilen für Rubrum 80 und für Bild 64*

4119 bêden *Pi²*, bêdiu *SmE*   **4122** sô mag man vone dir gesain *He*

---

673 in uindet   **678** gesam   **680** uber lv̊t
682 *am Zeilenanfang Lücke für einen Buchstaben*

---

678 gesan *Di²*   **682** jane *Di²*

4425 wan so ez tivren beginnet   86, 1
      unde nieman niht uindet,
      so solt du mit gelfe
      in lihen unde helfen
      unde darzů uerchŏffen
4430 so si choment gelŏffen.
      da uon stirbet dir der livt niht,
      daz wirt dir danne uil liep:
      so mage man den achir widir besæn,   86, 5
      daz wirt dir liep als ich wæn.'

4435 **Do Joseph den trŏm beschiet**
      der chunich sich des beriet;
      Joseben lech er den gewalt
      ubir al Egiptin lant.

      Do sprach der chunich ubirlŏt
4440 daz ez horte uil | manich sin trŏt   [60r]

4435–4438 Rubrum 80 und Bild 64: Joseph wird die Statthalterschaft über Ägypten verliehen

W

des gotes geistes so follen,
so mich dunchet dirre man 60, 45
der minen troum so wol hat | [89r]
    [geskeiden?]'

4130 Ich neweiz in miner gewalt
neweder iunge noh alt
der dir si gelich. 61, 1
uon diu wil ich
daz du nah mir sist
4135 der allerheriste
liutes unde lantes,
daz du sîn alles waltes,
noh nieman sî so riche
er ne scule dir intuichen,
4140 tůn al daz du gebietes 61, 5
oder an suaz tu si leites.

Et ich heizze der herre,
ich ni ger sin nieht mere,
des stůles unt des namen
4145 sculen si mich dir fore haben.'
der chunig hêre
sprach iŏch mere

'Nv han ich dich giweltich gitan 61, 10
uber al daz ich han.'

4147 nach mere Rest der Zeile freigelassen + 1 Leerzeile für Rubrum 81 4148 giweltich] nach giwel Rest der Zeile freigelassen für Rubrum 81

V

des gotes geistes so uollen,
so mich dunchet dirre man,
685 der mine trovme so *wol* hat irsheinen.

Ich ne weiz in miner gewalt 345
weder iungen noh alt,
der dir si gelich.
uon dev so wil ich,
690 daz *d*u nah mir sist
der allerheriste sist,
livtes unde landes
daz du sin alles gew*al*tes,
Nimen si so riche,
695 er ne sule dir intvichen,
tůn al daz du gebutest, 350
oder svaz du si lazest.

ot ich heize der herre,
ich ne gere sin niht mere
700 des stules unde des namen
sc*ulen* si mich dir uore han.'
Der chunic hêre
sprah zů iosepe mere.

'nu han ich dich gewaltic getan
705 uber al daz ich han.'

---

683 gaistes 685 so hat 690 tu 691 aller heriste 693 gewltes 696 aldaz 698 otich 701 sculen] scubi 705 aldaz

683 geistes Di^2 685 wol *Ergänzung nach* W Di^2 690 du Di^2 693 gewaltes Di^2 701 sculen Di^2 705 al] allez Di^2

'wa mugen wir deheinen man uinden
gůtes geistes also uollen,
so mich dunchet dirre eine   86, 10
der mir minen trŏm so wol hat bescheiden?'

4445 Ich neweiz in niht in miner gewalt
wedir iungen noch alt
der dir si gelich:
uon div wil ich
daz du nach mir bist
4450 der allir oberist,
livtes unde landes
alles du sin waltest;
nieman si so riche   86, 15
er nemůzze dir entwichen
4455 tůn swaz du gebivtest
unde uar*n* swie du in leitest.

Niwan daz ich heizze herre,
ich ger sin niht mere,
des stůles unde des namen
4460 schulen si mich uor haben.'
dannoch redet mere
der chunich here.

Der chunich zoch abe der hant sin   86, 20
ein guldin uingirlin,
4465 **er gapz im an sin hant,**
da mit lech er im den gewalt.

'Nu han ich dich gewaltich getan
ubir allez daz ich han.'

4447 si] *danach ras.*   **4454** enttwichen   **4456** uar   **4463–4466** *Rubrum 81*

4451 livtis *Di¹*   **4454** entwichen *Di¹*   **4456** uar[n] *Di¹*

384 — W

V

4150	Daz gifingir er nam abe siner hant wolgitan. inen er iz ane legite, zi deme giwalt inen stabite.	

Ich weiz er in ane watet
4155 einen saben gůt,
      umbe sinen hals einen pouch
      der was | aller rôt golt,   [89v]
      hiez in setzen ûf sin gereite,   61, 15
      after der burg bileiten,
4160 daz sin bote foregienge,
      gibute daz man în inphienge,
      daz simi alle chniutin ingagini
      also deme chunige.

      Der chunig sprach mere
4165 durch iosebes êre

      'Ich pin iz pharao,
      da horet îu alle zů:
      niemen niwegi sinen fůz noh hant   61, 20
      uber allez ditze lant
4170 unt si uile stilli,
      iz ni si iosebes willi.

      Ich niwil ouch nieht
      daz er heizzi ioseph,
      er heizzit pillichere
4175 der werlt heilare.'

Daz fingirlin er nam   355
ab der siner wolgetan hant,
in erz ane legete,
zů deme gewalte er in sta*be*te.

710 Ich weiz er in ane watete
     einen saben guten,
     umbe sinen hals einen bovch,
     der was aller golt,
     er hiz in sitzen uf sin gereite,
715 after der burc leiten,
     daz sine boten uore gingen,   360
     gebuten daz man in inphinge,
     daz si ime alle ch*n*iten ingegene,
     also ingegen deme chunege.

720 Der chunic sprah mêre
     durh iosebes êre:

     'Ich pin *iz* pharao,
     da horet ev alle zů,
     niman newege sinen fůz noh sine hant
725 uber allez dize lant
     unde si uil stille,   365
     ez ne si iosebes wille.

     ich ne wil ovh niht,
     daz er heize iosep,
730 er heizet pillicher*e*
     der werlt heilare.'

---

708 inerz 709 stabete] state 712 hals] l *aus* h
rad. und Unterpunkt zwischen l *und* s
715 burcleiten 717 inphingen 718 chmten
722 pin pharao 730 pillicher

---

709 stabete *Di²* 710 watŏte *Di²* 717 inphinge
Di² 718 chniten *Di²* 722 iz *Ergänzung nach W
Di²* 724 sinen *bei Di² in* [ ] | sine *bei Di² in* [ ]
730 pillichere *Di²*

4175 nach heilare *Rest der Zeile freigelassen + 8
Leerzeilen für Rubrum 82 und für Bild 65*

4155 guoten *He* **4161** in *Pi² SmE*
4162 chnuitin *Ho*, chnûitin *Pi²* | ingagine *SmE*
4167 iu *Pi² SmE*

	Daz geuinger er nam	
4470	ab siner hant wolgitan,	
	an Josebes uinger er ez legete	
	ze dem gewalte er in stabite.	

	Dem chunege chom in den můt,	86, 25
	er gap im einen saben gůt,	
4475	umbe sinen hals einen bŏch	
	der was guldin ŏch,	
	er hiez in setzzen ŏf sin gereite	
	in der burch hin unde her leiten,	
	daz sin bot uorgienge	
4480	gebute daz man in enphienge	
	unde daz si im chnieten enkegene	
	rehte sam dem chunege.	

	Der chunich sprach mere	86, 30
	durch Josebes ere	*[60v]*

4485	'Ich bin ez pharao,	
	da horet alle zů,	
	nieman wege fůz noch hant	
	ubir al ditzze lant	
	unde si uil stilli	
4490	ez nesi Josebis willi.	

	Ich wil ŏch des niht	
	daz er heizze Joseph,	
	billich heizzet er zware	87, 1
	der werlde heilære.'	

	Dv̊ tet er in gihît,	*[90r]*	Do tet er in gehit:
	er gab ime ein riche wib,		er gab ime ein rich wip,
	eines piskofes tohter	61, 25	eines piskoffes tohter,
	diu was ane laster.	735	div was ane laster.
4180	drizzig iare was er alt,		Drizec iare was er alt, 370
	dů im der chunig gab den giwalt.		do ime der chunic gab den gewalt.
	dů fůr er scowen		do uur er showen,
	wie daz lant ware gibuwen.		wi daz lant ware gebuwen.
	uil wol er birihte	740	uil wole er berihte
4185	ein îegelich ambahte.		ein	igelich ambahte. *[81a]*
	al daz dehein man		al daz dehein man
	zi buwe scolte haben		ze půwe solte haben,
	des ni heiz er nieht uber heuen,	61, 30	des ne hiz er niht uberheuen,
	man můs im ez geben.	745	man muse imez geben.

---

742 aldaz **743** zepůwe **744** uber heuen
745 man] a *aus* u *korrigiert*

---

738 er] er umbe *Di²*

4185 iegelîch *Pi²*, iegelich *SmE* **4187** haben] hân *Pr*

4495 **Pharao gap Joseph**
eine chonen div was im liep,
tohtir was si putifar,
ein ewart was er daz iar.

Der chunich gap Joseph ein wip,
4500 elich machet er in gehit:
ein pischolf gap im sin tohtir   87, 5
div was ane lastir.
drizich iar was er alt
do im der chunich gap den gewalt;
4505 do fur er schowen
wie daz lant wære erbŏwen,
uil wol er berihte
ein iegelich ampæhte.
allez daz dehein bŏman
4510 ze bŏreht solde han
daz lie er niht undirwegen,   87, 10
man mŭse imz uil balde geben.

4495–4498 *Rubrum 82 und Bild 65: Josephs Vermählung*

W

4190	**I**n iegelicheme ambahte	
	sine stadile er rihte,	
	dar inne gihielte	
	daz chorn daz er sparite.	
	Siben iâr chomen	
4195	al nah ein ander,	
	so die altistin iahen,	
	daz si nîe bezzeriu gisahen	
	in aller slahte ginuhte,	61, 35
	deiz niemen gistetinin mahte.	
4200	**C**horn wart uber maze,	
	same wart obeze,	
	fihis niwesse niemen zale,	
	oles unte wines heten si wale.	
	Joseph nieni tuelite,	
4205	ê er sini stadele giladite.	
	er saminet iz gnote	
	ze dere chunftigen | nôte.	[90v]
	er wesse wole wiez irgienge,	61, 40
	so dere iare wurt ente,	
4210	daz er so uil nigihurte,	
	so ers bidorfte.	

V

	in igelicheme amp*a*hte	375
	sine stadele er rihte,	
	da er inne gehilte	
	daz chorn daz er irsparte.	
750	**S**iben iâr do chomen	
	al nah ein ander,	
	so di altesten iahen,	
	daz si ni bezzerev gesahen	
	in aller slahte genuhte,	
755	da*i*z niman gestetenen mahte.	
	chorn wart uber maze,	380
	same wart obezes,	
	uihes newesse niman zale,	
	oles unde wines heten si wale.	
760	**J**osep nine tvalte,	
	ê er sine stadele geladete.	
	er samenote *ez* genote	
	ze der chunftigen note	
	er wisse wole wi ez irginge,	
765	so der iare wurde ende,	
	daz er so *uil* negehurte	385
	so ers bedorfte.	

4204 Ioseph **4211** nach bidorfte *Rest der Zeile freigelassen + 8 Leerzeilen für Rubrum 83 und für Bild 66*

4190 In *Ho Pi² Do¹ SmE* **4192** dar inne] dâ er inne *SmE* **4197** nie *Pi² SmE* **4204** Joseph *Ho SmE*, Jôsêph *Pi²* | tuelite] twalite *SmE*

746 amphahate **749** *vor* daz² al *rad.*
755 daz **762** ez genote] zi genote *am linken Rand mit einem Verweisungszeichen ^ nachgetragen* **764** wole *am linken Rand mit einem Verweisungszeichen ^ nachgetragen*
766 ers so negehurte **766–767** so uil so ers bedorfte

---

746 ampahte *Di²* **755** daiz *Di²* **757** obezes] obezes vazze *Di²* **762** ez *Di²* **766** uil *Ergänzung Di²* **766–767** so ers bedorfte] so uil *vor* so ers *fehlt Di²*

In iegelichem ambæhte
　　　sine stadele er rihte,
4515　dar inne er gehielt daz chorn
　　　daz er dem chunege wolde sparen.

　　　Suben iar chomen
　　　schiere nach den anderen,
　　　daz die | eltisten iahen　　　　　　　　　　　　[61r]
4520　daz si nie bezzore gesæhen
　　　in aller slahte genuhte;　　　　　　　　　　　87, 15
　　　nieman ez gestetten mohte.

　　　Chorn wart uz der mazze,
　　　des obezes ein michil uazze,
4525　uihes wesse nieman zal,
　　　oles unde wines wart div wal.

　　　Joseph niht entwalte
　　　biz er sin stadile geladete,
　　　er samenot genote
4530　ze der chunftigen note,
　　　er wesse wol wie ez ergienge　　　　　　　　　87, 20
　　　so dei iar daz ende geuiengen,
　　　swie uil er gehurte
　　　daz er mere bedorste.

W

*D*iu sin scone chone
guan ime zuene suni.
den si guan ê
4215 den nant er manasse,
chod nu ime got hate gigeben chint, 61, 44
er ware alles leides irgetzit.

Den anderen sun hiez er effraim,

daz er sach so uili siner wůchere;

4220 chod wolte sin mendente,
daz ime si got hête gigeben in ellente. 62, 1

V

Dev sin shone chone
gewan ime zvene sune.
770 den si gewan ê
den hiz er manasse,
er chot, nu ime got hete gegeben kint,
er hete in aller siner arbeite irgezzet.

Den anderen sun
775 nante er effraym,
er was uil frô
daz er so uile sah sines wucheres.
er *chot* wolte sich menden,
daz si ime got hete gegeben in ellende.

4212 D-*Initiale fehlt* **4221** *nach* ellente *Rest der Zeile freigelassen für Rubrum 84*

4212 Diu *Ho Pi² Do¹ SmE* **4213** sune *SmE*

768 chone *am linken Rand mit einem Verweisungszeichen* ∧ *nachgetragen* **778** er wolte

776 frô] frô des *Di²* **778** chot *Ergänzung Di²*

4535 **Josephs chon gwan zwai chindelin,** 88, 1
Manassen und Effraim.

Div sin schone chone
gwan im zwene sune:
den si gebar é
4540 den nennot er Manasse,
er sprach 'nu mir got hat gegeben chint
mine sorge nu uerendet sint.'

Den anderen sun hiez er Efraim, 88, 5
zim selben sprach er 'nu ich bin
4545 wchirhaft worden
nu habent mine sorge
hinne fur ende,
got sage ich genade in dem ellende.'

Hie hůp sich zware
4550 **hungir der suben iare.**

4535–4536 *Rubrum 83 und Bild 66: Joseph und seine Familie* **4549–4550** *Rubrum 84*

Ich sage îu in war:	780 Ich sage ev zeware:
dů fure wurtin dei gůten iâr, *[91r]*	do uur wurden dev guten iâr,
dů bisaz diu erde,	do besaz dev erde,
4225 dane wolte nieht ane werden.	dane wolte niht ane werden.
michil wart diu nôt: 62, 5	michel wart dev not: 395
daz fihi lag meistig tôt,	785 daz uihe lach allez tot,
der hungir gîe uber al,	der hunger gi uber al,
des liutes wart grozzer ual.	des livtes wart ein groz ual.
4230 Die aue ginárin,	Di auer genaren,
zů deme chunige chomen,	zu deme chunege si chomen,
si baten in helfin,	790 si baten in helfen,
daz si nieni suwllen.	daz si niht gesvullen.
Er hiez si zi iosebe faren,	Er hiz si ze iosebe uaren,
4235 chod er scolt si biwarin.	er chot der solte si bewaren.
Joseph hiez daz chorn dresken, 62, 10	Josep hiz daz chorn dresken, 400
lutzil machin zů eschin.	795 luzel machen z'ezzen.
er hiez iz guarlichen hantelon,	er hiz ez gewarlichen handelin,
diez scolten wantilon,	di ez wolten wandelen,
4240 den armen dirmite helfin,	den armen da mite helfen,
zi den richin firchŏffin.	ze den richen uirchoven.
er forhte daz ime zerunne,	800 er forhte daz ime zerunne,
durch daz was er dar obe so enge.	durh daz was er da obe so enge.
ime warin michel sorgen	ime waren michele sorgen
4245 ze den sibin iarin for geborgen.	ze den siben iaren uirborgen.
Der hunger sich breite 62, 15	Der hunger sich preite 405
in die werlt wite,	805 in di werlt so wite,
er gîe uber al,	er gi uberal,
daz liut starb unde gesual.	daz livt starb unde sval.

4222 *nach* war *Rest der Zeile freigelassen für Rubrum 84* **4236** Ioseph

4222 iu *Pi² SmE* **4228** gie *Pi² SmE*
4230 ginârin *Pi² SmE* **4233** suvvllen *Pi²*, swullen *SmE* **4236** Joseph *Ho SmE*, Jôsêph *Pi²*
4248 gie *Pi² SmE*

---

792 zeiosebe **795** ze zzen **806** uber al

781 iâre *Di²* **793** er chot *bei Di² in [ ]*
795 z'ezzen *Di²* **801** da obe *bei Di² in [ ]*
805 so *bei Di² in [ ]*

	Ich wil iv sagen furwar,	
	do zergangen waren dei | gůten iar	*[61v]*
	do besaz div erde	88, 10
	da newolde niht an werden,	
4555	michil was div not:	
	daz uihe lach meistail tot,	
	der hungir gie ubir al,	
	des livtes *wart grozzer* ual.	
	Die abir do genaren	
4560	ze dem chunege si chwamen,	
	helfe si an in wrben	
	daz si iht uerdurben.	
	Ze Josebe hiez si der chunich uaren	88, 15
	unde sprach 'der sol ivch bewaren.'	
4565	**J**oseph hiez daz chorn dreschen	
	unde luzzil machen ze den eschen,	
	gewarlichen hiez erz handelen	
	die ez da solten wandelen,	
	den armen half er genote,	
4570	den richen erz uerchŏffote:	
	arch was er unde dunne	
	wan er uorhte daz im zerunne;	
	im waren michil sorge	89, 1
	ze den suben iaren uerborgen.	
4575	**D**er hungir sich breite	
	in die werlt wite:	
	daz livt starp unde swal,	
	der hungir was ubir al,	
	nieman bedorfte sægen	

4556 uihe] *danach rad.* **4558** livtes ual

4551 furware *Di¹* **4554** do *Di¹* **4558** [wart grozzer] *Di¹*

W	V
4250 nieman nedorfte sân, der iz ouch mahte geleisten, want ime negab daz | felt *[91v]* noh sa sines samen gelt.	Nimen ne dorfte sain, derz o*v*h mohte geleisten, 810 wande ime ne ga*b* daz uelt noh sa sines samen gelt.

Do daz iacôbe chom ze mâre 4255 daz daz chorn in egypto feile ware,	**D**o iacobe chom mare, daz daz chorn in | egypte lande uaile ware,

---

4253 nach gelt *Rest der Zeile freigelassen + 3 Leerzeilen für Rubrum 85, aber kein Platz für Bild 67, vgl. M/K*

4254 iâcôbe *Pi²*, Jacobe *SmE*   **4255** ware] wêre *Pi²*

---

809 derz ovh] derzioh   **810** gab] galt

---

809 derz ovh *Di²*   **810** gab *Di²*   **811** noh] wůcher noh *Di²* \| sa *bei Di² in [ ]*   **813** daz² *bei Di² in [ ]* \| lande *bei Di² in [ ]*

4580 noch an dem uelde meien

wan nieman gap *daz* uelt 89, 5
sines samen gelt.

Jacob der wise
uernam daz man die spise
4585 **uerchŏfte in Egipten lant,**
zehen sun er dar sant
nach der spise ueile;
Beniamin behabet er daheime.

Do Jacob chom mære [62r]
4590 daz chorn in Egipto ueile wære

4581 gap uelt   **4583–4588** *Rubrum 85 und Bild 67*: *Jakob schickt seine Söhne ohne Benjamin nach Ägypten*

4581 [daz] *Di¹*

W

ze sinen sunen er chod 62, 20
'wîe tůt ir so, weri got,
daz irs hungeres sulet chuelen
noh daz chorn z egipte newelt holen?
4260 ia ist iz da feile.
faret gůter heile!
ia habe wir scaz gnůgen,
zuiu sule wir da bi sterben?'

Si hůben sich al insament 62, 25
4265 unte furen in egipte lant.
beniamin bestůnt heime
sineme uater ze gŏmele.
er forhte ime etwaz gescahe,
ub er fone ime chome.
4270 zu zime ern sazte,
daz ern iosebes irgatzte.

Dů si ze houe chomen,
zehen ire waren,
da ioseph unte herren sazzen, 62, 30
4275 da buten si sich ime ze fůzzen.

Vile skier ers irchante
pi ire sprach iŏch | pi ir gewante. [92r]
er fragte wer si waren
oder wannen si fůren.

4280 Si sprachen si fůren fon chanaan,
waren sune eines man.

V

zů sinen kinden er chot: 410 [81b]
815 'wi tut ir so, wergot,
daz ir des hungeres sult cholen,
noh daz chorn in egipte niht wellet halen
ia ist ez da ueile.
uart guter heile.
ia habe wir scaz genůgen,
820 ze wev sule wir der bi sterben?'

Si huben sich alle insamt
unde uuren in egipte lant.
beniamin bestunt heime 415
sineme uater ze govmele,
825 er forhte, ime ettewaz geshahe,
ob er uon ime chome.
zu ime er in sazte,
daz er in iosebes irgatzte.

830 Dvo si alle einleue
chomen ze houe
da iosep unde andere sazen
da buten si sich ime ze fůzen.

Vil shire er si irkante 420
835 an deme gespreche unde an deme gewant
er fragete si, wer si wâren,
oder wannen si uuren.

Si sprachen, uon chanaan,
unde waren sune eines man.

---

818 ez] z *auf Ras.* 820 genůge 821 zewev der bi] derbe 828 sazete 830 Dvo] Vosi 831 zehoue 833 zefůzen 839 ware | mannes

---

814 chinden *Di²* 815 weregot *Di²*
820 genůgen *Di²* 821 der bi *Di²*
825 govmele] bei *Di²* -le in [ ] 828 sazte *Di²*
830 Dvo si *Di²* 835 an deme² bei *Di²* in [ ]
839 waren *Di²* | man *Di²*

4258 irs] ir des *SmE* | chuelen] cholen *SmE*
4264 insamt *SmE* 4276 ers] er si *SmE*

ze sinen sunen sprach er do 89, 10
'werigot wie tůt ir so
daz ir hie heime hungers chwelt
unde uon Egipto niht chornes bringen welt?
4595 da ist ez weizgot ueile,
uaret ze gůtem heile,
schazzes habe ich uil,
da bi ich niht sterben wil.'

Si hůben sich ensamt
4600 unde fůren in Egipten lant,
Beniamin eine 89, 15
bestůnt daheime:
er forht ob er uon im chwæme
daz im etwaz geschæhe;
4605 zu im er daz chint sazzete
daz er in Josebis ergazzete.

Do si ze houe chwamen
zehen ir waren,
da Joseph unde die herren sazzen
4610 da buten si sich in ze fůzzen.

Bi der sprache er si bechande 89, 20
unde bi dem gewande,
er uragot wer si wæren
oder wannen si fůren.

4615 Si sprachen uon chanaan
unde wæren sun eines man.

4599 huben *Di¹*

W

Er nam es gŏme.
dŭ daht er an die troume
wie sunne unt mane 62, 35
4285 fon himile fŭren scone
iouch einlif sternen
ze sinen fŭzzen sich naigten.

Dŭ maht er in lonen
des si ime taten.
4290 dŭ begund er si besŭchen,
ub iz si ieht wolte riuwen.

Er chot in duht in ir gebare,
si waren spehare,
si wolten daz lant ferraten, 62, 40
4295 er můse daz behŭten.

Des puten si ir unsculde
nah siner hulde:
si chomen in daz lant
durh hungers geduanch,
4300 si chomen fridelichen,
nieht wichlichen.

Joseph sprah dŭ
'des nist nieht so,
ir welt hîe scowen 62, 45
4305 wa ir dem lant muget gedrŏwen.'

Si sŭhten sine gna | de, [92v]
daz er in fername.
er geswîget in, 63, 1
also sin gebaten.

4302 Ioseph

4302 Joseph *Ho SmE*, Jôsêph *Pi²* | sprach *Pi²*; dô *SmE* 4304 hie *Pi² SmE* 4305 lande *SmE*
4309 sin] si in *SmE*

V

840 Er nam es wole govme.
do dahter an di trovme.
wi dev sunne ioh der mane
uuren uon himele shone
ioh einlef sternen 425
845 zu sinen uůzen sich neicten.

Do mahte er in lônen,
svasso si ime getaten.
do begunder si besuchen,
ob ez si iht wolte riwen.

850 er chot, in duhte an ir gebare,
wi si waren spehare,
si wolten daz lant uirraten,
er můse daz behůten.

Des buten ir unsculde 430
855 al nah siner hulde:
si chomen in daz lant
durh hungeres gedvanc,
si waren chomen fridelichen,
niht wicliche.

860 Josep sprah do:
'daz nist niht so,
ir welt hi showen,
wa ir deme lande *muget* gedrowen.'

Si suhten sine genade, 435
865 daz er in uirname,
Er svicte in
also si baten in.

---

846 inlônen 854 D-*Initiale fehlt (kein Platz für Initiale)* 863 lande gedrowen

---

844 sternen] sternen suoze *Di²* 854 Des *Di²*
863 muget *Ergänzung nach W Di²*

	Ir rede nam er gŏme,	
	do daht er an die trŏme	
	wie sunne unde mane	
4620	uon himele fůren her nidere,	
	unde einlif sterne sůzze	89, 25
	nigen *ze* sinen fůzzen.	
	Von ir missetat habet ir uil uernomen;	
	lonens zit div was chomen:	
4625	uersůchen er si begunde	
	ob er si darumbe in de*he*inen riwen funde.	
	Er sprach 'mich dunchet an ivren gebæren	
	ir sit spehære,	
	daz lant welt ir uerraten:	
4630	wir schulen ez bewaren drate.'	
	Des buten si ir unschulden	89, 30
	nach allen sinen hulden,	
	si wæren chomen / in daz lant	*[62v]*
	uon des hungers gedwanch	
4635	darzů uridelichen	
	unde niht wiclichen.	
	Joseph sprach do	
	'der rede ist niht so,	
	ir welt hie schŏwen	
4640	wa ir dem lande muget gedrŏwen.'	
	Si sůcheten sine genade	89, 35
	daz er in uernæme:	
	al nach ir willen	90, 1
	geswigot er uil stille.	

4622 nigen sinen **4626** deinen **4636** wicllichen

4622 [ze] *Di¹* **4626** de[he]inen *Di¹* **4636** wiclichen *Di¹*

W

4310 Der eine sprach dŭ,
die andern horten zŭ:

'Vnser sint zuelife
fon einem uater geborne
uz deme lante chanaan,
4315 mach scehen du hortest iz nennen.
der sint zehene 63, 5
in disme gademe.

Einer ist heime,
nimet sines uater gŏme.
4320 er was ime uile liep,
ern lien mit uns nieht.
unser ist nieht mere,
daz gelŏbe mir, herre.'

Joseph in antwurte
4325 'irrichlich ist îur geuerte.
ich wil pewâren, 63, 10
ub ir sit spehâre.
bi des chuniges gesunte
irne chomet uz deme lante,
4330 ê iur brŭder der minnist
in disme lante ist.

Sentet einen dare,
daz er chome hêre.
ir sit in gebenten,
4335 unze wir daz irfenden
ube daz war si 63, 15

4324 Ioseph

4313 geborn von einem adele *He* 4324 Joseph *Ho SmE*, Jôsêph *Pi²* 4325 iur *Pi² SmE*
4333 here *Pi² SmE* 4334 gebenden *SmE*

V

ir einer sprah do,
di anderen horten da zŭ:

870 'Unser sint zvelue,
uon ein uater geborne,
uz deme lande chanaan,
waz ob duz etewenne hortest nennen.
der sint einleue 440
875 hi in deme houe.

der zvelfte ist heime
nimet sines uater govme.
er was ime uil lib,
er ne liz in mit uns niht.
880 unser nist niht mêre,
daz gelovb du mir herre.'

Josep in antwurte:
'irrichlich ist ever geuerte.
ich wil *iz* bewâren, 445
885 ob ir sit spehare.
bi des chuneges gesunde,
ir ne chomet uz deme lande,
ê ewer brudir brŭder der minnist
in disme lande ist. [81c]

890 Sendit einen dare,
daz er chome here.
ir sit in gebenden
unze wir daz iruinden,
obe daz war si, 450

---

870 zveleue 877 uater] r *auf Ras.* 879 erne liz 881 daz gelovb du mir herre *am rechten Rand mit einem Verweisungszeichen* ^ *nachgetragen* 883 ever] r *aus* n *rad.* 884 wil bewaren 886 bides 892 ingebenden

---

870 zvelue *Di²* 871 uone *Di²* 873 etewenne bei *Di²* in [ ] 880 mere *Di²* 884 iz *Ergänzung Di²* 887 dem *Di²*

	Der eine redete do,	
4645	die anderen horten zů:	
	'Gesenftet herre ivrem zorne,	
	zwelfte sint unsir geborne	
	uon einigem man	
4650	in dem lande Chanaan,	
	der sint niwan zehene	90, 5
	in disem gademe:	
	Einer ist da heime	
	bi sinem uater reine,	
4655	er ist im uil liep	
	mit uns lie er in niht,	
	unsir ist niemere;	
	daz gelŏbe liebir herre,'	
	Joseph im anturte	
4660	'lugelich ist ivr geuerte,	
	ich wil ez bewæren	90, 10
	ob ir sit spehære:	
	bi des chuniges gesunte	
	chomet ir niht uon dem lante	
4665	e daz ivr brudir der minnist	
	in disem lande ist.	
	Sendet einen dare	
	der in schiere bringe her,	
	unze sit ir in den banden	
4670	biz daz wir erfinden	
	ob daz war si	90, 15

	W

daz ter zuelfte da heime si.

Niwelt | ir des nieht tůn, *[93r]*
so pirt ir uz durh spehen chomen.

4340 **B**i des chuniges gesunte
ir můzzet in daz gebente.'

Si heten michele chlage
in der ueste zuene tage.

Des dritten tages man si uz lîe.
4345 ioseph zů zin gie,
chod er forhte suntône, 63, 20
want si waren in ellentůme.
ube si fridelichen waren dare chomen,
scolt in ieht ubeles da skehen.
4350 er sprach 'ane gewariheit
ne chomet ir fone mir nieht.

4341 nach gebente *Rest der Zeile freigelassen + 8 Leerzeilen für Rubrum 86 und für Bild 68*

4344 lie *Pi² SmE*

V

895 daz der zvelfte daheime si.

*n*e welt ir des niht tůn,
so birt ir uz durh spehen chomen.

pi des chuniges gesunde,
ir muzet in daz gebende.'

900 **S**i heten michele clage
in der ueste zuene tage.

Des drit*t*en tages man si uz li,
iosep zu in gi,
unde sprah, er uorhte suntone, 455
905 durh daz si waren in ellentome.
obe si waren frideliche dar chomen,
scolte in denne da iht ubeles geschehen.
'Ane gewarehait
inchomet ir uon mir niht.

---
895 da heime **896** ne welt] ewelt **901** inder
902 drittes **903** ingi

---
896 ne welt *Di²* **902** dritten *Di²* **907** scolte] sô scolte *Di²*

daz der zwelfte daheime si:

ist daz ir des niht tůt
so ist ivr uart niht gůt,

4675 **B**i des chuniges gesunte
ir můzzet in daz gebente.'

**Hie uerspart mans zware
in dem charchœre.**

Si heten zwene tage [63r]
4680 in der ueste grozze chlage,

des dritten tages man si ŏz lie, 90, 20
Joseph zů in gie,
er sprach er uorhte sunden
durch daz si waren ellende;
4685 unde ob si uridelichen dar wæren chomen
so solde in leides niht geschehen;
'idoch ane gewarheit
so nechomet ir uon mir niht:

4677–4678 *Rubrum 86 und Bild 68: Einkerkerung der Brüder Josephs*

4675 chuneges *Di¹*

W

Einen wil ich pinten [93v]
in den charchare finsteren,
ir andere uart heim, 63, 25
4355 got gebe îw gůt hêil!
fůret heim iwer chorn
unte ni lat îw nieht sin zorn.

Ist daz war
umbe iwueren minnisten brůder,
4360 chumet er mir,
skiere gedinget ir.'

Si taten als er gebot
unte chlageten ire nôt.
si můsen wole iehen 63, 30
4365 daz in rehte ware geskehen.
si heten an ir brůdere garnet

4355 iŵ **4361** *nach* ir *Rest der Zeile freigelassen + 8 Leerzeilen für Rubrum 87 und für Bild 69*

4355 îŵ *Ho Do¹*, iw *Pi²*, iu *SmE* | heil *Pi² SmE*
4356 iuwer *SmE* **4357** iw *Pi²*, iu *SmE*
4359 iuweren *SmE*

V

910 Einen wil ich pinten
in den charchare uinsteren.
ir andere uart heim, 460
got gebe ev gut heil.
uůret heim ever chorn
915 unde ne lât ev niht sin zorn.

ist daz wâr daz ir
habet einen wenigen bruder,
chůmet *er* mir,
shire gedinget ir.'

920 Si taten also er gebot,
unde clageten under in ir not:
si můsen wole iehen, 465
daz in rehte ware geshehen,
wande si heten an ir bruder garnit

---
910 E-*Initiale fehlt* | wil ich] willich **917** einen wenigen bruder habet **918** ir **921** clageten] n *aus* t *korrigiert*

---
910 Einen *Di²* | wil ich *Di²* **917** habet einen wenigen bruder *Di²* **918** er *Di²*

Einen wil ich binden
in den charchær hinden,
die ander uaren heim;
got gebe in alliz heil.
fůret mit iv daz chorn
unde lat iv niht wesen zorn.

Ist daz war dar undir
daz daheime noch ist ivr minnister brůdir,
chumet er indir schiere mir
vil wol gedinget ir.'

Si wrden an dem dritten tage
uz dem charchær geladen.

Si taten als er gebot
unde chlageten ir not,
si můsen uol iehen
daz in rehte wære geschehen,
si heten an ir brůdir garnet

4699–4700 *Rubrum 87 und Bild 69: Entlassung der Brüder aus dem Kerker*

W

suaz | in ware begagenet,
dů si sîn angest sahen
unt ime ne wolten gnaden,
4370 daz in nieht gie ze herzen
sines ellentes smerze.

Dů sprach rubên
der in ê wolte nerigen

'**D**itze saget ich îw, brůder,
4375 dů daz chint chom můder
mit gůten triuwen,
dů garnotet ir dise riuwe.
sehet, nu gat durh nôt
uber uns daz sin unsculdige blůt.'

4380 **D**ů ioseph ire rede fernam,
er cherte sich hine dane,
der amer inen duanch,
daz ime der zaher ûzspranch.

Er cherte sich wider zů zin
4385 unte hiez ir einen pinten,
sinen brůder simeon
hiez er in die nôt tůn,
ze ir aller gesihte
tet ern in die ueste.

V

[94r] 925 swaz in ware begegenet,
do si sin angest sahen
unde ime ni wolten genaden,
daz in niht ginge ze herzen
sines ellendes smerzen.

930 **D**o sprach ruben,
der *in* ê wolte nerigen:

'dizze sagete ich ev brudere, 470
do daz kint chom můdir
mit *sinen* guten triwen,
935 do garno*tet ir* dise riwe.
sehet, nu get durh not
u*ber* uns sin uns*cu*ldigez blů*t*.'

Do iosep ir rede uirnam,
er cherte sich hine dane,
940 der amer in d*w*anc,
daz ime der zaher uzspranc.

Er cherte sich widere zu in 475
unde hiz ir einen binden,
sinen bruder symeon
945 hiz er in di not tun,
zir aller gesihte
tet er in in di ueste.

4374 iŵ **4389** nach ueste *Rest der Zeile freigelassen + 3 Leerzeilen für Rubrum 88*

4372 rûbên *Pi²*, Ruben *SmE* **4374** îw *Ho Do¹*, iw *Pi²*, iu *SmE*

---

928 zeherzen **931** in ê] mê **934** mit guten
935 garnotet] garnot ie **937** uber] uuer
unsoltdigez blůd **940** dvanc **941** uz spranc ꝼ

---

931 in ê *Di²* **934** sînen *Ergänzung Di²*
935 garnotet ir *Di²* **937** uber *Di²* | unsculdigez blůt *Di²* **940** dwanc *Di²*

	swaz in wære begegnet,	
	do si sine angist sahen	
	unde in niht wolden begnaden,	
	dar zů in niht gie ze herzzen	
4710	sines ellendes smerzzen.	

| | Do sprach Ruben | 90, 35 |
| | der in da wolde nergen | |

	'Ditzze saget ich iv brůdir	
	do der chint chom můdir'	
4715	do | uerchŏft ir in an gůten triwen,	[63v] 91, 1
	da erarnot ir dise riwe:	
	sehet nu gat ubir uns alle durch not	
	daz sin unschuldige blůt.'	

	Do Josep dise *rede* uernam	
4720	er chert sich hindan,	
	der iamir in dwanch	
	daz im der zahir uz spranch.	

	Er chert sich widir zu in,	91, 5
	er hiez ir einen pintin;	
4725	sinen brůdir Simeon	
	den hiez er in die not tůn	
	zir aller gesihte	
	tet er in in urón ueste.	

4714 můiedir **4719** dise uernam

4714 můdir *Di¹* **4719** [rede] *Di¹* **4725** Symeon *Di¹* **4728** [tet er in] *Di¹*

4390 Er hiez die secche alle tůn weizes folle, hiez îeglîches scatz legen wider in sinen sach, hiez in ouch geben, 4395 daz si unter wegen scolten leben. Dů si unter wegen chomen unt den rossen wolten fůteren, als einer ûf tet den sach unte gesah daz sin scatz da lach, 4400 den anderen er sagete daz er sinen scatz habete. [94v] 64, 1	Er hiz di secche alle tun weizes uolle, 950 er hiz igeliches scaz legen widere in sinen sach, er hiz in ovh geben, des si under wegen solten leben. Do si under wegen chomen 955 unde den rossen wolten uůteren, also ir einer uf *tet* den sach unde gesah daz sin scaz da lach, den anderen er sagete, daz er sinen scaz habete. 480

4390 davor 9 Leerzeilen für die Fortsetzung des Rubrums und für Bild 70

4390 Er *Pi² Do¹ SmE* **4392** ieglîches *Pi²*, iegliches *SmE* **4395** daz] des *Di¹ Wl SmE*

---

950 sacaz **956** uf den

---

950 scaz *Di²* **956** tet *Ergänzung nach W Di²*

Simeon wart an den stunden
4730 **harte gebunden,**
die andiren fůren heim.
in dem charchær was er do ein.

Er hiez die secche alle 91, 10
mit weizze fullen,
4735 er hiez iegeliches schaz
legen in sinen sach,
er hiez in ŏch geben
des iegelichez solde leben.

Do si chomen undirwegen
4740 unde si ir rossen wolden fůtir geben.
also einer ŏf tet den sach
er gesach daz sin schaz da lach,
den andiren er sagete 91, 15
daz er sinen schaz habete.

4729–4732 *Rubrum 88 und Bild 70: Heimsendung, Simeon als Geisel zurückbehalten*
4729 stunden] tu *auf Ras.* 4733 secche] *davor zwei Buchstaben* (al?) *rad.*

4729 Symeon *Di¹*

W		V	
Dŭ siz gesahen,	64, 5	960 Do siz gesahen,	
uile harte si erchomen.		uil harte si irchomen.	[81d]
michel wunter si ginam,		michel wunder si nam,	485
4405 wîe daz scolte sin getan.	[95r]	wi daz solte sin getan.	

Heim chomen si zire uater, heim chomen si zir uater,
er was chlage ablager, 965 der uor alter was ablager.
nieht sine tualten, niht si ne tvalten,
ê simez allez gezalten. ê siz ime allez zalten.
4410 ouh sprachen si der herre si sprachen, der herre,
ders lantes phlage der des landes phlage,
er zige si zeware 64, 10 970 er zige si ze ware,
si waren spehare. si waren spehare.

'Wir sprachen fride brahten, Wir sprachen, fride brahten, 490
4415 neheines ubiles gedahten; neheines ubeles gedahten.
unser waren zuelfe unser waren zvelefe
geboren fon eineme adele, 975 geborn uon einem adele.
wir waren eines mannes sûne, *wir waren eines mannes sûne*
der minniste ware mit ime. *der minniste* ware mit ime.

4420 Als er daz gehorte, Als er daz gehorte,
ze stet er uns drôte ze stete er uns drote,
wir nechômen uz deme lânte, 64, 15 980 wir ne chomen uz deme lande,
ê wir den minnisten besanten. ê wir den minnisten besanden.

Ich ne weiz weder er sih es bedahte Ich ne weiz weder er sich bedahte, 495
4425 oder er iz tet nach râte: oder erz tet nah rate:

4405 nach getan *Rest der Zeile freigelassen für Rubrum 89* **4406** nach si *Rest der Zeile freigelassen für Rubrum 89*

4405 wie *Pi² SmE* **4410** sprâchen *Pi² SmE* hêrre *Pi² SmE* **4410–4411** êder hêrre ouch -sî sprâchen-:plâche *He* **4411** ders] der des *He SmE* **4416** zwelefe *Pr SmE* **4418** sune *Pi² SmE* **4422** ne chômen *Ho* | lante *Pi² SmE*

---

960 Do] So **962** nam] n *aus* m *rad.* **966** sine **970** zeware **972** brahte **975** einen; *danach Verweisungszeichen ^ , doch steht nichts am Rand* **978** Alser **982** I-*Initiale fehlt* | neweiz

---

960 Do *Di²* **972** brahten *Di²* **975** einem *Di²* **976–977** *Ergänzung nach W Di²* **982** Ich *Di² Pi²*

4745	**D**o si daz gesahen
	uil harte si erchomen,
	michil wndir si genam
	wie daz solde sin getan.

Jacobes sun ze hande cherten widir
4750 **uon Egipten lande.** [64r]

	Heim chomen si zir uater	
	der *vor alter* was ablager;	
	niht si entwalten	91, 20
	unz si imz allez gezalten,	
4755	ŏch sprachen si mere	
	'des landes herre	
	zihet uns zware	
	wir sin spehære.	

	Geliche wir gedahten,	
4760	wir sprachen daz wir uride brahten;	
	unsir wæren zwelfe	
	geborn uon einem adele,	
	wir wæren eines mannes sune,	91, 25
	der minnist ware noch mit im.	

4765	**A**ls er daz erhorte
	zehant er uns drote,
	wir chomen nimmir uz dem lande
	unz wir den minnisten besanden.

	Wir wizzen niht wie er sich bedahte
4770	oder erz tet nach rate:

4749–4750 *Rubrum 89* **4752** der was

4752 [vor alter] *Di¹*

W	V
er liez uns faren,	er hiz uns uaren,
habite da simeon din barn.	985 unde habete da symonem dinen barn.

W	V
*I*n unser antwurte man ime bant	in unser antwurte man in bant
uile uast iewedere hant.	*uile uast iewedere hant.*
4430 dei ros man uns fazzote	div ros man uns uazzote.
mit weiz iouch | mit prôte,	mit weize ioh mit prote,
hiez uns mite geben	990 er hiz uns mite geben,
so diu ros meiste mahten getragen.	so dev ros maiste mohten getragen.

W	V
*D*az urloub man uns gab,	daz urlop man uns gab, 500
4435 hiez uns niemer chomen in die stat	unde hiz uns nimer chomen in di stat
ân unseren brůder	ane unseren bruder,
der hie ware mit dir,	995 der hi ware mit dir,
ube wir den gesunt wolten gehalten	obe wir den gesunt wolten gehalten
iŏch simeon losen uz den panten;	ioh symon losen uon den panten,
4440 unt ube beniamin mit uns fůre,	er chot, ube auer benyamin mit uns [dare ůûre,
er wesse denne daz wir newaren spehâre,	er wesse danne daz wir ne waren spehare,
wir mahten daz lant denne sůchen	1000 wir mohten daz lant danne 505
mit fride iŏch mit gnaden.'	suchen mit fride unde mit genaden.

W	V
*D*ů si die rede feranten,	*D*o si di rede uiranten,
4445 ire secche sin bunten.	di secche si imbunten.
manniglich fant sinen chŏf,	manneclich uant sinen chovf
als ern sach intlŏch.	1005 also er den sach indovh,
zesamine si sâhen,	zesamene si sahen,
uile hart si irchomen.	uil harte si irchomen.
4450 michel wunter si nam	michel wunder si nam,
waz ter got ûz wolte meinen.	waz got dar uz wolte meinen.

4428 I-*Initiale fehlt*

4428 In *Ho Pi² Do¹ SmE* **4445** sinbunten *Ho Pi²*, si inbunten *SmE* **4447** ern] er den *SmE* **4448** sahen *Pi²*

---

986 *danach ein durchstrichenes Verweisungszeichen* **993** indi **999** newaren

---

985 symonem *bei Di²* -em *in* [ ] **986** in²] im *Di²* **987** *Ergänzung nach W Di²* **991** getragen] *bei Di²* ge- *in* [ ] **998** uns dare ůûre] uns ůûre zuo im *Di²* **999** danne] danne ze wâre *Di²*

er liez uns uarn,
Simeon behabte er da dinen barn.

Ze unsir gesihte man in bant 91, 30
uil uaste iewedir hant.
4775 dei ros man uns uazzote
mit weizze unde mit prote
swaz si des mohten getragen;
genade wir im baten sagen.

Daz urlŏp man uns gap,
4780 er uerbot uns chomen in die stat
an unsiren brŭdir
der hie wære mit dir;
unde ob wir den gesunt wolden behalten 91, 35
unde ob wir Simeon wolden losen uz den banden
4785 daz wir danne ʙeniamin 92, 1

balde bræhten zŭ im
oder wir wæren zware
rehte spehære.
der herre gehiez uns zehant,
4790 tæten wir des niht, wir uerworhten daz lant.'

Do si die rede uerenten
ir seche si enbunten,
mennegelich uant sinen chŏf 92, 5
do er den sinen sach | entlŏch. *[64v]*
4795 zesamene si sahen
uil harte si erchwamen,
michil wndir si genam
wes beginnen wolde der man.

4784 woldn   **4792** bunten   **4794** sach en

4784 wolden *Di¹*   **4788** spechære *Di¹*   **4792** [en]bunten *Di¹*   **4793** sinem *Di¹*   **4794** sach *Di¹*

W

Der uater sprach dů
uile parmichliche
'ir habet mich der chinde ane getan,
4455 daz můzze got irbarmen.
ioseph neweiz ich ware chom,   64, 35
simeon | lît gebunten.   [96r]
nu sol ich senten minen weisen
ze des ellentes freisen.

4460 Ia, wench got der gůte,
du bedenche dise min nôte!'

Dů sprach ruben
'du scolt mirn beuelhen,
zuene mine sune
4465 gib ich dir wider ime
ze slahenne oder ze hahenne,   64, 40
ub ich in dir widere nebringe.'

Dů sprach iacob
'ditze irbarme dem almahtigem got!
4470 nu ist ioseph tôt,
diser eine mir bistůnt.
geschihet im îuweht unter wegen,
so můz ich den lîp irgeben,
so můz ich îemer cholen,
4475 unze ich so uare ze der helle.'

V

1010 Der uater sprah do   510
uil parmeclicho:
'Ir habet mih der chinde ane getan,
daz můze got irbarmen.
Josep neweiz ich ware chom,
1015 symeon lit gebunten:
nu sol ich senden minen weisen
ze des ellendes freisen.

ia wench got der gute,
du bedenche mine nôte'

1020 Do sprach Ruben   515
'du scolt mir in bevelhen,
zwene mine sune
gib ich dir wider ime
ze slahenne oder ze hahenne,
1025 ub ich in dir widere ne bringe.'

Do sprah iacob,
'dizze irbarme den almahtigen got!
nu ist iosep tot,
diser eine mir bestunt:
1030 geshihet ime iht under wegen,   520
so muz ich den lip geben,
so můz ich imer quellen,
unze ich so uare zů der helle.'

4461 be denche   **4466** habenne

4453 parmichlîcho *Pi²*, barmichlîcho *SmE*
4454 âne getân *Pi² SmE*   **4460** Jâ *Pi² SmE*
wench] weri *Ho*   **4461** bedenche *Ho Pi² SmE*
4466 ze hahenne *Gra Ho Do¹*, zehahenne *Pi²*, ze
hâhenne *SmE*   **4471** einer *Pi²*   **4472** gescihet
SmE | iuweht *Pi² SmE*   **4474** iemer *Pi² SmE*
chwelen *SmE*

1011 paremclicho   **1012** habet] *danach z rad.*
1027 almahttigen   **1029** eine] *danach r rad.*
1032 quëllen

1011 parmeclicho *Di²*   **1020–1025** *Ergänzung nach W Di²*   **1027** almahtigen *Di²*
1032 quellen *Di²*   **1033** so *bei Di² in [ ]*

	Jacob der riche	
4800	sprach erbarmichlichen	

      'der chinde habet ir mich gemachet armen,
      daz mûzze got erbarmen,
      Joseph enweiz ich, war chom,   92, 10
      so lít gebunden Simeon:
4805 nu sol ich senden minen weisen
      in des ellentes ureise.

      Got herre der gûte,
      du bedenche alle mine note.'

      Ruben anturt im snelle
4810 'du solt mir in enphelhen,
      zwene mine sune
      anturt ich dir widir im
      ze tode ze slahene   92, 15
      ode fur eigen ze habene,
4815 ode ich gelige tot da nidere,
      ich enbringe dir in widere.'

      Do sprach Jacob
      'daz erbarm dir herre got,
      nu ist Joseph des libes belóst,
4820 nu was dirre eine min trost,
      geschihet dem nu iht undirwegen,
      so můz ich den lip ergeben,
      immir můz ich *ver*chwellen   92, 20
      biz ich uar zů der helle.'

4823 wchwellen

4804 Symeon *Di¹*   **4823** v[er]chwellen *Di¹*

W

Dů in uile nah zeran 65, 1
des si ê prahten,
der uater sprach zin,
zîu sine fůren,
4480 chǒften daz chorn,
ê si des hungeres wurten florn.

Dǔ sprach iudas,
als ime nôte was
'wir nedurfen dar chomen 65, 5
4485 ane beniamin,
du ne wellest | dich unser aller [96v]
umbe în einen. [darben

Wil du in mit uns senten,
so mege wir wider heim wenten;
4490 er ne fare,
wirne chomen dare.

Der des lantes ist geweltich 65, 10
der sprach zǔ uns ze leste
'niemer mere gesehet ir mich
4495 an iuren brůder den minnisten.'

Der uater weiz in,
daz si fermeldoten beniamin.

Si sprachen waz si mahten tůn,
dǔ er si hiez fragen,
4500 welihes chunnes si waren, 65, 15
ube si uater haten
oder ube si mêr
haten deheinen brůder.

4487 iń

4479 ziu *Pi²*, zwiu *SmE* **4484–4487** wir nedurfen dar chomen ane beniamin,/ dû newellest dich unser darben umbe în einen *als Langvers aufgefasst Ho SmE* **4485** beniamîn *Pi²*, Benjamin *SmE* **4487** in *Pi² SmE* **4502** mer *Pi²*

V

Do in uil nah zeran,
1035 des si ê prahten,
der uater sprah zin, [82a]
zwev si niht uǔren,
chovfen daz chorn,
ê si des hungeres wurden uirlorn.

1040 Do sprah iudas, 525
als ez ime not was:
'Wir ne durfen dare chomen
ane beniamyn
du ne wellest dich unser irbarmin
1045 umbe in einen.

wil du in mit uns senden,
so muge wir heim wenden,
er ne uare,
wir ne chomen dare.

1050 Der des landes ist gewaltic, 530
der sprah ze lezzest:
'niner mere gesehet mich
ane eweren brudir der minnisten.'

Der uater weiz in,
1055 daz si uirmeldoten benyamin.

si sprachen, waz si mohten tůn,
do er si hiz fragen,
welehes chunnes si waren,
obe si uater heten,
1060 oder obe si inder 535
heten einen brůder.

1041 alsez **1051** zelezzest **1053** brudir] r¹ *aus* n *rad.*

1035 ê] ê heim *Di²* **1044** irbarmin *Di²* **1052** gesehet mich nimer mere *Di²* **1056** tun *Di²*

⁴⁸²⁵ **D**o in zerinnen begunde der spise

do sprach Jacob der wise,

warumbe si niht wolden chǒffen chorn
e si hungirs wrden ulorn?

Do sprach judas
⁴⁸³⁰ als im des uil not was
'nimmir bedurfen wir chomen hin
ane ʙeniamin
ode du mŭst umb in einen 92, 25
uns alle uerweinen.

⁴⁸³⁵ **W**il du in mit uns senden,
urolich wir widir wenden,
wir sagen ǒch dir fur war,
ane in chomen wir | nimmir dar.   *[65r]*

Der des landes hat gewalt
⁴⁸⁴⁰ der sprach zǔ uns zehant
'ivr ǒgen gesehen nimmir daz min,
ir nebringet mir ʙeniamin.'

Der uater zurnede mit in 92, 30
daz si uermeldet heten ʙeniamin.

⁴⁸⁴⁵ **S**i sprachen 'waz si des mohten
do er wolde betrahten,
welhis chunnis si wæren
unde welch uater unde mŭtir si gebære,
unde obe unsir brŭdir
⁴⁸⁵⁰ deheiner hindir uns bestŭnde,

4840 der] e *über* d *übergeschrieben*   **4842** ir] *davor* rad.

4850 bestunde *Di¹*

W

'Wîe mahten wir wizzen,
4505 ub er imen hieze bringen?'

Judas sinen uater bat
er tâte iz durch got,
er beuulhe imez chint ze triuwen, 65, 19
chod daz iz in niemer scolte geriuwen,
4510 ube ern ime widere nebrahte,
daz imez got zů sůhte,
ub er ime un | semft iz wort gesprache, *[97r]*
deiz got uber in rache.

'La in mit uns faren,
4515 la uns in uile wole bewaren.
Hâtest du in uns ê gegeben,
wir waren nu zuire chomen!
waz ist daz gůt, 65, 25
ligent uns wîb unde chint tôt?'

4520 Dů sprach iacob
'nuis also ist nôt,
nu tůt als ir wellet,
suîe hart ir mich chuelet.

Ir sculet pringen
4525 deme herren ze minnen

4506 Iudas **4516** H-*Initiale fehlt* **4519** *nach*
tôt *Rest der Zeile freigelassen* + 1 *Leerzeile für*
Rubrum 90

4506 Judas *SmE*, Jûdas *Pi²* **4508** beuilhe *Ho*,
bevulhe *SmE* **4511** zůsůhte *Ho Pi² Do¹*, zuo
suohte *SmE* **4516** Hâtest *Ho Pi² Do¹ SmE*
4517 zwire *Pi² SmE* **4521** nius *Ho Pi² Do¹*, nû
ius *SmE* **4523** suie *Pi²*, swie *SmE* | harte *Pi²*

V

'wi mohte wir wizzen,
ob er imen hieze pringen?

Judas sinen uater bat,
1065 er tatez durh got,
er beuulhe daz kint in sine triwe,
er chot ez ne solte in nimer geriwen,
ob er in ime widere *ne* prahte,
daz imez got zů suhte,
1070 ob er ime unsenftigez wort 540
daz ez got uber in rache. [gesprache

'La in mit uns uaren,
laze in uns wole bewaren.
hetest du in uns ê gegeben,
1075 wir waren nu zvire chomen.
waz ist dir daz gůt,
ligent uns div kint tot?'

Do sprah iacob:
'nu evs ist also not,
1080 nu tut also ir wellet, 545
svi harte ir mich chollet.

Ir sult pringen
deme herren ze minnen,

1063 ober | heze **1068** widere prahte

1063 hieze *Di²* **1067** er chot *bei Di²* in [ ]
1068 ne *Ergänzung nach* W *Di²* **1082** sult] sult
ouch *Di²*

des mohten wir niht werden inne
ob er im in hieze bringen.'

Judas sinen uatir bat,   92, 35
er tæte ez durch got,
4855 er beuulhe im daz chint ze sinen triwen,   93, 1
daz solde in niht gerivwen,
unde ob er in niht widir bræhte
daz im daz got zů sůhete,
unde ob halt er im unsenftiz wort spræche
4860 daz ez got ubir in ræche.

dar ubir la in mit uns uaren,
wol wellen wir in bewarn;
wan hietist du uns in e gegeben   93, 5
wir wæren nu zwir chomen.
4865 fur waz ist daz gůt,
ligent uns dei chint unde wip tot?'

Vngerne sande jacob mit in
sinen sun beniamin;
mit siner gabe sande er in doch dar:
4870 **got bat er si bewarn.**

Do sprach Jacob
'nv iv des geuerten ist so not
nu tůt als ir wellit   93, 10
swie harte ez mich chwelle.

4875 Ir schult bringen dem herren
ze minnen unde ze eren

4867–4870 *Rubrum 90*

W	V
des hîe wirt gnůge. maksen daz ist ime seltsane: wîrouch, honich unte wurze 65, 30 iŏch unser obeze.	des hi wirt genůge, 1085 waz ube ime daz ist seltsane, wiroch unde honec ioh wurze ioh unserez obez.
4530 **N**emet zuisken scatz, so getriuwet man îu deste baz,	nement zviua*lt*in s*ca*z, so getruwet man eu deste baz,
ub ir den widere bringet, den ir dannen fůrtet,	1090 ub ir den widere pringet, 550 den ir dannen uůrtet,
sone zihet man îuch untrîuwe 4535 noh irricheite.	sonezihet man evh untriwe noh irretůmes.
Beniamin den wenigen befil | he ich ziuren gnaden. [97v] got geruche den herren 65, 35 mit gnaden zů ziu cheren, 4540 daz er mir laze wider heim simeon unt beniamin.	**B**enyamin den weisen 1095 pe*u*ilhe ich zevren genaden. got ruche den herren mit genaden zu ev cheren, daz er mir laze wider haim symeon ioh disen beniamin.
*N*u faret ir îuren sint, nu pin ich ane chint, nu scol ich mich lutzel gefrŏwen, 4545 ê ich îuh alle mův peskŏwen.'	1100 **N**u uart ir eweren sint. 555 nu pin ich ane kint, nu sol ich mich lutzel gefrowen. ê ich evh muz ane beshowen.'
Weinent er chuste beniamin iŏch sine brůdere. er beualch si gote 65, 40 mit innerem gebete.	**W**einente er chuste 1105 beny | amin ioh sine brudir. [82b] er beualch si gote mit innereme gebete.

4536 Beniamin] B *senkrechter Strich schwarz verwischt?* **4542** N-*Initiale fehlt*

4526 hie *Pi² SmE* **4527** maksen] mach skëhen *Gri*, mach skehen *SmE* **4531** iu *Pi² SmE* **4534** untriuwe *Pi² SmE* **4534–4535** iuch:irricheite *Ho Pi²* **4538** gerûche *Pi² SmE* | hêrren *Pi² SmE* **4542** Nu *Ho Pi² Do¹*, Nû *SmE* | iuren *Pi² SmE* **4545** iuh *Pi² SmE*

1086 wi roh **1088** zviuatun | scaz] c *über a übergeschrieben* **1090** ubir **1093** irre tůmes **1095** penilhe

---

1086 wiroch *Di²* | ioh *bei Di² in [ ]* **1088** zviualtin scaz *Di²* **1092** evh] evh dar umbe *Di²* **1095** peuilhe *Di²* **1099** disen *bei Di² in [ ]*

　　　　ᴍaksen uil schone,
　　　　daz ist im seltsæne,
　　　　honich unde | wirŏch　　　　　　　　　　　[65v]
4880　　wrzze unde obiz bringet im ŏch.

　　　　Fůret hin widir im den schaz,
　　　　er getrŏwet iv immir destibaz
　　　　daz ir ivch wol uersinnet　　　　　　　　93, 15
　　　　unde im in hin widir bringet,
4885　　wand ir in danne habet braht
　　　　arges wirt hinz iv niht gedaht,
　　　　oder man zihet ivch gereite
　　　　grozzir irricheite.

　　　　Beniamin den wenigen
4890　　enphilh ich zivren genaden,
　　　　got geruche den herren
　　　　mit liebe zů iv cheren,
　　　　daz er mir lazze herwidir heim　　　　　93, 20
　　　　simeon unde ʙeniamin.

4895　　Nu uart ir ivren sint,
　　　　nu bin ich worden ane chint;
　　　　luzzil sol ich mich geurŏwen
　　　　biz ich ivch alle widir geschŏwe.'

　　　　Weinunde chuster
4900　　ʙeniamin unde sine brůder,
　　　　er enphalch si got
　　　　mit sinem gebet.

W	V
4550 **B**eniamin si dienoten, mit zart inen fůrten. in egiptum si chomen, fore iosebe gestůnten.	**B**enyamin si dinoten, mit zarte si *in* uurten, 1110 in egyptum si chomen, 560 uůr ioseben gestunten.
Also ioseph sie unte beniamin *[98r]* 66, 1 4555 sinem amptman er zů sprach [gesach,	**A**ls er sie unde benyamin gesach, sineme ambetmanne er zu sprah:
'Leite mir dise in den sâl, pehach mir die chemenaten al unte, weri got, gib uns genůch! 4560 ich wil ze mitteme tage 66, 5 mit în wirtscaft haben.'	'Leite dise in den sal, 1115 unde beuach mir di kemenaten al, unde weregot! gib uns genůc: ich wil ze mitteme tage mit in wirtscaft haben.'
Dů ers in daz hûs prahte, zu ein ander si sprachen	1120 **D**o er si in daz hůs prahte, 565 zu ein ander si sprachen:

1109 si in] sim   **1110** inegvtum   **1112** Alser
1113 ambet manne   **1119** wirt scaft
1120 ersi

4553 nach gestůnten *Rest der Zeile freigelassen*
+ 8 Leerzeilen für Rubrum 91 und für Bild 71

4557 chemenâten *Pi² SmE*   **4561** in *Pi² SmE*

1109 si in *Di²*   **1110** in egyptum *Di²*   **1111** uur *Di²*

	Beniamin dem chinde	93, 25
	dienoten si mit sinne;	
4905	in egiptum si chomen,	
	fur Joseph si gestůnden.	

Hie chomen si in Egipten lant,
Beniamin wart fur in gestalt.

	Also ioseph si unde Beniamin gesach	
4910	ze sinem ǀ ambitman er sprach	*[66r]*

'Leite mir dise in den sal,
behahe mir die chemenaten ubir al,

	bereit uns genůch ze mittem tage,	93, 30
	ich wil mit in wirtschaft haben.'	

4915	Do er si in daz hŏs brahte
	zein ander si sprachen

4907–4908 Rubrum 91 und Bild 71: *Zweite Ankunft der Brüder mit Benjamin bei Joseph*
4910 *nach* sinem : Josep unt sinevchint   daz ist war *am unteren Rand*

W

'durch den scatz

4565 der unseres unwizzenes in den sechen lâch

so wane man uns armen
hîe in nôt wil tůn.'

Si baten den chamerate
daz er in fername.
4570 er fernam in dů.   66, 10
si sprachen ime zů

'**D**ů wir nahest hîe chŏften
unte heim fůren
unt sahen zunseren secchen,
4575 dů funte wir unseren scatz licken.
daz scol got wizzen, uns ist unchunt
wannen er dar inchom.
den habe wir here widere braht,   66, 15
daz sin niene bristet.
4580 unsern chorn | chŏf   [98v]
habe wir braht ouch.'

Er antwurt in
uile minnichlichen
'ir ne durffet îu furhten.
4585 fride si îu geheizzen.

Ir scult pillichen haben
daz îu gerůchte got geben.
daz ir mir scatzes gabet   66, 20

4586 Ir] Er

4565 lach *Pi² SmE*   **4567** hie *Pi² SmE*
4572 hie *Pi² SmE*   **4576–4577** daz scol got
wizzen:/ uns ist unchunt wannen er dar în chom.
SmE   **4585** iu *Pi² SmE*   **4586** Ir *Pi² Do¹ SmE*, Er
Ho He   **4587** iu *Pi² SmE*

V

'durh den scaz,

der unseres unwizzens in den secchen lac

so wane man uns armen
1125 hi in not wil tun.'

Si baten den kamerare,
daz er in uirname,
er fernam in do.
si sprachen ime zuo

1130 '**D**o wir nahest hi chovften   570
unde heim uůren
unde sahen zunseren secchen,
do uunden wir unseren scaz likken.
daz sol got wizzen,
1135 wannen chome, da wirz ne wizzen,
den habe wir so widere braht
daz sin niene bristet.
unsern chorn chŏf
habe wir braht ovh.'

1140 **E**r antwurte in   575
uile minnecliche:
'ir ne durfet ev niht uurhten,
fride si ev geheizen.

Ir sult pilliche haben,
1145 daz ev got růhte geben.
daz ir mir scazzes gabet,

1123 unseres ~~unseres~~   **1134** solgot   **1135** da]
daz   **1136** nach braht] *ein durchstrichenes Verweisungszeichen*   **1142** durfṭet

---

1123 unseres unwizzens *bei Di² in [ ]*
1128–1129 *Ergänzung nach W Di²*
1135 wanne *Di²* | da *Di²*   **1137–1139** *Ergänzung nach W Di²*   **1141** minneclicho *Di²*
1142 durfet *Di²*   **1146** daz *bei Di² in [ ]*

'geschehen ist ditzze
umbe die grozzen unwizze,
der unsir iegilicher phlach
4920 umbe den schaz der in den sechin lach,
so wæn wirz uil armen
hinne můzzen garnen.'

Si baten den chamiræro 94, 1
daz er si uernæme,
4925 er lobete daz erz wolde tůn,
si sprachen im zů

'**D**o wir nahist hie wruen
unde widir heim fůren
unde enbunden unsir seche,
4930 do funden wir unsiren schaz dar inne liken;
uon himel got weiz ez wol, 94, 5
wir newizzen wie er dar in chom,
den habe wir braht herre,
sin ist *niht* minnir noch mere,
4935 unsiren chorn chŏf
haben wir braht ŏch.'

Der chameræ̂r in anturte,
er sprach 'ir bedurfet iv niht furhten,
uride si iv geheizzen
4940 in allem disem chreizze.

Billichen schult ir haben 94, 10
swaz iv got hat gegeben.
daz ir mir schazzes gabet,

4934 ist minnir

4931 himil *Di¹* **4934** [niht] *Di¹*

W

niht ir mir des namet,
4590 den han ich gehalten.
got můz îuwer walten.'

Er leitte dar uz zů zin
ir brůder simeon.
mit fröden si sich chusten,
4595 daz sin gesunten westen.

Ire fůzze si důgen,
fůter den esilen trůgen.
si hiezen uz legen   66, 25
da si deme herren mite wolten geben.

4600 Dů ioseph ze deme hûs chom,
ire gebe si ime gaben.
si buten sich sůzze
zů sinem fůzze.
gnadichlichen sprach er zin,
4605 hiez si willechomen sin.

Danach er si fragte,
ub ire uater lebete,
ub er gesunt ware   66, 30
oder | wi er mahte.   [99r]

4610 Si sprachen er lebete
unt sich wole gehabete.
'er ist wol gesunt,
hat dir gesentet sin trutchint,
unseren minnisten brůder,
4615 den er guan in sinem alter.'

4599 nach geben Rest der Zeile freigelassen für Rubrum? 4600 nach chom Rest der Zeile freigelassen für Rubrum? 4615 nach alter Rest der Zeile freigelassen + 9 Leerzeilen für Rubrum 92 und für Bild 72

4591 iuwer Pi² SmE 4596 dwuogen SmE
4606 frâgte Pi², frâgete SmE

V

niht ir mir des namet,
den han ich gehalten.
got můze ewer walten.'

1150 Er laite dar uz zin   580
ir brudir symeon.
mit frovden si sich chv̊sten,
daz si in lebentigen unde gesunt wessen.

Ir fuzze si dwůgen,
1155 fůter den eselen trůgen.
Si hizen uz legen,
da si deme herren mit wolten geben.

Do iosep zu deme hůse chom,
ir gebe si ime gaben,
1160 si buten sich suze.   585
ze sinen fůzen.
genadeliche sprah er zu zin,
er hiz si wille chomen sin.

Danach er si fragete,
1165 ob ir uater lebete,
ob er gesunt ware,
oder wi er mahte.

Si sprachen, er lebete
unde sich wol gehabete:
1170 'er ist wol gesunt,   590
unde hat dir gesendet sin trut kint,
unseren minnisten brůdir,
den er gewan in sineme alter.'

1150 Er] Ir | dar] daz 1154 dvvv̂gen] die beiden v auf Ras. 1162 enadecliche 1166 ober 1171 gesenden 1172 minnsten

---

1150 Er Di² | dar Di² 1152 chůsten Di²
1153 lebentigen unde bei Di² in [ ]
1154 dwůgen Di² 1162 genadeliche Di²
1171 gesendet Di² 1172 minnisten Di²

	niht ir mir des namet,	
4945	den han ich gehalten,	
	got můz ivr immir walten.'	

Ůz dem charchær urone
leitot er simeone;
mit urŏden si in chusten
4950 do si in gesunden westen.

Ir fůzze si dŵgen,   94, 15
den esilen fůtir uur trůgen,
si hiezzen her | ŏz legen   [66v]
daz si dem herren wolden geben.

4955 Do ze dem hŏse chom joseph
si buten im gabe unde gebet,
si uielen gelich sůzze
ze sinen fůzzen:
genædechlichen sprach er zu in
4960 unde hiez si willechomen sin.

Schiere er si uragete   94, 20
ob ir uater noch lebete
unde ob er in churzzir stunt
wære uro unde wol gesunt?

4965 Si sprachen daz er lebete
unde sich wol gehabete.
'gesunt liezzen wir in sint,
er hat dir gesendet sin trŏtchint
unsiren minnisten brůdir
4970 den er gewan in sinem alter.'

4952 den] d *aus* (a *oder* o) *korrigiert*   **4970** den] der

4947 Vz *Di¹*   **4952** uůr *Di¹*   **4970** den *Di¹*

W	V

Also ioseph beniamin gesach,
ich weiz er zin sprach

'**N**u saget mir in war,   66, 35
ist dizze îuwer minnister brůder?
4620 nu můzze dir got gnaden!'
er lîuf fon in in allen gahen,
der amer in begund ane gen,
erne ma | hte da nieht gestên. *[99v]*
die zahere in ane runnen,
4625 dů begund er uon in îlen,
er îlt in die chemenaten,   66, 40
unz er ime gnůch geweinote.

Daz antlutze er duoch

4619 iuwer *Pi² SmE*   4621 liuf *Pi² SmE*

Also iosep benyamin gesah,
1175 ich weiz er ime zů sprah:

'**N**u saget mir zeware,
ist dizze ewer min | nister bruder? *[82c]*
nu muze dir got genaden.'
er livf uon *in* in allen gahen,
1180 der amer begunde in anegên,   595
er ne mohte da niht gestên.
di zahere in ane runnen,
do begunde er uon in ilen,
er livf in di kemenaten,
1185 unzer genůc geweinote.

Daz antluze er dvůc

1179 uon in allen   1180 ane gên
1186 antlu'ze

1179 in Ergänzung nach W *Di²*   1186 antluze *Di²*

Joseph sach Beniamin; 94, 25
uor iamir gie er uon im.

Also joseph Beniamin gesach
ze den anderen er sprach

4975 'Bi ivr warheit ir mir saget,
ist dizze ivr brůdir uon dem ir mir gesaget habet?
nu můzze im got genaden.'
er lief uon im in allen gahen,
der iamir in begunde angen,
4980 niht langir moht er gesten,
die zæher runnen im lange 94, 30
ubir siniv wange,
er ilot in die chemnate;
da weinot er geno| te, [67r]

4985 idoch daz antluzze er gedŵch

4971–4972 Rubrum 92 und Bild 72: *Joseph erblickt Benjamin und wendet sich ab*
4985 geduŵch

4985 gedŵch *Di¹*

W	V
unte festinote sinen můt. 4630 hine widere er gîe, zu dem můse er fîe.	unde uestenote sinen můt. hine widere er ginc, zu deme muse er uinc.
Er saz sunter, sunter sine brůdere. zu einer anderen wente 67, 1 4635 sazzen die lant lîute, want iz widerzâme duhte, âzzen iuden mit heidiniskme lîute.	1190 Er sazze sunder 600 sunder sine brůdir. zeiner anderen wente sazen di lantlute wandez widerzame duhte, 1195 azzen di iuden mit den heidenisken liuter
Nach ir altere si sazzen, sunterbâr azzen: 4640 der alteste an deme sedel heriste, 67, 4	Nah ir alter si sazen, sunderbare si âzen, der altiste an deme sedele der heriste,
der minnist ze aller nideriste.	der minnist zaller nidereste. 605
Si teilten daz prôt,	1200 Si tailten daz prot,
daz meiste wart deme nideristen,	daz meiste wart deme nideristen,
beniamin wart finf teile mêre 4645 denne den anderen herren.	benyamin wart uinf teile mêre, denne den anderen herren.
Si azzen unt trunchen, unze si mahten scranchen.	si azen unde trunchen, 1205 unze si mahten screkken.
Der uile gůte ioseph sinem amptmanne gebot 4650 er fulte | des weizes die secche, [100r] 67, 10	Der uil gute iosep sineme ambetmanne er gebot, er fulte des weizes di secche, 610

4630 gie *Pi² SmE* **4631** fie *Pi² SmE*
4632 sunder *SmE* **4633** sunder *SmE*
4635 lantlîute *Ho*, lantliute *Pi² SmE* **4637** liute *Pi² SmE* **4639** sunterbar *Pi²* **4640** dâ saz der eltiste/ an deme sedele hêriste, *He* **4641** dâ saz der minniste/ zů aller nideriste. *He* **4642** Daz brôt si teilten *SmE* **4650–4651** weizes:meiste *He*

1188 erginc **1190** Er] Dr **1193** lant lute
1194 wider zame **1196** Nah] Dah
1197 sunder bare **1199** zẹller **1200** Si] Di
1202 uinfteile

1190 Er *Di²* **1191** brudir *Di²* **1196** Nah *Di²* **1198** der¹] Ruben der *Di²* **1199** der] Benyamin der *Di²* | zaller *Di²* **1200** Si *Di²* **1201** wart deme nideristen] den nideristen wart *Di²*

      unde gesenftot sinen mŭt,
      hin widir er gie
      ze dem ezzen er geuie.

      Er gesaz sundere;
4990 do sazzen sine brŭdere
      nahen bi im trŏte   94, 35
      uon den lantlŏten,
      wand ez widirzæme dŏhte   95, 1
      azzen juden mit heidinisken livte.

4995 **N**ach ir alter si sazzen,
      sundirbar azzen;
      da saz der altiste
      an dem sedil heriste,
      der minnist
5000 an dem sedil nidirist.

      Si teilten daz brot   95, 5
      also der wirt gebot,
      do wart daz meiste
      dem allen nidirist:
5005 ʙeniamin wart funf teil mere
      danne anderen herren.

      Si azzen unde trunchen
      unz si mohten schranchen.

      Der gute joseph
5010 sinem amman gebot,
      er uulte mit weizze die seche   95, 10

W

so der meiste in mahte,
unt leget ir îegliches scatz
wider in sinen sach
unt sinen silbrinen choph purge
4655 in des iungesten chorne
unt ime doch sinen scatz
legete forne in den sach.

Also dŭ chom der tach,
daz urlŏp man in gab,
4660 frô si dane fůren   67, 15
unte wole uerre fon dere burch chomen.
er hiez den amptman
in nach rîten.

Als ers irreit,
4665 er sprach in manich leid.
er chod 'iâ ir helede,
wie getatet ir so ubile,
daz ir mineme herren so habet gelonet,
daz irme sinen choph stalet
4670 dar uz spulgte trinchen   67, 20
unt in ne wonete liezzen?

Ir habet ubele getan,
iz scol | îu suare ir gan.'   [100v]

V

so dir meiste in mohte,
1210 unde legete ir îgeliches scaz
widere in sinen sach,
unde sinen silberinen chopf purge
in des iungisten chorne
unde ime doh sinen scaz
1215 legete uorn in sinen sach.

Also do chom der tach,
daz urlop man in gab.
fro si dannen uůren   615
unde wol uerre dannen chomen,
1220 iosep hiz den ambetman
in nah riten.

Also *er se* irreit,
er sprah in manec leit,
'Ja ir helede,
1225 wi getatet ir i so ubele,
daz ir mineme herren so ha*bet* gelonet,
daz ir ime sinen chof stalet,
da er uz spulcte trincchen   620
ioh inne wonete lizen.

1230 ir habet ubele getan,
ez sol ev svare irgan.

4663 *nach* rîten *Rest der Zeile freigelassen + 2 Leerzeilen für Rubrum 93* 4672 Ir] Er

---

4652 ieglîches *Pi²*, iegliches *SmE* 4664 Alsô er si *SmE* 4668 hêrren sô *Pi² SmE* 4670 dar] dâ er *SmE* 4672 Ir *Pi² Do¹ SmE* 4673 iu *Pi² SmE*

1210 îgeliches 1211 sçach 1215 uon
1219 chomen] *auf Ras.* 1220 iosephiz] *auf Ras., danach in rad.* 1222 se er 1226 hat
1227 íme

1211 sach *Di²* 1215 uorn *Di²* 1219 dannen bei *Di²* in [ ] 1222 er se *Di²* 1226 habet *Di²*

so meiste dar in mohte,
unde leget ir iegeliches schaz
widir in sinen sach,
5015 unde sinen silberchoph purge
in des iungisten chorne,
unde sinen schaz uorne
leget in dem chorne.

Also do chom der tach
5020 daz man in urlŏp gap,
uro uŭren si danne uerre   95, 15
uon den herbergen,
niht wolde er bíten,
den ambitman hiez er in nach riten.

5025 **Ioseph sande in nach**
sinen amman, als im wære gach.
sine brŭdir hiez er hazzen
nach einem uerstolne goltuazze.

Also si der amman erreit
5030 er sprach in manich leit
'waffen ubir ivch helede!   95, 20
wie getatet ir ie so ubile
daz ir minen herren also habet gehonet
unde im sinen choph stalet,
5035 da er ŏz spulgot trinchen
unde chunftigiv dinch inne zeruinden?   [67v]

dauon so habet ir ubel getan,
ez sol iv an den lip gan.'

5016 des] e *über* d *übergeschrieben*   **5025–5028** *Rubrum 93*   **5035** trinchen] ne *korrigiert*

5013 legit *Di¹*

W

Vile harte si irchomen,
4675 sprachen daz si des unsculdich waren.

'den scatz den wir funten,
dů wir unsere secche enbunten,
den brahte wir widere
ze mines herren chamere.
4680 dů sprache du hetest den dînen, 67, 25
hiez uns gehalten,
ube uns hete got îeht gegeben,
du ne woltest des nieht phlegen.

Wie mahte wir denne îemer so getůn,
4685 daz wir da widere buten solich lôn?

In sues sacche
der selbe chopf stecche,
den slahe oder hach, 67, 30
wir sin dine scalche da nach.'

4690 Er chod 'des ne wil ich nieht tůn.
den sculdigen wil ich ze scalche haben,
den wil ich cholen,
die anderen faren dare si wellen.'

V

Uil harte si irchomen,
si sprachen daz sis unsculdic waren.

'Den scaz den wir uunden,
1235 do wir unser secche imbunden,
den brahte wir widere
ze mines herren kamere.
du sprache, hetest den dinen, 625
unde hize in uns gehalten,
1240 ob uns got hete iht gegeben,
du ne woltest sin niht phlegen.

Wi mohte wir imer so getůn, [82d]
daz wir da widere buten solchen lôn?

in sves sacche
1245 der selbe chof stecche,
den slah oder hach;
wir sin dine scalche darnah.'

'Des newil ich niht tůn. 630
den sculdigen wil ich ze scalche haben,
1250 den wil ich chollen,
di anderen uaren dar si wellen.'

4677 enbuten **4690** E-*Initiale fehlt* | wil ich] wilich, i² *aus* l *rad.* **4693** dare] *nach* d *rad. nach* wellen *Rest der Zeile freigelassen für Rubrum 94*

4677 enbunten *Ho Pi² Do¹ SmE* **4681** hiez in uns *SmE* **4682** ieht *Pi² SmE* **4684** iemer *Pi² SmE* **4690** Er *Ho Pi² Do¹ SmE* **4692** cholen] chwelen *SmE*

1237 zemines **1241** dune **1243** solchev

1243 solchen *Di²* **1244** in] uon diu in *Di²*

5040	Vil harte si erchomen, si sprachen in einem tône 'wan si den schaz uerbæren dester unschuldich si wæren, den si in ir sechen funden, do si die enbunden	95, 25
5045	unde in ŏch bræhten widere zir herren chamere, do spræche du, du hietest den dinen, iegelichen hieze du gehalten den sinen unde spræch, ob uns got iht hiete gegeben	
5050	des woldest du uns niht nemen,	
	waz mohten wir getŭn ander stunt? wir gehielten den beschaffen uunt:	95, 30
5055	uon div in swes sache der selbe choph steche, den slahe odir hach, dine schalche sin wir danach.'	
5060	'Vernemet waz ich iv sage, den schuldigen wil ich ze schalche haben, den wil ich chwellen, die anderen uaren dar si wellen.'	96, 1

An den selben stunden
wart der choph ze beniamin uunden.

5049 gegeben] g² *korrigiert* **5058** suldigen **5060** andiren **5061–5062** *Rubrum 94*

5058 s[ch]uldigen *Di¹* **5060** anderen *Di¹*

W	V
Dů man die secche enbant, 4695 in des iungesten sacche man in fant. er | fîen bi der hant, [101r] îe doch er niene bant, er chod fon rehten sculden sines herren scalch můse sin.	Do man di secche inpant, in des iungistes sacche man in uant. Er uine in bi der hant, 1255 idoh er in nine bant. er chot, uon rehten sculden sin sines herren scalch můse er sin.
4700 Allez ire gewate si zarten, uil parmichlichen erhariten 'so wê uns wenigen, daz uz chom beniamin! wanne ware wir all erslagen 67, 40 4705 unte můse dich din uater haben!'	Alle si ir gewant zarten, 635 uil par*me*cliche harten: 1260 'so we uns wenigen, daz uz chom benyamin! wane ware wir alle irslagen unde můse dich din uater haben'
Daz chint stůnt, weinote, want for leide die hente. iz wante niemer mere gesahe sinen lieben uater.	Daz kint stunt weinente, 1265 want uor *l*eide di hende, iz wante nimer mêre *gesahe* sinen bruder.
4710 Si uazzoten die esile, cherten hine widere mit riuwechlichen ge*b*aren. 68, 1 si forhten daz si iŏch daz chint florn waren.	Si uazzoten di esele 640 unde cherten hine widere 1270 mit riweclichen gebaren, si wanten daz *si* baz kint uirlorn ware*n*.

4695 nach in¹ Rest der Zeile freigelassen für Rubrum 94 **4709** nach uater Rest der Zeile freigelassen für Rubrum 95 **4712** gabaren **4713** nach waren Rest der Zeile freigelassen + 6 Leerzeilen für Rubrum 96 und für Bild 73

4696 fien *Pi²* **4697** ie doch *Pi²*, iedoch *SmE* **4701** erharten *SmE* **4704** allerslagen *Ho*, all er slagen *Do¹*, alle erslagen *SmE* **4706** weinente *Ho*, weinônde *He* **4712** gebaren *Do¹*, gebâren *Pi² SmE*

1259 parcinliche **1265** laide **1267** sinen bruder gesahen **1271** daz baz \| ware

---

1259 parmecliche *Di²* **1265** leide *Di²* **1267** gesahe sinen bruder *Di²* **1271** daz si uirlorn waren *Di²*

	Do man die seche enbant	
	in des iungisten sache man in uant.	
5065	er uie in uaste bi der hant	96, 5
	idoch er in nine bant,	
	er sprach du hast uon dinen schulden	
	uerlorn mines herren hulde.'	

Alliz ir gewæte si zarten
5070 uil lŏte sine brŭdir harten.
'so we uns unsæligin
daz ie ŏz chom Beniamin!
wanne wæren wir alle erslagen
unde mŭse dich din uatir haben.'

5075 **D**er chint ellende   96, 10
wante sine hende,
ez wande nimmir mere
gesehen sinen uater heren.

In die | burch si cherten;   *[68r]*
5080 **beredinunge si einandir lerten.**

Si uazzoten die esile
und cherten hin widere
mit riwechlichen gebæren,
si uorhten daz si und daz chint uerloren wæren.

5079–5080 *Rubrum 95*

5081 fazzoten *Di¹*

Dů giench iudas, [101v]
4715 da ioseph was,
die anderen alle nach ime,
ire rede peuulhen si ime.

Si giengen iosebe ze fuzzen, 68, 5
paten sich ze rede lazzen.

4720 Er chod 'war dahtet ir,
daz ir ieht stalet mir?
iâ nemach mir niemen nieht genemen,
daz iz mege sin ferholen.

Mir nist niemen gelich
4725 an liezzenne des phlig mich.'

Do ginc iudas,
da iosep was,
di andere alle nah ime,
1275 ir rede befulhen si ime.

Si gingen iosebe ze uuzen,
paten sich ze rede lazen.

iosep sprah do uil ureislicho: 645
'War dahtet ir daz ir iht stalet mir?
1280 ia ne mac mir niman niht uirstelen
daz ez mege sin uirholen.

mir nist *nim*en lizzenes gelich
uur war des phligen ich mich.'

4722 genemen] uirstelen *Vo*, virstelen *SmE*
4725 phlige ich mich *Di¹*, phlig ich mich *Wl SmE*

1275 befulh hen   1277 zerede   1281 ezmege
uirholen] n *aus* m *rad.*   1282 minen lizzenest

1275 befulhen *Di²*   1282 nimen lizzenes *Di²*

5085 **Hie chomen si fur Joseph,** 96, 15
got in da genade tet.

Do gie judas
da Joseph was;
die anderen alle nach im,
5090 ir rede baten si sprechen in.

Idoch weinten si ane mazze
unde baten in die rede lazzen.

Joseph sprach 'war daht ir
daz ir iht uerstalet mir?
5095 niht mage sin uerholne 96, 20
daz mir ist uerstolne.

An liezzen ist nieman mir gelich;
die chunst han gelernet ich.'

5085–5086 *Rubrum 96 und Bild 73: Joseph gibt sich den Brüdern zu erkennen*

W

Judas sprach dů	68, 10
mit riuwigem můte	

'Waz mege wir da widere?
uns ist geskehen uil ubile.
4730 wir pirn durch sunte
chomen in dise scante.

Nu pir wir alle din,
dane mege wir zů gesprechen,
sam wole wir
4735 sam der den choph stal dir.'

Dů chod ioseph	68, 15
'des netůn ich nieht.	

der mir den chopf nam
den einen wil ich hân.
4740 farit ir ungescantte
zů îuwereme lante,
saget îuwereme uater
wie hat getan îuwer brůder.'

Judas dar nahere trât,	
4745 uil demůtech | lichen er in bat	[102r]
daz er durch sine gnade	68, 20
im ein lutzel fername.	

Er gestatte ime des.
waz tûr nam in des?

4750 Dů chod iudas
trûriges můtes

4726 Iudas **4744** Iudas **4750** D-Initiale fehlt

4726 Judas *SmE*, Jûdâs *Pi²* **4741** heim ziuwereme *SmE*; iuwereme *Pi²* **4742** iuwereme *Pi² SmE* **4743** iuwer *Pi² SmE* **4744** Judas *SmE*, Jûdâs *Pi²* \| trat *Pi² SmE* **4745** vil *Pi² SmE* **4750** Dů *Ho Pi² Do¹*, Duo *SmE*

V

Judas sprah do	
1285 mit riwegeme můte:	

'waz mage wir da widere?   650
uns ist geschehen uil ubele.
wir pirn durh sunte
chomen in dise scante.

1290 nu pir wir alle din,
dane muge wir zu gesprechen,
sam wole wir
same der den chopf stal dir.'

Do chot iosep:
1295 'des netun ich niht.
der mir den chopf nam,   655
den wil ich hi behaben.
uart ir ungescante
heim zevwerme lande,
1300 saget everm uater,
wi hat getan ever brůdir.'

Judas dar naher trat,
uil demutlichen er in bat,
daz er durh sine genade
1305 ime ein \| lutzel uirname.   [83a]

Er gestatte ime des,   660
waz tvêr nam in des?

Do sprah iudas
truriges můtes:

1287 gesehehen **1288** sunte] scante

1287 geschehen *Di²* **1288** sunte *Di²* **1292** *Ergänzung nach W Di²* **1301** brudir *Di²*

Judas der gůte
sprach mit riweigem můte.

'Wes mugen wir anders iehen?
ubil ist uns geschehen,
wir sin uon anderen sunten
chomen in dise schante.

Nu sin wir din eigen, 96, 25
deheiner chan sich da uon gescheiden,
also schuldich birn wir,
sam der den choph hat uerstolen dir.' *[68v]*

Joseph sprach 'ich zihe ivch niht,
dehein leit iv uon mir geschit;
der mir den choph nam
den einen wil ich han:
uaret ir ungeschante
heim ze lante,
saget ivrem uater 96, 30
wie geuaren habe ivr brůdir.'

Judas dar naher trat,
diemůtichen er in bat
daz er durch sine genade
in ein wenich uernæme,

do gewert er in der bet,
ez war im niht daz erz tet.

ze hant sprach judas,
trŏrich im der můt was.

5109 nicht *Di¹*

W

'Dů gerůchtest uns fragen
ube wir uater hiettin
oder ube wir heten mer
4755 da heime deheinen brůder.

Wir sprachen heten einen alten uater 68, 25
unte einen lutzelen brůder

den er in sinem alter gewan,

sin brůder newizzen wir ware chom.
4760 er ist sineme uater uil liep,
er nelat in uone ime nieht.

Dů hiez du dirn bringen
ze gnaden iŏch ze minnen.
dů sagete wir dir, herre, 68, 30
4765 wie lîep er ime ware.
er heten fure die můter
iouch fure den brůder,
er ware ime so zart,
daz er in neliez in deheine uart.

4770 **D**ů sprache wir nedorften mere here
[chomen,
wir newolten in mit uns nemen.

Diz allez wir zalten 68, 35
unsreme uater | alten. *[102v]*
er tet chlage gnůge
4775 daz wir des chindes hîe geuŵgen.

V

1310 'du geruhtest uns ze fragen,
obe wir uater heten,
oder obe wir heten mêre
da heime deheinen bruder.

Wir sprachen, wir heten einen alten uater
1315 unde einen wenigen brudir,

den er in sineme alter gewan. 665

sin brůdir newizze wir *ware* chom.
Der ist sineme uater uil lip,
er ne lat in uon ime niht.

1320 **D**o hize du dir in bringen
ze genaden ioh ze minnen.
do sagete wir dir hérre,
wi lip er ime ware,
er hetin uur di můter
1325 ioh uur den bruder,
er *wâre* ime so zart, 670
daz er in nelize necheine uar*t*.

Du sprache, wir nedorsten mere here
[chomen,
wir ne wolten in mit uns nemen.

1330 **D**izze wir allez zalten
unserme uater deme alten.
er tet clage genůge,
daz wir des kindes î gewugen.

1313 haime 1317 wir chom 1319 nelat
1326 wâre] ist 1327 uare 1328 ch omen
1332 clage] e *auf Ras.*

1313 heime *Di²* 1317 ware *Ergänzung nach W*
Di² 1322 hêrre *Di²* 1325 den] di anderen *Di²*
1326 wâre *Di²* 1327 uart *Di²*

4772 D-*Initiale fehlt*

4765 liep *Pi² SmE* 4772 Diz *Ho Pi² Do¹ SmE*
4775 hie *Pi² SmE* | gewuogen *SmE*

	'Herre du gerůchot uns ze uragen	97, 1
5125		
	ob wir uater hieten	
	ode ob wir daheime	
	hieten brůdir deheinen.	

	Wir sprachen vns hiete got noch behalten	
5130	einen uater alten	
	unde einen brůdir iungen	
	den er in sinem altir hiete gewnnen,	
	dannoch sageten wir dir mere	97, 5
	wir enwessen war unsir brudir einer chomen wære,	
5135	unde iahen daz der sinem uater wære so liep	
	daz er uns sin liezze niht.	

	Dar ubir hiezze du dir in bringen	
	ze genaden unde ze minnen,	
	do sageten wir dir ze ware	
5140	wie liep er sinem uatir wære:	
	liep was er im fur sin můtir	
	unde fur andir sine brůdir,	
	dar zů was er im so zart	97, 10
	daz erne lie in dehein uart.	

	Do spræche du daz wir andirs niht gedæhten	
5145		
	wan daz wir dir in bræhten.	

	Dine rede wir alle zalten	
	unsirem uatir alten:	
	chlage het er genůge	
5150	daz wir des chindes ie gewͦgen;	

W

Danach hiez er uns faren
nach der lîbnare.

Wir sprachen negetorsten
mere daz lant gesůchen
4780 noh chomen in diniu ougen
uber lût noch getŏgen,
mit uns nefare daz chint.   68, 40
leider ubile sint nu chomen siniu dinch

Vnser uater begunde truren,
4785 dů zůgiengen ime dise riuwe.

Er chod 'îu ist wole chunt

daz mir min wib gvan zuei chint,
den einen ich uz sante,
niemer er wider ze mir wante.
4790 ir sprachet in ein tîer frazze,   68, 45
sinen roch an deme uelde liezze.
ich ne gesach in nîemer mere,
daz irbarme dir, trehten herre!

Nemet ir mir ouch disen   69, 1
4795 unte geskihit ime ieht unter wegen,
sone lustet mich mere leben,
so můz ich chlagente | den lib   [103r]
so můzzen mine grawe   [irgeben,
weinente faren zungnaden.'

4800 **S**o ich in nu skierist gesihe   69, 5
unt ime sin chint nieht widere gibe,

4793 *vor* trehten herre *rad.*

4782 nefuore *SmE*   4786 iu *Pi²SmE*   4790 tier
Pi²SmE   4792 niemer *Pi²SmE*   4800 Sô *Pi²*
SmE

V

Da nah hiz er uaren
1335 nach der lipnare.

Wir sprachen, ne getorsten   675
mere daz lant sůchen,
noh chomen under din ovgen
uber lůt noh tovgen,
1340 mit uns ne uure daz kint.
leider ubele sint nu chomen sinev dinc.

Unser uater begunde trůeren,
do gingen ime zu sine riwe.

unde sprah
1345 uil chume uber maht
'ev ist wole chunt   680
daz min wip mir gewan zvei kint,
den einen ich uz sante,
nimer er ne widere ze wante.
1350 ir sprachet daz in ein tir fraze,
sinen roch an deme *uelde* lize.
ich ne gesah in nimer mere,
daz irparme dir got herre!

nemet ir mir ovh disen
1355 unde geshihet ime iht under wegen,
sone lustet mere mich ze lebene,   685
so muz ich clagente den lip geben,
so můzen mine grauue
weinente uarn zungenaden.'

1360 **S**o ich in shirest ane sihe
unde ime sin kint niht widere gebe,[83b]

1335 lip nare   1336 ge trosten   1337 sůc hen
1345 chu me   1347 min] n *aus* e *korrigiert*; ge
wan   1349 wi dere   1351 deme lize   1353 ir
parme   1356 zelebene   1360 So] Jo

1344 er weinôte unde *Di²*   1351 uelde
Ergänzung nach W *Di²*   1360 So *Di²*

idoch hiez er uns uaren [69r]
her widir nach der lipnar.

Wir sprachen mit unrůche 97, 15
wir getorsten daz lant niht besůchen
5155 noch chomen undir din ŏgen
ubir lŏt noch tŏgen
mit uns *ne*uůre daz chint:
ubil uns unsiriv dinch chomen sint.

Vnsir uatir begunde trŏren,
5160 zů giengen im dise riwe.

Er sprach 'iv ist wol chunt

daz mir min wip gewan zwei chint,
den einen ich ŏz sande 97, 20
sin widiruart ich niht erchande
5165 ir sprachet daz in ein tier uræzze
sinen roch an dem uelde liezze,
ich gesach in nie mere;
daz erbarme dir trŏhtin herre!

nu welt ir mir den ŏch nemen:
5170 geschiht im iht undirwegen
sone lustet mich niht mere ze leben,
den lip můz ich dem tode geben,
so můzzen ŏch mine grawe 97, 25
uaren zungenaden.'

5175 **S**o ich in nu schierist sihe,
ist daz ich im danne in niht widir gibe,

5157 uůre

5157 [ne]uůre *Di¹*

W	V
so hart er an in ist fer cholen,	so harte ist er an in uircholen,
ê ich in denne sahe cholen,	ê ich in denne sehe cholen,
michel lieber ist mir	michel liber ist mir,
4805 daz ich îemer diene dir	1365 daz ich imer dine dir
unt si in ellente	unde si in ellende, 690
denn ich chome ze lante.	denn ich chome ze lande.
mir ware lieber unter der erde 69, 10	mir ware liber under der erden,
denne er in deme amer irsterbe.	denner in deme amer irsterbe.
4810 Ich nam en in mine triuwe,	1370 Ich nam in in mine triwe,
des můz ich îemer sin in riuwe.	des můz ich sin in riwe.
uon unseren sunten	durch unsere sunte
pir wir worden ze scanten.	pir wir worden ze scanten.
die triuwe nemag ich geleisten,	triwe ne mac ich geleisten,
4815 die můz got ane mich eisken,	1375 di muz got ane mih eisken,
daz ich in uz prahte	daz ich in uz prahte 695
zuo dirre note.	ze dirre note.
Sîn iǒch des uater můz ich rede geben, 69, 15	sin unde des uater muz ich rede geben,
so got gebiutet uber min leben,	so got gebutet uber min leben,
4820 dirne sente got ze můte	1380 dir nesente got daz ze mute,
daz tuz tůst durch dine gůte	daz tůz tust durch dine gute,
daz tu mich habest ze schalche	daz du mich habest ze scalche
zeineme îe | welichen tage werche. [103v]	zeine igelicheme tagewerche.
Tů mir al daz tu wellest, 69, 20	tu mir al daz du wellest,
4825 daz tet in hîe niene chuelest.	1385 daz tu in hi nine quellest.
laz in heim,	laz in heim, 700
ich pin îemer gerne din sue in.	ich *pin iemer gerne din suein;*
nieht ist des ich mich scame,	*nieht ist des ich* mich scame,
et du gnadich pist ime.	ob du genadic pist ime.

4810 nam en] namen

4805 iemer *Pi² SmE* **4810** nam en *Ho Pi² Do¹ SmE* **4811** iemer *Pi² SmE* **4818–4819** *nach* W *teilt Pi²*: Sîn iǒch des uater/ mǔz ich rede geben/ sô got gebiutet/ uber mîn leben **4822** scalche *SmE* **4823** iewelîchen *Pi²*, iewelichen *SmE* **4825** daz tu in hie *Di¹*, daz tû in hie *SmE*; daz tet (=tu et *oder* =dû eht) *Ho*

1362 uir cholen **1367** den nich | zelande
1373 zescanten **1380** zemute
1382 zescalche **1383** tage werche
1384 aldaz du **1387** *nach* ich *ein durchstrichenes Verweisungszeichen* **1389** tu

---

1376 uz] uz der heimôte *Di²* **1384** du] zu *Di²* **1387–1388** *Ergänzung nach* W *Di²* **1389** du *Di²*

｜｜｜so sere als er an in uercholen ist,
e ich in danne sehe chwelen dehein urist,
michil liebir ist mir
5180 daz ich immir diene dir
unde si in dinen banden
danne ich chom ze lande,
mir wære liebir undir der erde 98, 1
denne er in dem iamir sterbe.

5185 **I**ch nam in an min triwe,
des můz er mich immir riwen.
uon unsiren sunden
lîde wir dise schande.
min triwe mage ich niht geleisten
5190 die můz got an mich eisken,
daz ich des ie gedahte 98, 5
daz ich in ŏz brahte. *[69v]*

Got můz ich umbe sinen uater anturt geben
swenne er gebivtet ubir min leben,
5195 dir nesende got ze můte
daz du mih durch din gůte
habest zeinem schalche
unde zeinem tagewerchen.

Nu tu mir allez daz du wellest
5200 daz du in hie niht chwellest,
la in heim ze lande; 98, 10
ich wil dinen handen
immir undirtænich sin,
dienstis scham si immir min

4830 wil du in lazzen ze lante, ich lide îemer diz ellente.'	1390 wil du in lazen ze lante, ich lide imer dize ellende.'
Dů mahte ioseph sich langere pehaben nieht, er hiez ime intwichen 4835 die uor ime stůnten, daz niemen dane wâre, der sahe îr gebâre, sos ein ander erchanten, wîe si sich manten.	**D**one mohte iosep sich langer inthaben niht. er hiz ime intwichen, 1395 di da uore ime stunden, daz niman da neware, der sahe sin ungebare, so si ein ander irchanten, wi si sich danne manten.

(69, 25 ; 705)

4831 nach ellente *Rest der Zeile freigelassen + 8 Leerzeilen für Rubrum 97 und für Bild 74*
4832 *Kapitelinitiale* T *über* G *(oder* D*) übergeschrieben* **4838** erchanten] n² *aus* m *rad.*

4831 iemer *Pi² SmE* **4832** Dů *Ho Pi² Do¹*, Duo *SmE* **4837** ir *Pi² SmE* **4839** wie *Pi² SmE*

1390 zelante **1394** intvichen **1399** manter

1394 intwichen *Di²* **1399** manten *Di²*

5205 daz du gerne lazzest uarn
mines uater wegemůdin barn.'

Joseph moht sich niht enthaben,
do si ze chunde begunden sagen
er und sine brůdir,
5210 **sin chlage ware ungefůge.**

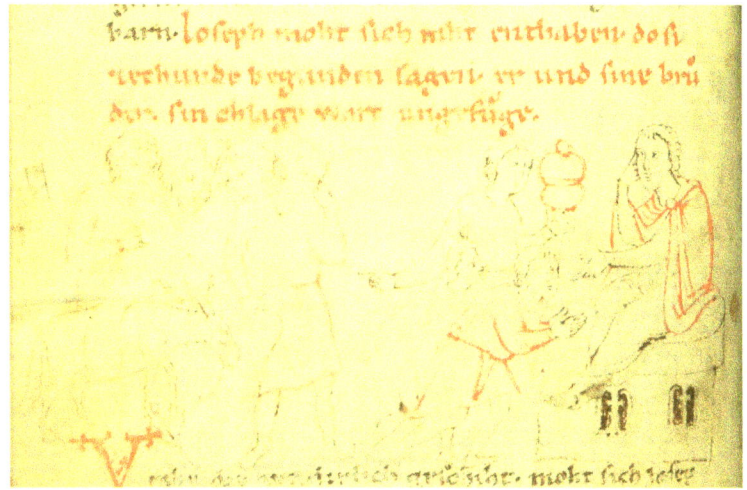

Vmbe die wndirlich geschiht 98, 15
moht sich josep enthaben niht,
er hiez im entwichen
den livt gærlichen
5215 daz nieman da wære
der sæhe sine gebære,
so si sich ein andir bechanten
unde gewizzelichen maneten.

5207–5210 *Rubrum 97 und Bild 74: Rückkehr mit dem Goldbecher*

W

4840 *J*oseph wůft unt weinôte
mit amarigem můte,
deiz alle die horten
die da fore stůnten.

*E*r sprach ze sinen brůderen
4845 uile minnechlichen

'*N*une furhtet îu nieht!
ich pin iz ioseph.
nu saget mir rehte
mînis uater mahte,
4850 ub er lebe
oder welich sîn sine hêbe.'

*S*i irchomen so harte,
daz sine gewîelten ire worte,

*J*oseph hiez si nahere gen.
4855 er wolte si mit gnaden bestan,
er chod iz ioseph ware,
Rachele sun der altêre.

'*N*u ne furhtet îu nieht
noh nemissedunch îuch nieht,

4840 Ioseph **4854** Ioseph **4857** Rachele] iacobes

4840 Joseph *Ho SmE*, Jôsêph *Pi²* **4846** iu *Pi² SmE* **4851** sîne hebe *Pi² SmE* **4853** daz sine gewîelten ire] daz si ne gewîelten ire *Ho*, daz si negewîelten ire *Pi²*, daz si negewielten ire *SmE* **4854** Joseph *SmE*, Jôsêph *Pi²* **4857** Rachele *Wl SmE*, iacobes *Ho* iâcôbes *Pi²*, Iacobes *Do¹* | altere *Pi² SmE* | *nach* **4857** deme ir den roch abe strouftet/ unde in Egiptelant virchouftet! *bei SmE nach V und Wl ergänzt* **4858** iu *Pi² SmE* **4859** iuch *Pi² SmE*

V

[104r] 1400 *J*osep wovfte unde weinote
mit riweg*em* můte,
deiz alle di hôrten,
di da uore stůnten.

69, 30 er sprah zů sinen bruderen
1405 uil minneclichen:

'*N*une furhtet ev niht,   710
ich pin iz iosep.
nu saget mir rehte
mines uater mahte,
1410 ob er lebe,
od*er* wilch si sin gehabe.'

*S*i irchomen uil harte,
daz si ne gewilten ir worte.

*J*osep hiz si naher gen,
69, 35 1415 er wolte si mit genaden besten,
*E*r chot, iz iosep ware,   715
rachele sun der altere.

'deme ir den roch abestrovftet,
unde in egyptelant uirchovftet,
1420 nu ne furhtet ev niht
noh ne missehabet evh niht

1401 riwegine **1402** dihôrten **1407** piniz **1410** ober **1411** odir **1413** negewilten **1418–1419** *nicht in W, M/K nicht vergleichbar* **1419** egypte lant uirchovftet **1421** misse habet

---

1401 riwegem *Di²* **1410** er] er noh *Di²* **1411** oder *Di²* **1418** abestrovftet] t² *kursiv, Druckfehler Di²* **1419** uirchovstet *Di²*

Joseph ẘfte
5220 mit iamrigem mů̊te
      deiz alle die horten   98, 20
      die da uor | stů̊nten,   *[70r]*

      lŏte schrei er ach unde ach!
      ze sinen brů̊deren er sprach

5225 'Nu furhtet iv niht lieben,
      ich wil ivch niht triegen:
      Joseph heiz ich rehte,
      saget mir mines uatir mæhte,
      ob er indir wol lebe
5230 ode welch sint sin gehebe.'

      Do si daz erhorten   98, 25
      si uergazzen aller worte.

      Joseph hiez si naher gen
      mit genaden wolde er si besten,
5235 er sprach daz erz josep wære
      Rachele sun der altære.

      'Vromedet ivch niht mere,
      uolget miner lere,

5236 Jacobes

5236 Rachele *Di¹*

W

4860 want iz wolte got,
daz irne laget tôt.

Iz sint zuêi iar
daz ane gîe diser hunger harewer.
noh ist er finf iar, 69, 40
4865 daz ist alzoges war,
so niemen eret
noh sât noh nieht insnidet.

Vmbe daz hat got des gedaht
daz er mich here fure gesentet hât,
4870 daz ir werdet pehalten 70, 1
unt daz ez | zen hîe muget chŏffen. [104v]

Iz was îur fille
unt was aue gotes wille,
der daz fůchte
4875 daz mich der chunich ze uater hîete
unt al ditze lant
gâb in mine hant.

Nu îlet, 70, 5
neheine wile tualet!
4880 ir sculet mineme uater sagen
daz er nieht nedarf chlagen,
daz ich noch lebe.
pringet im ouch mine gebe
unt daz mich got hât getân
4885 alles disses hertům.

V

wande iz wolte got
daz ir ne laget tôt.

Dez sint nu zvei iar,
1425 daz ane gi dirre hunger,
noh ist er finf iar, 720
daz ist alzoges war,
so nimen ert noh ne sât
noh niman in snidet.

durh daz | hat got des gedaht, [83c]
1430 daz er mich here fure gesendet hat,
daz ir werdet behalten
unde daz chorn hi muget chovfen.

Ez was ever wille
1435 unde was auer gotes wille,
der daz fůcte, 725
daz mich der chunic ze uater bate
und al dizze lant
gabe in mine hant.

1440 **N**u ilet,
neheine wile irtvalet,
ir sult mineme uater sagen,
daz er niht indarf clagen,
daz ich noh lebe.
1445 pringet ime ovh mine gebe,
unde daz mich got hat getan 730
alles disses landes herren.

1424 zvein 1433 chovfer 1438 vun
1441 ne heine

4862 zuei *Pi*², zwei *SmE* 4863 ane gîe] anegie
*Pi*², ane gie *SmE* 4866–4867 sô niemen eret
noh sât/ noh niemen insnîdet *SmE* 4872 iur *Pi*²
SmE 4875 hiete *Pi*² *SmE* 4877 gab *Pi*² *SmE*

1423 tot *Di*² 1424 zvei *Di*² 1429 niman in
snidet noh mat *Di*² 1433 chovfen *Di*²
1436 fucte *Di*² 1440 ilet] ilet palde *Di*²
1446 unde] Saget ime *Di*²

dise geschiht wolde got
5240 daz ir iht lægit tot.

Zwair iare ende ist hie 98, 30
daz diser hungir an gie,
noch sint ez funf iar,
daz ist pærlich war,
5245 so nieman êrt noch sǽt
nieman snidet noch mǽt.

Darumb hat des got gedaht
daz er mich her fur hat braht,
daz ich unsiren uater den alten
5250 unde ivch mage behalten.

Iz was ivr uille 98, 35
unde was gotes wille,
der des gerůhte
daz der chunich dienst an mich sůchte,
5255 der ŏch allez dizze lant 99, 1
gegeben hat in min hant.

Nu sult ir balde ilen,
entwalet deheine wile,
minem uater sult ir sagen
5260 daz uerlazze sin chlagen:
sprechet daz ich wol lebe,
bringet im mine gebe
unde daz mir got undirtænich hat 99, 5
gemachet allen disen rât.

5246 mæt *Di¹* **5259** minen *Di¹*

W	V

W:
```
        Saget im ouch daz er mir chome
        mit al siner hebe,
        haizze siniu hîen                    70, 10
        sîn fihe mit triben,
4890    daz er unt siniu chindahe
        deme hungere inphlihe
        noch ime daz fihe florn werde
        an der umbarigen erde,
        daz er der finf iare nôt
4895    diu nu zůgat
        uberwinten mege,
        er unt alle die er habe.

        Saget ime alle min êre,              70, 15
        daz er neweine me | re               [105r]
4900    daz ich noch lebe.
        pitet in daz er sich wole gehabe,
        er scol alles des leides irgezzen
        des er sich nu lange hât frezzen.'


        Dů er daz fole redite,
4905    beniamin er zů ime habete,
        an den hals erme fiel,               70, 20
        manigen zaher ob ime lîe.
        eine andere si chusten,
        duwngen sich zesamene mit den brusten.

4910    Joseph der luste
        al besunter er si chuste.
```

V:
```
        Saget ime daz er mir chome
        mit aller siner gehebe,
1450    heize sinev hiwen
        sin uihe mit ime triben,
        daz er unde sinev chindahe
        deme hunger inphlihen
        noh ime daz uihe firlorn werde
1455    in der unbarigen erden,
        daz er der finf iare not,             735
        dei nu zugent,
        uberwinden mege,
        er unde alle die er habe.

1460    Saget ime alle min êre,
        daz er ne weine ni mere,
        daz ich noch lebe.
        pit in daz er sich wole gehabe.
        er scule alles leides uirgezzen,
1465    des er sich nu lange hat frezzen.'


        Do er daz uolle redete,               740
        benyamin er zu ime habete.
        an den hals er ime vîl,
        manegen zaher er ob ime li.
1470    ein ander si chůsten,
        si uingen sich zesamene mit den brusten.

        Josep der lůste
        al besunder er si chůste,
```

4902 des] de **4903** nach frezzen Rest der Zeile freigelassen + 1 Leerzeile für Rubrum 98 **4904** nach daz Rest der Zeile freigelassen für Rubrum 98 **4910** Ioseph

---

4902 des Ho Pi² Do¹ SmE **4906** erme] er ime SmE **4907** lie Pi² SmE **4909** dwngen SmE **4910** Joseph SmE, Jôsph Pi²

1456 noh 1457 zu gent 1462 noh
1464 uirgezze

1448 Saget ime] unde Di² 1456 not Di²
1461 daz] pitet in daz Di² | ni bei Di² in [ ]
1462 daz] saget im Di² | noch Di² 1463 pit in daz er sich] unde mich Di² 1464 uirgezzen Di²

5265	Saget im ŏch daz er mir chome	
	mit allem sinem gizoge,	
	heizze im siniv hien	
	daz uihe mit triben,	
	dem hungir enphliehe	
5270	mit den | chinden sich her ziehe	*[70v]*
	unde daz sin uihe iht uerlorn werde	
	an der unbærigen erde,	
	daz er der funf iare not	99, 10
	div da nu an gat,	
5275	ubirwinden mege	
	er unde alle die er habe.	

	Saget im alle min ere	
	daz er weine iht mere,	
	daz ich nu wol lebe,	
5280	bittet in daz er sich wol gehabe;	
	alles leides sol er uergezzen	
	daz in nu lange hat urezzen.'	

Josep sine brůdir beweinete,   99, 15
mit dem chussen er in uriůntschaft erzeigete.

5285	Do josep daz uolredete
	beniamin er ze sich habete,
	an den hals er im uiel
	manigen zahir er ob im lie,
	ein ander si chusten:
5290	wol moht si des uerlusten,

5272 erde] d *korrigiert*   **5283–5284** *Rubrum 98*   **5284** uriutschaft

5284 uriů[n]tschaft *Di¹*

W	V
er nilîe dar neheinen unter,	er ne li da neheinen under,
er nebeweint in unt chustin besunter.	1475 er ne beweinoten unde chûsten besunder
Dů ne forhten si in mere, 70, 25	**D**one forhten si in mere, 745
4915 dů wurten si uile here.	do wurden si uile hêre.
skier uber al fůr	schire uber al iz fůr,
daz chomen waren iosebes brůder.	daz chomen waren iosebes brůder.
Dů ioseph mit in ze houe gîe, [105v]	1480 **D**o iosep mit hin ze houe gi,
der chunich si uile wol inphîe.	der chunic si uil wol inphi,
4920 er wart uile frô	er wart uile fro
solehere helide.	solcher helede:
si waren lussame chnehte, 70, 30	si waren gůte chnehte,
si waren gůtere slahte.	1485 si waren guter slahte.
uile wole er si hantilote,	**U**ile wole er si handelote, 750

4917 nach brůder *Rest der Zeile freigelassen + 2 Leerzeilen für Rubrum 99* **4918** *davor 8 Leerzeilen für die Fortsetzung des Rubrums und für Bild 75* **4920** nach frô 1 (oder ſ) *rad.*

4912 ni lie *Pi²*, nilie *SmE* **4918** iôsêph *Pi²*, Joseph *SmE* | gie *Pi² SmE* **4919** inphie *Pi² SmE*

1474 dane heinen **1480** hinze **1481** inphinc **1486** Sile

---

1475 beweinoten unde *bei Di² in [ ]* | chusten *Di²* **1481** inphi *Di²* **1483** heledô *Di²* **1486** Uile *Di²*

deheinen lie er dar undir
erne chuste in besundir.

Josep mit den brůderen fur den chunich gie,   99, 20
minnechlichen er si enphie.

5295 Do josep mit in ze houe gie
der chunich si minnichlich enphie:
der chunich wart do
solher helede uro
wan si waren gůte chnehte
5300 uon edelem | geslæhte;   [71r]
wol er si handelote

5293–5294 *Rubrum 99 und Bild 75*: *Joseph mit seinen Brüdern vor dem König*

5291 under *Di¹*

	W		V
4925	irgazte si aller nôte.		er regazte si aller note.

	W		V	
	Joseben er bat iŏch gebot,		Joseben er bat ioh gebot,	
	daz mŭs er tŭn durch nôt,		daz mŭser tun durh not,	
	er hiez sine brŭdere uarn,	1490	er hize sine brudere faren,	
	haln ir uater iŏch ire barn,		halen ir uater ioh ir barn,	
4930	daz ouch im chome		daz ime ovh chome	
	suaz der chunniskefte ware,		svaz des chunnes ware,	
	er wolte in des lantes geben, 70, 35		er wolte in des landes geben,	
	daz si îemer mit eren mahten leben.	1495	daz si imer mit eren mahten leben.	

	Er hiez in | geben wagene [106r]		Er hiz in geben wagene	755
4935	mit gŭte geladane,		mit gute geladene,	
	da man uffe fuorte wib unte chint		da man uf furhte wib unde | kint	[83d]
	iŏch anderen gesint,		ioh anderen gesint,	
	daz hinter in nieweht bestuonte	1500	daz hinder *in* niwet bestŭnte	
	deheiner ir gewate,		deheiner ir gewate,	
4940	sine fŭrten si mit în 70, 40		sine furten iz insamt	
	dar in egiptum.		in egypte lant.	

	Joseph was lieb daz erz ime gebôt,		Josep was uil li*u*b daz er imez gebot,	
	unt neware doch des gebotes pornot,	1505	unde neware des gebotes pornot,	760
	er frumete doch gern ir gefŭre,		er frumete doh gerne ir gefure,	
4945	tet iz aue sus deste sicherere.		er tet iz auer sus dester gerner*e*.	
	des was ime michel êre, 71, 1		daz was in michel êre,	
	daz si so zŭ zime ladete sin herre.		daz si so zŭ ime ladete sin hêrre.	

4926 Ioseben 4933 leben] en *auf Ras.*
4942 Ioseph 4947 *nach* herre *Rest der Zeile freigelassen für Rubrum 100*

4926 Ioseben *SmE*, Jôsêben *Pi²* 4933 iemer *Pi² SmE* 4939 gewante *We*, gewâte *Pi² SmE*
4940 in *Pi² SmE* 4942 Joseph *SmE*, Jôsêph *Pi²*
4943 pornôt *Pi² SmE* 4945 iz] ez *Pi²*

1487 erregazte 1488 Doseben; *kleines* i *in rotem* D 1500 hinder niwet 1504 in uil lib 1505 por not 1506 *nach* doh *Verstrennungspunkt* 1507 des ter gerner

---

1488 Joseben *Di²* 1495 imer *bei Di² in [ ]*
1500 in *Ergänzung nach* W *Di²* 1501 gewante *Di²* 1504 uil liub *Di²* 1506 er frumete doh/gerne ir gefure *Di²* 1507 gernere *Di²* 1509 so *bei Di² in [ ]*

er ergezzot si aller note.

Joseben er bat unde gebot
daz er durch des hungers not
5305 sine brůdir hiezze uaren
ze bringen ir uater unde ir barn,
daz iŏh im chwæme
swaz der chunneschefte wære,
er sprach er wolde in des landes geben
5310 daz si destibaz mohten leben.

Er hiez in geben wægene
uil wol geladene,
da man ŏf fůrte wip mit ir chinden
unde andir ir gesinde,
5315 dar zů ir gewæte
unde alliz daz si hæten
daz gebot er zehant
bringen in egipten lant.

Josep minnot daz gebot
5320 daz im tet der chunich gůt,
er urumet ez swa er mohte,
ze tůn ez im wol tohte,
er hetis michil ere
daz si ladete ir herre.

5307 iŏch *Di¹*

Joseph sinen brůderen gebete mit sabeninere wate, 4950 îegilicheme zuei padguvant, so man si bezzest da uant. beniamin gab er finfîu iŏch zehen skillinge, silberin si waren, 71, 5 4955 ich ne weiz waz si wagen. iz ne duhte mich poregroz, gebete mir dar mite ein mîn gnoz.	1510 Sinen bruderen er gebete mit sabeniner wate, igelicheme zvei badegewant, so man si bestiv da uant. Benyamin gab er finfiv, 765 1515 ioh drevhundert phenninge, silberin si waren, ich ne weiz waz si wagen. iz ne duhte mich porogroz, gebete mir da mite ein min gnoz.
Sineme uater er sante sam uile scatzes iŏch guant. [106v]	1520 Sineme uater er sante sam uile scazzes unde also uil gewantes.
4960 Vf zehen esil er lůt uile manigslahte gůt des egiptisken richtůmes 71, 10 hine heim ze růme. sam manigen fazzet er mit wiste 4965 ze dere heimuerte friste.	Vf zehen esele er lůt uil maneger slahte gůt des egyptisken richtůmes 770 1525 hine heim ze růme. sam manegen fazzote er mit wiste ze der heimueste uriste.
Dů irlŏpt er in, hiez si uaren mit minnen, daz si niene piegen, ê si heim chomen.	Do erlovpte er in, unde hiz si uaren mit minnen, 1530 daz si niene piegen, ê si heim chomen.

4948 Ioseph; *nach* Io *Rest der Zeile freigelassen für Rubrum 100* **4958** Sineme] Eineme
4968 piegen] phlagen **4969** *nach* chomen *Rest der Zeile freigelassen für Rubrum 101*

4948 Joseph *Ho SmE*, Jôsêph *Pi²*
4950 îegelicheme *Ho*, iegelîcheme *Pi²*, iegilicheme *SmE* **4952** finfiu *Pi² SmE*
4958 Sineme *Ho Do¹*, Sîneme *Pi² SmE*
4959 guant] gewant *SmE* **4960** Vf *Pi²*, Ûf *SmE*
4968 piegen *Do¹*, phlâgen *Pi²*, gebiegen *Wl*, biegen *SmE*

1510 Sineme bruder **1511** sabener
1512 igeliche me **1515** drev hundert
1518 porro groz **1522** V̄f | er lût **1525** zerome
1526 am ma negen **1527** heim ueste
1529 ua ren

1510 Sinen bruderen *Di²* **1511** sabeniner *Di²*
1518 porogroz *Di²* **1521** also uil *bei Di² in* [ ]
1522 Vf *Di²* | er lût *Di²* **1525** ze růme *Di²*
1526 sam *Di²*

	Josep mit urŏden sande	100, 1
5325	**sin brŭdir ze lande.**	

Josep gap sinen brŭderen drate
sabenine wæte,
iegelichem zwei badegewant
5330 so er si beste uant,
Beniamin gap er mere
wan er minnot in sere,
dem gap er ŏch ze minnen   100, 5
silberphenninge:
5335 daz dŏht in ein liebe groz,
widir in er siner triwen genoz.

Sinem uater er sande
schaz mit gewande,

Zehen esil er ladete
5340 mit allem des er habete,
mit Egiptiskem richtŭme
heim ze grozzem rŭme,
sam manegen uazzot der wise   100, 10
ze der heimuerte mit spise.

5345 Do gap er in urlŏp,
in dem gotes lop
hiez er si uaren hinne
mit bruderlicher minne

5325–5326 *Rubrum 100*   **5329** badegwant   **5336** sinert

5329 badeg[e]want *keine eckige Klammer bei Di¹*   **5336** siner *Di¹*

4970 Frolichen si fůren, heten beniamin sam ire herren. michele wunne 71, 15 hine heim prungen, mit mandungen 4975 fůr den uater giengen.	Frolichen si uůren, unde heten benyamin sam ir herren. michele wunne 775 1535 si heim prahten. mit micheler mandunge fure ir uater si gingen.

---

danach eine ¾ Leerzeile für Rubrum 101
4971 beniamin] *nach* be *Rest der Zeile freigelassen für Rubrum 101* **4975** *nach* giengen 8 *Leerzeilen für Rubrum 102 und für Bild* 76

4970 Frolichen *Ho Do¹*, Frôlichen *Pi²*, Frôlîchen *SmE*

1535 pra hten **1536** mit mit micheler man dunge

1532 uuren *Di²* **1534** wunnon *Di²* **1536** mit *Di²* **1537** si *bei Di² in* [ ]

unde | daz si andirs niht phlægen [71v]
5350 biz si heim chwæmen.

**Mit uroden uůren si heim,
dem uater brahten si allez heil.**

Frolichen si fůren, 100, 15
si erten beniamin ir brůdir,
5355 mit getriwer andahte
den chint si heim brahten,
mit durnæhter liebe
fur den uater si giengen.

**Judas gap ze ware
5360 sinem uater josebes gabe.**

5351–5352 *Rubrum 101* 5359–5360 *Rubrum 102 und Bild 76: Judas übergibt seinem Vater Josephs Geschenke*

W

Judas sprach ime zů [107r]
uile frolichen

'Herre uater gůte,
wis mit gůtem můte!
4980 dir inbôt din sun ioseph
er ne ware noch tôt nieht.
er ist uber al egiptelant   71, 20
ein fiztům gualt.
geweltichlichen er phleget
4985 al des ter chunich habet.'

Also iacob daz gehorte,
ime was same er eines trŏmes irwachete.
erne gelŏpt is nieht,
iz was im îedoch uile lîep.

4990 Von erist si ime sageten,   71, 25
daz sis nieht uberheueten,
wîe si ioseben bestrŏften,
ze den chaltsmiden ferchŏften,
wîe ime got ferlêch
4995 daz er in egipto furgedêch,
daz er trût ware des chuniges,
meister alles sines gedigenes,
wî uber churz iŏch lanch   71, 30
ime untertân was daz lant
5000 unt in der chunig pâte,
er chôm ime mit al dîu er hete,
mit wiben iŏch mit chinden,

4976 J-*Initiale fehlt*

4976 Judas *SmE*, Ivdas *Ho Do¹*, Jûdâs *Pi²*
4977 frôlîchen *Pi²*, frôlîcho *SmE*
4980–4981 enbôt:noch nieht tôt *He*
4983 gualt] unde hât gewalt *Di¹*   4986 gehôrte *Pi² SmE*   4989 iedoch *Pi² SmE* | liep *Pi² SmE*
4992 wie *Pi² SmE*   4994 wie *Pi² SmE*   4998 wi *Pi²*   5001 diu *Pi² SmE* | hête *Pi²*, hâte *SmE*

V

Ir einer sprah do
ime vil froliche zů:

1540 'Herre uater gůte,
wis mit gůteme můte.
dir inbot din sun iosep,
er neware noh niht tot.
er ist uber al egyptelant   780
1545 ein uizetum unde hat gewalt,
gewaltlichen er phleget
alles des der chunic hebet.'

Also iacob daz gehorte,
ime was als er eines trovmes irwachote:
1550 er ne *ge*lovpte es niht,
doh was ez ime uil lib.

Von erist si ime sageten,
daz sis niht uberheueten,
wi si *Joseb* bestrovften,   785
1555 ze den chaltsmiden virchovften,
wi ime got uirlech,
daz er in egypte | uur dech,   [84a]
daz er trut wart des chuneges,
meister alles sines gedigenes,
1560 wi ime uber churz unde uber lanc
undertan ware daz lant,
unde in der chunic pate,
er chome ime mit allev dev er hate,
mit wiben ioh mit kinden,   790

1539 fro liche   1541 guteme   1542 in bot
1543 *vor noh Ras.*   1544 egypte lant
1550 lovpte   1552 Uon   1553 uber heueten
1554 Joseb] in   1555 chalt smiden uir chovften
1561 under tan

1539 vil *bei Di² in* [ ]   1541 gůteme *Di²*
1545 gewalt] uns irkant *Di²*   1550 gelovpte *Di²*
1552 Von *Di²*   1554 Joseb *Di²*
1555 virchovften *Di²*

Judas ze sinem uater sprach

'herre uernim und habe gemach,
wis in gůtem můte,
dir enbot josep der gůte
5365 er wære niht tot,
ubir Egiptelant get sin gebot,
dar inne so ist er uizzetům,
er wendet schaden unde machet urum.'

Also jacob *daz* erhorte
5370 sam uon einem trŏme er erwachote,
idoch was im div rede liep
swie er ins gelŏbet nieht.

Von erist si im sageten
daz si niht ubirhabeten:
5375 wie si josep gewandes beströften
unde wie si in den chaltsmiden uerchŏften,
wie im got do uerlech
daz er in Egip | tum gedech, *[72r]*
da ward er trŏt des chuneges
5380 unde alles sinen gedigenes,
Meister er wart
unde herre ubir allez lant.
dar zů in der chunich bat
er chome mit aller siner stat
5385 mit wiben unde mit chinden

5369 jacob erhorte   **5384** siner siner

5368 und *Di¹*   **5369** [daz] *Di¹*   **5384** siner *Di¹*

	mit allen ir dingen,	1565 mit allen ir dingen,
	er | wolts in sinme riche [107v]	er wolte si in sineme riche
5005	bestiften frumechlichen.	bestiften richlichen.

Dů iacob die wagene gesach
unte al daz ime sin sun gab,
dů begunder wider leben;   71, 35
er was uil nah bechliben
5010 nah sinen chinden weinente,
alzane amerente.

Do iacob di wagene gesach
unde al daz ime sin sun gab,
1570 do begunder wider leben;
er was uil nach bechliben,
nach sinen kinden weinende,
allez ane amerente.

Er chod 'nune pit ich es paz,
nu ich gelebet hân daz
daz min sun ioseph
5015 noh nist tôt nieht.

'Nu ne pite ich is paz,   795
1575 nu ich han gelebet daz,
daz min sun iosep
nu nist niht tot.

nu wil ich dare farn,
sehen mîn lîebez parn,
unte wil frô sîn,   71, 40
nu ich lebenten weiz în.'

nu wil ich dare uarn,
sehen minen liben barn,
1580 unde wil uil fro sin,
nu ich in weiz lebentigen.'

5004 sinme riche] sin meriche   **5019** nach în
Rest der Zeile freigelassen + 9 Leerzeilen für
Rubrum 103 und für Bild 77

5004 sinme riche *Ho*, sin me riche *Do¹*, sînme
rîche *Pi² SmE*   **5017** liebez *Pi² SmE*   **5019** in *Pi²*
SmE

1566 mineme   **1573** merente

1566 sineme *Di²*   **1573** amerente *Di²*

mit allem ir dinge,
er wolde si in sinem riche
bestiften urumichlichen.

Do jacob die wagene gesach
5390 unde al daz im sin sun gap,
lebentich wart er in den sorgen,
uil nach was er erstorben
weinunde nach sinen chinden 100, 35
wan er ir leit niht chunde eruinden.

5395 **J**acob sprach daz
'ich wil niht beiten furbaz,
nu gelebet han ich armman 101, 1
daz ich minen sun josep noch han
lebintich an dem libe,
5400 nu wil ich niht beliben:
balde wil ich dar uarn
sehen min uil liebiz barn,
swenne abir ich dar nach ŏf der erde
in gotes namen sterbe.

5020	Jacob fazzote	[108r]
	al daz er hête	
	ûf ros unt esile,	
	chint unte wib ûf wagene,	
	fihe hiez er mite triben,	72, 1
5025	er nelîe nieht heim beliben.	

Sine sune mit ire chonen
iŏch mit allen ire heben
fůren in egiptum.
da besazzen si michelen richtům.

Jacob fazzote
al daz er hete
uf ros ioh esele, 800
1585 kint unde wip uf di wagene
uihe hiz er mite triben,
er ne li niht heime beliben.

sine sune mit ir chonen
ioh mit allen ir geheben
1590 furen in egyptum,
da besazen si michelen richtům.

5020 Iacob **5029** nach richtům *Rest der Zeile freigelassen + 8 Leerzeilen für Rubrum 104 und für Bild 78*

5020 Jacob *SmE*, Jâcôb *Pi²* **5025** nelie *Pi² SmE*

1583 aldaz **1588** sin | chomen

1585 di] *bei Di² in [ ]* **1586** uihe] daz uihe *Di²*
1588 sine *Di²* | chonen *Di²*

5405 **Jacob fůr ze hant** 101, 5
in Egipten lant
mit wiben unde mit chinden
mit allem sinem dinge.

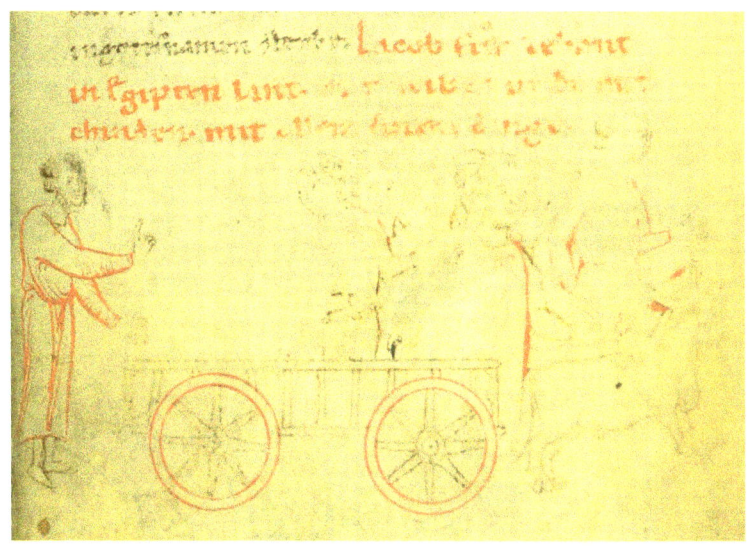

Jacop ŏf fazzote [72v]
5410 allez daz er hete
ŏf ros unde ŏf esele,
chint *unde* wip sazzete er ŏf wægene,
daz uihe hiez er mit triben;
heimwert lie er niht beliben.

5415 **S**ine sun mit ir wiben 101, 10
die wolden ŏch niht beliben,
die fůren in Egiptum
da besazzen si michelen richtům.

5405–5408 *Rubrum 103 und Bild 77: Aufbruch Jakobs und der Seinen nach Ägypten*
5412 chint wip

5412 [unde] *Di¹*

5030	Dů iacob unter wegin chom, des nahtes ime got harn began.		Do iacob under wegen chom, des nahtes ime got haren began.
	Jacob chod 'hîe pin ich. wer wil mich?'	72, 5 1595	Er chot 'hi pin ich, wer wil mich?' 805
5035	'Nu gelŏbe mir iz, iacob, ich pin dines uater got. niene furhte du dir! ich far in egiptum samet dir, ich mache dîn after chunft da uil wîtene chunt.	[108v] 1600	'Nu gelovbe mir iacob, ich pin dines uater got nine furhte dir: ich uar in egypum mit dir, ich mache dine afterchunft da uil witene kunt.
5040	Mit dir far ich dare unt wider bringe dich aue hêre. ioseph obe dir gestêt, so dir diu sele uz gêt,	72, 10 1605	mit dir uar ich dare unde wider pringe ich dich here. Josep ob dir gestet, 810 so dir div sele uzget,

---

5032 Iacob

5032 Jacob *SmE*, Jâcôb *Pi²*   5041 here *Pi² SmE*
5043 ûzgêt *Pi²*, ûz gêt *SmE*

1599 inegyptum mit dir ~~mit dir~~   1605 uz get

1605 div] di *Di²*

Von himel got Jacobe erschein
5420 **da er nahtes lage ein.**

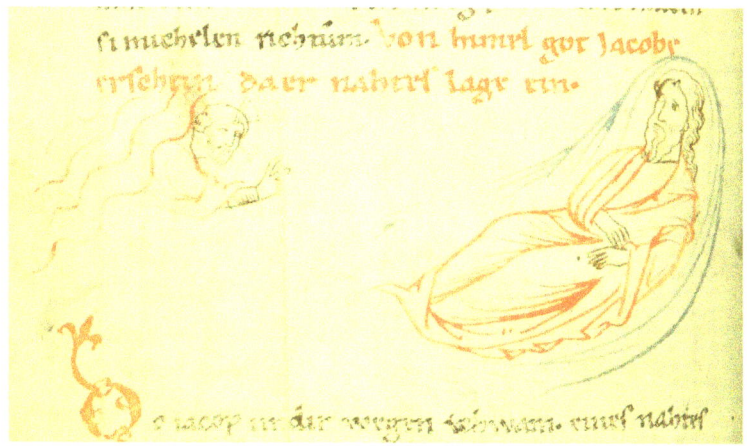

Do iacop undir wegen chwam
eines nahtes im got haren began.

Jacop sprach 'hie bin ich,
wer hat gewechet mich?'

5425 'Nu gelŏbe mirz iacob,   101, 15
ich bin dines uater got,
furht dir niht und gelŏbe mir,
in egiptum uar ich mit dir,
wîten mache ich din aftirchunft

5430 in allem lande chunt.

Mit dir wil ich uaren dare,
ich bringe dich abir widir her.
josep ob dir gestet
so dir dev sele ŏz get,

5419–5420 *Rubrum 104 und Bild 78: Gott erscheint Jakob im Traum*   **5423** Jacop er
5432 dicch

5423 er *fehlt Di¹*   **5432** dich *Di¹*

W

    din ougen er luchet;
5045 sor dîn mer nebruchet,
    wider heim dich fůret,
    mit der erde dich petrôret,
    da du dir selbe leger grůbe,
    ê du dich dannen hůbe.'

5050 Jacob unt die mit ime fůren
    aller samit sibinzich waren.
    si fůrten in egiptelant   72, 15
    mit in fihe iŏch gvant.

    Jacob fure sante,
5055 daz man iz iosebe chunte
    daz er unte alle sine friunt
    waren chomen in daz lant,
    pat daz ern gesahe
    in deme gůwe gesê.

5060 Joseph sa dar reit,
    mit ime manich rîter gemeit.
    sinen uater er ane lîef,   72, 20
    er was | ime uil lieb.   [109r]

    An den hals erme uiel,
5065 manigen zaher ob ime lîe,

V

    din ovgen er luchet.
    so er din nimere brůchet,
    wider heim er dich fůret,
    mit der erde er dich be*trôr*et,
1610 da du dir selben leger grube,
    da du dich heimen hube.'

    Jacob unde di mit ime uůren
    aller samt ir sibenzec waren,
    si fůrten in egypte lant   815
1615 mit in uihe unde gewant.

    Jacob uure sante,
    daz man iosebe chunte,
    daz er unde allev sinev frůnt
    waren chomen in daz lant,
1620 er pat daz er in gesahe
    in deme gŏ*we* Jesse.   [84b]

    Josep sa dar reit,
    mit ime manec riter gemeit.
    Sinen uater er ane lif,   820
1625 er was ime uil lip.

    an den hals er ime uil,
    manege*n* zaher ob ime li,

5050 Iacob **5053** *nach* gvant *Rest der Zeile freigelassen für Rubrum* 105 **5054** Iacob | *nach* fure *Rest der Zeile freigelassen für Rubrum* 105 **5060** Ioseph

5045 sôr *Pi²*, sô er *SmE* **5049** dannen] heimen *Vo* **5050** Jacob *SmE*, Jâcôb *Pi²* **5053** gewant *SmE* **5054** Jacob *SmE*, Jâcôb *Pi²* **5059** gese *Pi²*, Gesê *Do¹ SmE* **5060** Joseph *SmE*, Jôsêph *Pi²* **5062** anelief *Pi²*, ane lief *SmE* **5065** lie *Pi² SmE*

1609 betrôret] bedechet **1621** gŏwe Jesse] guviesse **1626** anden **1627** maneger

1609 betrôret *Di²* **1618** ellev *Di²* **1621** gŏwe Jesse *Di²* **1627** manegen *Di²*

5435	din ŏgen er dir lŏchet	101, 20
	den lip er dir brŏchet	
	widir heim er dich fůret,	
	mit der erde er dich betroret	
	an der stat da du dir leger grůbe	
5440	e du dich uon danne hůbe.'	

Jacop unde die | mit im fůren   [73r]
ir aller subinzich waren,
si fůrten in Egipte lant
mit in uihe unde gewant.

Jacob fursande   101, 25
ein boten ze hande.

Der herre nach eines wisen mannes chur
sande einen boten fur
der joseph sagete ze mære
5450 daz er unde sine urivnt chomen wæren;
er hiez in bitten daz er in gesæhe
in dem gŏ da bi nahen.

Joseph dar reit,
mit im manich riter gemeit,
5455 sinen uater er an lief   101, 30
mit den armen er in umbeswief,

An den hals er im uiel
manegen zahir er ob im lie,

5445–5446 *Rubrum 105*

5439 grube *Di¹*

W

er chuste în uil dicche
unt sûfte ob ime ôfte.

Dů sprach iacob
ze sineme sune ioseph
5070 'nu ich dich gesehen han,
nu wil ich frolichen sterben.

nu ich dich lâz after min,   72, 25
des lobe ich dich, trehten.'

Dů sprach ioseph
5075 zů sinem uater iacob

'**I**R sculet hîe biten,
ich wil widere ze deme chunige rîten,
wil ime zellen
allen dinen willen,
5080 du sist chomen zů sinen gnaden
mit chinden iŏch mit wiben,
wîe man al din fihe   72, 30
hêre mit dir tribe,
daz nieht diner gwante
5085 si bestanten da ze lante.

Swênne er îuch fordere
unt iuch frage
waz ir chunnit dienen
oder waz ir spulget tůn,

5066–5067 er chuste onen vile ofte,/ obe ome er dicke sûfte. *He* **5066** in *Pi² SmE* | dichce *Pi²* **5067** ofte *Pi² SmE* **5073** trehtîn *SmE* **5076** Ir *Pi² Do¹ SmE* | hie *Pi² SmE* **5082** wie *Pi² SmE* **5083** here *Pi² SmE* **5086** Swenne *Pi² SmE* | iuch *Pi² SmE*

V

er chuste in dicche
unde sufzote ob ime ofte.

1630 **D**o sprah iacob
ze deme guten iosep:
'**N**u ich dich gesehen han,
nu wil ich froliche sterben.

nu ich dich laze hinder min,   825
1635 des lobe ich dich, trehtin.'

Do sprah iosep
zu sinen uater iacob:

'ir s*cult hie* biten,
ich wil ze deme chunege riten,
1640 ich wil ime zellen
allen dinen willen,
du sist chomen ze sinen genaden
mit kinden ioh mit wiben,
wi man al din uihe   830
1645 here mit dir tribe,
daz niht diner gewante
da heime si bestanten.

Swenne er evh fordere
unde evh frage,
1650 waz ir chunnet dinen,
oder waz ir spulget tun,

1638 scult] soult; o *aus* u *rad.*; scult biten; *nach* biten *ein Verweisungszeichen durchstrichen* **1640** *nach* wil *ein Verweisungszeichen* ^ *rad.* **1642** zesinen **1648** Svenne **1651** oder] der *auf Ras.*

1629 ofte] *fehlt bei Di²* **1638** scult *Di²* | hie *Ergänzung nach W Di²* **1639** *Ergänzung nach W Di²* **1648** Swenne *Di²* | evh] umbe ewer *Di²* **1649** unde] unde umbe *Di²*

    er chuste in uil diche
5460 unde sŏftot ob im ofte.

    Ze ioseph sprach iacob
    'gesprochen si got lop
    daz ich dich gesehen han,
    nu wil ich altgriser man
5465 ŏf dirre erde   101, 35
    urolichen sterben.
    nu ich dich lazze aftir min,
    des lobe ich minen trohtin.'

    Joseph sprach 'ir schult hie biten,   102, 1
5470 ze dem chunige wil ich riten,
    ich wil im uorzellen
    allen dinen willen;
    du sist chomen niht ze trage
    al nach sinen genaden
5475 mit chinden unde mit wiben,
    daz uihe man nach dir tribe,
    darzŭ allez din gewant,   102, 5
    bŏwen wellest du ditze lant.

    Der chunich uraget ivch gereite
5480 waz ir chunnet arbeiten,
    ode obe ir umb iemæn
    iht chunnet gedienen,

W

```
5090  so sprechet
      anderes werches | niene spulget,     [109v]
      ir sit uon chintheite guon            72, 35
      mit deme fihe gen;
      suer wole chunne den list
5095  daz der unter îu si der tîurist.

      Daz chodet fon dîu
      daz sine mŭn îuch,
      daz ir mit gnaden
      in disme gouwe muget rawen,
5100  want in widerzame sint
      die des fihes hŭttent,
      si sehent si ungerne.                 72, 40
      dannen skeidet îuch fon in uerre,
      daz ir îuch ê meget pigen,
5105  daz sis nieht firstên.

      Hîe ist daz lant allerbezzest,

      da wil ich daz irz besitzit.
      ir sculet îurer fihe hŭten
      same îure fordrin taten.
5110  daz newas îu heim nehein scante,      72, 44
      suîez dunche scante in disme lante.'
```

V

```
      so sprechet,
      daz ir anders werches ne phleget,
      ir sit uon kintheit gewenet            835
1655  mit deme uihe gen;
      sver wole chunne den list,
      daz er under ev si der trŭrist.

      Daz chodet uon dev,
      daz si ne mŭn evh,
1660  daz ir mit genaden
      in disme govwe meget puwen,
      wande in widerzame sint,
      di des uihes hŭtent,
      si sehent si ungerne.                  840
1665  danne sceident si evh uon in uerre,
      daz ir evh hi meget begen,
      daz sis e niht uirsten.

      Hi ist daz lant allerbeste,

      daz wil ich daz ir besizet.
1670  ir scult eweres uihes huten,
      also ewer forderen taten,
      daz newas ev heime nehein scande,
      svi so es dunche in disme lande.'      845
```

5111 nach lante *Rest der Zeile freigelassen für Rubrum 106*

5089–5090 *Versende nach* **5091** anderes *Ho*, *nach* sprechet *Pi² Do¹* **5089–5091** so sprechet anderes/ niene spulget werches *Ws*, *Reimverderbnis, vgl. Pr S. 174* **5095** iu *Pi² SmE* tiurist *Pi² SmE* **5096** diu *Pi² SmE* **5097** iuch *Pi² SmE* **5098–5099** daz ir in diseme gouwe/ mite gnâden muget bûwen *He* **5103** iuch *Pi² SmE* **5104** daz ir iur ê meget begên *Di¹*, daz ir iur ê meget bigên *SmE* | iuch *Pi²* **5106** Hie *Pi² SmE* **5108** iurer *Pi² SmE* **5109** iure *Pi² SmE* **5110** iu *Pi² SmE* **5111** suiez *Pi²*, swî ez *SmE*

1655 mit uihe **1659** nemen **1662** wider zame **1666** hi begen **1667** sise **1668** aller beste **1672** sca^nde; *danach rad.* **1673** dis me

---

1653 daz ir werches ne phleget anderes *Di²*
1654 an daz ir sit gewenet uon kintheit *Di²*
1655 deme *Ergänzung nach W Di²*
1658 chodet] chodet ir *Di²* **1659** ne mŭn *Di²*
1666 meget *Ergänzung nach W Di²*
1673 dunche] dunche scande hi *Di²*

      ode waz ir spvlget ze tůn;
      so sprechet im andirs niht zů,
5485 'gezogenlich chan ich ilen
      und an der weide mit minem uihe gen,'
      unde swer wol chunne den list   102, 10
      der | si undir iv der tivrist.   *[73v]*

      Daz sult ir sprechen uon div
5490 daz si uon werche entliben iv,
      daz ir mit genaden
      hie mug*et* gerawen
      wande in die widirzæme sint
      die ir uihes hůtint,
5495 si schent si ungerne,
      uon div scheidet ivch uon in uerre
      daz ir ivch muget begen   102, 15
      unde si sich des niht uersten.

      Hie ist daz ueste
5500 ivrem uihe allerbeste,
      daz sult ir besitzzen
      ivres uihes hůten mit wizzen
      sam ivr uorderen taten
      des si deheinen schaden haten,
5505 swie ez dunche schande
      in disem lande.'

5492 mugit   **5497** ir ivr ivch

5492 muget *Di¹*   **5497** ivr *fehlt Di¹*

Joseph deme chunige sagete	Josep deme chunege sagete,
welihen zîuch sin uater habete,	1675 welehen gezeve sin uater habete,
er wâr in | deme gŏwe gesê *[110r]* 73, 1	er ware in deme govwe
5115 mit allem sineme gesinde,	mit alleme sineme gesinde,
er wolte da bîten	er wolte da biten,
waz der chunich uber in wolte gebieten.	*waz der chunich uber in wolte gebieten.*
Er hiez in ime chomen,	1680 Er hiz in ime chomen,
er wolte in gisehen iouch fernemen,	er wolte in gesehen ioh uirnemen,
5120 er ware ime uile lîeb	er ware ime uil lip 850
durch sinen sun ioseph.	durh sinen sun iosep.
Zi stete er in besante, 73, 5	ze stete er in besante:
einer nach ime rante,	1685 einer nach ime rante,
pat in daz er chome	si baten daz er chome
5125 deme chunige sliume.	deme chunege uil shire.
Jacob iouch sine sune	Jacob ioh sine sune
uile drate chomen si ime.	uil drate chomen si ime.
der selbe altiskche	1690 der selbe alticche
was ein êrlich rêche,	was ein wolgetan recche.
5130 er hiez die sune mit ime gên,	er hiz di sune mit ime gen, *[84c]* 855
er gîe fur den chunich stên.	unde uur den chunic sten.
îewedir halp sehse 73, 10	Iweder halp sin stunten
stŭnten die herren so lûste,	1695 di herren uil shone,
si waren alle êrlich,	si waren alle erlich,
5135 in newas da nieht gelich,	in newas da nimen gelich,

5112 Ioseph, *nach* Io *Rest der Zeile freigelassen für Rubrum 106* **5126** Iacob

5112 Joseph *SmE*, Jôsêph *Pi²* **5113** ziuch *Pi² SmE* **5120** lieb *Pi² SmE* **5126** Jacob *SmE*, Jâcôb *Pi²* **5129** êrlîch *Pi²* \| reche *Pi² SmE* **5131** gie *Pi² SmE* **5132** îewedir halp] iewedir *Pi²*, iewedirhalp *SmE* **5133** luste *Pi² SmE* **5134** êrlîch *Pi² SmE*

1678 nach biten *ein durchstrichenes Verweisungszeichen* **1681** uir nemen **1684** zestete er inbesante **1694** Dweder **1697** inne was

---

1679 *Ergänzung nach W Di²* \| uber in *bei Di²* in [ ] **1686** si *bei Di²* in [ ] **1694** Iweder *Di²*

Josep der gewære   102, 20
saget dem chunige daz sin uatir chomen wære.

Joseph dem chunige sagete
5510 welich gezoch sin uater habete,
er wære in dem gŏ ze iersê
mit allem sinem gesinde,
'herre da wil er sich nieten
unde warten dinem gebieten.'

5515 Er hiez in balde zim chomen
gerne wolde er in uernemen,
da bi wære er im uil liep   102, 25
durch sinen sun joseph.

Zehant er nach im sande,
5520 ein bote nach im rande
der saget im daz er chome
ze dem chunige urone.

Jacob unde sine sun
gewizzen bidirbe unde urum
5525 die chomen in einer diche,
er selbe was ein reche:
fur den chunich gie er sten,   102, 30
sin sune hiez er mit im gen,
iewedir halp stunden sehse,
5530 gerne er si da wesse,
si waren alle erlich
urumen lŏten gelich,

5507–5508 *Rubrum 106* **5508** chunige] chuni *danach einmal* g *rad.* **5515** Er] r *korrigiert*
5520 nah

5520 na[c]h *Di¹*

als ime si got het irchorn,	also si ime got hete irchorn,
want er wolte uon in werden geborn.	der wolte uon in werden geborn.

Der chunich hiez in sin wille-   [110v]   1700 **D**er chunic hiz in sin wille chomen,
sam tet er die sune.   [chomen,   same tet er di sin sune.
5140 er fragete waz si chunden wurchen   73, 15   er fragete, waz si chunden werchen, 860

oder wîe si ime wolten dienen.   oder wi si *ime* wolten dinen,

durch ire watliche   durh ir watliche
wolt er in geben ambahte riche.   1705 wolter in geben ambahte riche.

Si sprachen niehtes spulgtin   si sprachen daz si nihtes spuclten,
5145 ne war ire fihi haltin,   niwar ir uihes halten,
sprachen gerne ze sîte haten   si sprachen daz si gerne ze site heten,

---

5137 *nach* geborn *Rest der Zeile freigelassen + 1 Leerzeile für Rubrum 107*   5138 *davor 9 Leerzeilen für die Fortsetzung des Rubrums und für Bild 79*   5146 haten] t *aus* b *korrigiert*

5138 Der *Pi² Do¹ SmE*   5141 wie *Pi² SmE*
5142 wâtlîche *Pi²*, wâtliche *SmE*   5146 site hâten *Pi² SmE*

1703 ime] in   1705 in *auf Ras* | richev

1701 sin *fehlt Di²*   1703 ime *Di²*   1705 riche *Di²*   1708 si sprachen *bei Di² in* [ ]

als im si got het erchorn [74r]
wand er uon in wolde werden geborn.

5535 **Der chunich edil unde urum**
enphie Jacob und sine sun.

Der chunich bat in willechomen sin 102, 35
sam tet er siniv chindelin,
er uraget ob si die stunde
5540 mit werche churzzen chunden,
ode wie si im wolden dienen 103, 1
umbe widirgeltes liebe,
durch ir wætliche
wolde er in geben ambet riche.

5545 **S**i sprachen 'chunich nu sihe,
wir behalten niwan unsir uihe,
gerne wirz ie ze site haten

5535–5536 *Rubrum 107 und Bild 79: Jakob und seine Söhne vor dem König* **5536** sun] *am Rand:* Dan *mit einem Zeichen ?, eine Notiz oder Signatur des Schreibers?*

W	V
daz ire forderen taten,	daz ir uorderen taten,
baten si mŭsen bisten 73, 20	1710 si baten daz si musen besten
in dere marche gesên.	in der marche ze jessen.

<table>
<tr><td>

5150 **D**er chunich sie werte,
des ir uater gerte,
da daz | lant pezzeste pâre, *[111r]*
deiz ire were.
'daz îu pezzist liche
5155 da besitzit diu riche.'

Jacob duht den chunich in sinen gebaren
ein geistlich mân.

Dŭ fragte er in uon sineme âltere 73, 25
wîe uile siner iare ware.

5160 **E**r chod nieht altere ware
newane zehenzig unt drizzig iare,
sprach dei so gilebet nehête
in decheiner slahte gŭte,
daz er so alt wurte
5165 so er scolte uon geburte.

Dŭ si uol redeten 73, 30
des si bede gezam,
iacob gnadet deme chunige
unt beualch in gote mit sineme segene
5170 unt nam urlŏp,
gîe zŭ sineme sune ioseph.

</td><td>

Der chunic sâ gewerte, 865
des ir uater gerte,
da daz lant beste bare,
1715 daz ez ir ware:
'daz ev aller beste liche,
da besizet dev riche.'

Jacob duhte in sinen gebaren
den chunic ein geistlich man.

1720 do frageter in uon sinem altere,
wi uile siner iare ware.

Er chot, daz er niht alter ne ware, 870
ne wane zehenzic unde drizec iare;
er chot, di so gelebet ne hete,
1725 in decheiner slahte gŭte,
daz er so alt wurde.
so er scolte uon geburte.

Do si do uol redeten,
des si beide gezam,
1730 iacob genadote deme chunige
unde beualch in gote mit sineme 875
unde nam urlop, *[segene*
gi zu sineme sune iosep.

</td></tr>
</table>

5156 Iacob | den] der **5165** *nach* geburte *Rest der Zeile freigelassen für Rubrum?* **5166** *nach* si *Rest der Zeile freigelassen für Rubrum?*

5152–5153 bâre:wâre *Pr SmE* **5154** daz] dâ ez *SmE* | iu *Pi² SmE* **5156** Jacob *SmE*, Jâcôb *Pi²* Jacob dûht in sînen gebâren *SmE* | den *Di¹ Do¹* chunih *Pi²* **5157** den chunich ein geistlich man *SmE* | man *Pi²* **5158** altere *Pi² SmE* **5159** wie *Pi² SmE* **5171** gie *Pi² SmE*

1709 nach daz ſ rad. **1710** muse **1711** iesse **1712** so **1716** da **1718** Jacob in duhte **1720** frageter uon **1723** zehen zic

1710 musen *Di²* **1711** jessen *Di²* **1712** sâ *Di²* **1716** daz *Di²* **1718** Jacob duhte *Di²* **1720** in *Ergänzung nach W Di²* **1721** waren *Di²* **1722** daz er *bei Di²* in *[ ]* **1724** er chot *bei Di²* in *[ ]* **1729** gezam beide *Di²* **1731** unde beualch in gote *bei Di²* in *[ ]*

wand ez unsir uorderen taten.'
si baten in daz si mŭsen besten 103, 5
5550 in der marche ze gersên.

Der chunich sie werte
des ir uater gerte
unde sprach daz daz lant ir wære
swa ez beste wære.
5555 er chod 'nu besitzzet die riche
swa si iv aller beste lichen.'

Jacob dŏht den chunich
geistlich und frumich,

Do uragot er den alten 103, 10
5560 wie uil er iare hiete behalten.

er sprach 'zehenzich unde drizzich [74v]
so maneger iare alt bin ich,
dei han ich mit swæren mŭte
gelebet in deheiner gŭte.'
5565 er sprach 'uon tage menge bin ich niht alt,
mich hat sus bedwngen manich gewalt.'

Do aller rede ende nam
der si bede gezam
jacob genadet dem chunige 103, 15
5570 unde beualch in ze gotes segene.
urlŏp er nam,
ze joseph er widir chwam:

5551 sie] sich

5551 sie *Di¹*

W	V
der gab ime al des gnůg	der gab ime al des genuc,
des derde par oder trůch.	1735 des div erde par oder trůc,
da daz lant pezziste was,	Da daz lant bezzeste was,
5175 mit sinen sunen er daz pesaz.	iacob mit sinen sunen ez besaz.

Vone tage ze tage 73, 35	Von tage ze tage
merot sich des hungeres chlage. *[111v]*	merote sich des hungers clage.
suaz taz lîut scatzes hête	1740 svaz daz livt scazzes hete, 880
ze ioseph iz in prahte,	den prahte ez ze iosebe,
5180 umbe daz chorn sî imen gaben	umbe daz chorn si in gaben
fern unte nahen	uerre ioh nahen
uber al daz riche.	uber al daz riche,
des wart des chuniges chamere uil riche.	1745 des wart des chuneges chamere uil riche.

Dů si mere scatzes neheten,	Do si ne mere scazzes heten,
5185 ire fihe si prahten,	ir uihe si prahten:
rinder unt scâf, 73, 40	rinder unde scaf,
esil unt ros da nah.	esele unde ros da nah.
daz iar ers darumbe	1750 daz iar er dar umbe 885
fůrote uile chûme.	furte si uile chume.

5175 *nach* pesaz *Rest der Zeile freigelassen + 1 Leerzeile für Rubrum 108* **5176** *nach* tage² *Rest der Zeile freigelassen für Rubrum 108*
5183 *nach* riche *Rest der Zeile freigelassen für Rubrum 109* **5184** *nach* mere *Rest der Zeile freigelassen für Rubrum 109* **5189** *nach* chûme *Rest der Zeile freigelassen + 9 Leerzeilen für Bild 80 und Rubrum 110*

5173 des derde] des diu erde *SmE* **5178** liut *Pi²SmE* **5180** si *Pi² SmE* **5184** ne heten *Ho*, nehêten *Pi²*, nehâten *SmE*

1734 aldes **1735** div] v *auf Ras.* **1738** Don tage zetage **1739** merote] t *aus* r *korrigiert* **1747** sprahten

---

1738 Von *Di²* **1745** uil *bei Di²* in [ ]
1747 prahten *Di²*

der gap im alles des genůch
des div erde trůch,
5575 daz in dem lande beste was
mit sinen brůderen teilte er daz.

**Josep der wise
chŏffet grozzen schaz mit des chuniges spise.**

Von tage ze tage 103, 20
5580 merot sich des hungirs chlage:
swaz der livt schazzes hate
ze joseph si in brahten,
umbe daz chorn si im*en* gaben
uerre unde nahen
5585 ubir allez daz chunichrich:
der eren urŏt der chunich sich.

**Do schazzes niht mere heten sie
do uerchŏften si im daz uihe.**

Do si niht mere schazzis haten 103, 25
5590 ir uihe si brahten:
ʀos rinder unde schaf
ᴍŏle esil da nach,
daz iar er pi genote
si darumbe fůrote.

5577–5578 *Rubrum 108* **5578** *danach eine Notiz des Schreibers?* **5583** im
5587–5588 *Rubrum 109* **5594** *danach Bild 80: Kornverkauf in der Hungersnot (unkenntlich)*

5583 im[en] *Di¹*

5190 Do daz iâr hine chom,	*[112r]*	Do daz iar hine chom,
iosebe si zů sprachen		iosebe si zu sprachen, *[84d]*
er lieze ime irbarmin		er lize in irbarmen,
daz si uil armen	1755	daz si uil armen
neheten fihi noh scatz,		ne heten uihe noh scaz,
5195 er hulf in etwaz:		er hulfe in ettewaz;
in niware nieht bestanten	73, 45	in ne ware niht bestanden
in scaze noh gewante,		in scazze noh gewande,

5190 *davor 3 Leerzeilen für Rubrum 110*

5197 gewanten *Do² Pr*

1758 inne

5595	Vor hungir moht der livt niht leben,	*[75r]*
	umb spise heten si niht ze geben	
	do wolden si sich zeigen	
	dem chunige fur eigen,	
	Joseph der reine	103, 30
5600	chŏffot ir eigen,	
	unde daz si uri wæren,	
	dem chunige uon dem eigen gæben	
	des chornes den funften teil:	
	des waren si uro unde geil.	
5605	Do daz iar chom hin	
	joseph baten si,	
	er liezze imez erbarmen	
	daz si uil armen	
	enhieten uihe noch schaz,	103, 35
5610	er hulfe in etwaz,	
	in wære niht bestanden	
	an uihe noch an gewande,	

5595–5605 *Rubrum 110; vor* **5595** *Dan mit einem Zeichen ⁊ und ein Name(?) oder eine Notiz(?) am oberen Rand. Notiz oder Signatur des Schreibers?* **5608** *si zwischen* erbarmen *und* enhieten *übergeschrieben*

5608 [daz si uil armen] *Di¹*

	sine heten nieht mere	1760	sine heten ni*ht* mere
	newan des lîbes unt der erde,		niwan des libes unde der erde,
5200	er name dei zime,		er name di z*e i*me,
	cherts in des chuniges frume,		unde chertez in des chuniges frume;
	si wurten selbe sine scalche,		si wurden selbe sine scalche,
	gab in dei eigin zů siner gewelte,	1765	gaben di aigen zu siner gewalt*e*,
	ub er si generte		ob er si generte
5205	unt die erde mit samen bewarte.		unde di erde mit sam*en* bewarte.
	waz daz gůt ware		waz daz gůt ware,
	ube diu erde wurt umbare		ob div erde wurde unbare
	unte lange lage wůste	1770	unde *lange* lage wuste
	ze heineme troste?		ze neheineme troste?
5210	Er lîe si selben frî bisten,		er li si selben fri besten,
	er ni wolt ire ze scalchtům.		er ne wolte ir niht ze scalketun,
	iz duht in sunte,		**D**iz duhte in sunde,
	die er frî funte	1775	di er fri funde,
	ub er die ze scalche tate		ob er di ze scalken tate
5215	durch dehein ire nô | te.		durh dehein ir note.
	Er wolte si giwielten ire,		er wolte si gewielten ire,
	so der hunger wurte fure,		so der hunger wurde fure,
	daz si denne fridelichin	1780	daz si denne frilichen
	mahten ire dinch weruen,		mohten ir dinc werfen,
5220	daz ir ieglich gnůch giwunne,		daz ir igelich genuc gewunne,
	ub in niemen neduvnge.		ob in nime*n* indvunge.
	Suer ime bôt daz eigen,		**S**ver ime bot daz eigen,
	den newolt er nieht werigen.	1785	des ne wolte er niht weigeren;

5205 bewarte] b *aus* h *korrigiert*
5207 umbare] b *aus* a *(oder* d*) korrigiert*

5203 gewalte *SmE* 5209 neheineme *SmE*
5210–5211 Er liez sî sulven vrî bestân/ er newolde ere nieht zû scalche hân *He* 5210 lie *Pi² SmE* 5218–5219 mahten:weruen *Ho Pi²*
5218 vrîlîche *He*, frîlîchen *SmE* 5221 ne duvnge *Ho Pi²*, nedwunge *SmE*

1760 hetinni mere 1762 zame 1765 gewalt
1766 er] r *auf Ras.* 1767 samen] samt ime
1770 unde lage 1773 scalke tun
1776 zescalkentate 1783 nime

1760 niht *Di²* 1762 ze ime *Di²* 1765 gewalte *Di²* 1767 samen *Di²* 1770 lange *Ergänzung nach* W *Di²* 1773 scalketuon *Di²* 1777 durch *Di²* 1783 nimen *Di²*

	sine heten niht mere	104, 1
	wan des libes unde der erde,	
5615	dei næme er beidiv zim	
	unde schůffe ez ze des chuniges urum:	
	sine schalche wrden si selbe,	
	daz eigen gæben si im ze gelde	
	ob er si nerte	
5620	unde den achir mit same bewarte.	
	waz daz gůt wære	104, 5
	ob der achir wrde unbære	
	unde lange ẘste,	
	ir deheinem ze troste?	
5625	Er sprach einez wolde er tůn,	
	er gert ir niht ze schalchtům,	
	ez dŏhte in sunte,	
	die er uri funte	
	ob er die ze des chuniges gewelte	
5630	wolde uerschelchen.	
	Er sprach 'uernemet mich,	104, 10
	ivr erde undirwind ich	
	dem chunige wærlichen	
	biz daz der hungir entwiche;	
5635	so muget ir danne furbaz	
	genesen: war ist daz	
	daz ir genůch gewinnet,	
	der *hunger* ivch niht bedwnget.	
	Swer im daz eigen bot	
5640	dem half er uon hungirs not,	

5626 schachtům 5631 mih 5633 chunege 5638 der ivch 5639 eige

5626 scha[l]chtům *Di¹* 5631 mi[c]h *Di¹* 5633 chunige *Di¹* 5638 [hunger] *Di¹*
5639 eige[n] *Di¹*

er chŏft in des chuniges gualt	er chovfte in des chuneges gewalt
5225 die ere manichfalt,	di ere manecfalt,
uon des lantes ente 74, 15	uon des landes ende
chŏft er iz al ze des chuniges hente.	chovfte erz allez ze des chuniges hende.
Dei die phaffun	1790 **D**ei di phaffen 905
iener ane wuntin	inder ane wunden,
5230 dei in gilazzin waren	di in gelazen waren
uon des chuniges gnaden,	uon des chuneges genaden,
dei newolt er chŏffin,	di ne wolt er chovfen.
den hiez er helfen	1795 den hiz er sus heluen
mit nare iŏch mit samen,	mit nare ioh mit samen,
5235 daz si die not ubirchomen.	daz si di not uberchomen.
Joseph sprach dŭ 74, 20	**J**oseph sprah do
zŭ deme lîute	zu deme livte:
'**N**u allez îur gŭt	1800 '**n**u al ewer gŭt 910
in des chuniges giwalte stat,	in des chuniges gewalt stet,
5240 nu nemet samen,	nu nemet samen,
daz diu erde mege wŭcheren.	daz div erde mege wucheren.
Suaz chornes werde îu	**S**vasso chornes werde ev,
daz teilit in fin | fiu; [113r]	1805 daz teilet in uinfiv:
daz finfte scult ir geben	daz uinfte sult ir geben
5245 ze des chuniges houen,	ze des chuniges houe,
mit den uîeren 74, 25	mit den uiren

5227 nach hente *Rest der Zeile freigelassen für Rubrum?* **5228** D-*Initiale fehlt* **5229** nach ane *Rest der Zeile freigelassen für Rubrum?*
5236 Ioseph **5240** nemet] ne *aus m korrigiert*
5246 uîeren] en *aus d korrigiert*

5228 Dei *Ho Pi²* Do¹ *SmE* **5229** wurtin *Ho Pi²* **5236** Joseph *SmE*, Jôsêph *Pi²* **5237** liute *Pi² SmE* **5238** iur *Pi² SmE* **5242** Swaz *SmE* \| iu *Pi² SmE* **5243** teilet *Pi²* **5246** uieren *Pi²*, vieren *SmE*

1791 in der **1794** wolter **1802** nemet] n *aus m rad.* **1806–1808** sult ir geben/ ze des chuniges houe,/ mit den uiren

---

1789 allez *bei Di²* in [ ] **1790** phaffen] phaffen besunder *Di²* **1793** des] den *Di²* **1799** deme livte zuo *Di²* **1801** chuneges *Di²* **1808** den] den anderen *Di²*

die anderen můsen in daz dienst |swerigen [75v]
ob si den lip wolden nerigen. 104, 15

5641 swergen **5642** *danach Textlücke in der Vorlage im Umfang von vermutlich einer Seite nach Vers M/K 5273* nerigen *durch abirren des Schreiberauges auf* suerigen *Vers W 5297 bzw. Vers V 1859, vgl. Di¹ Anm. S. 48*

5641 swer[i]gen *keine eckige Klammer bei Di¹*

W

    scult ir îuch unt îurîu chint fůren
    iŏch îurîu hîwen,
    daz si nieht bichliben.'

5250 **G**ůt duht si daz gedinge,
    si antwurtin ime mit mandunge

    '**W**ir sehen daz al unser gnist
    in diner hant ist.
    nu gerůche du unsich ane scŏwen,   74, 29
5255 wir dienen deme chunige mit frŏden.'

    After diu waren si guîs
    alles ire lebenes.

    Joseph si so prahte
    uz dere hunger iare nôte.

5260 **V**one d*iu* unze in ewig
    ist der zins fertig,
    daz ieglich man
    gît abe sineme eigen
    daz finfte teil siner chorne   74, 35
5265 zi des chuniges urbore.
    die sint uz ginomen
    die in phafheite leben.
    so stůnt iz bi den heidinen,
    ich neweiz ub iz die christane so meinen.

V

    sult ir evh unde ewer kint furen
1810 ioh ewer hiwen,   915
    daz si niht becliben.'

    Gut duhte si daz gedinge,
    si antwurten ime in mandunge:

    '**W**ir sehen daz al unser genist
1815 in diner hant ist.
    nu ruche du uns ane schowen,
    wir dinen deme | chunige mit   *[85a]*
                                      [frovden.'

    After dev waren si gewis
    alles ir lebenes.

1820 ioseph si so prahte   920
    uz der hunger iare note.

    Uon dev unze in ewic
    so ist der zins fertic,
    daz manneclich
1825 gibet ab sineme eigen
    daz uinfte teil siner chorne
    ze des chuneges urbore.
    di sint ovh vz genomen
    di in phaffeheite leben.
1830 so stunt ez bi den heiden,   925
    ich ne weiz ob ez noh di eristen meinen.

5258 Ioseph   **5260** Vone diu] Sone dů
5269 *nach* meinen *Rest der Zeile freigelassen für Rubrum?*

5247 iuch *Pi² SmE*; iuriu *Pi² SmE*   **5248** iuriu *Pi² SmE*   **5256** guis *Pi²*, gwis *SmE*   **5258** Joseph *SmE*, Jôsêph *Pi²* | prâhte *Pi²*, brâhte *SmE*   **5260** Vone diu *Ho Pi² Do¹ SmE*, Vone duo *Wl*   **5262–5263** daz iegelîch er leige:eigen *He*   **5264** chorne zi des chuniges stadile vrône *He*

1826 daz *mit einem Verweisungszeichen* ^ *am linken Rand nachgetragen*   **1829** diin   **1831** obez

---

1824 manneclich] manneclich âne weigern *Di²*   **1828** ovh] ot *Di²*

5270	Jacob unte sin chunne	
	was da in michilere wunne.	[113v]
	got in irgazte	74, 40
	manegere grůzze.	
	er hete salde unte framspůt,	
5275	aller erone gnůch.	
	erne mahte selbe wizzen	
	welihin richtům er het bisezzen.	
	so lebet er da	
	daz frist sibinzehin iare.	
5280	Dů er dů ferstůnt	75, 1
	daz ime nahot der tôt,	
	dů hiez er ime giwinnen	
	ioseph sinen lieben sûn.	
	Uile skier er ime chom.	
5285	dů begund er in bitten,	
	daz er ime îe gůtes getate	
	daz er iz an dîu gestatigote,	
	sos er sturbe	75, 5
	daz er in da nieht pewlhe,	
5290	daz er in uz deme ellente	
	fůrte ze lante	
	unte inen bigrůbe,	
	da sin uater iŏch sin âne lage.	

	Jacob unde sin chunne	
	was da in michiler wunne.	
	got in irgazte	
1835	maneger grůze,	
	er hete sailde vnde fransmůt,	
	aller eren genuc,	
	er ne mohte selbe wizzen,	
	wilchen richtům er hete besezzen.	
1840	Do lebete er dare	930
	daz frist sibenzehin iare.	
	Do iacob uirstunt,	
	daz ime nahote der tot,	
	do hiz er ime gewinnen	
1845	ioseben sinen liben sun.	
	Uil shire er ime chom.	
	do begunder in bitten,	
	daz er ime gutes getate,	
	daz er daz an dev gestâte,	
1850	so er irsturbe,	935
	daz er in egypto nine beuulhe,	
	daz er in vz deme ellende	
	furte ze lande	
	unde in begrube,	
1855	da sin uater unde sin ane lage.	

5270 Iacob | *nach* chunne *Rest der Zeile freigelassen für Rubrum?* **5279** *nach* iare *Rest der Zeile freigelassen + 1 Leerzeile für Rubrum?* **5280** *nach* dů *Rest der Zeile freigelassen für Rubrum?*

5270 Jacob *SmE*, Jâcôb *Pi²* **5278–5279** dâ:iâra Do², dâr:jâr *Pr SmE*, dâre:jâre *He* **5283** sun *Pi² SmE* **5286** ie *Pi² SmE* **5287** diu *Pi² SmE* **5288** sturbe] irsturbe *SmE* **5289** bewlhe *Ho*, bevvlhe *Pi²*, bevulhe *SmE* **5293** ane *Pi² SmE*

1836 frans můt **1841** sibenzec **1848** daz ime **1850** ir sturbe **1851** in in **1852** ern **1853** zelande

---

1832–1833 *Ergänzung nach W Di²* **1834** in irgazte] irgazte in suoze *Di²* **1835** maneger] uil maneger *Di²* **1836** unde *Di²* **1841** sibenzehin *Di²* **1848** er *Ergänzung nach W Di²* **1850** er] er in Egypte *Di²* **1851** egypto] dâ *Di²* **1852** er in *Di²* **1854** in] in dâ *Di²*

W	V
Von ime erni lîez,	Uon ime er in nine liz,
5295 ê er imez uile uaste gihiez,	ê er imz uaste gehiz,
noh nemahtes | sich irwerigin, [114r]	noh ne mohte sich des irwerigen,
erne můs imes suerigen.	er ne muse ime des sverigen.

W	V
Dů ioseph gesach 75, 10	1860 Do iosep gesach 940
sines uater ummaht,	sines uater unmaht,
5300 dů nam er zu ime	do nam er zu ime
zuene sini suni.	sine zuene sune.
zů sinem uater er gîe,	zu sineme uater er gi,
uile wol er inphîe.	1865 uile wole er in imphi.
an daz pette er gisaz,	an daz pette er gesaz,
5305 iacob ze ioseph sprach	zu iosebe er sprah:

5297 *nach* suerigen *Rest der Zeile freigelassen +*
8 Leerzeilen für Rubrum 111 und für Bild 81
5304 gisaz] g *aus* ſ *(oder* f*) korrigiert*

5294 er ni lîez *Ho,* er ni liez *Pi²,* ern niliez *SmE*
5302 gie *Pi² SmE* 5303 inphie *Pi² SmE*

Do jacob ze dem tode nahete
sine zwene sun er zů im brahte:
5645 **er bat in genote**
daz er si segenote

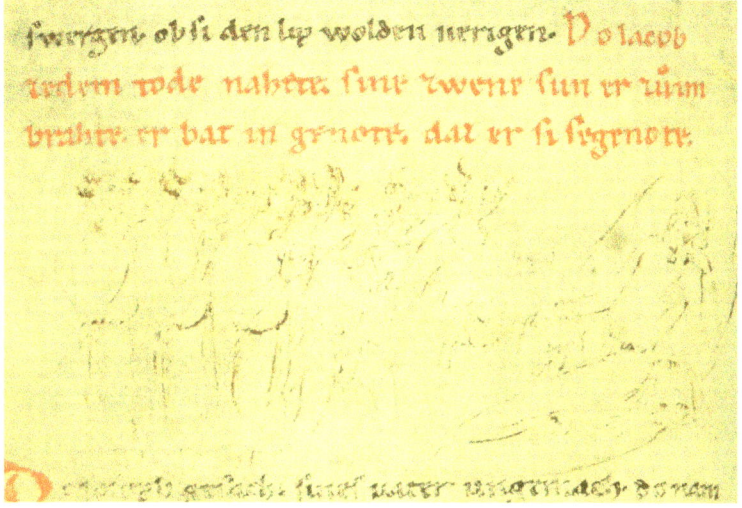

Do joseph gesach
sines uater ungemach
do nam er zů ime 105, 20
5650 zwene siner sune,
ze sinem uater er gie:
uil wol er in enphie,
an daz pette er gesaz;
jacob ze joseph sprach daz

5643–5646 *Rubrum 111 und Bild 81: Joseph mit seinen Söhnen und Brüdern an Jakobs Sterbelager*

W

'Dů ich bigab min heim,
der almahtigot mir irskein,
mich selben er wihte   75, 15
unte alle die chomen uon mineme lîbe.
5310 uone dîu wil ich
daz dine sune erlich
manas | ses unt effraim   [114v]
sîn sune min.
dîe du noh gewinnest,
5315 dere du dich unterwintist.'

Dů er dei chint gesach,   75, 20
zů ioseph er sprach
'wer sint dise?'
ioseph sprach waren sine sûne.

5320 Er sprach 'nu leite mir here si,
daz ich si giwîhe.'

Daz gesûne ime tunchelôt,
daz tet iz durch nôt,
er was ein alt man,
5325 er nimahte nieht heitere chiesen.

Joseph leit ime si dare,   75, 25
er begreif si uile giware.

Er halst unte chuste
dei chint also luste,
5330 er hantilote si zarte,
er frŏte sich ire harte.

5314 dîe] îe; *kein Raum für fehlenden Buchstaben* 5326 Ioseph 5331 *nach* harte *Rest der Zeile freigelassen + 7 Leerzeilen für Rubrum 112 und für Bild 82*

5307 almatigot *Ho Pi²*, almahtig got *SmE* 5310 diu *Pi² SmE* 5314 dîe *Ho Do¹*, die *Pi² SmE* 5319 sune *Pi² SmE* 5326 Joseph *SmE*, Jôsêph *Pi²*

V

'Do ich pegab min heim,
der almahtige got mir irshein,
1870 mich selben er wihte   945
unde alle di chomen uon mineme libe.
uon div wil ich,
daz dine sune erlich,
manasses unde effraym
1875 sin sune mine.
di du noh gewinnest,
der du dich underwindest.'

Do er div kint gesach.
zu iosebe er sprah:
1880 'Wer sint dise?'   950
iosep chot, iz waren sine sune.

'nu leite mir here si,
daz ich si gewihe.'

daz gesune ime tunchelote,
1885 daz tet ez durh note:
er was ein alt man,
er ne mohte niht heitere gesehen.

Joseph laite ime si dare,
er begreif si uile gigare.

1890 er halste si iovh chuste   955
dei kint also luste,
er handelote si zarte,
er frovte | sich ir harte.   [85b]

1877 under windest 1884 tunclote 1889 uil gare 1893 irharte

1872 div] div so *Di²* 1884 tunchelote *Di²* 1889 uile gigare *Di²* 1890 si *bei Di²* in [ ]

5655	'Do ich begap min heim
	der almæhtige got mir erschein,
	mich selben er wihte
	unde alle die chomen uon minem libe;
	uon div wil ich	105, 25
5660	daz dine sune erlich
	Manasses unde Effraim
	sin die sune min,
	andir chint du gewinnest
	der du dich noch undirwindest.'

5665	Do er dei chint ersach
	ze joseph er sprach
	'wer sint disiv chint?'
	josep sprach 'mine sune die sint.'

Er sprach 'leite mir si her, 105, 30
5670 der wihe ich si gewer.'

Daz gesòne im tunchelot,
daz tet ez im durch not:
er was ein alt grisen,
niht uerre mohte er chiesen.

5675 Joseph leitot si dar,
er ergreiffot si gar.

Dei chint er halst unde chuste,
er dwanch si ze sinen brusten, [76r]
er handilot si zarte 105, 35
5680 wan er urŏt sich ir harte.

Joseph dei chint stalte [115r]
zů sineme uater beident halbe,
manassen ze der zesewen,
5335 effraim zi der winsteren.

Jacob die hente 75, 30
uber ein andere scranchte,
die zesewen uber effraim,
dîe winsteren uber manassen.

5340 Dů ioseph daz gesach,
dů was iz ime ungimach.

Joseph dei chint stalte
1895 zů sinem uater beidenthalbe,
manasses ze der zesewen,
effraym ze der winsteren.

Jacob di hende
uber ein ander scrancte,
1900 di zesewen uber effraym, 960
di winsteren uber manasse.

Do ioseph daz gesach,
do was ez ime ungemach,

5332 *davor 2 Leerzeilen* | Ioseph **5333** *nach* zů *Rest der Zeile freigelassen* **5336** Iacob

5332 Joseph *SmE*, Jôsêph *Pi²* **5336** Jacob *SmE*, Jâcôb *Pi²* **5339** die *Pi² SmE*

1895 sinen **1903** unge mach

1895 sinem *Di²*

**Joseph nam groz wndir
warumbe sin uater widir ein andir
dwirhet sine hende
ŏf beden sinen chinden.**

5685 Joseph siniv chint stalte 106, 1
fur sinen uater alten,
Manassen ze der zeswen,
Effraim ze der winsteren.

Jacob sine hente
5690 ubir einandir schrenchte,
ubir effraim leget er die zeswen,
ubir Manassen die winstiren.

Do joseph daz gesach 106, 5

5681–5684 *Rubrum 112 und Bild 82: Jakobs Segen über Ephraim und Manasse*

er wolte ime die zesewen	er wolte ime di zesewen
zîehen uber manassen,	haben uber manassen,
sprah iz so nieht reht ware,	er chot deiz niht pillich ware,
5345 manasses ware der altêre.	manasse ware der altore.

Jacob sprach wole wesse	Jacob chot *wole wesse*
waz er tůn scolte,	*waz er tůn scolte,*
sprach der altêre wurte	chot der altere wurde
uile mahtich siner giburte,	uil mahtic siner geburte,
5350 daz aue der iungere	daz auer der iungere
wurte der hêrere;	wurde der hêrore;
er nimahte des gotis willen	er ne mahte des gotes willen
nieht ferwantelin.	niht uirwandelen.

Die hente er ime lîe ligen.	Di hende li er ime ligen.
5355 iacob bigunde ze gote digen	er begunde ze gote digen,
daz er durch willen | siner	daz er durch willen siner forderen
in girůht irhôren,	in geruhte erhoren,
der ime uone chintheite	der ime uone chintheite
hulf ûz aller arbeite,	hulfe uzer arbeite,
5360 daz der engil chome	daz der engel chome,
der in ofte uz angiste name	der in ofte uzer angesten name,
unt dei chint gisegenôte	unde di kint gesegenote,
obe den er sîni hente hete:	ob den er sine hente hete.

'Durch dinen heiligen namen	'durh dinen heiligen namen,
5365 den ane růfte min âno abraham	den ane růfte minene abraham
iŏch min uater ysaac	ioh min uater isaac,
so er an sineme gebête lach,	so er ane sineme gebete lach,
daz si muszen wahsen	daz si muszen wahsen,
mit saliger slahte,	mit saliger slahte.

5346 Iacob

5343 ziehen *Pi² SmE* **5345** altere *Pi² SmE*
5346 Jacob *SmE*, Jâcôb *Pi²* **5354** lie *Pi² SmE*
5355 begunde *Ho Pi²* **5367** gebete *Pi² SmE*
5367a–5367b *zwei Verse nach V ersetzt Do¹*
SmE **5367a** muozzen *SmE* **5367b** sâliger *SmE*

1913 hêrrore **1926** namen] e *auf Ras.*

1908 Jacob chot *bei Di² in [ ]*
1908–1910 *Ergänzung nach W Di²*
1913 hêrore *Di²* **1914** des *bei Di² in [ ]*
1918 durh *Di²* **1927** minene] min ene *bei Di² in*
[ ] **1930** muzen *Di²* **1931** saligere *Di²*

　　　　do was ez im ungemach,
5695　er wolde im die zeswen
　　　　ziehen ubir Manassen
　　　　unde sprach daz ez reht wære,
　　　　Manasses wære der altere.

　　　　Jacob sprach erne wolde
5700　noch tůn solde
　　　　wan der eltir wrte
　　　　uil mæhtich siner geburte,
　　　　der iungir wrde abir zware　　　　106, 10
　　　　der herore:
5705　den waren gotes willen
　　　　moht er niht gestillen.

　　　　Die hende lie er im ligen:
　　　　jacob begunde ze got digen,
　　　　er bat im gehoren
5710　durch willen siner uorderonen,
　　　　der im uon chintheite
　　　　hulf uz aller | arbeite,　　　　　[76v]
　　　　daz der engil chome　　　　　　106, 15
　　　　der in ofte uon angisten næme.
5715　unde dei chint gesegenote
　　　　ob den er sine hende hæte.

　　　　'Durch dinen heiligen nam
　　　　den anrůfte min anherre Abraham
　　　　unde min uater ysaach
5720　so er an sinem gebet lach,

5716 chæte

5716 hæte *Di¹*

W

    daz si můzzen rehte getůn,
    dir, trehtin, dienen;
5370 du girůch in ouch gêben   76, 1
    daz solich werd ire leben:
    suer deme anderen gůtes pitti,
    daz er ire gihucke,
    daz enes dinch sam irgê
5375 sam effraim unte manasse.'

    Dů stalt er effraim
    fure den brůder sîn.

    Dů sprach er ze ioseph sineme sune, 76, 5
    da er stůnt ob ime

5380 'Ich nimach nieht langere leben,
    got girůche mit îu wesen
    unt girů | che îuch hinnen   [116r]
    zîureme erbi pringin.

    Virnim mir, ioseph,
5385 mit dinen brůderen teile nieht
    daz ich deme chunige amorréo ginam 76, 9

    mit pogen unt mit waffen.'

5374 eînes **5383** nach pringin *Rest der Zeile freigelassen + 1 Leerzeile für Rubrum 113*
5384 *V-Initiale fehlt* **5387** nach waffen *Rest der Zeile freigelassen + 10 Leerzeilen für Rubrum 114 und für Bild 83*

5370 geben *Pi² SmE* **5374** enes *Ho Pi² Do¹ SmE, Mfrk. ist die Schreibung* eines *für* enes *He* | ergê *SmE* **5378** iôsêph sîneme *Pi²*, Ioseph sineme *Do¹*, Joseph sîneme *SmE* **5381** iu *Pi² SmE* **5382** iuch *Pi² SmE* **5383** ziureme *Pi² SmE* **5384** Virnim *Ho Pi² Do¹ SmE*

V

    daz si rehte muzen getůn,
    dir trehtin gedinon.
    du geruche in ovh geben.
1935 daz solch werde ir leben:
    sver deme anderen gutes bete,
    daz er ir gehukke,
    daz enes dinc so wole irge
    sam effraym unde manasse.'

1940 Do stalter effraym   980
    fur den bruder sin.

    do sprah er ze iosebe sineme sune,
    daz er stunte ob ime:

    'Ich nemach niht langer leben,
1945 got gerůche mit ev wesen
    unde geruche evhhinnen
    widere ze ewerme erbe bringen.

    Uernim mir ioseph,
    mit dinen bruderen teile niht,
1950 daz ich deme chunege amorreo   985
                                     [genam
    mit pogen ioh mit wafenen.'

1933 trhehtin **1938** ir ge **1945** ge růche
1946 evh hinnen **1947** zeewerme **1948** Uer nim

1933 trhehtin *Di²*

daz si mŭzzen rehte getŭn
umbe got gedienen der sele urum,
du gerŭche in ŏch geben 106, 20
daz solich werde ir leben:
5725 swer ieman rehten gŭtis bite
daz ir gehugede uar da mite,
daz ir dinch *so* wol erge
sam Effraim und Manasse.'

Do stalt er Effraim
5730 fur den brŭdir sin.

Ze joseph er sprach
do er in ansach

'Ichne mage niht lenger leben; 106, 25
got mŭzze dir heil geben
5735 unde gerŭche dich uon hinnen
ze dinem erbe bringen.'

Ein eigen gap er joseph
daz er einem chunege an gewnnen het.

'Nu uernim mir joseph,
5740 mit dinen brŭderen teile niht
daz ich dem chunige Ammorreo an

mit pogen und mit swerten gewan.'

5722 rurum **5727** dir; dinch wol **5737–5738** *Rubrum 113*

5722 urum *Di¹* **5727** ir *Di¹* | [so] *Di¹* **5728** [sam] *Di¹*

Danach pat er alle sini sune
daz si chomen zime,
5390 daz si firnamen
wîe ir lezzistin dinch irgiengen.

Dů si wur | tin innen
daz sîn ente nahen pigundi,
daz petti si umbestůnten
5395 mit amarigin můten.

Danach pat er alle sine sune,
daz si chomen zime,
daz si uirnamen,
1955 wi ir lezzesten dinc irgingen.

[116v] Do si wurden innen,
daz sin ende nahen begunde,
daz pette *si umbestůnten*
mit amarigin můten.

1952 D-*Initiale fehlt (kein Platz für Initiale)*
1958 *nach* pette *ein Verweisungszeichen durchstrichen*

1952 Danach *Di²* **1958–1959** *Ergänzung nach* W *Di²*

5391 wie *Pi² SmE*

Sine sun er fur sich chomen hiez, 106, 30
einem iegelichem er liez
5745 **einen geuellichlichen segen**
des wert was der degen.

Danach bat er sine sune [77r]
daz si chomen zime
unde uernæmen
5750 wie in ir dinch ze leste chwæme.

Also si do wrden innen
daz sin ende nahen begunde
daz bette si umbestŭnden 106, 35
mit iamirigem mŭte,

5743–5746 *Rubrum 114 und Bild 83: Jakob segnet seine Söhne*

5754 mute *Di¹*

W

	Si sprachen da waren,
	gerne sini segene firnamin,
	waz in got irteilit hate,
	zů wiu er ire růhte.
5400	Dů lach iacob,
	dahte uerre ane got,
	pât in uile gnôte
	daz er ime zeigte
	welich rât wurte
5405	siner giburte,
	ub ieht unter in ware
	des ime gizame,
	an deme irgienge,
	des er gihiezze abrahame,
	dazu uon sineme samen
	noh der chome
5410	der die werlt alle
	irloste fon helle.
	Dů er daz gibet
	uile innerchlichen getêt,
	dů hiez er sini sune,
5415	daz si firnamin ime.
	Fili stille si gisuigtin,
	zů siner rede dahtin.

V

76, 15	1960 si sprachen daz si gerne da waren	990
	sinen segen uirnamen
	waz in got irteilt hete
	ze wiv er ir ruhte.
	Do lach iacob,
	1965 dahte uerre ane got,
	unde pat in uil genote,	[85c]
	daz er ime irzeigote,
	welich rat wurde
	siner geburte,
76, 20	1970 ob iht under in ware,	995
	des ime gezame,
	an deme irginge,
	des er gehize abrahame,
	daz uon sineme samen
	1975 noh der chome,
	der di werlt alle
	irloste uon der helle.
	Do er daz gebet
	uil inneclichen getet,
76, 25	1980 do hiz er sine sune,	1000
	daz si uirnamen ime.
	Uil stille si svicten,
	zu siner rede dahten.

5398 irteilit] i² *aus* l *korrigiert* **5417** *nach* dahtin *Rest der Zeile freigelassen für Rubrum 115*

5399 wiu *Pi² SmE* **5402** pat *Pi²*, bat *SmE*
5403 zeigte] irzeigôte *SmE* **5409a–5409b** *zwei Verse nach V ersetzt Pi² Do¹ SmE* **5409b** noch *Pi² Do¹* **5413** getet *Pi² SmE* **5417** dahtin] *mfrk. Form von* dageten *He*

1963 wiver **1968** weilch

1962 erteilt *Di²* **1968** welich *Di²*

5755	**S**i sprachen daz si da wæren	
	gerne sinen segen uernæmen	
	war zů si got sůchte	107, 1
	unde wes er an in gerůchte.	

	Do lach jacob;	
5760	uerre daht er hinzze got,	
	er bat in uil genote	
	daz er im erzeigote	
	welich rat wrte	
	siner geburte,	
5765	ob iht undir in wære	107, 5
	des im gezæme,	
	an dem ŏch ergienge	
	des er gehiezze Abrahame	

   do er die werlde alle
5770 wolde losen uon helle.

   Vnde als er daz gebet
   uil innirchlich getet
   do hiez *er* sine sune
   daz si uernæmen ime.

5775 **V**il stille si geswigen   107, 10
   daz hŏbet ze siner rede genigen.

Do gap er den segen Ruben.

5773 hiez sine   **5777** *Rubrum 115*

5768 *danach fehlen zwei Verse wie W Di¹*   **5773** [er] *Di¹*

510 — W

Er sprach 'min sun ruben,
firnim wîez dir můz irgen.

5420 Du pist sterche
miner werche,
du pist sun min der erist,
du scoltest sin der | heriste.   [117r]
du ware daz eriste sêr   76, 30
5425 min unte diner můter.
warest du biderbi,
so scoltest du haben uon erbi
so wir iz tîuristiz hîeten,
du scoltest dinen brůderen gibîeten.

5430 Daz allez du firworhtest,
dů du got niforhtest
unte mîne chebis uber lage   76, 35
an mineme bette gisuâse.

Dů tate deme wazzer gilich
5435 daz in deme uazze nieht inthabit sich,
daz uzrinnit,
suâz loch findet:
alse iltest du uz fliezzen,
dinen glust gebuzzen.

5440 Got daz newelle,   76, 40
daz in solichim ualle
îuweht diner giburte
sculdich werde.'

5443 nach werde *Rest der Zeile freigelassen für Rubrum 116*

5418 Er *Pi² Do¹ SmE* **5419** wiez *Pi² SmE*
5422 êrist *Pi²*, eriste *Pr*, êriste *SmE*
5428 tiuristiz hieten *Pi² SmE* **5429** gibieten *Pi² SmE* **5436** ûzrinnit *Pi²*, ûz rinnit *SmE*
5437 swâz *SmE* **5438** alsô *Pi² SmE*
5442 iuweht *Pi² SmE* **5443** sculdich] iemer sâlich *SmE*

V

Er chot, 'min sun ruben,
1985 uirnim wiz dir sol irgen.

Du bist sterche
miner werche,
du bist min sun der eriste,
du soltest sin der heriste.
1990 du ware daz erist sêr   1005
min unde diner mûter,
warest du biderbe,
so soltest du haben uon erbe,
so wirz turistez heten:
1995 du soltest dinen bruderen gebiten.

Daz allez du uirworhtest,
do du got ne uorhtest
unde minen chebesen uber lage
an mineme bette gesvase.

2000 du tate deme wazzere gelich   1010
daz in deme uazze niht inthabet sich,
daz uzrinnet,
sva ez loch uindet:
also iltest du flizen,
2005 dine gelust gebuzen.

Got daz ne welle,
daz in soleheme ualle
niht diner geburte
mere sculdich werde.'

1989 herriste **1990** erst **1993** soldest
1996 uir worhtest **1998** uber lage] g *aus* r *rad.*
2002 *nach* uzrinnet *ein durchstrichenes Verweisungszeichen, am linken Rand steht mit demselben Zeichen* sva ez loch uindet
2009 sculdich] sulch

1986 bist] bist der *Di²* **1987** miner] al miner *Di²* **1989** heriste *Di²* **1990** erist *Di²*
1993 soltest *Di²* **2001** uaze *Di²* **2002** daz] daz da *Di²* **2009** sculdich *Di²*

Er sprach 'min sun Ruben,
uernim wie ez dir erge:

5780 **D**u bist ein sterche
miner werche,
du bist sun min der erste,
du soldest sin der herste,
du wære daz erste ser 107, 15
5785 min unde diner mûter.
warest du biderbe
so solltest du haben ze erbi
so wirz tivrist hieten,
dinen bruderen soldest du gebieten:

5790 **D**az allez du uerworhtest
do du got niht enuorhtest
unde mich ubirsæhe,
do du *mit* miner chebese min bette ubirlæge.

Du tæte dem wazzir gelich 107, 20
5795 daz in dem uazze niht enthabet sich,
daz ŏz rinnet
swa ez loch uindet,
also ilót du mit unmûzze
dinen | glust gebûzzen. *[77v]*

5800 **G**ot des nine welle
daz in solhem ualle
undir allir diner geburte
iht schuldich wrte.'

5793 du miner

5793 [mit] *Di¹*

Symeon unte leuî	2010 **S**ymeon unde leui
5445 segenôt er da bi,	segenote er da bi,
sprach si waren wich faz,	er chot, si waren ein wichuaz,
in in ware nît unte haz,	in in ware nît unde haz;
bat daz sin sêle 77, 1	**B**at daz sin sele
niemir in ir rât chome,	2015 nimer in ir rat chome,
5450 noh erne wolte nehainer	noh er ne wolte sich hail
ir erêne haben teil,	ir erone haben teil,
want | si in ire heiz můte [117v]	wanda si in ir heizmůte
irslůgen lîute gůte	erslugen livte gůte
unte in ubileme willen	2020 unde in ubeleme willen
5455 taten eine burchmûre uallen,	taten eine burch mure ualzen,
sprach ire strît můt 77, 5	er chot, ir stritmůt
scolte sîn firflůchêt;	solte sin uirfluchet,
sine gilŏpten sich ir zorne,	sine gelovpten sich ir zorne,
si waren die flornen.	2025 si waren di uirlornen.
5460 'Die unter îu werden gůt	'Die under ev werden gůt,
die sîn sune min iacob.	di sin sune min iacob.
die ubilin ich zisprenge,	di ubelen ich zesprenge,
ellîu gnade si in ênge.'	ellev genade si in enge.'
Erne segenote si mere,	2030 Er ne segenote si niht mere,
5465 wante erne mahte fore sêre,	er ne mohte uon sere,
daz si mit untriuwen 77, 10	daz si mit untriwen
rachin ire riuwen,	rachen ir riwe,
daz dîna ire suester	daz dina *ir* svester
selb ire hete biworuen laster	2035 selbe hete irworfen laster,

---

5449 nie mir *Do¹*, niemer *SmE* **5450** nehainer] sichein *He SmE* **5451** êrene *Pi² SmE* **5453** liute *Pi² SmE* **5456** strîtmůt *Pi²*, strîtmuot *SmE* **5457** firflůchet *Pi²*, firfluochet *SmE* **5460** iu *Pi² SmE* **5463** elliu *Pi² SmE* \| enge *Pi² SmE*

2012 wich uaz **2014** Gat **2016** erne **2022** strit můt **2026** Die] Gie **2034** ir] din **2035** ir worfen

---

2014 Bat *Di²* **2026** Die *Di²* **2027** min] min in *Di²* **2034** ir *Di²*

Do segent er dabi 107, 25
5805 **Simeon und leui.**

Leui unde simeon
segenot er do;
er sprach si wæren ein wichuaz,
in in wære nit unde haz,
5810 er bat daz sin sele
in ir rat nimmir chwæme.
an iv ist der sunden meil,
ivr eren werde mir nimmir teil
wande si in ir heizmůte 107, 30
5815 erslůgen lŏte gůte,
unde mit ir ubelem willen
ein burchmŏr můse uallen.
er sprach daz ir stritich můt
immer wære uerulůchot,
5820 sine gelŏbeten sich ŏch ir zorne
immir wæren si die uerlorne.

'Die undir iv werden gůt
die sin mine sun in got,
die ubelen ich zersprenge, 107, 35
5825 elliv genade si in enge.'

Er segenot si niht mere
erne mohte uor sere
daz si mit untriwen
rachen ir herzzeriwe,
5830 daz Dina ir swestir 108, 1
erworben het solhe lastir

5804–5805 *Rubrum 116* **5822** in

5822 Di *Di¹* | iv *Di¹*

W	V
5470 unte si daz pŭzten anders denne si scolten.	unde si daz puzten anders denne si scolten.

W		V	
'Ivda min chint, wol irgent dinîu dinch. du wirdest diner chrêfte 5475 trost aller diner chunniskefte. dini brŭder dich lobent, 77, 15 so si din reht intstênt. du giwinnist manigen uiant, dîe ginikchit din mahtich hant.		'Juda min kint, wole irgent dir dinev dinc. 2040 du wirdest diner crefte 1030 trost aller diner | chunnescefte. [85d] dine brudere dich lobent, so si din reht uirstent. du gewinnest uiande, 2045 di genicchet din mahtigev hant.	

W		V	
5480 **D**u bewiruist so michil êre, [118r] daz dich al din chunne heizit herre.		du irwirfest so groz ere, daz dich al din chunne heizet hêrre.	

W		V	
Vili mârîu lant choment in dîne hant. so du dei gewinnist, 77, 20 5485 deme leun gilich du gebarist, der unter tîeren nîmit al des in gizîmit, den ellîu tîer furhtent, so er dâr unter chumit. 5490 du slehist unte rŏbest, unze du alle dine uiante getŏbest.		uil mariv lant choment in dine hant. 2050 so du div gewinnest, 1035 deme lewen du gelich gebarest, der under tiren nimet al des in gezimet, den ellev tir furhtent, 2055 so er under siv chumet. du slehest unde rovbest, unze du alle dine uiande getovbest.	

5471 *nach* scolten *Rest der Zeile freigelassen für Rubrum 117*

5472 Jv̆dâ *Pi²*, Juda *SmE* **5473** dîniu *Pi² SmE* **5474** dîner chrefte *Pi² SmE* **5477** sô sî dîn rehte intsebent *He* **5479** die *Pi² SmE* **5482** mâriu *Pi² SmE* **5485** lewen *SmE* **5486** tieren nimit *Pi² SmE* **5487** gizimit *Pi² SmE* **5488** elliu tier *Pi² SmE* **5489** darunter *Pi²*, dar unter *SmE*

2036 *nach* unde *ein durchstrichenes Verweisungszeichen, am linken Rand mit demselben Zeichen steht* si daz puzten anders denne

2041 diner *bei Di² in [ ]* **2057** unze du alle *bei Di² in [ ]*

unde si daz rechen wolden
andirs danne si solden.

Do segent er judam
5835 **den uil getriwen man.**

'Juda min chint,
uil wol ergent dir diniv dinch,
du wirdest mit diner chrefte 108, 5
ein trost aller diner chunnescheste,
5840 dine brŭdir lobent dich
so si uil rehte erchennent dich,
du gewinnest manigen uiant
die genichet din mæhtige hant,

du erwirbest so michil ere
5845 daz din chunne ubir al heizet | herren. *[78r]*

Vil manigiv lant
choment in din gewalt,
swenne du dei gewinnest 108, 10
dem lewen gelich du gebarist,
5850 der undir den tieren nimit
alles des in gezimit,
den ŏch uurhtent elliv tier
swenne er dar undir chumet schier,
du slehest unde rŏbist,
5855 dine uiant du betŏbist.

5834–5835 *Rubrum 117*

5852 uurchtent *Di¹* **5854** und *Di¹*

W

Alse den leun oder die lêuinnen
iemen getar wekchen,
sos er ligit růwen   77, 25
5495　mit offenen ŏgen,
same giturrin uiante din
îuweht dich girůzen.

So du bist fridelichin
in dinen richin,
5500　so du lîst, slaffest,
din ŏgen newachent:
si firbernt dich gare,
du bist ir aller âre.

Vone iuda newirt niemer ginomin   77, 30
5505　daz chunichliche sceptrum
noh uon sinen huffen
gibristet chůnere herzogin,
unze | der wirt giborn   [118v]
der al die werlte scol nêrin,
5510　des chunft alle die beitent
di der uber dîe werlt sint gibreitet.

Der bintet der esilinnen sûn   77, 35
an sines wingartan zůn,
die můter an dîe winrêbe,
5515　daz sint siner minnone gêbe,
daz er iuden noch heiden
ime nilât inphreiden.

V

Also den lewen iŏh di lewinnen
niman getar gewechen,
2060　so er sich geleget ruwen   1040
mit offenen ovgen:
sam ne geturren uiande din
niht dich gegrůzen.

So du bist fridelich
2065　in dinen richen,
so du list slauest,
din ovgen wahchent:
si uirbernt dich gare,
du bist ir aller are.

2070　Vone iuda newirt niemer genomen 1045
daz kunincliche sceptrum,
noh fon sinen huffen
ne gebristet chunere herzogen,
unze der geborn wirt,
2075　der alle die werlt genert,
des chunfte alle di beitent,
di uber alle di werlt sint gebreitet.

Der bintet der eselinnen sun
an sines wingarten zůn,
2080　di muter an di winrebe.   1050
daz sin siner minnone gebe,
daz er iuden noch heiden
ime ne lat inphreiden.

2062 negeturren 2064 dubist 2068 uir bernt
2072 noch fonsinen 2076 beiten
2077 gebretet 2080 win rebe 2083 ime lat inyhreiden

5511 uber] úber; *Akzent rad.*   5514 win rêbe

5492 Alsô den lewen *SmE* | leuinnen *Pi²*,
lêwinnen *SmE*   5497 iuweht *Pi² SmE*
5500 slaffent *Ho*, slâffest *Pi² SmE*   5503 are *Pi²
SmE*   5509 nerin *Pi² SmE*   5511 die *Pi² SmE*
5512 sun *Pi² SmE*   5514 dîe winrêbe *Ho*, die
wînrebe *Pi² SmE*   5515 gebe *Pi² SmE*

2065 in] in al *Di²*   2066 slauent *Di²*
2070 niemer *bei Di² in [ ]*   2072 noh *Di²*
2075 die] di *Di²*   2076 beitent *Di²*   2077 alle
bei Di² in [ ] | gebreitet *Di²*   2082 noh *Di²*
2083 ne *Ergänzung nach W Di²* | inphreiden *Di²*

Also den lewen ieman geschrehen
ode in ie ieman getar gewechen
so er rŭwet tŏgen
mit offenen ŏgen,
5860 also uil din uiant mŭzzen
mit ubele dich begrŭzzen.

So du bist uridelichen
in dinen richen,
ob danne din lip entslaffet
5865 din ŏge niht erwachet,
dine uiant uerbernt dich gar,
ubir si bist du ein Âr.

Von juda wirt nimmir genomen
daz chunechlich scheptrum,
5870 uon sinen huffen werdent niht gezogen
die edelen herzogen
unz daz der wirt geborn
der al die werlde sol ernerin,
des chunfte alle die beitent
5875 die ubir alle die werlt sin gebreitent.

Der bindet der eselinne sun
an sines wingarten zŏn,
die mŭtir an die winrebe:
daz sint siner minne gebe
5880 daz er juden noch heiden
im niht læt enphromeden.

5873 ernern *Di¹*

Er wil daz îeweder lîut	er wil daz iwedere livt
werde sin trût.	werde sin trût.
niemer er irwintit,	nimer er nirwindet,
ê er si mit minnen zesamene gibintet.	ê er si mit minnen zesamene gebindet.
In deme wîn er waskit,	In deme wine er wasket,
da er mite ist girustet,	da er mite ist gerustet,
die sconen stole,	di schone stole,
daz ist ein giwate frône,	daz ist ein gewate frone.
Jouch in des winperes plůt	ioh in des winpers plůte
sin lachin er dunchôt.	sine lachen er dunchet,
Sconer den der wîn	Schonere denne der win
sint dei ougin sîn.	sint dev ovgen sin.
Siner zande glîz	siner zande glîz
ist wizer den diu milich wîz.'	ist wizer denne dev milch wiz.'
Diz ist ein tîefiu rede,	Dizze ist ein tifev rede,
ich wanes îemen irre | chin mege.	ich wane si imen irchennen mege.
chund ich daz firnemen	Chunde ich daz uirnemen,
daz ich dar ubere han gilêsin,	daz ich da uber han gelesen,
gerne ich denne sagiti	gerne ich denne sagete,
welihi pizeichinheit si habiti.	welehe bezeichnunge ez habete,

---

5519 sin] sint **5526** Iouch **5531** *nach* wîz *Rest der Zeile freigelassen für Rubrum 118*
5532 D-*Initiale fehlt* | *nach* ein *Rest der Zeile freigelassen für Rubrum 118*

5518 ieweder liut *Pi² SmE* **5519** sin *Ho Do¹*, sîn *Pi² SmE* **5526** Jouch *Pi² SmE* **5532** Diz *Ho Pi² Do¹ SmE* | tiefiu *Pi² SmE* **5533** wan es îemen *Do¹*, wân, es iemen *Pi²*, wâne si iemen *SmE* **5535** gilesin *Pi² SmE* **5537** pizeichinheit] bizeichinunge *SmE*

2087 si] sich **2092** indes **2093** lanchen

2086 nirwindit *Di²* **2087** si *Di²* | zesamene *bei Di² in [ ]* **2090** di] di sîne *Di²* **2093** lachen *Di²*

	Er wil daz iewedir livt	
	noch werde sin trŏt,	
	nimmir er erwindet	
5885	unz er si mit minnen zesamene gebindet.	

    In dem wine er waschet
    damit er ist gerustet
    sine stole schone   108, 30
    daz ist ein gewæte urone,

5890   **I**n des winperes | plŭt   [78v]
    sinen mandil er dunchot.

    Sconir danne der win
    sint dei ŏgen sin,

    Siner zene gliz
5895   ist wizzir danne milch wiz.'

    Bezeichnunge wil ich iv geben
    ubir den segen.

    Ditzze ist ein tieffe rede,   108, 35
    ia wæn si ieman errechen mege;
5900   chunde ichz nu wol uersten
    daz ich dar ubir han gelesen.
    gerne ich danne sagete
    welich pizeichnunge ez habete.

5892–5893 *Reimpunkte hinter* win *und* sin, *entsprechend W und V*   **5894** Sine
5896–5897 *Rubrum 118*

5892–5893 Sconir danne der win sint / die ŏgen sin *Di¹*   **5894** Sine[r] *keine eckige Klammer bei Di¹*

W	V

W column:

Judas chût pîhtare 78, 5
unte pizeichinit dich, christ unser herre:
5540 du dines uater iâhe,
unze du hîe in werlte ware;
du sprache daz du in woltest loben,
daz er chindin daz hete gigeben
daz er wîsin unte chargen
5545 fore hete firborgen:
want der dich einualtechlichen meinit 78, 10
unte sich der sunte ne gireinit
der bezeichinet daz chint
deme die gotes gnade goffenet sint.

5550 **S**uer aue sinen wîstům
cheret an werltlichen rům
unde allen sînen sin
cheret an werltlichen guîn
noch dich nifurhtet,
so er ubil wurchit,
der můz der êwigin wunnin 78, 15
5555 in êner werlte mangilen.

Got niwil nieht haben florn,
daz er durch uns wart giborn.
wir | sculn in loben, [119v]
daz er uns zi brůder wil haben.

V column:

Judas quît pihtâre
2105 unde bezeichenet dich herre.
du dines uater | iahe, [86a]
unze du hi in werlte ware,
du sprache, in des woldest loben,
daz er daz chinden hete gegeben,
2110 daz er wisen unde chargen 1065
hete uor geborgen:
want der dich einualtlichen meinet
unte sich der sunte ne gireinit
der bezeichenet daz chint,
2115 deme di genade geoffenet sint.

Sverso auer sinen wistům
cheret *a*n werltlichen rům
unde allen sinen sin
cheret *a*n werltlichen gewin,
2120 noh dich nefurhtet, 1070
so er ubele wurchet,
der můz der ewigen wunne*n*
in ener werlt mangelen.

Got newil niht haben uirlorn,
2125 daz er durch uns wart geborn.
wir sulen in loben,
daz er uns ze brudern wil haben.

5538 Iudas **5542** daz] a *rad.*

5538 Judas *SmE*, Jûdâs *Pi²* | chût] chwît *SmE* pîhtâre *Pi²*, bihtâre *SmE* **5539** christ unser *fehlt in V und M/K, Di¹ hält die Leseart von V für richtig* **5541** hie *Pi² SmE* **5550a–5550b** *danach* chêret an werltlîchen rům/ unde allen sînen sin *Pi²*, cheret an werltlichen rům/ unde allen sînen sin *Do¹*, chêret an werltlichen ruom,/ unde allen sînen sin *SmE nach V ergänzt (ohne Berücksichtigung bei der Zählung Do¹ SmE, Pi² zählt die Verse mit)* **5551** werltlîchen *Pi²* | guîn] ruom *Ho*, gewin *Pi² SmE* **5555** ener *Pi² SmE*

2109 chinden] in *aus* m̂ *rad.* **2112** ein ualtlichen **2117** an] in **2119** an] in **2122** wunne **2126** sulen] fu *auf Ras.* **2127** zebrudern

---

2113 *Ergänzung nach W Di²* **2117** an *Di²* **2119** an *Di²* **2122** wunnen *Di²*

Judas sprichet bihtære 109, 1
5905 unde bezeichent got den waren,
du des herre iæhe
unze du hie in erde wære:
du spræche daz du in woldest loben
dar umbe den chinden hete gegeben,
5910 daz er wisen unde chargen
uor het uerborgen,
wan der dich einualtlich meinet 109, 5
unde sich uon sunden reinet
der bezeichint daz chint,
5915 dem die genade offen sint:

Swer abir den wistům sin

cheret an werltlichen gewin
unde dich herre niht furhtet
so er sich uerwrchet,
5920 der můz der ewigen wnnen
in iener werlt mangelen.

Got wil niht haben uerlorn 109, 10
daz er durch uns wart geborn,
wir schulen in loben
5925 daz er uns ze brůderen wil haben.

W

5560 Er hat uber wunten
al unser uiante,
er hat si gidŏbit,
die helle hat er birŏbet.

Dŭ diu gotheit 78, 20
5565 an sih nam die menniskheit,
dŭ was der lichname
sin wat scône;
unter daz lachan
girŭhte er sine gotheit dekchen.

5570 Do er die alten ê
uili follichlichen bigîe,
daz er daz newolte firmîden
er niliezze sich bisnîden,
unt sich mit opphere wolte reinen, 78, 25
5575 suî er nihete niheine mêile,
unt al daz têt
daz unter iuden was sîte,
dŭ het er in deme wîne
giwaskin wât sîne.

5580 Dŭ er dîe touffe an sich nam
unte bigunde manige nôt lîden
unt lîe sinen lichnamen 78, 30
an deme crûce martiren,
dŭ hêt er gedunchet
5585 sîn lachin in daz plŭt.

V

Er hat uber wunten
al unser uiante,
2130 er hat si gedovbet, 1075
di helle hat er berovbet.

Do dev gotheit
ane sich nam di menneskhait,
do was der lichname
2135 sin wat shone;
unde er mit deme lachen
geruhte sine gotheit dechen.

Do er di alten ê
uil uolleclichen begi,
2140 daz er daz newolte miden, 1080
er ne lize sich besniden,
unde sich mit opphere wolde reinen,
swi er ne hete nehein meile,
unde al *daz tete*
2145 daz under iuden was site:
do heter in deme wine
gewasken wat sine.

Do er do di tovfe an sich nam
unde manege not begunde liden,
2150 unde li sinen lichnamen 1085
an deme cruce marteren:
do het er gedunket
sin lachen in daz plŭt.

2134 derlich name **2139** uollechen
2142 *nach* unde r *rad.* **2143** meil
2151 mareren **2152** heter

2128–2129 *Ergänzung nach W* Di²
2132 gotheit] gotes wîsheit Di²
2139 uolleclichen Di² **2143** meile Di²
2144 daz tete *Ergänzung nach W* Di²
2151 marteren Di²

5571 bigie *Pi² SmE* **5575** sui *Pi²*, swî *SmE*
meile *Pi² SmE* **5576** tete *Pr*, tête *SmE*
5577 site *Pi² SmE* **5580** die *Pi² SmE* **5582** lie
Pi² SmE

Er hat ubirwnden
unsir uiande,
er hat si getŏbet,
die helle hat er berŏbet.

5930 Do div gotheit
an sich genam die mennischeit
do was der lichnam 109, 15
sin wat | lussam: *[79r]*
undir dem selben lachen
5935 gerůchte er die gotheit dechen.

Do er die alten é
follichlichen begie
daz er daz niht wolde uermiden
erne liezze sich besniden;
5940 unde sich mit ophir wolde reinen
swie er sunde hiete deheine,
unde alliz daz tet 109, 20
daz undir den juden was sít:
do het er in dem wine
5945 gewaschen wat sine.

Do er sich do tŏffot
unde begunde liden manige not
unde lie sinen lichnamen
an dem chruzze martiren:
5950 do het er gedunchot
sin lachen in daz plůt.

5938 uermiđn   **5949** mren] *zwischen* m *und* r *drei oder vier Buchstaben rad.?*

5938 uermiden *Di¹*   **5949** m[arti]ren *Di¹*

W

Do er | zuêne tage [120r]
girůwot in deme grabe,
an deme drittin morgin
maht der tîefel sorgen,
5590 er irstunt uon deme tôde
mit libe iŏch mit sele,
er fůr mit leuchrefte 78, 35
dîe helle brechen.
den tîefel er gibant,
5595 warf im einen bŏch in den munt,
daz deme selben gûle
alzane stê offen daz mûle,
so wir uone sunten
chomen in sîne slunten,
5600 daz er ubil hunt
nimege zů luchin den munt,
daz er durch piht unte půzze 78, 40
sines undanches unsich uz lazze.

Christes ougin
5605 sint siner lere gitŏgin,
die den gnade giheizzint
die ire missetat půzzint.
dei selben ougin 79, 1
sint sconer den der wîn,
5610 der bizeichinit die alten ê
diu deme sculdigen têt uile wê,
want si mit kelicheme rach
suer ire têt dehein ungemach.

Die zêni chlîubint
5615 daz man in den munt scîubit, [120v]

5595 im] in 5605 gitŏgin] n *aus* u *korrigiert*

5589 tiefel *Pi² SmE* 5592 lewenchrefte *SmE*
5595 im *Do¹ SmE* 5608–5609 dei selben
ougin sint/ sconer den der wîn *Ho*
5610 bizeichinet *Ho Pi²* 5611 tet *Pi² SmE*
5612 kelîcheme *Pi²*, gelîcheme *SmE*

V

Do er do zevne tage
2155 geruwete in deme grabe,
an deme dritten morgen
mahte der tifel sorgen.
er stunt uone deme tode
mit libe ioh mit sele.
2160 er fur mit lewen chrefte 1090
di helle brechen,
den tifel er gebant,
er warf ime einen pogen in den munt,
daz deme selben gute
2165 alzane offen stunde daz mule,
so wir fon sunden
chomen in den *sîne* slunden,
daz der ubele hunt
ne mege zuluchen den munt,
2170 daz er durh pihte unde durch půze 1095
sines undanches uns laze.

Cristes ovgen
sint siner lere tovgen,
di den genade geheizent,
2175 di ir missetat puzent
di selben ovgen
sint shoner denne | der win. [86b]
der dir bezeichenet di alten ê,
div deme sculdigen tet uil we,
2180 wand si mit gelicheme rach, 1100
sver ir tet dechein ungemach.

Die zede chliubent
daz man in den munt sc*h*vbet.

2167 den slunden 2169 zu luchen
2172 Criestes 2181 sverir 2183 shvbet

2167 sîne *Ergänzung nach W Di²* 2172 Cristes
Di² | ovgen] shônev ovgen *Di²* 2178 dir *bei Di²*
in [ ] 2182 zende *Di²* 2183 schvbet *Di²*

	Do er do zwen tage	109, 25
	gerůwot in dem grabe,	
	an dem dritten morgen	
5955	moht der tieuil sorgen:	
	er erstůnt uon dem tode	
	mit libe iŏch mit sele,	
	er fůr mit Lewen chrefte	
	die helle ze brechen,	
5960	den tieuil er gebant,	
	einen zol sazzete er im in den munt	
	daz dem selben gŏle	109, 30
	alzan stat offen sin mŏle,	
	so wir uon sunten	
5965	chomen in sinen slunten,	
	daz *d*er ubil hunt	
	niht zů gelŏchen muge den munt,	
	unde er uon bihte unde durch bůzze	
	uns widirlazzen můzze.	
5970	Christes ŏgen	
	sint siner lere tŏgen	
	die den genade geheizzent	109, 35
	die ir sunde gebůzzent:	
	dei selben ŏgin	
5975	sint schonir danne der win,	
	der bezeichint die alten é	110, 1
	div dem schuldigem tet uil we	
	wan si an iegelichem rach	
	swer si uræuilichen zebrach.	
5980	Die zene chlivbent	
	daz man in den munt schivbet,	*[79v]*

5966 der] er **5968** und **5969** můzzen můzze **5974–5976** *Reimpunkte hinter* ŏgin *und* win, *entsprechend auch W und V*

5966 [d]er *Di¹* **5968** unde² *Di¹* **5969** můzzen *fehlt Di¹* **5974–5975** dei selben ŏgen sint schonir/ danne der win *Di¹*

W

si sculn bisûchen	79, 5
wes der lîb rûche.	
der lib sin nieni rûrit,	
ê siz biwarint.	
5620 so siz uberwintint,	
dîu chela iz slintit.	

Same tûnt die bridigari
an ire lere:
si geheizzent deme lîute
5625 daz si werden gotes trûte,
tûn si daz gote girîsi,   79, 10
daz si chomen zi paradisi,
daz si ouh so megin intrinnin,
daz si ze helle niprinnin.
5630 daz scol man garnen
mit gûtin werchen.

Suenne si so gilêrint,
daz si in ze gote bicherint,
daz er wirt rein,
5635 âne sunten meile,
so sint si wîzzere denne dîu milich   79, 15
da man mite mûsit dei chint
dei dannoch nimagan nîezzen
daz fest ezzen.

5640 Disîu rede get elliu an iudam,
an iacobis sun den gote werden.

V

si sulen besuchen,
2185 wes der lip ruche.
der lip es niht inrûret,
ê si ez bewarent.
so siz uberwindent,
dev chele ez uirslindet.

2190 same tûnt di predigare   1105
an ir lere:
si geheizent deme livte,
daz si werden gotes trûte,
tunt si daz gote gerisi,
2195 *daz si chomen zi paradisi,*
daz si ovh megen intrinnen,
daz si ze helle nine prinnen.
daz scol man garnen
mit gûten werchen.

2200 Svenne si so gelerent,   1110
daz si in ze gote becherent,
daz er wirt reine
ane suntone maile,
so sint si wizzere denne dev milch,
2205 da man mite muset dev kint,
di dannoh nemugen ezzen
daz ueste ezzen.

Disev rede get ane iudam,
iacobes sun gote werden.

5641 nach werden Rest der Zeile freigelassen für Rubrum 119

5618 der] des *Pi²* **5619** siz] si ez *SmE*
5621 diu *Pi² SmE* **5622** bridigâri *Pi²*, bridigâre *SmE* **5624** liute *Pi² SmE* **5626** gerîsi *Pi²*
5632 Swenne *SmE nach M/K* **5634** reine *SmE*
5636 diu *Pi² SmE* | milch *Pr SmE* **5638** niezzen *Pi² SmE* **5640** Disiu *Pi² SmE* | git *Ho*, gît *Pi²*, gêt *SmE*

2188 uber windent **2192** geheizen
2197 zehelle **2200** Sven **2208** D-*Initiale fehlt (kein Platz für Initiale)* **2209** sun] sin

---

2191 ir] ir suozen *Di²* **2192** geheizent *Di²*
2195 *Ergänzung nach W Di²* **2200** Svenne *Di²*
2207 uestere *Di²* **2208** Disev *Di²* **2209** sun *Di²*

si schulen besůchen
wes der munt růche,
der lip ez niht berůret 110, 5
5985 e daz si ez bewærent,
so si ez ub*i*rwindent
div chel ez uerslindet:

Same tůnt die bridigære
an ir lere;
5990 si geheizzent dem livte
daz si got werden trŏte,
sin ze rehten dingen wise;
so choment si ze dem paradise,
dirre werlde si entrinnen 110, 10
5995 daz si ze helle iht brinnen;
daz sol man weruen
mit gůten werchen.

Swenne si so gelerent
daz si daz livt ze got becherent,
6000 daz si werdent reine
ane sunden meile;
so sint si wizzer danne div milch
da man mit zivhet dei chint,
dei dannoch niht mugen ezzen 110, 15
6005 dehein starchiz ezzen.

Gesprochen ist disiv rede
an judam den gotes degen.

5986 ubrwindent

5986 ub[i]rwindent *Di¹*

	'Zabulon, firnim | waz ich dir sage: *[121r]*	2210	'Zabulon, uirnim waz ich dir sage: 1115
	du scolt puwen an des meris stade,		du solt puwen an des meres stade,
	da dei scêf lentin. *79, 20*		da di schef lenten,
5645	da zi sidone scolt tu iruvintin,		da ze sydone solt du irwinden,
	daz da zi dir gnade findin		daz da ze dir genade uinden,
	dîe uz des meris freisan intrinnin,	2215	di vz des meres freise intrinnen,
	unt suen der tîefel iage		unde sven der tifel iage,
	daz der zů dir fluht habe		daz er zu dir flůht habe,
5650	unt an deme ente		unde an deme ende
	da zi himil er lenti.		da ze hymele irlente.

	Min sun isachar,	2220	Min sun ysachar, 1120
	ich sage dir in wâr,		ich sage dir in al war:
	du pist ein starcher esil, *79, 25*		du bist ein starcher esil,
5655	du wirdest uile fesil,		du wirdest uil uesil.
	du flizzist dich wisheite,		du flizzest dich wishait,
	fazzist dich der arbeite.	2225	fazzost dich der arbeit.

	So du dich des gisatest,		so du dich des gesattest,
	an der marche du rûwest,		an der marche du růwest,
5660	so dunchet dîu reste		so dunchet dich dev reste
	aller dinge bezziste.		aller dinge bezzest*e*,
	so bûwest du dir werde	2230	so buwest du dir werde 1125
	die parigin erde.		di parigen erde,

5642 *nach* firnim *Rest der Zeile freigelassen für Rubrum 119* **5651** *nach* lenti *Rest der Zeile freigelassen für Rubrum 120* **5653** *nach* dir *Rest der Zeile freigelassen für Rubrum 120*

5644 scef *Pi²* *SmE* **5645** tu] du *Pi²*, tû *SmE* irwintin *SmE* **5647** die *Pi²* *SmE* **5651** erlente *SmE* **5660** diu *Pi²*, dich diu *SmE*

2210 uir nim **2212** schef lenten **2213** zesydone **2219** zehymele irlenten **2229** bezzest **2231** *nach* erde *ein Verweisungszeichen* ^ *und am rechten Rand mit demselben Zeichen* dîn *nachgetragen*

2219 irlente *Di²* **2229** bezzeste *Di²*

**Iacob segent do
sinen sun zabulon.**

6010 'Zabulon uernim waz ich dir sage,
du solt pŏwen an des meres stade
da dei schef lenten,
da ze sydon solt du erwinten
daz ze dir genade uinden 110, 20
6015 die des meres ureise entrinnen,
unde swen der tieuil iage
daz der ze dir uluht habe,
unde an dem ente
ze himele zŭ lente.

6020 **Iacob sprach dar
disen segen ysachar.**

'Min sun ysachar,
ich sage dir fur war,
du bist ein starchir esil 110, 25
6025 unde bist uil uesil,
du ulizzest dich wisheite
unde uazzest dich arbeite.

So du dich des gesattest
an der marche du rastest,
6030 so dunchit dich div reste
aller dinge beste;
so bŏwest du dir | werde [80r]
die pærigen erde,

6008–6009 *Rubrum 119* 6020–6021 *Rubrum 120* 6022 Min] *Große dreizeilige Initiale M herausgerückt am linken Rand*

W

dîn ahsilun du unter setzist,
5665 so du unter burde suizzist.
du mŭst dinen zins geben,
daz tu mit gnaden mŭzzist liben.

Dan scol gibieten
ouch sinen luten
5670 sam ander sin chunne
mit lutzeler wunne.
want der din chârch sin
ist gilich der nateren
dîu uile stille slichit,
5675 unze si etwen gibizzit.

Du bist ein gihurnter wurm,
der an dere stîge heuit sinen sturm,
der daz rôs an den hŭf hecchet,
der denne dar ûffe sitzit
5680 daz der ualle,
nider chome an deme nelle,
noch ûf nemegi chomen,
er ime beneme daz leben;
sone mag er sich girecchen,
5685 so mŭz er sprechen
herre got, nu pêit ich,
unze du nerist mich.'

Daz buoch uns saget

79, 30

[121v]

79, 35

79, 40

V

dîn ahselen du undersezzest,
so du under der purde svizzest.
du mŭst dinen zins geben,
2235 daz du mit genade mŭzzest leben.

Dan sol gebiten
ovh sinen lŭten,
sam ander din chunne,
mit luzzeler minne,
2240 wande der din charger sin
der ist gelich der nateren,
dev uile stille s*hl*ichet,
unze si etewen gebizzet.

du bist ein gehurn*t*er wurm,
2245 der an deme stige heuet sinen zorn,
der daz ros an den hŭf stichet,
der denne da ŭfe sizzet,
daz der ualle,
nider chome an dem nelle,
2250 noh uf ne mac chomen,
ê er ime | benimet daz leben;
so ne mac er sich gerechen,
so mŭz er sprechen:
herre got, nu pitte ich,
2255 daz du irnerest mich.'

Daz puch uns saget,

1130

1135

[86c]

5664 din] den **5667** *nach* liben *Rest der Zeile freigelassen für Rubrum 121* **5668** Dan] Man

---

5664 din *Wl*, dîn *SmE* **5667** leben *SmE*
5668 Dan *Ho Pi² Do¹ SmE* **5672** charch *Pi² SmE*
5674 diu *Pi² SmE* **5678** ros *Pi² SmE*
5679 darûffe *Pi² Do¹* | sitzit] stichet *He*
5686 peit *Pi²*, beit *SmE*

2232 *nach* undersezzest *ein durchstrichenes Verweisungszeichen und am rechten Rand mit demselben Zeichen* so du under der purde svizzest *nachgetragen* **2242** slhichet **2244** gehurnten **2252** ne] *aus* m *korrigiert*

2232 din *Di²* **2237** lv̌ten *Di²* **2242** shlichet *Di²* **2244** gehurnter *Di²*

	die ahselen du undir sezzist	110, 30
6035	so du undir der burde swizzest,	
	dinen zins must du geben	
	daz man dich mit gemache læt leben.'	

Jacob sprach ze Dan
disen segen solt du han:

6040 **D**an du solt gebieten
ŏch dinen lŏten
sam andir din chunne
mit lutzziler wnne,
wan der din charger sin   110, 35
6045 gelichet sich der nateren
div uil stille slichet
unz si etwen erbizzet.

Du bist ein gehurneter wrm
der an stíge heuet sinen sturm,
6050 der daz ros hechet an den hůf,   111, 1
der denne sizzet dar ŏf
der můz uallen nider,
ŏf chan er niht chomen widir
er benem im daz leben,
6055 da widir chan er niht gestreben,
er mage sich niht errechen,
so můz er sprechen
'herre got nu beit ich   111, 5
unze du nerest mich.'

6060 **D**az buch uns saget

6038–6039 *Rubrum 121* **6047** erbizzet] t *aus* a *(oder* o*) korrigiert*

W	V
wêlich bizeichinunge ditze habet.	welche bezeichnunge dize habet,

W			V	
5690 **D**iu natere bizeichinit hônchust,	80, 1		**D**ev natere bezeichenet di honchûst,	
der hurnt wûrm den antichrist,			der gehurnte wurm den antecrist,	
der wech disin lîb,		2260 der wech disen lip,	1140
dîe werltlichin nôt der engi stîch,			di werltlichen note der enge stich,	
daz rôs ubermût,			daz ros ubermûte,	
5695 herscaft der dar ûf | fe sitzet,	[122r]		herscaft der dar ufe sizzet,	
der gihacte hûf	80, 5		der gehahte hûf	
des entis wûf.		2265 des entis wûf.	
Suer des biginnit			**S**ver des beginnet,	
daz er ditze leben minnit,			daz er dizze leben minnet,	
5700 deme slichit der tîefel zû,			dem shlichet der tifel zu,	
daz er im einen piz tû.			daz erme einen piz getû.	
hart er in hekchit,		2270 harte er in hehket,	1145
suenne er in firleitit.			svenne er in uirleitet.	
Suenner nach êrin strêbit			so er nah eren strebit	
5705 unt sine diemût bigibit			unde sine dimût begibet	
unt die herscaft giwinnit	80, 10		unde di herscaft gewinnet,	
da er nach ringit,		2275 da er nach prinnet,	
so er denne minnist wanit,			so ers denne minniste wanet,	
der tôt ime nahit,			der tot ime nahet:	
5710 sin ubermût fellit,			sin ubermût uellet,	
der tôt im bichrellit.			der tot in bechrellet.	
so nist siner rede mere		2280 so nist siner rede niht mere,	1150
niware 'nere mich, trehtin herre!'			newar 'nere mich trût herre'	
Der gihurnter wurm			**D**er gehurnte wurm	
5715 daz ist des antichristes zorn,			daz ist des antechristes zorn,	

5689 bizeichinuge

5689 welich *Pi²* *SmE* \| bizeichinunge *Ho* *Pi²* *Do¹* *SmE* **5690** hôn chust *Pi²* **5691** wurm *Pi²* *SmE* **5694** ros *Pi²* *SmE* **5695** hêrscaft *Pi²* *SmE* darûffe *Pi²* **5700** tiefel *Pi²* *SmE* **5704** strebit *Pi²* *SmE* **5708** ers *He* *SmE* **5711** im] in *Wl* *SmE* \| bichvellit *He*

2257 bezeinunge **2261** werclichen **2262** uber mûte **2268** shichet **2271** ern **2272** naher **2278** uber mût **2280** sonist

---

2257 bezeichnunge *Di²* **2258** di bei *Di²* in [ ] **2261** werltlichen *Di²* **2262** ubermûte] ubermûte hizze *Di²* **2265** des] des iungisten *Di²* **2268** shlichet *Di²* **2270** hekket *Di²* **2271** er in *Di²* **2272** nah eren *Di²*

welch bezeichnunge ez habet:

Div nater bezeichint honchust,
der gehurnot wrm den Antichrist,
der wech disen lip
6065 die werltlich not,
der enge stich herschaft
der ŏf dem rosse gemach hat,
der gehechet hůf   111, 10
ditsses endis ŵf.

6070 **S**wer des beginnet
daz er ditzze leben minnet
dem slichet der tieuil zů
daz er im einen piz getů,
harte er in hechet
6075 swenne *er in* uerleitet.

Swenne er nach den eren strebet
unde sine diemůt hin leget
unde die herschaft gewinnet   111, 15
da er nach ringet,
6080 so er danne minnist wænit
der tot im nahet:
sin ubir | můt uellit,   *[80v]*
der tot in erchrellit,
so ist siner rede niht mere
6085 niwan 'nere mich herre.'

Der gehurnt wrm
daz ist des antichristes zorn

6075 swenne uerleitet

6075 [er in] *Di¹*

W		V
der giborn wirt uone dân,	80, 15	der geborn wir*t* uone dane,
so sich gilesin han,	2285	so sich gesehen han.
der zi iungist chumit,		der dir ze iungest chůmit,
so diu werlt ente nimit.		so dev werlt ende nimet.
5720 des giwalt wirt so grôz		des gewalt wirt so groz,
daz erni wil haben niheinin gnoz.		daz er ne wil haben necheinen genoz.
Michil wirt sin ubermůt.	2290	michel wirt sin ubermut. 1155
er wil wesin gôt,	[122v]	er wil wesen got,
die christenliche glŏbe		di christenlichen gelovbe
5725 hât er zi hůhe.		hat er ze hůhe,
er heizzit firbieten,	80, 20	er heizet uirbiten,
sumeliche heizzit er mîeten,	2295	sumeliche heizet er miten,
daz niemen gilŏbe		daz niman gelovbe
uber lût noch gitŏgine		uber lůt noh tovgen
5730 an der magide sun,		an der magede sun,
miner frŏwen sante marien.		sancte marien.
So beginnit er zeichenun:	2300	**S**o beginnet er zeichenen, 1160
er chût er sî gotes sun,		er chut, er si gotes sun.
diu menige ime giloubet,		div menige ime gelovbet,
5735 mit geduange er sî doubet.		mit gewalte er si dovbet.
Die ime denne geuolgent,	80, 25	di ime denne geuolgent,
got si erbelgent;	2305	got si irpalgent.
die aue an dem geloube gestênt,		di auer an der gelovbe gestent,
uile wole der ding ergêt:		uile wole der dinc irgent.
5740 die lident hîe michile chole,		di lident hi michele chole,
in genisit aue diu sele.		in geniset auer div sele,

5721 daz] *danach* Ras.

5717 sôsich *Pi²*, sôs ich *SmE* **5723** got *Pi² SmE*
5727 mieten *Pi² SmE* **5729** uberlût *Pi² SmE*
getougen *Pr*, gitougen *SmE* **5732** zeichenun]
*eine ganz unberechtigte Form, nur die
Endkonsonanz kann als wirklicher Reimträger
betrachtet werden Pr*, zeichenen *SmE*
5733 chût] chwît *SmE* **5735** si *Pi² SmE*
5740 hie *Pi² SmE*

2284 wir **2291** gůt **2294** uir biten
2298 ander

2284 wirt *Di²* **2286** iungist *Di²* **2291** got *Di²*
2309 div] di *Di²*

　　　　der geborn wirt uon Dan,　　　　　　　　111, 20
　　　　als ich gelesen han,
6090　der ze iungist chumit
　　　　so div werlde ende nimit,
　　　　des gewalt wirt so groz
　　　　daz er wil haben deheinen genoz.

　　　　Michil wirt sin ubirmůt,
6095　er wil wesin got,
　　　　den christenlichen gelŏben
　　　　hat er ze gezivge;
　　　　sumilich heizzet er uerbieten,　　　　　111, 25
　　　　sumelich heizzet er mieten
6100　daz nieman gelŏbe
　　　　ubirlŏt noch tŏgen
　　　　an der magede sun
　　　　miner urŏwen sant Marien.

　　　　So beginnet er zeichnŏn,
6105　er sprichet er si ez der gotes sun;
　　　　div menege im gelŏbet,
　　　　mit gedwange er si tŏbet.

　　　　Die im danne uolgent　　　　　　　　111, 30
　　　　got si erbelgent,
6110　die abir an dem gelŏben gestent
　　　　wol in ir dinch erget;
　　　　die lident hie michil chole,
　　　　an der sele genesent si wol.

6091 nimet *Di¹*

	Daz welle christ, gotes sun,	2310 Daz welle christ gotes sun, 1165
	daz wir alle mŭzzen tŭn	daz wirz alle muzen tun,
	daz wir chomen ze gnaden,	daz wir chomen ze genaden,
5745	des chodet alle amen.	des chodet alle aMeN.

5745 des chodet alle amen.

Dannen ist mêre gescriben, 80, 30   Dannen ist mere gescriben,
da wil ich uberheuen. 2315 daz wil ich uberheuen;
der iz paz fŭget der iz paz uŭge,
der mag dannen lesen genuge. der mac dannen sagen genŭge.

5750 'Nv mîn sun | gâd, [123r]   'Du min sun gâd, [86d]
uile wole dir daz suert stât. uil wole dir daz svert stat.
gegurter du fihtest, 2320 gegurteter du uihtest, 1170
din lîut scirmist, daz livt du beschirmest.
forne du dich werist, uorne du dich werist,
5755 hinter dich slehist, hinter dich slehest;
wole du behaltest 80, 35 wole du behaltest
al des du waltest.' 2325 al des du waltest.'

Du bezeichenest ŏch christ, Du bezeichenest ovh crist,
der unser furefehtare ist, der unser uurvehtere ist,
5760 der den tîufel uberwant der den tifel hat uberwunden
unt în in der helle gebant. unde in der helle gebunden.

Noch scol er ouch chomen, 2330 noh scol er chomen,
unsich ime alzoges benemen, uns ime alzoges benemen,
want an deme iungesten tage, wande an deme lezzesten tage,
5765 so er sin dinch habet, wane er sin dinc wil haben,
so nimit er uns scone 80, 40 so nimet er uns schone

2312 zegenaden 2315 ih uber heuen
2323 slebest 2325 tu 2326 Du] Nu
2327 uuruehte 2328 uber wunden 2332 de
me 2333 wihaben

5746 D-*Initiale fehlt* 5750 *nach* sun *Rest der Zeile freigelassen für Rubrum 122*

5743 wirz *SmE* 5746 Dannen *Ho Pi² Do¹ SmE*
5753 liut *Pi² SmE* 5760 tiufel *Pi² SmE*
5761 in in *Pi² SmE*

2315 ich *Di²* 2323 dich] dich du *Di²* | slehest
Di² 2325 du *Di²* 2326 Du *Di²*
2327 uurvehtere *Di²* 2333 wil haben *Di²*

Daz welle christ gotes sun
6115 daz wir daz wellen tůn
daz wir chomen ze genaden:
nu sprechet alle Amen.

Mere ist da uon geschriben 111, 35
daz wil ich lazzen undirwegen,
6120 der gelerten sint genůge
die iz baz chunnen fůgen.

**Jacob do gap
disen segen Gád.**

'Nu min sun Gad, 112, 1
6125 uil wol dir daz swert stat,
gegurter du uehtest
din livt du beschirmist,
uorne du dich werest
hindir dich du slehest,
6130 wol du behaltest alles
des du waltest.

Du bezeichenist ŏch christ 112, 5
der unsir uoruchtere ist
der den | tieuil ubirwant [81r]
6135 unde in in die helle bant.

Noch sol er chomen
uns im alle benemen
wan an dem iungistem tage
so er sin gerihte habet,
6140 so nimet er uns schone

6122–6123 *Rubrum 122*

W	V
zů dem paradise frone,	2335 ze paradyse frone,
diu helle sich intluchet,	div helle sich induchet,
den tîufel uersuilehet.	den tifel si uirluchet.
5770 so werden wir bescerit	so werde wir gesherit,
da iz uile wole fert.	deiz uile wole uert.

'Mîn chint aser,   2340 'Min kint aser,   1180
dich uerbirt allez ser.   dich uirbirt allez ser.
feizt ist dîn brôt,   81,1   faizet ist din prôt,
5775 dich ne duinget nehein nôt.'   dich ne dvinget nehein not.'

Do er ime gab brôtes gnuht,   Do er ime gab protes genůch,
dô hêt er alles dinges uberfluz   2345 do het er alles dinges vberflůz,
daz nah deme | brote scol gen.   [123v]   daz nach deme prote sol gen.
daz mage wir da bî uersten,   daz mege wir da bi uirsten,
5780 daz er chod den chunigen   daz er chot, den chunegen
ze flize scolte dienen.   ze flizze solte dinen.

Der bezeichenot ôch christ,   81,5   2350 er bezeichenet ovh unseren herren 1185
der himiliskez brôt ist,   der hymeliskez prot ist,   [crist,
ane daz nieman mag genesen   ane daz niman mac genesen,
5785 der sîn scol wesen,   der sin schalch wil wesen,
des heiligez wort   des heiligez wort
uns gît den ewigen trost.   2355 uns git ewigen trost.

Die mit in selben fehtent,   Di mit in selben uchtent,
daz si sich unrehtes geloubent,   daz si sich unrehtes gelovbent,
5790 daz sint chunige   daz sint chunege
an der sêle edele,   an der sele edele,

5770 wir] wirt **5771** nach fert *Rest der Zeile freigelassen für Rubrum 123* **5772** Mîn] Ein **5773** uerbirt] nach uer *Rest der Zeile freigelassen für Rubrum 123*

2339 dez **2345** heter **2349** zeflizze

5769 tiufel *Pi² SmE* **5770** wir *Do¹ SmE*, wirt *Ho Pi²* **5771** ferit *SmE* **5772** Mîn *Ho Pi² Do¹ SmE* **5779** dabî *Do¹*, dâbî *Pi²*, dâ bî *SmE*

2339 deiz *Di²* | uerit *Di²* **2346** daz] daz er *Di²* **2350** er *bei Di²* in [ ] | unseren herren *bei Di²* in [ ] **2357** geloubent *Di²*

ze dem paradise urone.
　　　die helle er entlŏchet 112, 10
　　　die sele er danne rŏbet,
　　　so werden wir beschert
6145　da ez uil wol uert.'

**Jacob segent do Aser,
alsus sprach er:**

　　　'Min chint Aser,
　　　dich uerbirt allez ser,
6150　ueizt ist din brot
　　　dich dwinget dehein not.'

　　　Do er im gap brotes nuzz 112, 15
　　　do het er alles dinges ubiruluz,
　　　daz nach dem brote sol gen
6155　daz mugen wir dabi wol uersten,
　　　wan er *chod* die chunige
　　　mûsen im immir dienen.

　　　Der bezeichent ŏch christ
　　　der ein himilischiz brot ist,
6160　an daz nieman mage genesen
　　　der sin schol wesen,
　　　des heiligiz wort 112, 20
　　　uns git den hewigen hort.

　　　Die mit in selben uchtent
6165　die gelŏbent sich ir unrehte,
　　　daz sint chunige
　　　an der sele edile,

6146–6147 *Rubrum 123* **6156** er die

6156 [chod] *Di¹* **6159** himlischiz *Di¹*

W

den dienet got ze flizze
mit gaistlichem imbîzze.

Er gesizzet ime werde
5795 mit in ze merde,
mit michilere gůtlîche
in deme himilriche,
dar dîe niene chômen
dîe ze were worte nâmen:
5800 der eine chot hâti gechouffet
ein dorf uile gůt,
er můse daz bescŏwen,
pat sich firsprechen.

Der ander chod nîuwens ware gihît,
5805 hat ime ein liebez wîb,
pat sich mit huldin
aue der insculdin.

Dů was des trîttin weri | wort, [124r]
er hate dů gichŏffet
5810 finf guet ohsin,
er můse die bisůchen.
der selbe firwâzin
pat sich aue so des merdis irlazzen.

Dů die boten gisageten
5815 welich antsegi si habiten,
er hiez si nieht erwinten,
ê si brahten alle die si funten.

81, 10

81, 15

81, 20

V

2360 den dinet er ze flize
mit gaistlicheme inbize.

Er gesizzet ime werde
mit in ze merde,
in micheler gutliche
2365 in deme himelriche,
dar di ne chomen,
di ze weriworte namen:
der eine chot, hete gechovfet
ein dorf uil gut,
2370 er muse daz peshŏwen;
der pat sich uirsprechen.

der andere chot, er ware nůlichen gehit,
unde hete ime ein libez wip;
der bat sich mit hulden
2375 auer so insculden.

Do was des dritten weriwort,
er hete gechovfet
finf gewetene ohsen,
er muse di besuchen.
2380 der selbe uirwazzene
bat sich auer des merdes irlazen.

Do di poten gesageten,
weliche antsegede si habeten,
er | ne hiz si niht irwinten, [87a]
2385 ê si brahten alle di si funden.

1190

1195

1200

2360 zeflize **2361** gastlicheme
2363 zemerde **2366** dar ne næchomen
2367 dize **2372** der] r *aus* n *rad.*
2376 weriwort] weri wort **2383** ant segede
2384 nehiz

2361 gaistlicheme *Di²* **2366** di *Ergänzung nach* W *Di²* | ne chomen *Di²*

5793 geistlichem *SmE* | imbizze *Pi²* **5798** die *Pi² SmE* **5799** die *Pi² SmE* **5804** niuwens wâre *Pi² SmE* **5808** trittin *Pi² SmE* **5817** brâhten *Pi² SmE*

den dienot got ze ulizze
mit geistlichem inbizze:

6170 **E**r gesetzzet i*m* werde
mit i*n* ze merde
mit micheler gůtliche   112, 25
in dem himelriche,
dar die niht chwamen
6175 die in daz werwort namen:
der eine sprach er hiete gechŏffot
ein dorf uil gůt
daz můs er beschŏwen,
bereden bat er sich tŏgen.

6180 **D**er andir sprach niwes wære er gehit,
er hiet im ein liebiz wip,
er bat sich mit hulden   112, 30
uaste unschulden.

Do was des dritten werwort
6185 er hiete ge | chŏffot   [81v]
funf gewet ohsin,
er můse die besůchen;
der selbe uerwazzen
bat sich des merdes erlazzen.

6190 **D**o die boten gesageten
welich antsage si habeten
er *hiez* si niht erwinden   112, 35
e si brahten alle die si funden.

6168 uliezze **6170** in **6171** im **6192** er si

6168 ulizze *Di¹* **6170** im *Di¹* **6171** in *Di¹* **6192** [hiez] *Di¹*

W

Si giengen an die strazze,
da die armen sazzen,
5820 daz hus si ire erfulten
der unseren glîchin.

Da êne zů geladet waren, 81, 25
daz gescach uns ze gnaden.

Daz was asêres segin,
5825 des nescolten wir nieht uber heuen.

'Chint min neptalim,
weme mag ich dich gebenmazzen?

Also der hirz ferit,
so er uzlazzen wirt
5830 der der ist uil gezal 81, 30
uber perg iŏch tal,
tůt hinnen unt enne
manige sprunge,
same snelle du urentist
5835 al daz tu ane ergêst.
nieht | dir intuisket [124v]
des dich gelustet.

Durch dine rede spahe
dîe du tůst uile wahe,
5840 so minnet dich daz lîut. 81, 35

5824 Daz] D aus einem anderen Buchstaben korrigiert 5825 nach heuen Rest der Zeile freigelassen für Rubrum 124 5826 nach neptalim Rest der Zeile freigelassen für Rubrum 124 5827 Sweme

5821 gelîchin SmE 5822 ene Pi² SmE
5827 weme Do¹ SmE 5839 die Pi² SmE
5840 liut Pi² SmE

V

Si gingen an di strazen,
da di armen sazen,
daz hůs si irfulten
der unseren gelichen.

da ene zu geladet waren, 1205
daz gescah uns ze genaden.

Daz was aseris segen,
des ne solte wir niht uberheben.

'Kint min neptalym,
2395 weme mac ich dich ebenmazen?

alse der hirz uerit,
so er uzlazen wirt,
der dir ist uil gezal
uber perc ioh tal,
2400 der tut hinnen unde ennen 1210
manege sprunge:
sam snelle du uirentest
al daz du anegengest.
niht dir intvisket,
2405 des dich gelůstet.

durh dine rede spahe,
di du tust uil wahe,
so minnet dich daz livt,

2391 zegenaden 2394 Kint] K auf Ras.
2395 eben mazen 2402 uir entest
2403 aldaz | anegengest] angest 2404 in tvisket 2408 dich daz] ch und daz auf Ras.

2403 anegengest Di²

	Si giengen an die strazze	
6195	da die armen sazzen,	
	daz hus si erfulten	
	mit den die ez nemen wolten	

Da iene zů geladet waren, 113, 1
daz geschach uns ze genaden:

6200 sin rich gerůche uns got ze geben:
ditzze ist Aséres segen.

**Jacob nach im
segent do Neptalim.**

'Chint min neptalim,
6205 ze wem mage ich dich gelichen?

Also der hirz uert 113, 5
so er ŏz lazzen wirt,
der danne ist snel un*d* gezal
ubir berge unde tal
6210 hinnen unde ennen
mit uil manegen sprungen:
sam snelle du uerendest
an swaz du dich gewendest,
niht dir entwischet
6215 swes dich gelustet.

Durch dine rede spæhe 113, 10
die du machest wæhe
so minnet dich daz livt,

6202–6203 *Rubrum 124* **6208** un | gezal] z *aus* l *korrigiert*

6208 un[d] *Di¹*

W

du wirdest in uil liup,
du redest sůzze unde scône,
so iz ze houe zâme.

Mîn trût sun ioseph,
5845 *gote můzzest du sin lieb.*
du bist daz wahsente chint
des chint suînent.
suer dich ane sihet
mit rehte er gihit
5850 *daz in allere geburte*   81, 40
nie sconere man newurte,
daz dei wîb besceinten,
do si sich uber die burgmure leinten
unde si michel firwiz was
5855 *daz so scône was din fahs*
unde du ware aller   82, 1
alzoges ane laster.
dô man dich fůrte ueile,
an dir newas nehein meile.

5860 *Die hêren iuncfrŏwen*
ilten dich scŏwen.
ir nehein was so wolgetan,
des mahte si wun | ter haben.   [125r]

Vzzen unt innen   82, 5
5865 *ware du fol gotes minnen.*
des ingulte du heime,

5844 Mîn] Ein | *nach* trût *Rest der Zeile freigelassen für Rubrum 125*   5866 ingulten

---

5844 Mîn *Ho Pi² Do¹ SmE*   5846–5847 dû bist daz chint wahsende/ daz chint niene swînende *He*   5847 daz chint niene swînent *Wl SmE*   5863 hân *Pr SmE*   5866 ingulte *Ho Pi² Do¹ SmE*

V

du wirst in uil livp.
2410 du redest sůze unde shone,   1215
soz ze houe zame.

Mîn trût ioseph,
gote muzzest du sin lib.
du bist daz wahsende kint,
2415 *des chint nine svinent.*
sver dich ane sihit,
mit rehte er gihet,
daz in allere geburte
nine shoner man wurte.
2420 *daz dev wip bescainten,*   1220
do si sich uber di burcmure laineten,
unde si michel uirewizze was,
daz so shone was din uahs,
wande du ware aller
2425 *alzoges ane laster,*
do man dich uurte ueile,
an dir ne was nehein meile.

di heren iuncfrŏwen
ilten dich beschowen.
2430 *ir nehein was so wolgetan,*   1225
des mohte si wole wunder han.

uzen unde innen
ware du uol gotes minne,
des inkulte du heime,

2411 zehoue   2415 svineot   2416 sver] r *aus* n *rad.*   2417 gehit   2418 allere] aser   2420 bescainten] b *aus* f *rad.*   2421 burc mure   2422 mihel   2428 iunc frŏwen

---

2415 des chint *Ergänzung nach W Di²* | svinent *Di²*   2417 gihet *Di²*   2418 allere *Di²*   2422 michel *Di²*

　　　　du wirdist in uil livp,
6220　du redest sůzze und schone
　　　　nach des houes lone.'

Jacob sin hŏbet wegete
Joseph mit triwen segente.

　　　　'Min trůt sun Joseph,
6225　got můzzest du sin liep,
　　　　du bist daz wahsunde chint,　　　　　　　　113, 15
　　　　erwæt hat dich der goteswint:
　　　　swer dich an sihet
　　　　mit rehte er gihet
6230　daz in aller geburte
　　　　nie schonir man wrte:
　　　　daz dei wip wol bescheinten
　　　　do si sich ubir die burchmŏre leineten,
　　　　unde si michil furwizze an chomen was
6235　daz so schone was din | uahs,　　　　　　　　*[82r]*
　　　　unde daz du doch wære　　　　　　　　　　113, 20
　　　　alles lasteres lære:
　　　　do man dich fůrt ueile
　　　　an dir was nehein meile.

6240　Die heren iunchurŏwen
　　　　ilten dich ze schŏwen,
　　　　ir deheiniv was so wolgetan:
　　　　des moht si wol wndir han.

　　　　Ŏzzen und innen
6245　wære du uol gotes willen:
　　　　des engulte du da heime　　　　　　　　　　113, 25

6222–6223 *Rubrum 125*

W	V
do dich hazzoten die dîne eigine.	2435 do dich hazzoten dine eigene.

W

Dîn eigine mage
hůben dich ane ir gebage.
5870 der nît was ûf dich grôz,
dich gie ane manig gescoz.
dô gestûnt din boge
an dem starchen gote,
der zebrach daz gebente   82, 10
5875 diner arme iŏch diner hente.

Uon deme wirt geborn
der ze hirte ist irchorn
uber al den lîut,
der gote scolte wesen liup.

5880 Der ist ein sehenter stein,
der bringet ze abunde sin uihe heim.

Got gnade dir, ioseph,
noch ne uerzihe dir nieht,
sin heiliger segen   82, 15
5885 ne sî uber al des du sculest phlegen.

Al des an der erde
wahsentes und lebentes werde,
dem newerre hitze noch frost,
scûr noch suht.

V

din eigene mage
hůben dich ane ir gebage.
der nit was ůf dich groz,
dich gi ane manec scoz.
2440 do gestunt din poge   1230
an deme alwaltigen gote,
der zebrah *daz* gebende
diner arme ioh diner hende.

Uon deme wirt geborn,
2445 *der ze hirte ist irchorn*
uber al den livt,
der gote sol wesen liup.

der ist ein sehender stein,
der bringet zab ende sin uihe heim.

2450 **G**ot genade dir ioseph,   1235
noh ne uirzihe *d*ir niht,
sin heiliger segen
si uber al d*es* du | du sculst phlegen.*[87b]*

al des an der erde
2455 wahsentes unde lebentes werde,
deme ne werre hizze noh frost
schur noh suht.

2435 hazzoten] h *aus* z *rad.* 2436 din eigene
din eigene 2440 gestunt] t² *auf Ras.* 2441 al
waltigen 2442 zebrah gebende 2444 *nach*
gebᵒrn *ein durchstrichenes Verweisungszeichen*
2449 zabende 2451 uir zihe | mir] r *auf Ras.*
2453 des] di 2454 aldes 2456 newerre

5883 ne *zwischen* noch *und* uerzihe
übergeschrieben

5878 liut Pi² SmE 5885 nesî Pi²

2436 din eigene Di² 2440 do] da Di²
2442 daz *Ergänzung nach* W Di²
2445–2446 *Ergänzung nach* W Di² 2451 dir
Di² 2453 des Di²

do dich hazzoten dine eigen.

Dine eigen mage
hůben an dir gebæge,
6250 ir nit was ŏf dich groz,
dich ulŏch an manich geschoz;
do gestůnt din boge
an dem almæhtigen got
der zebrach daz gebente
6255 diner arm unde diner hente.

Von dir wirt geborn 113, 30
der ze hirte ist erchorn
ubir allen den livt
der got ist trŏt,

6260 Der ist des rehtes ein stein
der ze abent bringet sin uihe heim.

Got genade dir Joseph,
got uerzihe dir siner genaden niht,
sin heiliger segen
6265 si ubir allez des du schulest phlegen.

Alles des ŏf der erde 113, 35
wahsunt unde lebentich werde
dem *ne* werre hitzze noch urost
schŏr noch dehein suht,

6268 dem werre

6268 [ne] *Di¹*

5890 Liute iouch uihe	livte ioh uihe
peren dir wůchere uile.	pern *dir* wucheres uile.
Nach dines ua | ter seginen [125v]	2460 Nach dines uater segenen 1240
můzzest du gemeginen	muzest du gemegenen,
unt aller diner uorderone segen 82, 20	unde aller diner uorderen segen
5895 můzze uber dich chomen,	muze uber dich chomen,
noch ir niemmer zerinne	noh ir *nimmer* zerinne
unter dineme chunne,	2465 under dineme chunne,
unze chome der wille	unze chome der wille
der ewigen puhile.	der ewigen puhele,
5900 daz sint die fursten	daz sint di uursten,
die sît adâmes ziten wurten,	di sit adames *ziten* wurten,
patriarche unte wîssagen, 82, 24	2470 patriarche unde wissagen, 1245
die wir ze den heristen sculn haben,	di wir ze den heristen scul haben,
wante si in ire gůte	wande si in ir gůte
5905 giengen ob andereme lîute,	gingen uur *andereme* livte,
die gote werden,	di gote werden,
sam die puhile obe der erde,	2475 sam di puhele ob der erde.
dîe des îe gerten	di des î gerten,
daz si got gewerte	des si got gewerte,
5910 daz unser herre christ chome	daz unser *herre* crist chome
unt si deme tîufale pinâme.	unde si deme tifel bename.
Der houbet sis du, ioseph, 82, 30	2480 der hovbet sistu ioseph, 1250
in gůte unt in grehtikheit	in gůte ioh in gerihtecheit,
unt alle die got meînen	unde alle di got meinen,
5915 uon nu unt in êwen	uon nů unze in ewen
unze an den gotes sun,	unze an den gotes sun,
der scol dich statîgen,	2485 der sol dich stategen,

2459 pern wucheres 2464 ir zerinne
2469 adames wurten 2471 wir] wi *auf Ras.*
herristen 2473 andereme] an der 2477 got] g
aus d *korrigiert* 2478 unser crist

5901 sìt *Pi²* \| Adames *SmE* 5905 liute *Pi² SmE*
5908 die *Pi² SmE* \| ie *Pi² SmE* 5911 tiufale *Pi²*
SmE 5914 meinen *Pi² SmE* 5917 statigen *Pi²*
SmE

2459 dir *Ergänzung nach W Di²* 2464 nimmer
Ergänzung nach W Di² 2469 ziten *Ergänzung*
nach W Di² 2471 heristen *Di²* 2473 andereme
Di² 2478 herre *Ergänzung nach W Di²*

6270	**L**ŏte unde uihe	
	bringen dir ẘchirs uile.	
	Nach dines uater segen	114, 1
	mŭzzest du dich megen	
	unde aller diner uorderen segen	
6275	mŭzze ubir dich chomen,	
	noch *er* nimmir zerinne	
	undir dinem chunne	
	unze chom der wille	
	der ewigen puhele:	
6280	daz sint die fursten	114, 5
	die sit Adames ziten wrten,	
	pat*ri*archen unde wissagen	
	die wir ze den heristen schulen haben	
	wande si mit ir gůte	
6285	giengen ob anderem | livte,	*[82v]*
	die got werden	
	sam die puhele ob der erde,	
	die des ie gerten	
	daz si got gewerte	
6290	daz unsir herre christ chome	114, 10
	unde uns dem tieuil næme.	
	Der hŏbet sist du Joseph	
	an gůte unde an got gereht	
	unde aller uoruar wis, die got meinen	
6295	uon nu und ze den ewen	
	unz an den gotes sun	
	der sol dich bestætigon:	

6276 noch nimmir **6282** patarchen

6276 [er] *Di¹* **6280** di *Di¹* **6282** pat[ri]archen *keine eckige Klammer bei Di¹*

	W		V	
	an deme wirt ouch scîn		an deme wirt ovh gesehen,	
	we|lih ist der segin din.	[126r]	welich din segen si.	

5920	Svn min der lezziste,		Sun min der lezzeste,	
	du nebist der wirsiste	82, 35	du ne bist der wirsiste	
	noch der bezziste,		2490 noh der beste	
	ich meine dich, beniamin,		ich meine dich benyamin,	1255
	du noch hâst wolfes sin.		du noh hast wolfes sin.	
5925	Den roub izzist du frů,		den rovp izzest du frů,	
	den roub teilest du ouch spâte.		den rovp teilest du spato.	
	zerist du dere ahtest		2495 zerest du der ahtest,	
	die du after malo trostes*t*.		di du after male trostest;	
	*D*ie du nu gerne flurist,		di du *nu* gerne flusest,	
5930	aftermale du si gerne nerist.'		so du si gerne nerist.'	

5919 nach din Rest der Zeile freigelassen für Rubrum 126 **5920** S-*Initiale fehlt* | nach lezziste Rest der Zeile freigelassen für Rubrum 126 **5921** davor ein kleiner Raum für Initiale? **5928** trosten **5929** D-*Initiale fehlt* **5930** nach nerist Rest der Zeile freigelassen + 1 Leerzeile für Rubrum 127

5920 Svn *Ho Pi² Do¹*, Sun *SmE*
5920–5921 Sune mîn der leste,/ der wurste noch der beste *He*
5920–5922 Dreireimproblem, vgl. Einleitung S. LXV **5926** spâto *SmE* **5928** malo trostest *Ho*, male trostest *Do¹*, mâlo trôstest *Pi² SmE*
5929 Die *Ho Pi² Do¹ SmE*

2488 lezzest **2493** rovp] v *auf Ras.*
2495 der] dir **2497** nu] un

2488 lezzeste *Di²* **2495** der *Di²* **2497** nu *Di²*

an dem wirt ŏch schin
welich ist der segen din.'

6300 **Jacob segent nach im**   114, 15
sinen sun Beniamin.

'Sun Beniamin der leste,
du bist niht der wirste,
du bist ŏch niht der beste,
6305 uil wol ich daz weste
daz du min sun Beniamin
noch hast wolues sin.

Den rŏp izzest du urů,
den rŏp spate teilest du,
6310 ze dem ersten du der æhtest   114, 20
die du dar nach trostest,

Die du gerne ulurist
aftirmale du si nerist.'

Nach siner chinde segen
6315 **starp Jacob der gotes degen.**

6300–6301 *Rubrum 126*   **6314–6315** *Rubrum 127*

W

Do der uile gûte iacob 82, 40
sine sune uol geseginote,
do begreif in der tôt.

er hiez sich peuelhin
5935 zů sinen uorderen,
da abraham unt ysaac,
da sara unt rebecca iouch lia lag.

Der heiligi man 83, 1
da nach enti nam.
5940 diu sele fůr zi gnaden
zů sinem ânon abrahame.
da wart er sâre
sines uater eben hêre,
des gůten y | saac [126v]
5945 ward ebensazze iacob.

Da sitzint si alle drî 83, 5
in deme himilriche.

V

Do iacob
2500 sine sune uol segenote,
do begreif in der tot.

er hiz sich peuelehen 1260
zu sinen forderen,
da abraham ioh sin uater ysaac,
2505 da sara unde rebecca ioh sin wip lia lach.

Der heilige man
da nach den ente genam.
div sele uur ze genaden
zu sineme anen abrahame.
2510 da wart er sare 1265
sines uater ebenhere,
des guten ysaaches
wart ebensazze iacob.

da sizzent si alle dri
2515 in deme hymelriche,

5931 Do] So **5946–5947** Rubrum 128, danach Rest der Zeile freigelassen + 9 Leerzeilen für Bild 84

5931 Do] Sô *Pi²*, Do *Do¹*, Dô *SmE*
5931–5932 Dô Iacôb der vile guote:geseginôte *He* **5932** geseginôte *Pi² SmE*
5931–5933 Dreireimproblem, vgl. Einleitung S. LXV **5936** abrahâm *Pi²* | ysaâc *Pi²*
5941 anon *Pi² SmE* **5943** ebenhêre *Pi²*

2507 da] d *aus* a *rad.* **2508** zegenaden
2511 ebenherre

2502 beuelehen *Di²* **2504** abraham] abraham lach *Di²* **2505** da *bei Di² in [ ]* | lach *bei Di² in [ ]*
2507 nah *Di²* **2511** ebenhere *Di²* **2514** alle dri *bei Di² in [ ]* | dri] dri êrlîche *Di²*

Do der gûte Jacob
sin sun het gesegenot
do begreif in der tot
wan ez got also gebot:
6320 er hiez sich beuelhen
zů sinen uorderen
da Abraham unde Ysaach
Sara unde Rebecca unde Lia lach.

Der heilige man
6325 dar nach schiere ende nam:
div sele fůr ze genaden
ze sinen Enen Abrahamen;
da ward er sare
sines uater ebenhare,
6330 dem gůten Ysaach
ward ebensazze iacob.

**Da sitzent si erliche
in dem himelriche.**

[83r]

6332–6333 *Rubrum 128 und Bild 84: Seelenschoß der drei Patriarchen*

W	V
Alle die dare chôment, in ire scozze sí si nement, 5950 da ergezzent si sciere uile manigere sere die si manige stunte litin in disime ellente.	alle di dare choment, in ir scoze si si nement, da uirgezzent si schire uil maneger sere, 2520 di si manege stunde 1270 liten in disme ellende.
Daz ne sculn wir so nieht uernemen, 83, 9 5955 daz si alle in ire scozze megin chomen.	Daz ne sule wir so niht uirnemen, daz si *alle in* ire scoze me | gen [87c] [n*em*en.
Abraham chuit rawa, ysaac froude, iacob heizzit ouch | israhel, [127r] daz sint zuene namen uile hêr.	Abraham quit rawe, 2525 ysaac frovde. iacob heizet is*rahe*l, daz sint zvene namen uil her.
5960 Jacob chût underslîufare, israhel gotes pescŏwâre.	iacob quit underslufare, isr*ahe*l got beshoware.
Suer den tiufal underslîufet, so er in besuichet, daz er mit p*ih*te iouch mit riuwe 83, 15 5965 sŭchet gotes triuwe, unt er ime sentit in mŭt daz er after diu wole tŭt, unte des nieht erwintet, unz er iz frentit: 5970 der hat mit abrahame die êwigen rawe, mit ysaac froude, mit israhel gotes pescŏwide.	2530 Sver den tifel underslufet, 1275 so er in besvichet, daz er mit pihte ioh mit riwe suchet di gotes triwe, unde er ime sende*t* in den mŭt, 2535 daz er danach wole tŭt, unde des nimer rewintet, ê er uirentet der hat mit abrahame di ewigen genade, 2540 mit ysaac frovde, 1280 mit isr*ahe*l gotes beshovde.

2523 in alle \| nimen   2526 israhel] is
2529 israhel] isrl   2530 under slufet   2531 inbesvichet   2534 sende   2541 israhel] isrl

---

5960 Iacob   5964 phite

5948 choment *Pi² SmE*   5949 si si *Pi² SmE*
5960 Jacob *SmE,* Jâcôb *Pi²* \| chût] chwît *SmE*
untersliufâre *Pi² SmE*   5962 underslufet *Pi² SmE*
5964 pihte *Ho Do¹,* pîhte *Pi²,* bîhte *SmE*

2523 alle in *Di²* \| megen *bei Di²* in [ ] \| nemen]
Di²   2526 israhel *Di²*   2527 uil *bei Di²* in [ ]
2529 israhel *Di²*   2534 sendet *Di²*
2535 danah *Di²*   2537 er] er den lîp *Di²*
2541 israhel *Di²*

        Alle die dar choment
6335   in ir schozze si die nement,
        da ergezzent si die schiere
        uil maneger sere
        die si manegen ende
        lident in disem ellende.

6340   **D**az schulen wir so niht uernemen   114, 35
        daz si alle in ir schozze mugen chomen.

        Abraham bedŏtet ʀawe,
        Ysaac frŏde,
        Jacob heizzet Israhel,
6345   daz sint zwene namen her:

        Jacob sprichet undirslivffære,   115, 1
        Israhel gotes beschŏwære.

        Swer den tieuil undirslivffet
        so er in beswichet,
6350   daz er mit pihte unde mit riwe
        sůchet gotes triwe,
        und er im sendet in den můt
        daz er da nach wol tůt,
        unde des niht erwindet   115, 5
6355   unz er ez uerendet:
        der hat mit Abrahame
        die ewigen ʀawe
        mit Ysaach urŏde
        mit Israhel gotes beschŏwede;

6340 schuln

6340 schul[e]n *Di¹*

W

der mag wole iehan 83, 20
5975 daz ime wole sî gescehn.

Do ioseph gesach
daz sin uater firentet was,
er uiel uber in
mit riuweklichen gebaren,
5980 er weinote unte wfte,
chuste inen sůzze,
heizzin mit sabanen bewinten,
belegen mit pîmenten.

5975 *nach* gescehn *Rest der Zeile freigelassen für Rubrum 129 und für Bild 85* 5976 *davor 1 Leerzeile* 5977 *nach* sin *Rest der Zeile freigelassen*

5975 geschehan *Ho Pi²*, gescehen *SmE*
5980 wůfte *Pi²*, wuofte *SmE* 5982 heizz in *Do¹*, heiz in *SmE*

V

der mac iehen,
daz ime wole si geschehen.

Do ioseph gesach, [127v]
2545 daz sin uater uirendet was,
er uil uber in
mit riweclichen gebaren.
er weinote unde wůfte,
unde chustin uile sůze,
2550 er hiz in mit sabene bewinten, 1285
belegen mit bimenten.

2546 uber] r *aus* n *rad.* 2548 winote

2542 mac] mac denne *Di²* 2548 weinote *Di²*

6360	der mage danne wol iehen
	daz im wol si geschehen.

Nach hundirt unde zehen iaren
starp Joseph zware,
sine urivnde gemeine 115, 10
6365 **begunden in sere weinen,**
got unde sande Michahele
enphulhen si die sele.
Amen. Amen. Amen.

[83v]

Do joseph gesach
6370 daz sin uater tot gelach
er uiel ubir in,
riwechlich waren die gebære sin:
er weinte unde ẘfte, 115, 15
uil diche er in chuste,
6375 mit saben hiez er in bewinten
belegen mit peminten.

6362–6368 *Rubrum 129 und Bild 85: Totenklage um Jakob*

W

	In deme flizze waren si alle	83, 25
5985	uierzig tage uolle.	
	die lantlîute	
	hêten durch iosebes liebe	
	iacobes michile chlage	
	folle sibenzig tage.	

5990	So der chlage zît irge,
	do bat die herren ioseph
	daz si deme chunige sagaten,
	wie in sin uater besuorn habite,
	daz er ime daz tâte ze liebe	83, 30
5995	daz er in dâ ze lante begrůbe;

Suenne er in dâ betrôrte,
daz er wider zime cherte.

Der chunig in gewerte
als er | gerte. [128r]
6000 alle die herren
iŏch dîe daltisten waren
fůren mit iosebe
durch sini lîebe,

Sine brůdere mit in, 83, 35
6005 ire uater biuelhen.

5997 cherti | *nach* cherte *Rest der Zeile freigelassen + 1 Leerzeile für Rubrum 130*
6001 dîed altisten **6004** Sine] Mine

5986 lantliute *Pi² SmE* **5990** Sô *Pi²*, Dô *SmE* irge] ergienc *Ws Pr*, irgienc *SmE* uergiench *Wl*
5997 cherte *Ho*, chêrte *Pi² SmE* **5999** als] alles des *He*, alsô *SmE* **6001** die daltisten *Pi² SmE*
6003 liebe *Pi² SmE* **6004** Sine *Ho Do¹*, Sîne *Pi² SmE*

V

	In deme flize waren si alle
	uirzech tage uolle.
	di lant livte
2555	durch iosepes libe
	heten iacobes clage
	uollen sibenzec tage.

	Do der chlage zît irginc,
	do bat di herren ioseph,
2560	daz si deme chunege sageten, 1290
	wi in sin uater besvorn habete,
	daz er ime daz tate ze liebe,
	daz er in da ze lante begrube.

svenne er in *dâ* betrorte,
2565 daz er wider zime cherte.

Der chunic in gewerte,
also er gegerte.
Alle di herren,
ioh di daltesten waren,
2570 furen mit iosebe 1295
durch sine libe,

sine brudir mit in
ir uater beuelhen.

2559 herren] e² *auf Ras.* **2562** libe **2564** in betrorte **2569** ware

---

2562 liube *Di²* **2564** dâ *Ergänzung nach W Di²*
2569 waren *Di²* **2572** bruder *Di²*

In der chlage waren si alle
uierzich tage uolle;
die lantlŏte
6380 heten Joseph uil trŏte,
Jacobes hieten si michil chlage
uolle subinzich tage.

Do der chlage zit uergiench 115, 20
do baten die herren Joseph
6385 daz si dem chunege sageten,
wie in sin uater besworen habete
daz er imz tæte ze liebe
und in da heime begrůbe,

Swenne er in *da* betrorte
6390 daz er heim widir cherte.

Den chunich bat Joseph
des er in niht uerzech,
daz er uil gefůge 115, 25
sine*n* uater da heime begrůbe.

6395 **D**er chunich in gewerte
alles des er gerte,
alle die herren
und swer die besten waren
furen mit iosebe
6400 durch sine liebe,

Sine brůder mit im
ire uater beuelhin.

6389 in betrorte **6391–6394** *Rubrum 130*

6389 [da] *Di¹* **6394** sinen *Di¹*

W

Diu menige was grozlich,
diu piuildi wart erlich.
si waren in michelere chlage
ê der piuildi sibin tage.

6010 Do sin bigrůben,
wider in egiptum si fůren.

Sine brůder forhten in,
daz si inculten wider in
der alten sculdi,   83, 40
6015 baten siner huldi,   [128v]
daz er durch sines uater willen
sinen zorn liezze stillen
unt in firgabi
die grozzin missitâte
6020 der si an ime haten gitan,
dů si in firchŏftin.

6009 nach tage Rest der Zeile freigelassen + 10
Leerzeilen für Rubrum 131 und für Bild 86
6012 Sine] Mine

6010 sin] si in SmE 6012 Sine Ho Pi² Do¹, Sîne
SmE | in fehlt SmE 6013 daz si wider in ingulten
SmE 6018 firgâbi Pi², firgâbe SmE

V

Div menege was uile grozlich,
2575 div piuilde wart erlich;
ê der piuilde siben tage
waren si micheler chlage.

Do sin begrůben,
widere in egyptum si furen.

2580 Sine brudir forhten,   1300
daz si inkulten wider in
der alten sculde,
unde baten siner hulde,
daz er durch sines uater willen
2585 sìnen zorn *lieze* stillen
vnde in uirgabe
di grozen missetate,
der si an ime heten getan,
do si in uirchovften.

2585 zorn stillen

2574 uile bei Di² in [ ] 2575 pivilde Di²
2579 si bei Di² in [ ] 2580 bruder Di²
2585 lieze Ergänzung nach W Di²

	Div menige was grozlich	115, 30
	die beuilhede was erlich,	
6405	si waren in michilir chlage	
	e der beuilhede siben tage.	

**Ze lande si cherten
do si den gůten Jacob bestatten heten.**

[84r]

	Do si in begrůben	
6410	widir in Egiptum si fůren.	
	Josebis brůdir uorhtin	
	daz si widir in enkulten	
	der alten schuldi,	115, 35
	si baten in siner huldi	
6415	daz er durch sines uater willen	
	sinen zorn hiez stillen	
	unde in uergæbe	
	die grozzen missetæte	
	der si an im getan hieten	116, 1
6420	do si in uerchŏften.	

6407–6408 *Rubrum 131 und Bild 86: Leichenzug nach Kanaan*

W

Joseph weinôte,   84, 1
hiez si sîn mit gůtem můte,
sine dorften in furhtin,
6025 erne wolte nieht ubilis an in wurchin,
chod daz si durch ubil taten
daz got daz ze gůte braht hete,
chod in wolte helfin
unt ire wibin iŏch ire chindin.

6030 Al daz er in gihiez   84, 5
uile war er iz liez.

Dů ioseph dů alt wart ziware   [129r]
zehen unt zehenzig iâr
unt er firstůnt
6035 daz ime nahot der tôt,
dů hiez er ime giwinnin
sini chunelingi.

Dů si ime chomen,
er bat daz si ime firnamin.

6040 Er chod 'after mineme ente   84, 10
bidenchit got îuwer ellente,

er nimit îuh hîe
mit siner chrefte,

des nist zuîuil nihein,
6045 er pringit îuh wider heim
zů deme gůtin lante

6022 Ioseph 6027 brahte 6031 nach liez 8 Leerzeilen für Rubrum und für Bild? Vgl. Apparat M/K

6022 Joseph *SmE*, Jôsêph *Pi²* 6027 braht *Do¹*, brâht *Pi² SmE* 6033 jâre *SmE* 6041 iuwer *Pi² SmE* 6042 iuh hie *Pi² SmE* 6044 zuîvil *Pi²*, zwîvil *SmE* 6045 iuh *Pi² SmE*

V

2590 Joseph weinote,   1305
er hiz si sin mit guteme gemůte,
sine dorften in forhten,
er ne wolde niht ubeles an in wurchen,
er chot, daz si | durh ubel taten,   [87d]
2595 daz daz got ze gůte braht hete,
er chot, er wolte in helfen
ioh ir wiben ioh ir chinden.

al daz er in gehiz,
uil war er daz liz.

2600 Do er do alt wart zeware   1310
zehen unde zehenzec iare,
unde er do uirstůnt,
daz ime nahote der tot,
do hiz er ime gewinnen
2605 sine chunelinge.

Do si ime chomen,
er bat daz si ime uirnamen.

'after mineme ente
bedenke*t* got ewer ellende,

2610 er nimet evh hî   1315
mit siner crefte,

des nist zvifel nehein:
er bringet evh wider heim
zu deme guten lande,

2595 zegůte 2598 aldaz 2600 zewar
2601 iar 2607 erbat 2609 bedenke
2610 *nach* nimet *rad.*

2594 er chot *bei Di²* in [ ] 2600 zeware *Di²*
2601 iare *Di²* 2605 chunnelinge *Di²*
2609 bedenket *Di²* 2610 hi *Di²*

Joseph weinote,
er bat si sin mit gůtem můte,
si bedorften in niht furhten,
niht ubiles wolde er an in wrchen,
6425 unde sprach swaz si ubils an im getæten
got ez ze gůte braht hæte:
helfe bot er ir wiben und ir chindin 116, 5
unde allem ir gesindin.

Al daz er in gehiez
6430 uil war erz liez.

Do Joseph alt wart zware
zehen unde zehinz*ic* iare
unde er sich uerstůnt
daz im nahent der tot
6435 do hiez er im gewinnen
sine chunilinge.

Do si im chomen 116, 10
er bat si in uernæmen,

Er sprach 'aftir minem ende
6440 bedenchet got ivr ellende,
ir uraget lihte wie,
er nimit ivch hie
mit siner chrefte
wan ir birt sin geschefte,
6445 des ist zwiuil dehein
er bringet ivch widir heim
zů dem gůtem lande 116, 15

6430 *danach weder Rubrum noch Bild, vgl. Apparat* W **6432** zehinz **6434** im der

6432 zehinz[ic] *Di¹* **6434** der *fehlt Di¹*

W

daz milichi iŏch honiges ist flîezzente.
des swôr er gŭte
abrahame unt ysaac unt iacobe.

6050 **D**one scult ir min gibeine   84, 15
hîe nieht lazzen eine.
ir scult iz mit îu fŭren,
heime mit erde bitrorin.'

Dŭ er iz fole redite,
6055 nieht langer er lebite.
man chlagit în sêre,
peualch in zîere.

Des nist zuîuil nieht,
sîn sele ist gote li | eb.   [129v]
6060 daz mŭzze si sîn   84, 20
nu unt in ewin.

AMEN. deo gracias.

V

2615 daz milche iovh honeges ist flizende.
des swuor got der gute abrahame
unde ysaac unde iacobe.

So ne sult ir min gebeine
hi niht lazen eine,
2620 ir sult iz mit ev fŭren,   1320
heim mit der erde betroren.'

Do erz uolle redete,
niht langer er ne lebete.
man chlagete in sere,
2625 unde beualch in zire.

des nist zvifel nih*t*,
sin sele si hevte gote lib.
daz muze si sin   1324
nu unde in ewin.

2630 **AMEN.**

6047 honigest **6052** i̯r s̯c̯u̯l̯t̯ *unterpunktiert*
6062 *Rubrum 132 und Rest der Zeile freigelassen
+ 9 Leerzeilen für Bild 87*

6047 honiges *Ho Pi² Do¹ SmE* | fliezzente *Pi² SmE*
6050 Done] Sone *Ho*, Dône *Pi²*, Sô ne *SmE*
6051 hie *Pi² SmE* **6052** iu *Pi² SmE* **6056** in
Pi² SmE **6057** ziere *Pi² SmE*

2616 swuor] swr | abrahamę **2623** zanger] z
unterpunktiert, darüber l **2626** niht] nechein;
ne *aus* m *und* in *aus* n *korrigiert*

2616 swuor *Di²* | der gute *bei Di² in* [ ]
2617 unde¹ *bei Di² in* [ ] **2623** langer *Di²*
2626 niht *Di²*

	daz milche unde honiges ist uliezzunde,	[84v]
	des swŕ got Abrahame	
6450	Ysaach unde Jacobe.	

Ir schult abir min gebeine
hie niht lazzen eine,
ir schult iz mit iv fůren
mit der erde betroren.'

6455 Do er daz uol redete
niht langir er lebete.
man chlagete in sere   116, 20
unde beualch in der erde.

Des ist zwiuil niht,
6460 sin sele ist got liep:
ze genaden můze uns daz ergen
uon ewen unde ze ewen. Amen

Got uns genade. Amen.

6463 *Rubrum 132 und Bild 87*: Josephs Tod

6462 Amen *fehlt Di¹*

Bibliographie

Hilfsmittel

Benecke, G./Müller, W./Zarncke, F.: Mittelhochdeutsches Wörterbuch. Band I. 1854 (Hildesheim 1963). Band II/1. Leipzig 1863 (Hildesheim 1963). Band II/2. Leipzig 1866 (Hildesheim 1963). Band III. Leipzig 1861 (Hildesheim 1963).
Biblia Sacra. Iuxta vulgatam versionem. 4. Auflage. Stuttgart 1994.
Bremer Biblische Hand-Konkordanz. Alphabetisches Wortregister der Heiligen Schrift. Evangelische Haupt-Bibelgesellschaft zu Berlin. Ohne Jahr.
Die deutsche Literatur des Mittelalters. Verfasserlexikon. Hrsg. v. Kurt Ruh/Burghart Wachinger usw. Band 1–12. Berlin/New York 1978–2006.
Hennig, Beate: Kleines Mittelhochdeutsches Wörterbuch. 4. Auflage. Tübingen 2001.
Lexer, Matthias: Mittelhochdeutsches Handwörterbuch. Bd.1. Reprographischer Nachdruck der Ausgabe. Leipzig 1872 (Stuttgart 1979). Bd.2. Leipzig 1876 (Stuttgart 1979). Bd.3. Leipzig 1878 (Stuttgart 1979).
Hermann, Paul: Mittelhochdeutsche Grammatik. 21. Auflage. Tübingen 1975.
Starck, Taylor/Wells, J.C.: Althochdeutsches Glossenwörterbuch. Heidelberg 1990.
Wilhelm Braune: Althochdeutsche Grammatik I. Laut- und Formenlehre. 15. Auflage. Bearb. v. Ingo Reiffenstein. Tübingen 2004.

Handschriften

W: Codex Vindobonensis 2721 der Österreichischen Nationalbibliothek in Wien.
V: Codex 276 des Chorherrenstiftes Vorau.
M/K: Codex 6/19 des Kärntner Landesarchivs, Klagenfurt.

Handschriften-Facsimilia

W: Codex Vindobonensis 2721. Frühmittelhochdeutsche Sammelhandschrift der Österreichischen Nationalbibliothek in Wien. *Genesis – Physiologus – Exodus*. Hrsg. von Edgar Papp. Göppingen 1980 (= Litterae 79).
V: Die deutschen Gedichte der Vorauer Handschrift. Kodex 276. 2. Teil. Facsimileausgabe des Chorherrenstiftes Vorau unter Mitwirkung von K. K. Polheim. Graz 1958.
M/K: Millstätter Genesis und Physiologus-Handschrift. Vollständige Facsimileausgabe der Sammelhandschrift 6/19 des Geschichtsvereines für Kärnten im Kärntner Landesarchiv, Klagenfurt. Einführung und kodikologische Beschreibung von Alfred Kracher. Graz 1967 (= Codices Selecti 10).

Ausgaben

W

Dollmayr, Victor: Die altdeutsche Genesis. Nach der Wiener Handschrift. Halle (Saale) 1932 (= ATB 31).

Hoffmann, Heinrich: Fundgruben für Geschichte deutscher Sprache und Literatur. II. Teil. Breslau 1837.

Piper, Paul: Die geistliche Dichtung des Mittelalters. Erster Teil. Die biblischen und die Mariendichtungen. Berlin/Stuttgart 1888 (= Deutsche National-Literatur. Historisch kritische Ausgabe. 3. Band).

Piper, Paul: Das Gedicht von Joseph nach der Wiener und der Vorauer Handschrift. ZfdPh 20. 1888, S. 257–289 und S. 430–474.

Smits, Kathryn: Die frühmittelhochdeutsche Wiener Genesis. Berlin 1972 (= Philologische Studien und Quellen. Heft 59).

V

Diemer, Joseph: Beiträge zur älteren deutschen Sprache und Literatur. XX.: Geschichte Josephs in Aegypten nach der Vorauer Handschrift. In: Sitzungsberichte der kaiserlichen Akademie der Wissenschaften. Philosophisch-historische Classe. Siebenundvierzigster Band. (Jahrgang 1864. Heft I und II). Wien 1864, S. 636–687.

Diemer, Joseph: Beiträge zur älteren deutschen Sprache und Literatur. XXI.: Anmerkungen zur Geschichte Josephs in Aegypten. In: Sitzungsberichte der kaiserlichen Akademie der Wissenschaften. Philosophisch-historische Classe. Achtundvierzigster Band. Wien 1865 (Jahrgang 1864. Heft I und II). Wien 1865, S. 339–423.

M/K

Diemer, Joseph: Genesis und Exodus. Nach der Millstätter Handschrift. Band. I–II. Wien 1862.

Forschungsliteratur

Beyschlag, Siegfried: Die Wiener Genesis. Idee, Stoff und Form. Akademie der Wissenschaften in Wien. Philosophisch-historische Klasse. Sitzungsberichte 220. Band 3. Wien/Leipzig 1942.

Boor, Helmut de: Frühmittelhochdeutscher Sprachstil. ZfdPh 52. 1927, S. 31–76.

Boor, Helmut de: Die Geschichte der deutschen Literatur von den Anfängen bis zur Gegenwart. Die deutsche Literatur von Karl dem Großen bis zum Beginn der höfischen Dichtung 770–1170. Bd.1. München 1962.

Boor, Helmut de (Hrsg.): Die deutsche Literatur. Text und Zeugnisse. Mittelalter I. München 1965.

Bulthaupt, Fritz: Millstätter Genesis und Exodus. Eine grammatisch-stilistische Untersuchung. Berlin 1912 (= Palästra 72).

Curschmann, Michael: Vom Wandel im bildlichen Umgang mit literarischen Gegenständen. Freiburg/Schweiz 1997.

Curschmann, Michael: Wort-Schrift-Bild. Zum Verhältnis von volkssprachigem Schrifttum und bildender Kunst vom 12. bis zum 16. Jahrhundert. In: Mittelalter und frühe Neuzeit. Über-

gänge, Umbrüche und Neuansätze. Hrsg. v. Walter Haug, Tübingen 1999 (= Fortuna Vitrea. Arbeiten zur literarischen Tradition zwischen dem 13. und 16. Jahrhundert. Bd. 16), S. 378–470.
Dollmayr, Victor: Die Sprache der Wiener Genesis. Eine grammatische Untersuchung. Straßburg 1903 (= Quellen und Forschungen zur Sprach- und Kulturgeschichte der germanischen Völker. 94. Heft).
Ehrismann, Gustav: Geschichte der deutschen Literatur bis zum Ausgang des Mittelalters. Teil II. 1. München 1922.
Eßer, Joseph: Die Schöpfungsgeschichte in der ‚Altdeutschen Genesis' (Wiener Genesis V.1–231.) Kommentar und Interpretation. Göppingen 1987 (= GAG 455).
Pius Fank: Die Vorauer Handschrift. Ihre Entstehung und ihr Schreiber. Mit 75 Schriftproben auf 16 Tafeln. Graz 1967.
Frey, Dagobert: Gotik und Renaissance als Grundlagen der modernen Weltanschauung. Augsburg 1929.
Freytag, Hartmut: Die Theorie der allegorischen Schriftdeutung und die Allegorie in deutschen Texten des 11. und 12. Jahrhunderts. Bern/München 1982 (= Bibliotheca Germanica. 24).
Graff, Eberhard Gottlieb: Diutiska III. Denkmäler deutscher Sprache und Literatur aus alten Handschriften. Stuttgart/Tübingen 1829.
Grimm, Jacob: Kleinere Schriften. Bd. 5. Berlin 1871, S. 277–286.
Grimm, Reinhold R.: Paradisus Coelestis Paradisus Terrestris. Zur Auslegungsgeschichte des Paradieses im Abendland bis um 1200. München 1977 (= Medium Aevum 33).
Gruenter, Rainer: Der paradisus der Wiener Genesis. Euphorion 49. 1955, S. 121–144.
Gutfleisch-Ziche, Barbara: Volkssprachliches und bildliches Erzählen biblischer Stoffe. Die illustrierten Handschriften der Altdeutschen Genesis und des Leben Jesu der Frau Ava. Frankfurt am Main 1997 (= Europäische Hochschulschriften: Publications universitaires européennes / Reihe I, Deutsche Sprache und Literatur = Langue et littérature allemandes = German language and literature).
Haug, Walter: Mittelalter und frühe Neuzeit. Tübingen 1999 (= Fortuna Vitrea. Arbeiten zur literarischen Tradition zwischen dem 13. und 16. Jahrhundert. Bd. 16).
Henkel, Nikolaus: Studien zum Physiologus im Mittelalter. Tübingen 1976.
Henkel, Nikolaus: Eine verschollene Handschrift aus St. Paul. Zur Geschichte der ehemaligen Kuppitsch-Handschrift des ‚Buchs der Rügen'. In: Die mittelalterliche Literatur in Kärnten. Vorträge des Symposions in St. Georgen/Längsee vom 8. bis 13.9. 1980. Unter Mitarbeit von Alexandra Cella. Hrsg. von Peter Krämer. Wien 1981 (= Wiener Arbeiten zur germanischen Altertumskunde und Philologie 16), S. 67–85.
Hellgardt, Ernst: Grundsätzliches zum Problem symbolbestimmter und formalästhetischer Zahlenkomposition. In: Studien zur frühmittelhochdeutschen Literatur. Cambridger Colloquium 1971. Hrsg. von Hrsg. von L.P. Johnson/H.-H. Steinhoff/R. A. Wisbey. Berlin 1974, S. 11–27.
Hennig, Ursula: Untersuchungen zur frühmittelhochdeutschen Metrik am Beispiel der Wiener Genesis. Tübingen 1968.
Hennig, Ursula: Zur Gattungsbestimmung frühmittelhochdeutscher alttestamentarischer Dichtungen. In: Studien zur frühmittelhochdeutschen Literatur. Cambridger Colloquium 1971. Hrsg. von L.P. Johnson/H.-H. Steinhoff/R. A. Wisbey. Berlin 1974, S. 136–150.
Henschel, Erich: Mittelhochdeutsche Kleinigkeiten. 2. PBB (Ha.) 75. 1953, S. 489–490.
Henschel, Erich: Zur Heimat des Dichters der ‚Wiener Genesis'. PBB (Ha.) 77. 1955, S. 147–158.

Henschel, Erich: Weitere Beobachtungen und Vorschläge zum Text der ‚Wiener Genesis'. PBB (Ha.) 85. 1963, S. 417–432.

Hensing, Dieter: Zur Gestaltung der ‚Wiener Genesis'. Amsterdam 1972.

Henzen, Walter: Deutsche Wortbildung. Dritte, durchgesehene und ergänzte Auflage. Tübingen 1965.

Hermann, Hermann Julius: Die deutschen romanischen Handschrift. Mit 44 Tafeln und 236 Abbildungen im Text. Leipzig 1926.

Heusler, Andreas: Deutsche Versgeschichte. II. Band. Berlin/Leipzig 1927.

Horn, Walter and Born, Ernst: The plan of St. Gall. Vol. II. of three volumes. Berkeley/Los Angeles/London. 1979.

Hurst, Peter W.: The Evocation of Paradise in the 'Wiener Genesis' an in the 'Tristan' of Gottfried von Straßburg. In: Studien zur frühmittelhochdeutschen Literatur. Cambridger Colloquium 1971. Hrsg. von L.P. Johnson/H.-H. Steinhoff/R. A. Wisbey. Berlin 1974, S. 215–234.

Jellinek, Max Hermann: Rez. Dollmayr (1903). ZföG 55. 1904, S. 418–421.

Joachim, Johannes: Zur altdeutschen Genesis. Ein Beitrag zu einer Poetik der frühmittelhochdeutschen Dichtung. Diss. Berlin 1893.

Kelle, Johann: Geschichte der Deutschen Literatur von der ältesten Zeit bis zum 13. Jahrhundert. Bd. 2. Berlin 1896.

Knapp, Fritz Peter: Die Literatur des Früh- und Hochmittelalters in den Bistümern Passau, Salzburg, Brixen und Trient von den Anfängen bis zum Jahre 1273. Hrsg. v. Herbert Zeman. Graz 1994 (= Geschichte der Literatur in Österreich von den Anfängen bis zur Gegenwart. Band 1).

Kracher, Alfred: Millstätter Genesis und Physiologus Handschrift. Vollständige Facsimilienausgabe der Sammelhandschrift 6/19 des Geschichtsvereins für Kärnten im Kärntner Landesarchiv. Klagenfurt. Einführung und kodikologische Beschreibung von A. Kracher. Graz 1967.

Kraß, Andreas: Geschriebene Kleider. Höfische Identität als literarisches Spiel. Tübingen/Basel 2006.

Lachmann, Karl: Zu den Nibelungen und zur Klage. Anmerkungen. Hrsg. v. Wilhelm Wackernagel. Berlin 1836.

Maßmann, Hans Ferdinand: Deutsche Gedichte des zwölften Jahrhunderts und der nächstverwandten Zeit. Teil 2. Quedlinburg/Leipzig 1837 (= Bibliothek der gesammten deutschen National-Literatur von der ältesten bis auf die neuere Zeit/1).

Maurer, Friedrich: Leid. Studien zur Bedeutungs- und Problemgeschichte, besonders in den großen Epen der staufischen Zeit. Bern/München 1961 (= Bibliotheca Germanica 1).

Maurer, Friedrich: Die religiösen Dichtungen des 11. und 12. Jahrhunderts. Nach ihren Formen besprochen und Hrsg. Bd. 1. Tübingen 1964.

Maurer, Friedrich: Über Langzeilen und Langzeilenstrophen in der ältesten deutschen Dichtung (zuerst 1951). In: Dichtung und Sprache des Mittelalters. Gesammelte Aufsätze. Bern/München 1963 (= Bibliotheca Germanica 10), S. 174–194.

Maurer, Friedrich: Langzeilenstrophen und fortlaufende Reimpaare (zuerst 1959). In: Dichtung und Sprache des Mittelalters. Gesammelte Aufsätze. Bern/München 1963 (= Bibliotheca Germanica 10), S. 195–213.

Mazal, Otto.: Von der „Wiener Genesis" zur „Millstätter Genesis". Beobachtungen zur spätantiken und mittelalterlichen Bibelillustration. Biblos 33. 1984, S. 205–215.

Menhardt, Hermann: Handschriftenverzeichnis der Kärntner Bibliotheken. Bd. I, Wien 1927.

Menhardt, Hermann: Die Bilder der Millstätter Genesis und ihre Verwandten. In: Beiträge zur älteren europäischen Kulturgeschichte 3. Festschrift R. Egger. Klagenfurt 1954, S. 248–371.
Menhardt, Hermann: Die Vorauer Handschrift kam durch Propst Konrad II. (1282–1300) aus dem Domstift Salzburg nach Vorau. PBB (Tü.) 78. 1956, S. 116–159.
Menhardt, Hermann: Zur Herkunft der Vorauer Handschrift. Abhandlungen III. PBB (Tü.) 80. 1958, S. 48–66.
Menhardt, Hermann: Die Zweiheit Genesis-Physiologus und der Zeitabsatz der Exodus. ZfdA 89. 1958/1959, S. 257–271.
Menhardt, Hermann: Verzeichnis der altdeutschen literarischen Handschriften der österreichischen Nationalbibliothek. 1. Bd. Berlin 1960 (= Deutsche Akademie der Wissenschaften zu Berlin. Veröffentlichungen des Instituts für deutsche Sprache und Literatur 13).
Menhardt, Hermann: Rez. Voss (1962). AfdA 74. 1963, S. 14–22.
Moeser, Eva: Der kompositorische Aufbau der Wiener Genesis. Diss. masch. Tübingen 1947.
Murdoch, Brian: The Garments of Paradise. A Note on the ‚Wiener Genesis‘ and the ‚Anegenge‘. Euphorion 61. 1967, S. 375–382.
Murdoch, Brian: The Fall of Man in the Early Middle High German Biblical Epic: the ‚Wiener Genesis‘ and the ‚Anegenge‘. Göppingen 1972.
Neuschäfer, Dietrich: Das Anegenge. Textkritische Studien. Diplomatischer Abdruck. Kritische Ausgabe. Anmerkungen zum Text. Hrsg. v. Friedrich Ohly/Kurt Ruh/Werner Schröder. München 1966 (= Medium Aevum. Philologische Studien 8).
Northcott, Kenneth J.: Paradisical Love in Early Middle High German Literature. In: Taylor Starck Festschrift. Hrsg. v. Werner Betz/Evelyn S. Coleman/Kenneth J. Northcott. London 1964, S. 164–175.
Ott, Norbert H.: Vermittlungsinstanz Bild. Volkssprachliche Texte auf dem Weg zur Literarizität. In: Wolfram-Studien XIX. Text und Text in lateinischer und volkssprachiger Überlieferung des Mittelalters. Freiburger Kolloquium 2004. Hrsg. v. Eckart Conrad Lutz. Berlin 2006, S. 191–208.
Papp, Edger: Die altdeutsche Exodus. Untersuchungen und kritischer Text. Hrsg. v. Friedrich Ohly/Kurt Ruh/Werner Schröder. München 1968 (= Medium Aevum. Philologische Studien 16).
Paul, Otto/Glier, Ingeborg: Deutsche Metrik. 9. Auflage. Regensburg 1974.
Pickering, F. P.: Zu den Bildern der altdeutschen Genesis: Die Ikonographie der *trinitas creator*. ZfdPh 75. 1956, S. 23–34.
Pickering, F. P.: Zu den Bildern der altdeutschen Genesis: Die Ikonographie der *trinitas creator* (II). ZfdPh 83. 1964, S. 99–114.
Pniower, Otto: Zur Wiener Genesis. Diss. Berlin 1885.
Pniower, Otto: Der Abraham der Wiener Genesis. ZfdA 38. 1886, S. 150–175.
Pretzel, Ulrich: Frühgeschichte des deutschen Reims. Bd. 1. Leipzig 1941 (= Palaestra 220).
Rödiger, Max: Die Wiener Genesis. ZfdA 18. 1875, S. 263–280.
Rossmann, A.: Wort und Begriff der Wahrheit in der frühmittelhochdeutschen Literatur. Diss. masch. Tübingen 1952.
Rupp, Heinz: Deutsche religiöse Dichtungen des 11. und 12. Jahrhunderts. Untersuchungen und Interpretationen. 2. Auflage Bern/München 1971.
Schade, Herbert: Das Paradies und die Imago Dei. In: Wandlungen des Paradiesischen und Utopischen. Studien zum Bild eines Ideals. Hrsg. v. H. Bauer u. a. Berlin 1966, S. 79–182.

Scherer, Wilhelm: Zu Genesis und Exodus. Geistliche Poeten der deutschen Kaiserzeit. I. Heft. Straßburg/London 1874 (= Quellen und Forschungen zur Sprach- und Kulturgeschichte der germanischen Völker. 1. Heft).
Schneider, Karin: Gotische Schriften in deutscher Sprache. Wiesbaden 1987.
Schröder, Christian: Der Millstätter Physiologus. Text, Übersetzung, Kommentar. Würzburg 2005.
Schröder, Werner: Zu alten und neuen Theorien einer altdeutschen ‚binnengereimten Langzeile'. PBB (Tü.) 87. 1965, S. 150–165.
Schwab, Ute: Zwei Abrahamsszenen der frühmittelhochdeutschen Genesis. In: Die mittelalterliche Literatur in Kärnten. Hrsg. v. P. Krämer. Wien 1981, S. 231–250.
Smits, Kathryn: Überlieferungsprobleme der Wiener und Millstätter Genesis. Seminar. A Journal of Germanic Studies. Volume V. Number 1. Toronto 1969, S. 54–64.
Soetemann, Cornelis: Rez. Maurer (Hrsg.) (1971). AfdA 84. 1973, S. 129–130.
Sörrensen, Wolfgang: Gärten und Pflanzen im Klosterplan. In: Studien zum St. Galler Klosterplan. Hrsg. v. Johannes Duft. St. Gallen 1962, S. 193–277.
Stammler, Wolfgang: Wort und Bild. Studien zu Wechselbezeichnungen zwischen Schrifttum und Bildkunst im Mittelalter. Berlin 1962.
Stevens, Adrian: Die ‚Wiener Genesis' in ihrem Verhältnis zur Tradition der christlichen Rhetorik. In: Studien zur frühmittelhochdeutschen Literatur. Cambridger Colloquium 1971. Hrsg. von L.P. Johnson/H.-H. Steinhoff/R. A. Wisbey. Berlin 1974, S. 151–159.
Sünger, Maria Therese: Studien zur Struktur der Wiener Genesis. Klagenfurt 1964 (= Kärnter Museumsschriften XXXVI).
Vogt, Friedrich: Ueber Genesis und Exodus. PBB (Ha.) 2. 1876, S. 208–317 und S. 586–592.
Vollmann-Profe, Gisela: Wiederbeginn volkssprachiger Schriftlichkeit im hohen Mittelalter. In: Geschichte der deutschen Literatur von den Anfängen bis zum Beginn der Neuzeit. Bd. I. Teil 2. Hrsg. v. Joachim Heinzle. Königstein 1986.
Voss, Hella: Studien zur illustrierten Millstätter Genesis. München 1962 (= Münchner Texte und Untersuchungen zur deutschen Literatur des Mittelalters. Bd. 4).
Wackernagel, Wilhelm: Altdeutsches Lesebuch. Basel 1873.
Waller, Anton: Rez. Dollmayr. Die altdeutsche Genesis (1932). AfdA 52. 1933, S. 29–31.
Wehrli, Max: Formen mittelalterlicher Erzählung. Zürich/Freiburg 1969 (darin S. 51–71 ein Aufsatz zur mittelalterlichen Bibelepik „Sacra Poesis. Bibelepik als europäische Tradition", zuerst erschienen in: Festschrift Friedrich Maurer 1963, S. 262–283).
Weller, Alfred: Die frühmittelhochdeutsche Wiener Genesis nach Quellen, Übersetzungsart, Stil und Syntax. Berlin 1914 (= Palaestra 123).
Wells, David A.: Die Erläuterung frühmittelhochdeutscher geistliche Texte: Probleme und Methoden. Mit Beispielen aus der Sintflutüberlieferung. In: Studien zur frühmittelhochdeutschen Literatur. Cambridger Colloquium 1971. Hrsg. von L.P. Johnson/H.-H. Steinhoff/R. A. Wisbey. Berlin 1974, S. 160–179.
Wesle, Karl: Frühmittelhochdeutsche Reimstudien. Jena 1925 (= Jenaer germanische Forschungen 9).
Wies, Ernst W.: „Capitulare de villis et curtis imperialibus". (Verordnung über die Krongüter und Reichshöfe) und die Geheimnisse des Kräutergartens Karls des Großen. Aachen 1992.
Wisbey, Roy A.: Vollständige Verskonkordanz zur ‚Wiener Genesis' Berlin 1967.
Wisbey, Roy A.: Wunder des Ostens in der ‚Wiener Genesis' und in Wolframs ‚Parzival'. In: Studien zur frühmittelhochdeutschen Literatur. Cambridger Colloquium 1971. Hrsg. von L.P. Johnson/H.-H. Steinhoff/R. A. Wisbey. Berlin 1974, S. 180–214.

Zahlten, Johannes: Creatio mundi. Darstellungen der sechs Schöpfungstage und naturwissenschaftliches Weltbild im Mittelalter. Stuttgart 1979.

Zingerle, Oswald: Der Paradiesgarten der altdeutschen Genesis. SB Wien 112. 1886, S. 785–805.

Zips, Manfred: Göttlicher Heilsplan und menschliches Handeln. Zum Verständnis der Wiener Genesis. In: Österreichische Literatur zur Zeit der Babenberger. Vorträge der Lilienfelder Tagung 1976. Hrsg. v. A. Ebenbauer u. a. Wien 1977, S. 297–318.

Register

Biblische Orts- und Personennamen

Die mit „Konkordanz" bezeichneten Schreibungen sind lemmatisiert nach: Bremer Biblische Hand-Konkordanz. Alphabetisches Wortregister der Heiligen Schrift. Berlin o. J.
Zu jedem Namen wurden die belegten Formen der mittelhochdeutschen Texte angegeben.

Abel
Konkordanz: Abel
Belegformen:
abel   W 1150; W 1255; M/K 1345
Abel   M/K 1236; M/K 1280; M/K 1292; W 1224; M/K 1316; M/K 1333

Abimelech
Konkordanz: Abimelech
Belegformen:
abimelech   W 2202
Abimelech   M/K 2375
Amalech   M/K 2392

Abraham
Konkordanz: Abraham
Belegformen:
abraham   W 1773; W 1845; W 1894; W 1905; W 1963; W 2073; W 5365; V 1927; W 5936; V 2504
Abraham   M/K 1695; M/K 1872; W 1740; M/K 1887; M/K 1891; M/K 1916; M/K 1924; M/K 1955;
    W 1807; M/K 1971; M/K 2009; M/K 2014; M/K 2017; M/K 2023; W 1871; M/K 2033;
    M/K 2043; M/K 2070; M/K 2079; M/K 2085; W 1923; M/K 2103; M/K 2145; M/K 2208;
    M/K 2257; M/K 2259; M/K 2387; M/K 5718; M/K 6322; W 5956; V 2524; M/K 6342
abrahame   W 1765; W 1774; W 1880; W 3403; W 5409; V 1973; W 5941; V 2509; W 5970;
    V 2538; W 6049; V 2616
Abrahame   M/K 1925; W 1800; M/K 3664; M/K 5768; M/K 6356; M/K 6449
abrahamen   W 1621; W 1842
Abrahamen   M/K 6327
abrahames   W 2112; W 2487; W 3413
Abrahames   W 1686; M/K 2063; M/K 2300; M/K 3647; M/K 3674
Abrahamis   M/K 2693

Abram
Konkordanz: Abram
Belegformen:
abram   W 1577; W 1600; W 1634; W 1646; W 1652; W 1672; W 1728
Abram   M/K 1700; M/K 1715; M/K 1723; M/K 1761; M/K 1772; M/K 1777; W 1668; M/K 1783;
    M/K 1799; M/K 1805; M/K 1875

Abrame   M/K 2052
Abramen   M/K 1748

Adam
Konkordanz: Adam
Belegformen:
adam   W 595; M/K 638; M/K 643; W 748; W 757; M/K 815; W 983; W 1004; W 1190
Adam   M/K 474; M/K 608; M/K 614; M/K 618; M/K 636; M/K 738; M/K 763; M/K 806; W 778;
    M/K 826; M/K 840; M/K 864; M/K 1058; M/K 1081; M/K 1107; W 1051; M/K 1132;
    M/K 1134; M/K 1276; W 1288; M/K 1378; W 1318; M/K 1410
adame   W 579; W 594; W 597; W 711; W 796; W 944
Adame   M/K 1018
adamen   W 467; W 833; W 1029; W 1332
Adamen   M/K 798; M/K 899; M/K 1110; M/K 1426
adames   W 643; W 1045; W 1143; V 2469
adâmes   W 5901
Adames   M/K 689; M/K 1126; M/K 6281
Adamis   M/K 1077; M/K 1227

Agar
Konkordanz: Hagar
Belegformen:
agar   W 1693
Agar   M/K 1830; M/K 1849; M/K 1851; M/K 1963; M/K 1973; M/K 1990

Ägypten, Ägyptenland
Konkordanz: Ägypten, Ägyptenland
Belegformen:
egipte   W 4259; V 817; W 4265; V 823
Egipte   M/K 5443
egipte lande   W 1603; M/K 1726; M/K 3948
egiptelant   W 4982; W 5052
Egiptelant   M/K 5366
egipten   M/K 5318
Egipten   M/K 3884; M/K 4585; M/K 4600; M/K 4750; M/K 4907; M/K 5406
Egiptin   M/K 4438
egiptin lant   M/K 2373; M/K 2379
Egiptiskem   M/K 5341
egiptisken   W 4962
egipto   W 4995
Egipto   M/K 4590; M/K 4594
egiptum   W 4552; M/K 4905; W 4941; W 5028; W 5037; M/K 5428; W 6011
Egiptum   M/K 3850; M/K 5378; M/K 5417; M/K 6410
egypte   W 3609; W 3674; V 813; V 1503; V 1557; V 1614
egyptelant   V 1419; V 1544
egypti lant   W 2189
egyptisken   V 1524

egypto   W 4255; V 1851
egyptolandt   V 164
egyptum   V 1110; V 1590; V 1599; V 2579
zegypte   V 228

Antichrist
Konkordanz: Antichrist
Belegformen:
antechristes   V 2283
antecrist   V 2259
antichrist   W 5691
Antichrist   M/K 2893; M/K 6063
antichristes   W 5715; M/K 6087

Asser
Konkordanz: Asser
Belegformen:
Aser   M/K 2908; M/K 6146; M/K 6148
aser   W 2686 ; W 5772 ; V 2340
Aséres   M/K 6201
asêres   W 5824
aseris   V 2392

Belial
Konkordanz: Belial
Belegformen:
belial   W 1330
Beliali   M/K 1424

Benjamin
Konkordanz: Benjamin
Belegformen:
beniamin   W 3383; M/K 3640; W 4266; V 824; W 4440; M/K 4785; W 4485; W 4497; M/K 4832;
    M/K 4842; M/K 4844; M/K 4868; W 4541; V 1099; W 4547;W 4554; M/K 4894; M/K 4900;
    M/K 4909; W 4616; M/K 4973; W 4644; W 5005; M/K 4703; M/K 5062; M/K 5072; W 4905;
    M/K 5286; W 4952; M/K 5331; W 4971; M/K 5354; W 5923; M/K 6302; M/K 6306
Beniamin   M/K 3596; M/K 4588; M/K 4601; W 4536; M/K 4889; W 4550; M/K 4903;
    M/K 4908; M/K 4971; M/K 6301
beniamyn   V 1043
benyamin   V 998; V 1055; V 1105; V 1112; V 1174; V 1202; V 1261; V 1467; V 1533; V 2491
Benyamin   V 1094; V 1108; V 1514

Bethlehem
Konkordanz: Bethlehem
Belegformen:
bethlehem   W 3346
betlehem   M/K 3602

Cain
s. Kain

Cham
s. Ham

Chanaan
Konkordanz: Kanaan
Belegformen:
chanaan   W 3447; M/K 3717; W 4280; V 838; M/K 4615; W 4314; V 872
Chanaan   M/K 4650
chanan   V 2

Cherub, Cherubim
Konkordanz: Cherub, Cherubim
Belegformen:
cherubin   W 23; M/K 23; W 1031; M/K 1112

Dan
Konkordanz: Dan
Belegformen:
Dan   W 5668; V 2236; M/K 6038; M/K 6040; M/K 6088
dân   W 5716
dane   V 2284

Dina
Konkordanz: Dina
Belegformen:
dina   W 3185; V 2034
dîna   W 5468
Dina   M/K 5830
dinam   W 2721; M/K 2951
Dinam   M/K 2922; M/K 3436

Ebreisch
s. hebräisch

Effrain
Konkordanz: Ephraim
Belegformen:
effraim   W 4218; W 5312; M/K 5661; W 5335; W 5338; M/K 5691; W 5375; W 5376
Effraim   M/K 4536; M/K 5688; M/K 5728; M/K 5729
effraym   V 775; V 1874; V 1897; V 1900; V 1939; V 1940
Efraim   M/K 4543

Egipte lant, egypte lant
s. Ägyptenland

Register —— 579

hebräisch
Konkordanz: hebräisch
Belegformen:
Ebraischen   M/K 4092
ebreischem   M/K 3513; M/K 4298
hebreiskeme   W 3259
ebreishen   V 552
ebreisken   V 364
hebreisken   W 3810; W 3997

Emmor
s. Hemor

Erzengel
Konkordanz: Erzengel
Belegformen:
erzengele   M/K 18

Esau
Konkordanz: Esau
Belegformen:
esau   W 2181; W 2282; W 2301; W 2308; W 2312; W 2358; W 2373; W 2393; W 2999; W 3126;
        W 3149; W 3163; W 3175; W 3422
Esau   W 2147; M/K 2337; M/K 2341; W 2177; M/K 2361; M/K 2363; M/K 2367; M/K 2420;
        M/K 2478; W 2371; W 2403; M/K 2601; W 2419; W 2435; W 3344; W 3135; M/K 3373;
        M/K 3382; M/K 3410; M/K 3424; M/K 3649; W 3424; M/K 3683; W 3442; M/K 3709
esaus   W 2443
esav   M/K 2571; M/K 2643; M/K 3234
Esav   M/K 2334; M/K 2427; M/K 2442; M/K 2497; M/K 2504; M/K 2508; M/K 2554; M/K 2556;
        M/K 2558; M/K 2569; M/K 2591; M/K 2619; M/K 2625; M/K 2635; M/K 3361; M/K 3376;
        M/K 3396; M/K 3420; M/K 3687; M/K 3689

Eva
Konkordanz: Eva
Belegformen:
eua   W 660; M/K 706; M/K 737; W 748; M/K 806
Eua   M/K 1224
euam   M/K 899
Euam   M/K 799; M/K 985
euen   W 642; W 1029; M/K 1110

Gad (Sohn Jakobs)
Konkordanz: Gad (Sohn Jakobs)
Belegformen:
gad   W 2684
Gad   M/K 6124
Gád   M/K 6123
gâd   W 5750; V 2318

Hagar
s. Agar

Ham
Konkordanz: Ham
Belegformen:
cham   W 1478; M/K 1591; M/K 1598; W 1504; M/K 1613; W 1519
Cham   M/K 1609; M/K 1630
Chamen   M/K 1641
chames   W 1530
châmes   W 1534

Hemor
Konkordanz: Hemor
Belegformen:
emmor   W 3178; W 3209
Emmor   M/K 3427; W 3217; M/K 3464; M/K 3472; W 3247; M/K 3502

Iakob
s. Jakob

Isaak
Konkordanz: Isaak
Belegformen:
Isaac   W 2053; W 2113; W 2199; M/K 2372; M/K 2376; W 2215; M/K 2398; M/K 2419; W 2291;
    M/K 2500; W 2409; M/K 3652; V 1928
Isaach   M/K 1890; M/K 1935; M/K 1940; M/K 1944
ysaac   W 1789; W 1904; W 1912; W 1918; M/K 2092; W 1988; M/K 2302; W 2188; M/K 2378;
    W 2208; W 2229; M/K 2425; W 2323; W 2458; M/K 2657; M/K 2659; W 3391; M/K 3647;
    W 3420; M/K 3682; M/K 3685; W 5366; W 5936; V 2504; W 5944; W 5957; V 2525; W 5972;
    V 2540; W 6049; V 2617
Ysaac   M/K 2305; M/K 2389; M/K 2405; M/K 2487; M/K 2519; W 2365; M/K 2563; W 2397;
    M/K 2595; M/K 2607; M/K 6343
ysaach   M/K 2012; M/K 2081; M/K 2084; M/K 2098; M/K 2236; M/K 5719
Ysaach   M/K 2237; M/K 6322; M/K 6330; M/K 6358; M/K 6450
ysaaches   W 2488; W 3433; V 2512
ysaachis   W 2026; M/K 2694; M/K 3698
ysac   W 1784

Isaschar
Konkordanz: Isaschar
Belegformen:
isachar   W 5652
ysachar   M/K 2921; W 2716; M/K 2945; V 2220; M/K 6021; M/K 6022

Ismael
Konkordanz: Ismael

Belegformen:
Ismahel   M/K 1852; M/K 1964
ismahelem   W 1711
ismahelite   W 1712
Ismahelite   M/K 1853

Israel
Konkordanz: Israel
Belegformen:
israhel   M/K 3287; W 3070; M/K 3313; W 5958; V 2526; W 5961; V 2529; W 5973; V 2541
Israhel   M/K 6344; M/K 6347; M/K 6359

Jakob
Konkordanz: Jakob
Belegformen:
iacob   W 2140; W 2144; W 2179; W 2183; W 2249; W 2306; W 2404; W 2460; W 2503; W 2565;
    W 2591; W 2683; W 2706; W 2790; W 2812; W 2815; W 2886; W 2909; W 2963; W 2997;
    W 3039; W 3046; W 3060; W 3066; W 3081; W 3101; W 3176; W 3183; W 3358; W 3390;
    W 3395; W 3422; W 3442; W 3550; V 105; W 4468; V 1026; W 4520; V 1078; W 4986;
    V 1548; W 5006; V 1568; W 5030; V 1592; W 5034; V 1596; M/K 5425; W 5068; V 1630;
    W 5075; V 1637; M/K 5461; W 5168; V 1730; V 1737; V 1842; W 5305; W 5355; W 5400;
    V 1964; W 5461; V 2027; W 5931; V 2499; W 5945; V 2513; M/K 6331; W 5958; V 2526;
    V 2528
Iacob   W 2171; W 2257; W 2279; W 2313; W 2598; W 2616; W 2729; W 2749; W 2821; W 2871;
    W 2899; W 3075; W 3121; W 3131; W 3137; W 3153; W 3169; W 3207; W 3293; W 3311;
    W 3333; W 3446; M/K 6008; M/K 6020
iacobe   W 2292; W 2324; W 2440; W 2786; W 2794; W 2952; V 812; W 6049; V 2617
iacôbe   W 4254
Iacobe   W 2929
iacoben   W 2442; M/K 3420
iacobes   W 2307; W 2681; W 2791; W 3275; V 2209; W 5988; V 2556
Iacobes   W 3185
iacobis   W 5641
iacop   M/K 5421
jacob   M/K 4867; M/K 5369; M/K 5389; M/K 5569; M/K 5643; M/K 5654; M/K 5708; M/K 5759
Jacob   M/K 2332; M/K 2333; M/K 2338; M/K 2356; M/K 2361; M/K 2365; M/K 2369;
    M/K 2443; M/K 2445; M/K 2451; M/K 2473; M/K 2475; M/K 2488; M/K 2499; M/K 2502;
    M/K 2509; M/K 2549; M/K 2555; M/K 2642; M/K 2661; M/K 2675; M/K 2709; M/K 2715;
    M/K 2738; M/K 2739; M/K 2775; M/K 2781; M/K 2788; M/K 2795; M/K 2813; M/K 2831;
    M/K 2875; M/K 2918; M/K 2936; M/K 2954; M/K 2961; M/K 2981; M/K 3018; M/K 3022;
    M/K 3026; M/K 3027; M/K 3042; M/K 3045; M/K 3049; M/K 3091; M/K 3106; M/K 3108;
    M/K 3121; M/K 3123; M/K 3134; M/K 3144; M/K 3151; M/K 3164; M/K 3187; M/K 3198;
    M/K 3225; M/K 3232; M/K 3238; M/K 3250; M/K 3254; M/K 3278; M/K 3284; M/K 3289;
    M/K 3303; M/K 3309; M/K 3318; M/K 3324; M/K 3344; M/K 3348; M/K 3368; M/K 3378;
    M/K 3384; M/K 3400; M/K 3416; M/K 3425; M/K 3432; M/K 3462; M/K 3546; M/K 3564;
    M/K 3584; M/K 3599; M/K 3613; M/K 3649; M/K 3651; M/K 3656; M/K 3683; M/K 3687;
    M/K 3709; V 1; M/K 3716; M/K 3718; M/K 3823; M/K 4583; M/K 4589; M/K 4799;

M/K 4817; M/K 4826; M/K 4871; M/K 5395; W 5020; V 1582; M/K 5405; W 5032; W 5050;
V 1612; W 5054; V 1616; M/K 5445; W 5126; V 1688; M/K 5523; M/K 5536; W 5156; V 1718;
M/K 5557; W 5270; V 1832; W 5336; V 1898; M/K 5689; W 5346; V 1908; M/K 5699;
M/K 6038; M/K 6122; M/K 6146; M/K 6202; M/K 6222; M/K 6300; M/K 6315; M/K 6316;
W 5960; M/K 6344; M/K 6346; M/K 6408
Jacobe   M/K 2520; M/K 2640; M/K 2806; M/K 2905; M/K 5419; M/K 6450
Jacoben   M/K 2602; M/K 2658; M/K 2867; M/K 3435
Jacobes   M/K 2903; M/K 3023; M/K 3440; M/K 3528; M/K 4749; M/K 6381
Jacobis   M/K 2503
Jacop   M/K 3601; M/K 5409; M/K 5423; M/K 5441

Japheth
Konkordanz: Japheth
Belegformen:
iaphêt   W 1490

Joseph
Konkordanz: Joseph
Belegformen:
iosebe   W 3722; V 276; W 3839; V 393; W 4234; V 792; W 4553; W 4718; V 1276; W 5055;
V 1617; V 1741; W 5191; V 1753; V 1867; V 1879; V 1942; W 6002; V 2570; M/K 6399
ioseben   W 3673; V 227; V 1111; W 4992; V 1845
iosebes   W 3648; W 4165; V 721; W 4171; V 727; W 4271; V 829; W 4917; V 1479; W 5987
iosehp   V 36; V 103
Iosehp   V 47
iosehpe   V 106
iosep   V 7; V 301; V 382; V 426; V 530; V 590; V 628; V 729; V 832; V 903; V 938; V 1028;
V 1158; V 1174; V 1206; V 1220; V 1273; V 1278; V 1294; V 1392; V 1407; V 1416; V 1480;
V 1542; V 1576; V 1631; V 1636; V 1683; V 1733; V 1860; V 1881
iosepe   V 703
iosepes   V 203; V 2555
ioseph   W 2725; W 3107; W 3452; W 3481; W 3518; W 3548; W 3551; W 3596; W 3747; W 3828;
W 3872; W 3883; W 3975; W 4034; W 4072; W 4173; W 4274; W 4345; W 4380; W 4456;
W 4470; W 4554; M/K 4909; W 4600; W 4616; W 4648; W 4715; W 4736; W 4832; W 4847;
W 4856; W 4918; W 4980; W 5014; W 5042; W 5069; W 5074; M/K 5461; W 5121; W 5171;
W 5179; V 1820; W 5283; W 5298; W 5305; W 5317; W 5319; W 5340; V 1902; W 5378;
W 5384; V 1948; W 5844; V 2412; W 5882; V 2450; W 5912; V 2480; W 5976; V 2544;
W 5991; V 2559; W 6032
Ioseph   W 3464; W 3492; V 73; W 3562; M/K 5025
Joseb   V 1554
Josebe   W 3857; V 411; M/K 4563
Joseben   M/K 4437; W 4926; V 1488; M/K 5303
josebes   M/K 5360
Josebes   M/K 3925; M/K 4471; M/K 4484
Josebis   M/K 4490; M/K 4606; M/K 6411
Josehp   V 117

josep   M/K 5212; M/K 5235; M/K 5285; M/K 5295; M/K 5364; M/K 5375; M/K 5398; M/K 5433; M/K 5668
Josep   M/K 3354; M/K 3945; V 437; V 456; V 496; V 760; V 794; V 860; V 882; M/K 4719; V 1014; V 1400; V 1414; V 1472; M/K 5283; M/K 5293; V 1504; M/K 5319; M/K 5325; M/K 5327; V 1604; V 1622; V 1674; M/K 5507; M/K 5577
joseph   M/K 4955; M/K 4973; M/K 5009; M/K 5449; M/K 5518; M/K 5572; M/K 5582; M/K 5606; M/K 5647; M/K 5654; M/K 5666; M/K 5693; M/K 5731; M/K 5737; M/K 5739; M/K 6369
Joseph   M/K 2953; M/K 2957; V 19; M/K 3713; M/K 3722; M/K 3733; M/K 3749; M/K 3752; M/K 3763; M/K 3789; M/K 3791; M/K 3821; M/K 3833; W 3574; M/K 3845; M/K 3847; M/K 3871; M/K 3886; W 3681; V 235; M/K 3947; M/K 3955; M/K 3963; M/K 3996; M/K 4021; M/K 4023; M/K 4069; M/K 4078; M/K 4083; M/K 4110; M/K 4115; M/K 4121; M/K 4143; M/K 4158; M/K 4169; M/K 4174; W 3902; M/K 4193; W 3942; M/K 4235; M/K 4274; M/K 4324; M/K 4343; M/K 4381; M/K 4435; M/K 4492; M/K 4495; M/K 4499; W 4204; M/K 4527; W 4236; M/K 4565; M/K 4609; W 4302; W 4324; M/K 4637; M/K 4659; M/K 4682; M/K 4803; M/K 4819; M/K 4906; M/K 4971; M/K 5085; M/K 5088; M/K 5093; M/K 5109; W 4840; M/K 5207; M/K 5219; W 4854; M/K 5227; M/K 5233; W 4910; W 4942; W 4948; W 5060; M/K 5453; M/K 5469; W 5112; M/K 5509; M/K 5599; W 5236; V 1798; W 5258; W 5326; V 1888; M/K 5675; W 5332; V 1894; M/K 5681; M/K 5685; M/K 6223; M/K 6224; M/K 6262; M/K 6292; M/K 6363; M/K 6380; M/K 6384; M/K 6391; W 6022; V 2590; M/K 6421; M/K 6431
Josephs   M/K 4535

Juda
Konkordanz: Juda
Belegformen:
iuda   W 5504; V 2070
iudam   W 2645; W 5640; V 2208
iudas   W 3610; V 165; M/K 3887; W 4482; V 1040; W 4714; V 1272; W 4750; V 1308
iuden   W 3091; M/K 3334; W 4637; V 1195; W 5516; V 2082; W 5577; V 2145
Ivda   W 5472
juda   M/K 5868
Juda   V 2038; M/K 5836
judam   M/K 5834; M/K 6007
Judam   M/K 2832; M/K 2860
judas   M/K 4829; M/K 5087; M/K 5123
Judas   M/K 3885; W 4506; V 1064; M/K 4853; W 4726; V 1284; M/K 5099; W 4744; V 1302; M/K 5117; W 4976; M/K 5359; M/K 5361; W 5538; V 2104; M/K 5904
juden   M/K 4994; M/K 5880; M/K 5943

Kain
Konkordanz: Kain
Belegformen:
Cain   M/K 1310
kain   W 1145; W 1154; M/K 1229; M/K 1240; W 1218; W 1230; W 1233; M/K 1322; M/K 1325; W 1244; W 1254; W 1259; M/K 1332; M/K 1334; M/K 1344; M/K 1349; W 1342; M/K 1422; M/K 1436; M/K 1439

Kain   M/K 1225; W 1216
kaînes   W 1329; W 1345
Kayin   M/K 1292

Laban
Konkordanz: Laban
Belegformen:
laban   W 1972; W 2536; W 2565; M/K 2819; M/K 2831; W 2874
Laban   M/K 2154; M/K 2658; M/K 2746; M/K 2775; W 2571; W 2577; M/K 2785; M/K 2791; M/K 2803; W 2606; M/K 2821; W 2735; M/K 2954; M/K 2967; W 2779; W 2787; M/K 3011; M/K 3019; M/K 3044; M/K 3070; M/K 3109; M/K 3135; M/K 3150; M/K 3196
labane   W 2814

Lea
Konkordanz: Lea
Belegformen:
lia   W 2598; W 2679; W 2695; W 2706; W 2715; W 2846; W 5937; V 2505
Lia   M/K 2813; M/K 2831; M/K 2836; M/K 2901; M/K 2915; M/K 2925; M/K 2936; M/K 2945; M/K 6323
liam   W 2624; W 3105
Liam   M/K 2782; W 2693; M/K 2923; M/K 3352

Levi
Konkordanz: Levi
Belegformen:
leui   W 2643; V 2010
Leui   M/K 2858; M/K 5806
leuî   W 5444

Lot
Konkordanz: Lot
Belegformen:
Loht   M/K 1763
loth   W 1636

Luzifer
Konkordanz: Kein Eintrag
Belegformen:
lucifer   W 58

Manasse
Konkordanz: Manasse
Belegformen:
manasse   W 4215; V 771; V 1901; V 1907; W 5375; V 1939; M/K 5728
Manasse   M/K 4540
manassen   W 5334; W 5339; W 5343; V 1905; M/K 5687
Manassen   M/K 4536; M/K 5692; M/K 5696

manasses   W 5312; V 1874; M/K 5661; V 1896; W 5345
Manasses   M/K 5698

Maria
Konkordanz: Maria
Belegformen:
marien   W 852; W 5731; V 2299
Marien   M/K 6103

Michael
Konkordanz: Michael
Belegformen:
michahel   W 57; W 70; M/K 58; M/K 73
Michahele   M/K 6366

Naphthali
Konkordanz: Naphthali
Belegformen:
neptalim   W 2678; W 5826; M/K 6204
Neptalim   M/K 2900; M/K 6203
neptalym   V 2394

Noah
Konkordanz: Noah
Belegformen:
noe   W 1400; W 1413; W 1421; W 1429; W 1435; W 1441; W 1502; M/K 1611
Noe   M/K 1466; W 1368; M/K 1473; M/K 1481; M/K 1504; M/K 1517; M/K 1527; M/K 1535; M/K 1539; M/K 1545; M/K 1551; W 1474; M/K 1589; M/K 1593; M/K 1609; M/K 1661; M/K 1694
noen   W 1376
noes   W 1544; W 1574
Noes   M/K 1697

Palästina, Land
Konkordanz: Kein Eintrag
Belegformen:
palestina   W 2191; W 2201
palestine   M/K 2381; M/K 2391

Paradies
Konkordanz: Kein Eintrag
Belegformen:
paradis   M/K 823; M/K 1108
paradise   M/K 473; M/K 803; W 975; M/K 1051; W 998; M/K 1073; M/K 5993; W 5767; M/K 6141
paradises   W 745; W 1334; M/K 1428
paradisi   W 5627; V 2195

paradiso W 540; M/K 561; W 763; M/K 1111
paradisum W 466; W 1030
paradyse V 2335

Potiphar
Konkordanz: Potiphar
Belegformen:
putifar M/K 3946; M/K 3950; M/K 4497
putifâr W 3676

Rahel
Konkordanz: Rahel
Belegformen:
rachel W 2540; M/K 2750; W 2573; M/K 2787; W 2604; W 2619; M/K 2834; W 2650; M/K 2871;
    M/K 2899; W 2693; M/K 2923; W 2705; M/K 2935; W 2869; M/K 3104; W 3107; M/K 3354;
    W 3347; M/K 3603
Rachel M/K 2737; M/K 2781; M/K 2784; M/K 2820; M/K 2831; M/K 2865; W 2668; M/K 2889;
    W 2701; M/K 2915; M/K 2931; W 2723; M/K 2953; M/K 2955; W 2846; M/K 3076; M/K 3596
rachele V 1417
Rachele W 4857; M/K 5236
rachelen M/K 2810; M/K 2829

Rebekka
Konkordanz: Rebekka
Belegformen:
rebecca M/K 2106; W 1948; W 2065; W 2115; M/K 2304; M/K 2307; W 2123; M/K 2315;
    W 2208; M/K 2398; W 2457; M/K 2659; W 5937; V 2505; M/K 6323
Rebecca M/K 2130; M/K 2301; M/K 2657
rebeccam W 1917; M/K 2098; W 1987; M/K 2224
Rebeccam M/K 2080; M/K 2236
rebecce M/K 2249
rebeccen M/K 2169

Ruben
Konkordanz: Ruben
Belegformen:
ruben W 2627; M/K 2842; W 2687; M/K 2909; V 141; M/K 3861; W 3638; V 193; M/K 3915;
    V 930; M/K 4711; W 4462; W 5418; V 1984
Ruben M/K 2832; V 1020; M/K 4809; M/K 5777; M/K 5778
rubên W 3586; W 4372
růben M/K 1256

Sara/Sarai
Konkordanz: Sara/ Sarai
Belegformen:
sara W 1581; M/K 1704; M/K 1824; W 1761; W 1767; W 1775; W 1795; W 1891; M/K 2067;
    W 5937; V 2505

Sara   M/K 1819; W 1786; M/K 1937; M/K 1941; M/K 1950; M/K 6323
sâra   W 1686
saram   W 1750
Saram   M/K 1901; M/K 2063
sare   M/K 1918; M/K 1926
Sare   M/K 1912

Satan/Satanas
Konkordanz: Satan/ Satanas
Belegformen:
satanas   W 887; M/K 955

Seir
Konkordanz: Seir
Belegformen:
Seyir   M/K 3415
seyr   W 3168

Sem
Konkordanz: Sem
Belegformen:
sêm   W 1490

Seraph
Konkordanz: Kein Eintrag
Belegformen:
seraphin   W 24; M/K 24

Seth
Konkordanz: Seth
Belegformen:
Set   M/K 1411
seth   W 1319

Sichem
Konkordanz: Sichem
Belegformen:
sichem   W 3179; W 3192; M/K 3447; M/K 3502; W 3563; V 118; M/K 3834
Sichem   M/K 3428; M/K 3434; M/K 3482
sychem   W 3247
Sychem   W 3229

Sidon
Konkordanz: Sidon
Belegformen:
sidone   W 5645
sydon   M/K 6013
sydone   V 2213

Simeon
Konkordanz: Simeon (Sohn Jakobs)
Belegformen:
simeon   W 4386; W 4427; W 4439; W 4457; W 4541; M/K 4894; W 4593; M/K 5806
Simeon   M/K 2832; M/K 4725; M/K 4729; M/K 4772; M/K 4784; M/K 4804; M/K 5805
simeone   M/K 4948
symeon   W 2637; V 944; V 1015; V 1099; V 1151
Symeon   M/K 2852; W 5444; V 2010
symon   V 997
symonem   V 985

Teufel
Konkordanz: Teufel
Belegformen:
tiefel   W 537; W 544; W 765; W 1012
tîefel   W 5589; W 5594; W 5648; W 5700
tieuele   W 71; W 1363
tieueles   W 1351
tieuels   M/K 676; M/K 1445
tieuil   M/K 75; M/K 558; M/K 567; M/K 825; M/K 1089; M/K 1213; M/K 1377; M/K 1405;
   M/K 1425; M/K 1461; M/K 5955; M/K 5960; M/K 6016; M/K 6072; M/K 6134; M/K 6291;
   M/K 6348
tieuils   M/K 973
tifel   V 2157; V 2162; V 2216; V 2268; V 2328; V 2337; V 2479; V 2530
tiufal   W 5962
tîufale   W 5911
tiufel   W 527; W 847; W 855; W 1131; W 1313
tîufel   W 5760; W 5769
tiuvil   M/K 548; M/K 913

Zibeon
Konkordanz: Zibeon
Belegformen:
zabulon   M/K 2921; W 2718; M/K 2948; M/K 6009
Zabulon   W 5642; V 2210; M/K 6010

Von der Konkordanz abweichende Namenformen der *Frühmittelhochdeutschen Genesis*

Agar: Hagar
Cain: Kain
Cham: Ham
Ebreisch: hebräisch
Egipte lant, egypte lant: Ägyptenland
Emmor: Hemor

www.ingramcontent.com/pod-product-compliance
Lightning Source LLC
Chambersburg PA
CBHW070231240426
43673CB00044B/1754